血雾之森

炼狱般的许特根，美军不忍回顾的噩梦

〔比〕罗伯特·S.拉什 著

董旻杰 徐晓楚 译

民主与建设出版社

·北京·

图书在版编目（CIP）数据

　　血雾之森：炼狱般的许特根，美军不忍回顾的噩梦 /
（比）罗伯特·S. 拉什著；董旻杰，徐晓楚译 . — 北京：
民主与建设出版社，2021.11
　　书名原文：Hell in Hürtgen Forest: The Ordeal
and Triumph of an American Infantry Regiment
　　ISBN 978-7-5139-3725-2

　　Ⅰ . ①血… Ⅱ . ①罗… ②董… ③徐… Ⅲ . ①第二次
世界大战战役 – 史料 – 美国 Ⅳ . ① E712.9

中国版本图书馆 CIP 数据核字 (2021) 第 225977 号

HELL IN HÜRTGEN FOREST:
THE ORDEAL AND TRIUMPH OF AN AMERICAN INFANTRY REGIMENT by ROBERT S. RUSH
Copyright: © 2001 BY UNIVERSITY PRESS OF KANSAS
This edition arranged with UNIVERSITY PRESS OF KANSAS
through BIG APPLE AGENCY, INC., LABUAN, MALAYSIA.
Simplified Chinese edition copyright:
2022 ChongQing Zven Culture Communication Co., Ltd.
All rights reserved.

北京市版权局著作权合同登记图字：01-2021-4166 号

血雾之森：炼狱般的许特根，美军不忍回顾的噩梦

XUEWU ZHI SEN LIANYU BAN DE XUTEGEN MEIJUN BUREN HUIGU DE EMENG

著　　者	[比]罗伯特·S. 拉什	
译　　者	董旻杰　徐晓楚	
责任编辑	彭　现	
封面设计	周　杰	
出版发行	民主与建设出版社有限责任公司	
电　　话	（010）59417747　59419778	
社　　址	北京市海淀区西三环中路 10 号望海楼 E 座 7 层	
邮　　编	100142	
印　　刷	重庆长虹印务有限公司	
版　　次	2022 年 1 月第 1 版	
印　　次	2022 年 1 月第 1 次印刷	
开　　本	787 毫米 × 1092 毫米　1/16	
印　　张	25	
字　　数	350 千字	
书　　号	ISBN 978-7-5139-3725-2	
定　　价	139.80 元	

注：如有印、装质量问题，请与出版社联系。

目　录

第一部 环境与背景

第二部 许特根森林

目 录

第三部 总结

前言

　　第二次世界大战中，美军人员伤亡总数的64%来自步兵团，约占全部动员兵力的10%。由于组建的步兵师数量不足，欧洲战场的美军步兵在任何时候都很少有机会撤离前线，补充兵员通常会直接补充进前线部队，很多时候甚至是在战斗进入白热化之际。万幸的是，二战中美军步兵团的编制和实力可以保证其在相当长的一段时间里持续有效地执行战斗任务。每个团由作为基干的3个步兵营，外加炮兵、反坦克炮兵和其他常见的连队及配属单位组成，如果这些单位训练有素，就能赋予步兵团相当的持续战斗力、灵活性和强大的团队精神。

　　1944年6月6日，第4步兵师第22步兵团在"犹他"海滩投入了战斗。这支部队历经了3年的训练和备战，诺曼底登陆可能是其经受的最初的战斗洗礼。1944年6月至11月期间，该团遭遇了严重的战斗减员，并因此接收了大量经受过训练的补充兵。为了尽可能提高部队的指挥能力，历经苦战后幸存下来的军官和士官大都获得了晋升。在投入许特根森林之战时，第22步兵团已基本齐装满员，士兵们坚韧强健、经验丰富、士气昂扬。

　　许特根森林之战发生在崎岖不平、沟壑纵横、森林密布的地形上，这里几乎没有道路网，唯有林间小径和防火小道提供有限的通行能力和能见度。

　　盟军攻入德国境内后，德国人的抵抗变得日趋激烈，似乎每获得一寸土地都要付出沉重的代价。由于战斗非常激烈，美军部队的伤亡超出了补充能力，战斗力不足的攻击部队无法保持重要的侧翼联系。通常泾渭分明的战线，在密林中就变成了双方小股部队犬牙交错、激烈交火的广袤地带。对守军来说，由精心构筑的战壕、暗堡和掩体组成的防御体虽然易于伪装，但也容易被轻松绕过。对进攻方来说，对付这些孤立的抵抗据点往往需要使用一些古怪的战术动作并选取不可思议的攻击方向。

团部连连长在新设立的团指挥所周边布防时被枪杀，子弹来自一座未被发现的德军暗堡，这座掩体伪装得非常巧妙，可以说极其隐蔽。9 月份美军突入"齐格弗里德"防线（"西墙"防线）时，就使用配属的坦克抵近直射，轰塌碉堡入口。许特根森林之战中，美军在战斗后期也得到了坦克支援，但因地形限制，其发挥的作用有限。由于地形不适合装甲部队展开，对付德军碉堡的任务依然落在了步兵肩上。可以说，许特根森林之战就是一场步兵战。

作者巧妙地叙述了美国陆军中最杰出的步兵团在这场极其可怕的战斗中的日常行动，生动地讲述了持续的激烈战斗当中，一支一流战斗部队的能力和局限性。

作为副团长，为遭受战斗减员的部队补充兵力亦是我最重要的职责之一。随着在许特根森林里的日子一天天流逝，人员的急剧变动成了我非常关心的问题，我发现我军士官和军官的损失迅速降低了"有经验的指挥人员"的比例，我团几乎陷入了骨干稀缺的境地，这样的情况到 1944 年 12 月 3 日我团撤往"寂静之地"才得以缓解。

在许特根森林之战中，美军第 22 步兵团的表现很出色。事实上这正体现了我团"行动而非空谈"的座右铭。

约翰·弗兰克·拉格尔斯
美国陆军退役少将
1944 年任第 22 步兵团副团长

序言

1988 年至 1991 年间，我遇到过许多第 22 步兵团的二战退伍老兵。正是在那些聚会之中，我听到了老兵们讲述的二战时期的事迹，诸如为了纪念欧内斯特·海明威而提供火鸡和医用酒精。

我惊讶地发现，最生动清晰同时也是最常被提及的故事都是关于许特根森林的，这场历时 18 天，造成累累死伤的恐怖地狱之火，在这些人的心中永远燃烧。和这些老兵的接触，以及他们对许特根森林的回忆，给了我撰写本书的灵感。

这种自下而上的研究结合了社会、文化、家庭和军事历史，我写这本书是为了向数以百万计的有亲人在步兵部队服役的人们描述美军步兵和德军步兵的征召、训练以及当时背景下基层部队的作战情况。在此过程中，我试图公正地处理一个有明显争议的主题，即 1944 年秋季西欧战场上的美国陆军及其德国对手的相对表现。本书的每一部分都是其他内容的组成部分，没有主次之分。当我建立起了涉及成千上万官兵，甚至可以说涉及 1944 年 6 月 6 日至 12 月 5 日在第 22 步兵团服役的每一名官兵的数据库之后，我才得出调查结论。

很多时候，军事历史都围绕着在地图上指向鹅蛋形符号的箭头展开，我一直在想组成这些符号的士兵会怎么样。让我来讲讲几个现在我比较熟悉的人吧。

欧文·米特曼 (Erwin Mitman) 于 1940 年入伍，在美国训练期间一直留在第 22 步兵团，诺曼底登陆时他是 2 营 E 连的排先导员，由于前任的伤亡，他很快就成了副排长。6 月初他获颁优异服务十字勋章，7 月份他在率领自己的排作战时身负重伤。米特曼在 9 月份回到 E 连后不久就被提升为二级军士长，10 月他被任命为少尉并被调往 I 连。部队进入许特根森林的第一天他就阵亡了 ①，当时他正在为自己的排侦察一条绕过障碍的路线。

A 连的威廉·D. 尼利（William D. Neely）二级军士长 1941 年在纽约被征召入伍，6 月 6 日在诺曼底登陆时他还是名上士。他 6 月 9 日负了轻伤，6 月 16 日晋升为二级军士长，仅仅 5 天之后就由于身负重伤被送往后方。他于 8 月 10 日返回前线，却于 19 日作为非战斗减员再次被后送。9 月 18 日他重返岗位，11 月 17 日最后一次负伤离开了前线，那是部队进入许特根森林的第二天。

还有来自布鲁克林的泰勒兄弟——詹姆斯和弗兰克，诺曼底登陆当天他们都是 E 连的兵。7 月 10 日那天两人双双负伤，其中一人在许特根森林再次负伤。

9000 人的军籍号码、姓名、军衔、伤亡类型和日期，以及家庭记录，你能通过这些了解每一名军人。将他们融入画面之中，战斗就不再是地图上的箭头和鹅蛋形符号了。

自 1994 年以来，对美军在欧洲战场上同德军部队作战的效能，人们逐渐产生了不同的看法。迈克尔·D. 道布勒（Michael D. Doubler）、基思·E. 博恩（Keith E. Bonn）和彼得·R. 曼苏尔（Peter R. Mansoor）的作品克服重重困难 ②，慢慢颠覆了德军占据地利的普遍看法。每个人的工作都沿着指挥层级向下一步，直到现在让一些人接受了这样的观点：在同等条件下美军的师要强于他们面对的德军师。本书的研究更为深入，让一个美军步兵团在许特根森林里与其德国对手比较战斗力。

我沿着应用于非军事组织案例研究的路线修正了这一分析，虽然如上文提到的那样，是在一个粗略得多的层面上进行的。因此，我利用第 22 步兵团

---

① 译注：根据书中后文的内容，米特曼阵亡时是 2 营 E 连的排长。

② 原注：迈克尔·D. 道布勒，《接近敌人：1944 年至 1945 年步兵是如何在欧洲作战的》（Closing with the Enemy: How GIs Fought the War in Europe, 1944–1945），劳伦斯，堪萨斯大学出版社，1994；基思·博恩，《势均力敌：孚日山脉战役》（When the Odds Were Even: The Vosges Mountains Campaign, October 1944–January 1945），加利福尼亚诺瓦托，要塞出版社；彼得·曼苏尔，《欧洲步兵攻势：美军步兵师的胜利，1941—1945》（The GI Offensive in Europe: The Triumph of American Infantry Divisions, 1941–1945），劳伦斯，堪萨斯大学出版社，1999。我没有采用任何有关地中海战区战斗部队的优秀研究成果，如约翰·斯隆·布朗（John Sloan Brown）的《应征入伍：二战中的第 88 步兵师》（Draftee Division: The 88th Infantry Division in World War II）（列克星敦，肯塔基大学出版社，1986），尽管其中得出了许多相同的结论。

的经历概括所有步兵团的经历时特别小心，只有组织程序和人事程序（比如补充兵政策和单兵训练）是放之各团而皆准的。

我不打算让本书超出第 22 步兵团的范围，而且我唯一一次将第 22 步兵团与其他团进行比较是在确定组成、编制和程序上的相似之处时。因此我并不希望对 1944 年的所有美军步兵团进行综述，而是要详细说明一个团队是如何运作的，即便可能会对 1944 年 6 月和 7 月登上欧洲大陆的其他团级部队做一些概述。每个团的组织、行政管理程序与基本战术原则都是相同的，不一样的是指挥和训练，尽管每个团都在相同的训练方针下工作，主官们的来源亦相同。无论是诺曼底登陆、穿越法国和"齐格弗里德"防线的战斗，还是阿登战役和此后的战斗，真正的不同之处在于各团的领导层是如何将训练、组织和管理程序按照各自的具体情况实施下去的。

我还试图准确描绘出 1944 年在西线与美军作战的德军情况，并对这两者在组织和个体政策方面进行详细比对。遗憾的是，我无法将德军的相关内容写得与美军一样明了。

致谢

在过去的 8 年里，我一直对许多人为我能完成本书给予的帮助感激不尽，无论是学者还是军人，无数的朋友和同僚对我的工作给予了建议和支持。最初，约翰彼得·格里尔（Johnpeter Grill）教授和洛伦佐·克罗韦尔（Lorenzo Crowell）给了我尖锐的批评和热情的鼓励，后来当我前往美国陆军军事历史中心时，爱德华·德雷（Edward Drea）博士给予我极大的帮助，让我完善了一些论点。军事历史中心的罗伯特·赖特（Robert Wright）博士和罗曼娜·达内什（Romana Danysh）博士，对我这些年来近乎无休止的提问给出了极具幽默感的答复。我还要感谢艾伦·拜尔申（Alan Beyerchen）教授、阿兰·米利特（Allan Millett）教授和杰弗里·帕克（Geoffrey Parker）教授，他们提出了需要回答的问题，并且在我需要他们的时候伸出了援助之手。此外，我还要感谢我的顾问和朋友约翰·F. 吉尔马丁（John F. Guilmartin）教授，他给了我足够的线索搜寻细节，同时将我从树上拉了下来，避免了我见木不见林。没有他，本书就会是本瑕疵之作。

我衷心感谢在许特根森林战斗过的第 22 步兵团的老兵们，许多人抽时间阅读了我的手稿，对其准确性进行评估，并向我提供了很多细节，这让我更充分地了解了基层单位的情况。感谢他们对前言和后记的贡献，感谢已退役的约翰·拉格尔斯少将和厄尔·W. 爱德华兹（Earl W. Edwards）上校，他们都已不幸离世。我还要感谢威廉·S. 博伊斯（William S. Boice）牧师允许我引用他所著的《二战中美军第 22 步兵团的历史》（*History of the Twenty-Second*

United States Infantry in World War II）一书中的内容，感谢戴维·罗特巴特（David Rothbart）允许我引用《二战陆军期刊》（*World War II Army Journal*）中的内容，感谢格伦·B. 麦柯迪（Glen B. McCurdy）将欧文·米特曼的信借给我阅读。还有许多该团的老兵向我提供记录着他们经历的日记和书籍，或是花时间坐下来与我面谈，或是通过信件和电子邮件与我联络。如果没有那些55年前的清晰记录，我是无法将许特根森林之战写清楚的，在为期仅18天的战斗中，该团的作战日志就多达320页手写稿。

话说回来，我能否写出一支现代部队的相似历史肯定是个争议很大的问题。此外，如果没有胡贝特·格斯（Hubert Gees）和阿尔贝特·特罗斯托夫（Albert Trostorf）提供的信息，我就无法从德军士兵角度进行叙述，他们提供了本书必需的主要文件。

很多人已经听我讲述过第22步兵团在许特根森林中经受的磨难，对他们的倾听我表示感谢。有人说，我对1944年11月和12月那18天里发生的事比对当下每天在我周围发生的事情了解得更多，有时候我必须承认这一点。特别值得一提的是小唐纳德·A. 沃纳（Donald A. Warner Jr.），他在战时曾担任过第22步兵团1营A连连长。多年来，第22步兵团2营的越战老兵库珀·艾迪生（Cooper Addison）给予了我诸多建议和来自远方的鼓励。另一个开阔我思路的人是W. 杰伊·斯通（W. Jay Stone），二战时期他是第101空降师的一员。

我非常感谢鲍勃·巴布科克（Bob Babcock）和第22步兵团协会为我提供的《22团人报》（*Double Deucer*）和其他主要资料的副本，通过俄亥俄州立大学图书馆的借阅系统，我充分利用了卡莱尔军营内的美国军事历史研究所收藏的第4步兵师的缩微档案。后来我在国家档案馆寻找德国军队的信息时得到了罗宾·E. 库克森（Robin E. Cookson）的充分协助，同时我还在威尔·马奥尼（Will Mahoney）的帮助下找到了士兵个人的IBM穿孔卡片文件。我还要感谢那些在国家档案馆和马里兰大学帕克分校帮助过我的人，以及早先在休特兰（Suitland）被记录下来的人们。

这项研究得到了军事历史中心的军事历史奖学金的支持，我也很感激俄亥俄州立大学研究生院免收我的学费。我还要感谢陆军分派给我十分灵活的职位，让我能够在履行职责的同时继续接受平民教育，同时感谢指挥官有足够的先见之明让我能够这样做。

我要感谢迈克·布里格斯（Mike Briggs）和堪萨斯大学出版社的工作人员，以及我的审稿人。没有他们，这本书就不会是现在的样子。我对迈克的坦诚表示真挚的感谢，仅仅是一次握手就愿意让本书进入审读流程。

最后，我还要感谢我的妻子伊迪丝（Edith），感谢她为本书付出的一切。不止于此，多年来她忍受了一个很少顾家的衣衫褴褛的老游荡者，如果没有她，我在开始之前就已经失败了。

虽然有许多人为本书的出版做出了贡献，但任何事实错误或解读错误都由我负责。

第一章
引言

我仔细察看了我们准备去战斗的地方，那是一个密林版的帕斯尚尔（Passchendaele）[①]，说那里是"密林"也许有些夸张，但我认为确实如此。

——欧内斯特·海明威[1]

1944 年 11 月，德军第 275 步兵师的前沿阵地上空，阴沉而灰暗的天色笼罩着由星罗棋布的散兵坑和碉堡构成的防线。11 月 16 日，绵绵细雨在许特根森林（Hürtgenwald）[②] 之中淅淅沥沥地下了好几天，雨水不断从林木间滴下，一小股一小股冻得全身发颤的士兵在昏暗的密林深处巡逻。德军士兵在红韦溪（Roter Weh）和白韦溪（Weisser Weh）之间的道路上穿行，搜寻预期中美军发动进攻的踪迹，他们的军靴上沾满了泥浆，远处还不时传来大炮的轰鸣声。1000 米之外，美军第 22 步兵团步兵连和重武器连的士兵们裹着毛毯，吃着或许是未来 18 天内的最后一份热腾腾的早餐，与此同时军官与士官正在为进攻做着最后准备。随后，前卫连队的士兵徒涉红韦溪，开始翻越山坡准备通过鲁尔平原前宽达 8 千米的冷杉区，进入许特根森林这座彻头彻尾的"死亡工厂"，度过 18 天地狱般的日子。[2]

[①] 译注：帕斯尚尔是比利时伊珀尔（Ypres）附近的村庄，1917 年英法联军与德军在此激战，双方均伤亡惨重。

[②] 译注：德语 Hürtgenwald 的意思是许特根森林，同时也是当地一座市镇的名字。森林属于艾费尔山区的北麓，位于德国北莱茵—威斯特法伦州迪伦区，市镇在迪伦西南大约 15 千米处。

由欧文·米特曼少尉率领的 E 连 2 排最先与德军交锋，不论是兵力方面还是战术效果，这次交火都可以看作第 22 步兵团在未来几天里的典型战斗经历：

2 营 E 连位于行军序列中的第二位，预期抵达山丘顶端时应该出现在 G 连左翼。然而领头的 2 排深入 201 高地以北太远，踏入了纵深达 23 米的带刺缠足铁丝网陷阱带。这些铁丝网围成一个圈，掩护着隐藏在松树林中的一些暗堡。

停下来探查这些障碍时，2 排遭到了德军迫击炮的猛烈轰击。领头的侦察兵要进入灌木丛时，又遭遇了密集的轻武器火力。欧文·米特曼少尉不久前才获得火线提拔，他正在前方与排里的侦察兵一起侦察敌军阵地，不幸被迫击炮弹片击中，当场阵亡。此时，排里的医护兵——一等兵哈里·科尔斯（Harry Coles）试图冲上去抢救倒下的长官，也不幸中弹牺牲。他们俩或许是第 22 步兵团在许特根森林战役中最先牺牲的战士。[3]

接下来，牺牲的战士会越来越多。

作为美军第 4 步兵师下辖的 3 个步兵团之一，第 22 步兵团在 11 月中下旬到 12 月上旬的 18 天里，一直在许特根森林中浴血奋战。虽然在许多人看来这场战役只是整场宏大战争中的一个无足轻重的片段，但第 22 步兵团在此战中伤亡高达 2805 人，相当于损失了正常编制兵力的 86%（总兵力 3523 人）。

战役开始前，各步兵连的平均编制为 174 人（正常编制 193 人），兵力最多的连队为 194 人，最少的也有 145 人。但是 7 天之后，各连的平均兵力只剩 87 人。不仅是人员数量大幅度缩水，各连的兵员中还有至少 42% 是补充兵员中心（Replacement centers）送来的新兵和从医院治疗康复的归队士兵。一些连队在一天中蒙受了惨重伤亡，到了晚上得到兵力补充，第二天早上又投入进攻，再次把血流干。在战斗持续了 3 天后，第 22 步兵团各营营长就非死即伤，各连连长的伤亡率之高尤为可怕，全团 9 个步兵连的连长死伤不少于 31 人——伤亡率超过了 300%。在 18 天的战斗中，各步兵连的损失极其令人震惊，平均伤亡人数竟达到了初始兵力的 138%，其中还包括了补充的兵力。到 12 月 4 日，9 个步兵连的士兵伤亡 91%，在职军官伤亡达到 93%。[4]

在许特根森林战役中，与第 22 步兵团交锋的德军同样伤亡惨重，但与美军显著不同的是德军在部队蒙受伤亡后基本上得不到兵员补充，兵力逐渐消耗殆尽。随着士兵不断伤亡，德军只能在部队被彻底消灭、俘虏或投降之前，通过不断与其他单位混编保持战斗力。

许特根森林之战的惨烈程度早已被世人所知。1945 年，威廉·沃尔顿（William Walton）发表在《生活》杂志的文章中，将这场战役与美国内战期间发生在 1864 年的莽原之役（Wildemess Campaign）相提并论，以此说明这场战役的惨烈。[5] 欧内斯特·海明威将其称为"密林版的帕斯尚尔"，在 1917 年那场恶名远扬的帕斯尚尔战役中，为了夺取一段 8 千米深的突出部，英军伤亡了 30 万人。许特根森林区域属于德军第 7 集团军的防区，拥有男爵头衔的集团军参谋长鲁道夫 – 克里斯托夫·冯·格斯多夫（Rudolf– Christoph Freiherr von Gersdorff）上校认为，许特根森林之役比他在苏联前线经历的战役更为惨烈，比第一次世界大战中 1917 年和 1918 年的消耗战更为血腥。[6]

许特根森林的消耗战与人们通常的刻板印象——好整以暇的美军部队进攻损耗严重的德军——截然不同，而是好似拳击场上两位体格相当，都已经鼻青脸肿的拳击手，彼此绕着对方转圈，试图在这一轮比赛中幸存下来。总而言之，第 22 步兵团在许特根森林战役中的经验，为美军步兵团在极端作战条件下持续作战提供了一个鲜有的例子。

在许特根森林中，第 22 步兵团与其他步兵团一样经历了激烈战斗，不同之处在于第 22 步兵团在损失了超过 40% 的兵力后，仍旧没有放慢进攻的步伐。无论如何，要进攻一个有备之敌必然会蒙受重大伤亡。和德军在东线以及诺曼底战役期间一样，美军在诺曼底、亚琛、梅斯和卡西诺山的战斗中伤亡惨重。[7]

本书接下来的分析主要分成三部分，这些分析都建立在事实的基础上。虽然战斗只持续了 18 天，但个别单位和士兵的表现很大程度上体现了各自的背景、训练成果和组织水平，反映了战场地形和天气状况。对交战双方来说皆是如此。

因此，第一部分把重点放在了倾注全力的步兵战斗的背景上，首先对许特根森林的地形和天气状况做详细分析。在组织层面上，我仔细核对了 1944年 6 月至 11 月，美军第 22 步兵团以及与其交战的德军部队的构成，双方之前的作战经验、战斗技巧，以及兵力的有效补充流程。在士兵层面，第五章和第六章分别对普通美国步兵和德国步兵的背景进行了研究。这两章还对美军第22 步兵团（1940—1943）官兵征召和训练的基本情况，以及德军第 74 军（1943—1944）的编制情况做了介绍。

第二部分主要讲述第 22 步兵团与德军在许特根森林交战的情况，这部分内容涉及交战双方下辖的战斗单位和两军士兵在大豪村（Grosshau）及其周边地区的交战过程。读者可以通过阅读配有图表的记录对班、排、连和营等不同规模单位的作战过程进行研究，这个方法对师级以下单位来说很有效，但更大规模的军事行动就很难适用了。面对不间断的战斗和可怕的人员伤亡，交战双方的士兵置身于宛如《格林童话》描述的那种有着恶劣天气的森林中，他们是如何行动的呢？读过第二部分，这个问题就迎刃而解。

第三部分，根据我调查研究的结果，对当前已被普遍接受的有关部队战斗力、团队凝聚力和士气的理论，进行重新评估。针对许特根森林战役，本书增加了一些分析研究，详细讨论了小部队的作战表现，以及经过激烈的步兵战斗并遭到重大伤亡后的反应。另外，我还检验了这场战役之后一些作家提出的关于士气、团队凝聚力和战斗力的普遍观点。[8]

关于美德两军步兵作战方式的成因，有 4 本较具影响力的英语著作探究了不同的理论。塞缪尔·莱曼·阿特伍德·马歇尔（Samuel Lyman Atwood Marshall）所著的《直面火力的人：未来战争中的作战指挥问题》（*Men Against Fire : The Problem of Battle Command in Future War*）指出了"战斗小组"和"射击纪律"的重要性。在《二战中德国国防军的凝聚力和瓦解》（*Cohesion and Disintegration in the Wehrmacht in World War II*）一书中，爱德华·A. 希尔斯（Edward A. Shils）和莫里斯·贾诺维茨（Morris Janowitz）持相同的观点，指出团队凝聚力是让德国军队战斗下去的主要因素。马丁·范·克雷费尔德（Martin van Creveld）所著的《战斗力：1939—1945 年美德陆军的表现》（*Fighting Power : German and U.S. Army Performance, 1939–1945*）一书，比较了美德两国陆军，特别指出德国陆军的成功之处在于重视团队的培养和维系，而美军却没有做到这一点。这些著作都基于一个基本前提，不管是部队的武器装备、机动能力，还是其忍耐力、持续作战能力，都不是关注重点，其着眼点在于长期在一起服役的士兵组成的团队。

最后一本是奥默·巴托夫（Omer Bartov）的《东线1941—1945：德国军队和战争的野蛮化》（*The Eastern Front 1941–45：German Troops and the Barbarization of Warfare*）。巴托夫开篇就提出，对在东线作战的德国士兵来说，意识形态上的灌输和激励作用，比团队凝聚力影响更大。[9]虽然这本书的研究重点是东线德军的士兵和组织编配，但是从本质上来说，东西两线的德军在部队、指挥官和单兵三个层面接受的训练都是一样的。

通过从细节到总体地详尽考证某些重大战役，我对当前有关军队凝聚力和编制历史的正统观点提出了疑问。确切地说，我赞成马丁·范·克雷费尔德强调编制有效性的做法，不过他认为美国陆军的结构与德国陆军相比存在很大缺陷，尤其是在兵员补充政策方面，这一点我不敢苟同。通过再现美军第22步兵团在许特根森林和德军作战的经历，我评析了塞缪尔·马歇尔、希尔斯和贾诺维茨关于小团队凝聚力对战役胜败起至关重要作用的观点。而且，正如我将要证明的那样，无论是范·克雷费尔德对美国陆军结构的分析，还是塞缪尔·马歇尔对小部队凝聚力的研究，都无法令人信服地解释第22步兵团在许特根森林战役中的经历。虽然我认识到团队的重要性，但在传统观念看来让士兵长期在一起服役并无必要，更确切地说，军队的凝聚力可以通过共同的目标和共同的环境来维系。虽然一些目标和环境会因时、因地而异，但会遭到敌人射击这一点在哪里都一样。此外，不论身处哪个战场，对美国大兵们而言，打败德国纳粹和日本法西斯这一目标，以及为这项事业而奋战的坚定信念也是一样的。[10]

此外，我将通过引用第22步兵团在1944年6月6日至12月5日期间每一次人事变动的数据资料，消除过去54年中被人们普遍接受的对1944年美国陆军兵员补充制度的误区。对美军来说，这涉及撤离战场后重新归队的士兵、从应征参战到战争结束始终在一起的士兵、新任的中尉、替补伤员的兵力，还有以牺牲战斗连队为代价入编的指挥单位超编人员。至于德国陆军方面，我将通过引用德军的战时条例和缴获的手稿，证明德军的兵员补充政策和编制构成并没有提高其战斗力，反而使其受到了削弱。

从叙述德军第 74 军编制历史的这一章（第四章）可以看出，在许特根森林与美军作战的德军部队，可以被视作没有为阿登战役特意进行整编的德军西线步兵部队的典型代表。1944 年 11 月，第 74 军由几个打过诺曼底战役、随后从法国撤回的师组成。这些经历了诺曼底登陆的师中，仅有一个专门在从法国撤回后进行了整编，其他的师都只能在前线进行整编，吸收被解散的师、预备役部队、要塞守备部队、训练和补充单位的分队，以及成千上万从法国战场逃回后被收拢的官兵。

这与 1944 年 6 月在法国的其他德军步兵单位的命运相似。6 月 6 日，德军驻守法国的两个集团军群的 44 个步兵师、守备师、训练师和补充师中，有 12 个师被彻底歼灭无法重建，5 个师被围困在海峡沿岸的港口里。其余的 27 个步兵师中，只有 9 个师撤离战场并得到整编，其中有 5 个师还要参加阿登战役。剩余的师通过收编掉队士兵和杂七杂八的单位进行重组，然后派到"西墙"防线驻防，第 74 军所属各师就是这样的情况。[11]

虽然许特根森林一役德军部队的资料不像美军的那样详尽，但是留存下来的资料还是大大超过了人们的预料。第 74 军各师没有留下任何作战日志，不过通过战俘的口供、未公开的德国士兵的审讯报告和截获的个人邮件、战后对德军将领的审讯、一些个人日记，以及军事历史中心协助筹划的未出版的《"齐格弗里德"防线战役》原稿，我们还是得以管中窥豹①。[12]

在进一步讨论之前，必须要对我在本书中提到的四个主要基本概念进行定义和解释。它们分别是团队（Primary group）、组织结构（Organizational structure）、组织凝聚力（Organizational cohesion）和群体（Cohort）。"团队"的概念最早是由查理斯·H. 库利（Charies H. Cooley）在《社会组织》（*Social Organization*）这本对后世有着重要影响的著作中提出来的，库利将团队定义为：

---

①译注：抓获德军战俘后，审讯在团级单位进行，讯问相关部队兵力、士气和指挥官姓名等组织状况。战后由德军将领撰写的报告提供了德方的看法，即便许多报告是在没有参考作战日志或其他文件的情况下写的。所用的日记来自被俘的德军士兵，翻译成英语后发表于《情报摘要》。

"亲密无间的交往与合作……这就是'我们',它是因团队成员之间相互支持和认同而自然表达出来的一种现象。一个人生活在群体的感受之中,并从中找到其意志的主要目标。"[13]

那些彼此非常亲近的士兵就属于"我们"。诺拉·金策·斯图尔特 (Nora Kinzer Stewart) 通过研究 1982 年马尔维纳斯群岛战役中小部队在凝聚力方面的表现[14],进一步证明这种凝聚力正是源于士兵间的互相信任、尊重和友谊。小部队凝聚力来自士兵们一起工作、训练、生活和分享成功经历等方面。

对战斗中的"团队"来说,有两种类型的凝聚力在起作用。一种就是斯图尔特描述的斯蒂芬·安布罗斯在《兄弟连》一书中强调的那种"兄弟连"式的凝聚力[15],虽然"兄弟连"式的凝聚力可以解释某些情况下部队的战斗表现,但并非所有情况都适用。特别是第 22 步兵团下属部队在许特根森林战役中表现出来的那种持续战斗力,就不是"兄弟连"式的凝聚力能解释清楚的了。显然还有另一种凝聚力在起作用,这是一种因形势和环境而形成的凝聚力,它比因长期相熟形成的"兄弟情"更具凝聚性。本书的第十四章将通过塞缪尔·马歇尔、希尔斯和贾诺维茨的论证,证明这种凝聚力在战时更为典型。

在许特根森林战役中,从第 22 步兵团的身上就可以看到这两种凝聚力的影子,从一开始,士兵之间"兄弟连"式的凝聚力与因战斗环境而形成的凝聚力就是并存的。这使人联想到电影《拯救大兵瑞恩》对二等兵詹姆斯·瑞恩的描述,瑞恩的三个兄长都在诺曼底登陆战中阵亡了,第 101 空降师的战友成了他"仅存的兄弟"。[16]

团队的血肉(两种凝聚力)将围绕着作为骨骼的组织结构形成一个整体,组织结构包括作战部队的正式编制,以及提供士兵基本需求的管理、后勤和其他支援单位,还有作为部队无形资产的历史和传统。团队将编制中的上、下级与同级部队联系起来,这种连接功能把所有部队团结在一起,在组织的重要指挥层之间形成统一。[17] 在所有下级编制、体系、程序中,这种发挥作用的联系都可以称为单位凝聚力(Unit cohesion)。在组织结构中,这种凝聚力就是部队军官与士官的领导能力(包括训练和指挥下级执行任务的能力),而士兵对团队和班组的认同,则源自士兵之间的信赖、尊重和友谊。

最后是"群体"①，诺曼·B. 赖德（Norman B. Ryder）将其定义为"在同一时间段内有着相同经历的个体的集合"。[18] 当时的第 22 步兵团包含四个军人群体。战争开始后，随着时间的推移，出现了由军官、老士官和大量士兵组成的三个不同群体，按进入部队战斗的不同时间来划分，分别是诺曼底登陆前的人员、6—7 月间的补充兵和 8—9 月间的补充兵。第四个群体则是在整场战争中，为替换伤亡人员而加入每个军阶人员当中的补充兵。每一个群体在冲出散兵坑发动攻击时，都有着不同的理由。[19]

许特根森林之战是一场典型的消耗战，第 22 步兵团在一线战斗的时间远远超过了预期。根据多罗西·尼兰·克拉克（Dorothy Kneeland Clark）的研究，部队损失超过 20% ~ 30%，就可以被视作失去战斗力了。[20] 但与这一论断不同的是，绰号"雄鹿"（Buck）的第 22 步兵团团长查尔斯·特鲁曼·拉纳姆（Charles Trueman Lanham）上校，在 1944 年 12 月 9 日写道："经过 6 天战斗，我团伤亡过半，在这种情况下我们作为一支战斗部队应该已经失去了大部分战斗力……但你们又继续坚持战斗了 12 天。"[21] 11 月 20 日晚，也就是战役开始后的第五天，第 22 步兵团的各步兵连伤亡已经超过 40%。[22] 最早阵亡的这批士兵大部分是经验丰富的老兵，他们一起在美国接受训练，是第 22 步兵团各班排的主心骨。

根据有关许特根森林战役的详细记载，可以看出第 22 步兵团在战斗中蒙受了惨重的伤亡。然而，美国陆军补充部队伤亡兵力的政策是，只要部队还在一线作战，其总兵力就不能低于编制表数字的 75%。整场战役中，第 22 步兵团总共补充了 2013 人。相比之下德军允许战斗中的部队打到最后一个人，如果兵力损失太大就合并部队，他们不会用未经实战和缺乏训练的新兵来补充部队——不过这样做对提升部队战斗力收效甚微。[23]

第 22 步兵团曾是一支训练有素、领导有方的部队。美军第 7 军军长，后来的美国陆军参谋长约瑟夫·劳顿·柯林斯（Joseph Lawton Collins）少将认为，第 22 步兵团是盟军在欧洲战区最杰出的步兵团之一。就在许特根森林战役爆

---

① 译注：Cohort 这个词可以用来指古罗马时期的步兵大队（由 600 人组成），在文中泛指"同一群人"而非某个单位。

发之前，德怀特·戴维·艾森豪威尔将军对拉纳姆上校表示了高度赞赏。传说中小乔治·卡特利特·马歇尔将军的那本记录军中有潜质指挥官的"黑皮书"里，拉纳姆上校也榜上有名。[24] 到 12 月 3 日，在森林里浴血奋战的第 22 步兵团已经被打成了空架子，再也不是昔日那支训练有素领导有方的部队了。[25]

是什么促使该团的官兵在许特根森林这样的屠场里日复一日地进行战斗？虽然不能把坚持战斗这种复杂现象简单归因为某种动机（或者是各种动机的集合）。第 22 步兵团的军官表示，这是因为他们不想让家人蒙羞，或者让部队的声誉受损。士官和大兵们想要尽快结束战争，然后可以回家开始新的生活，而补充兵们的理由则是"不甘落后"。[26]

第五章详细叙述了第 22 步兵团的士兵是如何入伍、训练和服从命令的，他们在 1944 年 6 月 6 日登上诺曼底滩头之前一起训练了差不多三年半的时间。到 7 月 31 日，第 22 步兵团参加 D 日登陆的士兵已经有 72% 被列入伤亡名单。不过，该团编制内的兵力比较充足，伤愈归队的老兵也努力将战斗经验传授给补充进来的新兵，像催化剂一样让新兵快速融入这个群体。[27] 在穿越法国全境追击德军期间，以及战事稍有缓和后，第 22 步兵团进行了重整，并被视作欧洲战场上战斗力最强的步兵团之一。以 A 连为例，在投入许特根森林之战时全连有 40% 的兵力是诺曼底登陆前加入的，40% 是 1944 年 6—7 月加入的，剩余的 20% 是在 8—11 月份加入的。[28]

进入许特根森林时第 22 步兵团基本齐装满员，用团里的随军牧师威廉·博伊斯的话来说，"第 22 步兵团是一部训练有素的战斗机器，战争期间无可匹敌，这个团斗志高昂，身经百战，自信能击垮任何敌人"。[29]

士兵们信任自己的部队和指挥官，以及入伍后一起在美国训练的战友。经过 18 天的战斗，撤出许特根森林的该团伤痕累累、实力大损，根本无法与先前相比。更糟糕的是，部队重新补充后各单位在诺曼底登陆前受训的老兵已经寥寥无几。

此外，我反复核对了从诺曼底登陆到欧战胜利日期间第 22 步兵团的伤亡情况，并与同时期同属欧洲战区的另两个步兵团——第 116 步兵团（弗吉尼亚国民警卫队）和第 359 步兵团（美国陆军）——进行对比。虽然在与许特根森林之战耗时相当的战斗中，这两个团并未出现和第 22 步兵团一样的高伤亡率，但编制及装备表（TO&E）的数据显示，这两个团的总伤亡率依旧与第22步兵团相当。而且，我认为这三个步兵团的遭遇与同期欧洲战场的其他步兵（山地或空降兵）团相比，在关键方面并无任何不同。

表1：上述三个步兵团及所属师的伤亡情况对比

团	团阵亡人数[30]	所属师	师阵亡人数[31]	团阵亡人数占师阵亡人数的百分比	师战斗伤亡总数
第22步兵团	1705	第4步兵师	4907	34.7	23470
第116步兵团	1807	第29步兵师	4824	37.5	21557
第359步兵团	1163	第90步兵师	3951	29.4	19809

如表1所示，第22步兵团、第116步兵团、第359步兵团所属的第4步兵师、第29步兵师、第90步兵师，阵亡人数都在4000人左右。不过，这三个步兵团阵亡人数差距较大，由此可以推测，各师下属的每个步兵团的伤亡人数都会有很大差异，这表明即使在战场上相邻，不同部队也会有着不同的战斗经历。

将1944年6月6日的第116步兵团或第359步兵团与第22步兵团比较，我发现这三个团的编制相似。这三个团所属的师隶属三种不同的编制构成（常备军、国民警卫队、美国陆军预备役部队），但都是首批动员并参战的部队，每个师绝大多数的征募士兵都在常备军和国民警卫队中接受过训练。美军第12集团军群在欧洲北部战场上的所有部队，都要遵从陆军兵力补充体系的奇怪规定——从同一个补充兵员集中调拨站接收相同类型的补充兵。[32] 每个团的变数，在于其领导能力和战前训练质量，以及每个单位在战斗中的决定性时刻。对第116步兵团来说，这一决定性时刻是诺曼底登陆日；对第359步兵团来说，是1944年7月；而对第22步兵团来说，是向瑟堡（Cherbourg）推进，是前往圣洛（St.-Lo）的灌木篱墙，以及许特根森林之战，尤其是后者让该团蒙受了最为惨重的人员伤亡。

通过第22步兵团的日志、每日定期简报、1944年12月对参战人员的战后采访，以及个人日记，可以对经历了二战中最为激烈的步兵战斗的一个步兵团进行全面了解。通过分析这些资料，还有连队的日报告、士兵的个人数据卡和战后对幸存者的采访，可以看出那些普遍被引用来解释部队持续作战能力的论点存在缺陷。这些资料清楚地表明，即便没达到 1944 年欧洲战区美军步兵团持续作战的强度的极限，第 22 步兵团遭到的重大伤亡也是非比寻常的。资料同样清晰地显示支撑第 22 步兵团战斗的根本因素，与 1944 年 6 月 6 日至 8 月 7 日间投入欧洲战场的各步兵团所依赖的支柱并无不同。在他们参战的那一年，从诺曼底滩头上岸的 15 个步兵师的战斗伤亡中位数为 17412 人，相当于一个步兵师编制兵力的 122%。[33] 伤亡大部分出自步兵师的三个步兵团。由此可以看出，第 22 步兵团的伤亡虽然远高于平均数，但仍然处于预期范围之内。

最后，我们必须意识到，虽然第 22 步兵团是 1944 年欧洲战场上美军步兵团的杰出代表，但是其补充兵力和其他步兵团一样来自相同的补充兵员集中调拨站，要遵守同样的法律、法规和程序。作为第一批组建的步兵团，第 22 步兵团与战线上的其他步兵团在一些方面确实存在差异。但它在许特根森林的突出表现，很大程度上代表了 1944 年秋盟军步兵团在欧洲战场上的战斗情况，值得作为整体的缩影进行研究。

第一部

环境与背景

第二章
许特根森林的地形与气候

阴森恐怖的自然环境，让士兵们备感神经紧张，经常反应过度。尤其是炮弹在头顶上爆炸时，被炸碎的树干和枝丫不断地掉落下来，让这种感觉更加强烈。机枪的扫射在树木枝干上留下了一道道深深的裂痕，触手可及的距离上时常有敌人突然冒出来，随之而来的就是一场近距离厮杀。

——汉斯·施密特中将

德国国防军第 275 步兵师师长[1]

美德两军的战后报告都将由默罗德（Merode）、文瑙（Wenau）、许特根和勒特根（Rötgen）森林构成的 8 千米宽、18 千米长的林地，统称为许特根森林。许特根森林沿着比利时—德国边界，从亚琛南部一直延伸到艾费尔高原的北部边缘，是当今北莱茵—威斯特伐利亚地区最大的林区。埃施韦勒（Eschweiler）、迪伦（Düren）、勒特根这些城镇，以及东南部的施万梅瑙尔（Schwammenauel）大坝，都在许特根森林战场范围内。

许特根森林覆盖的这片地区从古罗马时代起就是兵家必争之地。罗马军队当年就在这里搭建过营地，放眼望去，到处都是那个时代木石结构的房屋、堡垒、古城墙和坟墓的遗迹。三十年战争时期（1618—1648 年），随着西班牙、神圣罗马帝国、洛林（Lothringer）和意大利等国军队的相继占领，森林里的这些建筑几乎被摧毁殆尽，军队掠夺光了所有能用的东西。1678 年路易十四发动战争，法国占领了许特根森林所在的大部分地区。[2]

　　整个 18 世纪，这里接连经历了西班牙王位继承战争、奥地利王位继承战争、七年战争、1794 年法奥战争，来自奥地利、法国、英国、荷兰、匈牙利和普鲁士的军队一次又一次地穿过这片地区投入战场。1815 年，许特根森林地区成为普鲁士下莱茵兰（Lower-Rhein-Land）的一部分。1919—1930 年，根据《凡尔赛条约》的规定，莱茵兰地区再次被协约国占领。从 1938 年开始，德国将这片地区改造成了"齐格弗里德"防线的一部分，加强了防御设施。1944 年，当盟军逐渐向德国逼近时，纳粹将这片区域内靠近林地与军事设施的居民全部迁走。

　　与其他战斗一样，许特根森林里的战斗也受到了环境因素的影响，这里的气候和地形极端恶劣。德国的这部分区域在 11 月中又冷又潮，阴沉沉的森林地貌宛如格林童话中的幻境，这样的森林简直就是步兵的噩梦。

　　这片林区早在 800 年前就已经形成，森林中长满了大片高耸的针叶树木，每隔二三十米就有一片茂密的灌木丛，其间还有各个时期重新种植的林木，人类在这里几乎无法行走，视野也只有区区几米。绵密的冷杉林覆盖了整个大地，一棵挨着一棵，整片森林看起来仿佛是绿色的海洋。即便在正午，阳光也根本照不到森林深处，所以大白天也会出现令人毛骨悚然的薄暮现象。一些没有护林人看管的地带长满了稠密的阔叶灌木丛，整片森林中难得见到空旷的区域。[3]

　　为了充分利用地形以加强防御能力，德军在森林中砍出一些窄道，为机枪手扫清射界，他们还砍伐树木做成鹿砦，限制敌军的进攻路线。得到机枪巢掩护的雷区和带刺铁丝网会阻碍即将到来的美军，德军还在为数不多的林间小径和防火道上布设了大量地雷。伪装，在这片森林中很是轻而易举。德军还在朝东的反斜面上构筑了一些防雨的避弹掩体，在里头既可以睡觉，又可以躲避炮击。

　　车辆根本无法在陡峭的山坡与河岸上行驶，只能通过一些纵横交错的林间小径和防火道。防火道将森林分割成多个片区，每个交叉路口都布置有标注着区域编号的混凝土路牌。11 月份，连日的降雨很快让道路变成了深及车轴的泥潭。本来可以让越野能力很强的吉普车和士兵顺利通过的道路，现在也因为这些烂泥变得寸步难行。交战双方不得不在泥泞的路面上铺满原木，以便源源不断地向前线运送弹药，并将伤员撤出战场。[4]

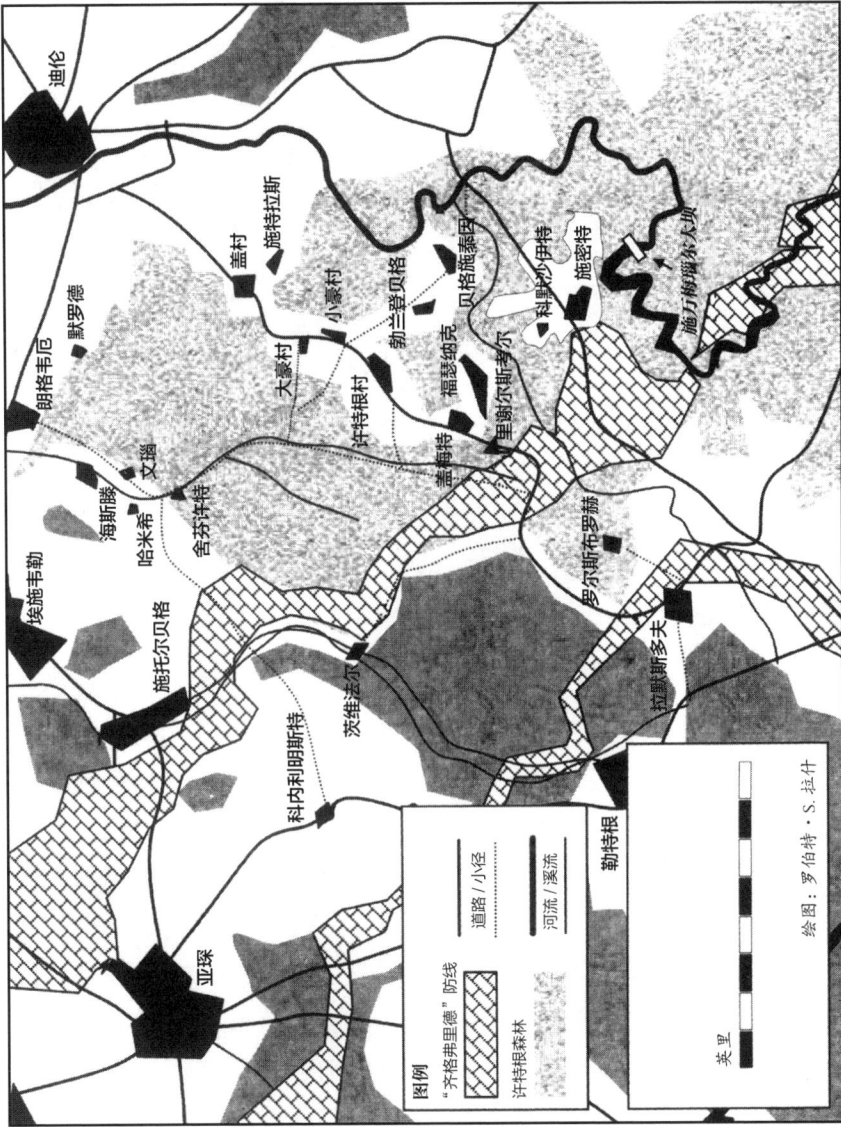

示意图 1：许特根森林

图例

"齐格弗里德"防线

许特根森林

道路 / 小径

河流 / 溪流

勒特根

绘图：罗伯特・S. 拉什

英里

迪伦

默罗德

朗格韦厄

海斯滕

埃施韦勒

施托尔贝格

亚琛

科内利明斯特

茨维法尔

拉默斯多夫

罗尔斯布罗赫

哈米希

舍苏许希

文瑙

盖苏许特

许特根

盖海特

盖村

大豪村

许特根村

小豪村

施特拉斯

勒兰普贝格

福塞纳克

里谢尔斯考尔

贝格施泰因

科勒沙伊特

施密特

施瓦默瑙大坝

许特根森林树木茂密、地形崎岖(美国陆军通信部队拍摄)

　　示意图 2 标出了第 22 步兵团在许特根森林里的作战区域。美军第 4 步兵师的进攻线路自西向东延伸, 垂直于贯穿许特根森林的山脊。山脊的高度为 90 ~ 120 米, 为德国守军提供了绝佳的退路。山脊间狭窄的山谷中是南北走向的溪流和小径。

　　从西边进入许特根森林, 第 22 步兵团首先会遇到红韦公路和红韦溪。一过红韦溪, 士兵们就要翻越一座纵贯南北、高程约 70 米的山丘, 山岬处被称为"拉本赫克"(Rabenheck)。在拉本赫克山岬的东面, 白韦公路自北向南穿过一条陡峭的山谷, 在美军的作战计划中, 这条公路被称为 W 公路, 是唯一一条适合给该团输送补给的公路。白韦溪同样横贯山谷, 1944 年时这条溪流宽约 3 米, 水深及腰。

　　在拉本赫克附近有两条道路与 W 公路相连, 这两条路也都沿着山谷中的溪流延伸, 属于第 22 步兵团的战区。这两条道路中最重要的是北侧的一条,这条路在美军的作战计划中被称为 X 公路，通往大豪村，南侧的 Z 公路则通向许特根村。两条公路之间是一座几乎高达百米的山脊，其间有数条小溪流过。Y 公路是 X 公路的支路，在山脊上之字形延伸，通向小豪（Kleinhau）村。

靠农业为生的大豪村和小豪村坐落在这片山脊最高处的开阔地带，北边的大豪村距离森林最近，小豪村则位于山脊顶端向西延伸的开阔地上。1944年，德军将大豪村纳入"齐格弗里德"防线，并对许多村舍进行了改造，给地下室装上通风系统和下沉式混凝土入口，加厚了天花板，加装了钢门，还开设了射击孔。

山脊的顶部被开垦成了农田。在村庄的东边，通往鲁尔平原的道路再度被密林包围，沿着这条路从大豪村到盖村，区区 1800 米的路程海拔高度却骤降了 192 米。受地形的影响，这一段道路格外曲折，而且道路一侧是近乎垂直的深达 18 米的悬崖。[5]

许特根森林的这种地貌，令进攻的美军步兵失去了两支重要的支援力量：装甲兵和炮兵。稀少的道路、陡峭险峻的山坡和永恒不变的阴暗，使得美军装甲部队在步兵打通抵达开阔地带的通道前根本无法发挥作用，而茂密的森林同样限制了炮兵的使用。森林中的某些地方，侦察兵甚至连 20 多米外的目标都无法看清。

茂密的森林大大增强了防守方的炮火威力，对进攻方的炮兵却没什么帮助。许多炮弹在大树顶端被引爆，弹片和碎木如雨点般浇向下面的士兵。这些弹片和碎木对暴露的美军士兵来说相当致命，但是对身处有顶盖的掩体中的德国守军却难以造成威胁。很快，美军士兵就学会了当来袭的炮弹在树冠上爆炸时紧挨着大树挤作一团。

野外阴冷潮湿，无法晾干的衣物令大兵们的士气一落千丈。1944 年的整个 11 月，许特根森林几乎每天都有降雨或是降雪，气温都在零摄氏度上下。一到晚上，美军士兵就要睡在被冰冷的雨水淹没一半的散兵坑中。由于后方无法把毛毯和睡袋送上前线，很多个夜晚，士兵们只能裹着雨衣和其他任何能找到的东西颤抖着入睡。夜间，双方暂时停火的时候，士兵席地而坐，颤抖着等待第二天的阳光给他们送来些许温暖。潮湿的环境与长期无法干燥的衣物，使许多士兵患上了低温症和战壕足。德军方面，士兵在这样的森林中感到的是孤

示意图2：地形与海拔

独,对那些待在一线散兵坑和暗堡里的人来说,这种感觉更加明显,因为在这条蜿蜒的战线上看不到军官和士官的领导,只剩下他们孤军作战。即便没有激烈的战斗,许特根森林也是双方士兵的伤心地。

恶劣的天气不仅影响士兵个人,部队作为整体也深受其害。就算不下雨,树上的露水也滴个不停。这里的土壤黏粒含量比较高,吸收水分后会变得油滑,滑腻的泥土会黏住任何沾到它的东西。仅仅几辆车开过之后,后续的车辆就会淤陷到轮轴深度。士兵在攀爬那些植被已经被其他部队踩踏过多次的斜坡时,总是才爬到一半就因泥土太滑腻又滑回山脚,只得从头再来。平地上行军,士兵跟着前面的人,艰难地走在满是泥泞的道路上,边走边不停地甩掉黏附在靴子上的烂泥。密布天空的乌云,阴沉沉地笼罩在高耸的冷杉林顶端,这样的环境下炮兵根本无法进行准确定位,飞机也无法升空。因此,许特根森林的战斗只能完全依靠步兵部队。

许特根森林中,美军士兵正在解救一辆陷入泥泞的吉普车(美国陆军通信部队拍摄)

由于地形的限制，支援步兵作战的常规手段都无法使用，因此许特根森林中的战斗与一战时期非常相似：进攻方端着步枪冲锋，防守方则躲在壕沟内，用机枪反击。二战中，美军使用的是 M1 半自动步枪，德军使用的是 MG 42 通用机枪。这两种武器的性能不同，两军的小部队战术也就存在着差异。美军地面部队看重步兵单兵作战能力，依赖 M1 半自动步枪较高的射击精度；德军则靠增加轻机枪的数量来增强小股部队的火力。一方强调武器的灵活性，另一方强调武器的稳定性，这种差异使得 1944 年的美德两军都以最佳方案解决了各自陆军的战术需求。[6]

进攻中，美军士兵需要自由移动，能够迅速转移射击。美军的排没有配属重武器[①]，虽然步兵学院一度希望给每个步兵班配备 1 挺轻机枪，但美军最终还是由于不愿意为了 1 挺机枪就增加人员编制和弹药携带量而作罢。没有重武器，步兵班的整体火力有所削弱，不过这也意味着德军火力找不到打击的重点。11 名士兵组成的步兵班在冲锋过程中，既可以射击 11 个不同的目标，也可以集火攻击同一个目标。[7]

德军对 MG 42 机枪的依赖部分缘于第一次世界大战的影响[②]，同时也是对现实困境做出的妥协：二战期间，随着兵力不断损失，德军需要防守的战线反而变得更长，因此对 MG 42 机枪的依赖也变得更加明显。[8]虽然德军也少量装备了半自动步枪，但他们更青睐将重武器作为步兵班的火力支柱。MG 42 机枪射速极高，可以大幅提升每个班的整体射击速率。虽然 MG 42 在火力压制方面表现良好，但是却只能压制枪口所指的方向，因此机枪组很容易受到来自其他方向的攻击，这样一来德军步兵班就不得不安排 4 名配备普通栓动步枪的士兵去保护机枪手，导致进攻能力遭到削弱。

许特根森林枝繁叶茂，士兵很难确定自己的位置。确定方位的一个办法是查看贴在十字路口边、将森林划分成几个区域的界线地图。地图都是黑白的，标注得比较详细，但很容易因烂泥和雨水等外因而损坏。通常，每个排只能分到一张地图和几个指南针。然而，当携带这些装备的士兵负伤时，其他人通常

---

① 译注：Crew-served weapons，指需要两人或两人以上操作的武器，包括重机枪、迫击炮、无后坐力炮等。
② 译注：根据《凡尔赛和约》规定，德国作为战败国不得制造重机枪。

想不起来要把这些东西从他们身上拿出来，因此，在新的装备送上来之前，许多部队在推进过程中都没有地图和指南针。[9]

崎岖不平的地势和茂密的林木使得连、排级无线电几乎完全无法使用。在许特根森林里使用的无线电台是变频型的，只在视界范围内有效，无处不在的山岭、树木和其他地形障碍使这些无线电台失去了作用。为了躲避火炮的轰击，通信兵只能藏身于一些溪沟里，这时无线电信号也发不出去。无线电台的电池经常会失效，而天线不是在穿越森林时被树木剐断，就是被敌人的弹片给炸断，另外听筒也时常损坏。

第二次世界大战中，进攻部队在推进时非常依赖铺设好的电话线，但是在许特根森林的战斗中，这些电话线路根本用不了多久，很快就会被切断。被炮弹炸断、己方士兵不小心绊断、遭到敌军的故意破坏，这些都让负责保证线路畅通的通信兵疲于奔命。部队多次尝试人工传信，但是这些传令兵大多很快就牺牲了。

这就是第22步兵团在许特根森林中面对的人为和自然环境。在美军看来，自己拥有一支训练有素、指挥有方的精兵，需要对付的德军都是一些缺乏组织、训练不足的二流部队，而进攻地域不过是一片方圆六七千米的森林，这样的任务简直是手到擒来。可是，崎岖不平的地形、遮天蔽日的林木、恶劣的天气和猛烈的敌军炮火，这些因素交织在一起，让美军攻击部队的优势荡然无存，他们只能硬着头皮，投入到一场与美国内战时期的莽原之役相似的苦战当中。

第三章

第4步兵师和第22步兵团：建制沿革

　　第22步兵团，以及它的上级单位第4"常春藤"（Ivy）步兵师的历史、建制和规程，影响了该团在许特根森林中的表现。任何战斗都无法脱离实际环境，都是在一个由战略、战役和历史环境所限定的背景下进行的，作战单位的建制、训练和使用在这一背景中起决定作用。[1]

　　在两次世界大战之间，常备军中只有约四分之一的军官和半数的士兵在战术单位服役。[2] 许多单位只存在于纸面上，几乎所有单位都只有基干力量。于第一次世界大战中赢得荣誉的第4"常春藤"步兵师，在1923年之前只是一支有名无实的部队，根据编制表，该师本应有2个步兵旅，实际上只有1个，而且所有战时的团级部队都被撤销了。第8步兵旅是该师下辖的唯一步兵旅，其建制内的第8和第22步兵团直到1923年才转入该旅。这两个团也因此成了当时该师的全部作战力量，但依然分散驻扎在佐治亚州和亚拉巴马州全境的小规模驻地内。[3]

　　1927年，美国国会在不增加军队总规模的前提下扩充了陆军航空兵，因此一些地面部队遭到裁撤。第22步兵团1营就是一个受影响的单位，番号被撤销后士兵都被分配到了团里的其他单位。两年后，第22步兵团和第8步兵团实现了摩托化，每个缩编后的团都分到了1辆轿车、4辆越野车、15辆摩托车和50辆卡车。[4] 1927年，第34和第12步兵团成了该师的第三个和第四个步兵团。可是，第34和第12步兵团又在1933年调到了第8步兵师，第29步兵团成了第4步兵师的第三个团，第39步兵团填补了第四个团的空缺。1937年，第 8 团和第 22 团抽出部分士兵和装备组成一个暂编营，编入第 2 步兵师后参加了三三制师 ① 的测试。

1940 年 6 月 1 日，第 4 步兵师在佐治亚州的本宁堡（Fort Benning）正式成军，成为美国陆军的一支正规部队。在此过程中，第 4 步兵师交出第 39 步兵团，从原本的两两制师 ② 改编成了三三制师。[5] 此后，当 1941 年 10 月第 29 步兵团再次转隶本宁堡基地时，第 4 步兵师又换回了第 12 步兵团。到 1941 年 12 月底，第 4 步兵师下辖这些单位：3 个整建制的陆军步兵团（第 8、第 12 和第 22 步兵团）；4 个炮兵营，包括 3 个 105 毫米榴弹炮营（第 29、第 42 和第 44 野战炮兵营）和 1 个 155 毫米榴弹炮营（第 20 野战炮兵营）；1 个工兵营（第 4 战斗工兵营）；其他支援部队。第 4 步兵师各团具有摩托化经验，因此当年 8 月该师成为首批摩托化步兵师的一员，并且参加了 1941 年在路易斯安那和卡罗来纳举行的军事演习。

1940 年，师属步兵团和各部队中补充进许多志愿兵，8 月份，全师的兵力从 1939 年的 3500 人增加到了 8900 人。大量常备军的军官转入国民警卫队服役的时候，来自军官后备队（ORC）和预备军官训练团（ROTC）的军官填补了缺额。从 1941 年 2 月下旬到 3 月初的这 3 个星期里，主要来自纽约、新泽西和宾夕法尼亚州的 5300 名义务兵被编入了第 4 步兵师，使得该师达到了满员的战时编制。这些从招兵站直接入伍的士兵，没有接受过任何形式的训练，在把他们分配到各单位之前，必须要完成初级的基本训练科目。到 1941 年 6 月 30 日，全师兵力达到了 13800 人。[6]

第 4 步兵师的这批征召兵都是些单身汉，年龄在 21 ~ 35 岁之间，身体健康，受过良好的教育。由于该师属于摩托化步兵师，这些新兵的智力大多处于中上水平。在 1942 年 3 月之前，美国陆军航空队并不像人们通常认为的那样有权优先选择新兵，事实上在陆军里步兵和装甲部队招收到的高素质新兵的比例比其他部队更高。[7]

最初的几个月里，全师一直在致力于学习钻研摩托化作战理论，练习诸

---

① 译注：这是指 1 个步兵师直接辖 3 个步兵团，英文称为"三角形师"。
② 译注：这是指 1 个步兵师辖 2 个旅，每个旅辖 2 个步兵团，英文称为"方形师"。

如摩托化行军这样的基本科目。然而，最初并没有足够的资源开展训练。1941年 8 月，在路易斯安那的军事演习中，第 4 步兵师使用了借来的 1934 年款道奇卡车和雪佛兰 1.5 吨卡车。1941 年 10—11 月，南卡罗来纳州，在一场"艰苦、严格和非常艰难"的演习中，当时被称作第 4 摩托化师的第 4 步兵师与第 1 和第 2 装甲师协同，在包围卡姆登（Camden）时成功抵挡了兵力远超过它们的常规步兵师。[8] 在此期间，第 4 摩托化师还参加了空对地支援测试并派出士兵进行了机降步兵试验。[9]

这两次演习既成功淘汰了那些不能适应部队摩托化进程的军官，又明确了哪些军官可以胜任更高级别的岗位。1940 年 6 月—1942 年 7 月间，第 4 摩托化师共经历了五位将级指挥官，其中三位在陆军首次参战时调任作战部队指挥官，一位调任后勤部队指挥官，还有一位是两年后率领该师参战的雷蒙德·奥斯卡·巴顿（Raymond Oscar Barton）少将①，昵称是"塔比"（Tubby）。各团团长和下级军官的更替速度与之相近。[10]

1941 年 12 月 3 日，第 4 摩托化师返回佐治亚州本宁堡。该师人员只能在头脑中进行任意驰骋、油耗巨大的"演习"。12 月 7 日，这些"脑海中的演习"也宣告结束。12 月 29 日，全师移驻佐治亚州的戈登营地（Camp Gordon），那里专门为第 4 摩托化师建立了规模庞大的车辆调配场，以及宽敞的演习场。1942 年 6 月第二次卡罗来纳演习开始时，第 4 摩托化师拥有了满额编制的半履带车，机动车辆总数超过 2300 台，参加演习的官兵多达 15000 人。[11] 不过，在这次演习中第 4 摩托化师的戏份并不多。

1942 年，美军开始制定进攻非洲西北部的计划，行动代号"体操家"（Gymnast），第 4 摩托化师被列入了攻击部队的名单之中。考虑到第 4 摩托化师已经做好战斗准备，且可以随时调遣，美国陆军地面部队（AGF，Army Ground Forces）缩短了该师在卡罗来纳的军事演习，命令其返回戈登营地为这次海外行动作准备。当所有的装备都已就位、物资装箱完毕、所有方面都准备停当时，行动却被取消了。1942 年 12 月 25 日圣诞节那天，第 4 摩托化师又

---

① 译注：他率领全师参加了诺曼底"犹他"海滩的登陆战，随后还参加了解放巴黎的战斗、许特根森林战役和阿登战役。

接到命令：取消休假，准备向海外进发。但这次任务又告吹了。这些行动被取消主要是因为该师的规模过于庞大。第 4 摩托化师拥有将近 3000 台车，比一个步兵师多了 1000 辆。而且海运这些车辆所需船舶的吨位几乎与运送一个装甲师相当，但是第 4 摩托化师的战斗力又比不上装甲师。[12]

整个 1942 年，尤其是在 7 月之后，大批新兵被征召入候补军官学校（OCS），军官则用来组建新的部队。美国战争部（War Department）[①]从第 4 摩托化师抽调军官和补充兵力，以组建第 79、第 84 和第 85 步兵师，第 4 摩托化师的每个核心单位都被抽调了约 1100 名士兵。1942 年 9 月，美国陆军地面部队批准了第 4 摩托化师和其他多个师扩充至超编[②]15%，以弥补这些师抽走人手后产生的人力缺口。这些补充人员不仅包括军官，也包括士兵，确保了该师拥有足够维持训练的兵员人数。在准备向海外出兵时，各单位通过削减过剩的军官和士兵恢复至标准员额，确保只有最优秀的官兵才能随部队出征。[13]

士兵被调走后，会有来自补充兵中心和其他师的士兵补充进来。众多常备军和军官后备队的军官离开后留下的重要岗位，则由候补军官学校的毕业生接任。1942 年 3 月，首批来自本宁堡步兵学校的新毕业军官到任。虽然第 4 摩托化师是一个常备军师，但是 1943 年年初该师大部分官兵的服役年限都不足 2 年，其中包括在 1940—1942 年应征入伍的士兵。[14]

晋升的速度很快，没有足够的"老兵"可供分配。与此同时，许多战前入伍的士兵在适应不断变化的部队方面遇到了问题，战争期间要么被晋升或降级，要么就一直当二等兵。1942 年 11 月征兵法案被修改，除特殊情况外停止自愿应征入伍，而且加入该师的绝大多数士兵都是美国陆军预备役部队的人。征兵年龄则从 20 岁降到了 18 岁，而年龄超过 38 岁的士兵可以在适当的时候获准退伍，由更年轻的士兵来替换他们。可是，由于入伍标准的改变，一些半文盲和体能不足的士兵都开始入伍服役了。[15]

虽然远征军指挥官并未设想在不远的将来使用一个摩托化师，但是战争

---

① 译注：1947 年 9 月 18 日，该部更名为美国陆军部。该部的最高军事首长为陆军参谋长。
② 译注：此处原文为"overhead"，意为"日常经费"，可能是与"overstrength"一词弄混了。

部却在是否将第4摩托化师重新改编为"标准"步兵师方面犹豫不决。他们认为该师在机动作战方面来之不易的经验可能会付之东流，于是决定继续训练。[16] 1943年1—3月，师里的各单位都集中进行了进阶的小分队战斗训练，以及掌握和熟悉各类武器使用方法的训练，同时步兵还接受了游骑兵（Ranger）训练。游骑兵训练包括爆破训练、实弹演习和长距离徒步行军。4月，第4摩托化师移驻新泽西的迪克斯堡（Fort Dix），许多人认为这次调动就是为了向登船地点机动。在迪克斯堡，士兵们努力提高诸如徒手格斗和白刃战等近距离作战技巧，同时还接受了体能训练。小分队训练仍在继续，6月该师以徒步和摩托化开进的方式移师贝尔普莱恩州立森林公园（Belleplains State Forest），在这里全师官兵再次熟悉了坦克及坦克战术，还演练了进攻要塞地区。7—8月间，该师还以班为单位进行了大量能力测试，并且学习军事情报课程，加强侦察巡逻、急救和识别外国地图方面的训练。[17]

当战争部意识到不会有远征军指挥官需要第4摩托化师这样的部队后，这个"亚摩托化"（demotorized）的师在1943年8月被改编为步兵师，该师从"碾压的老四"变成了"溜达的老四"。情况很快就明朗了，战争部要求第4步兵师为两栖作战做好准备。9月份，该师进驻佛罗里达州的戈登·约翰逊营地，在那里进行两栖作战训练并练习游泳。[18]

接下来该师又移师南卡罗来纳州的杰克逊堡（Fort Jackson），为远征海外做准备。在短暂的驻留期间，部队以体能训练为主要手段，提升单兵的耐久力。身体状况达不到要求的士兵就会被淘汰，由新来的士兵取而代之。一个多月后，第4步兵师乘火车抵达新泽西州的基尔默营地（Camp Kilmer）以做最后的准备。在此期间，士兵们要进行另一次体检并重新校准他们的武器。[19]

1943年，第4步兵师共有451名军官和技官由于各种原因离队，占军官总数的50%。离队士兵数量为3555人，占士兵总数的20%。为了填补缺额，共补充了487名军官和3877名士兵。调走士兵是为了给陆军专业训练计划（ASTP）和候补军官学校（OCS）输送人才，同时还可以让年龄超过38岁和执行力有限的士兵退伍。1943年5—7月间，共有893人离开第4步兵师，但并非全部是由于陆军专业训练计划。12月，311名士兵由于身体条件不符合海外服役要求而被迫离队。[20]

1944 年 1 月 18 日晨，第 4 步兵师搭乘"开普敦城堡"号（*Capetown Castle*）、"弗朗科尼亚"号（*Franconia*）和"乔治·华盛顿"号（*George Washingdon*）离港出海。1944 年 1 月 29 日，该师抵达英国利物浦。两天后，师长巴顿将军在其参谋的陪同下宣布，第 4 步兵师被指定为进攻法国的突击师中的一个。根据编制及装备表，每个突击师都为野战炮兵配备 M7 自行榴弹炮，为步兵的 57 毫米反坦克排配备半履带车，用 150 辆 M29 "鼬鼠"（Weasel）履带式装甲车替换相同数量的吉普车。为了确保第 4 步兵师能完成这次进攻任务，巴顿将军命令参加首波抢滩登陆的第 8 步兵团和第 22 步兵团 3 营到布朗顿（Braunton）的美军突击训练中心（Assault Training Center）进行两栖作战的专业训练，学习如何突破刺猬式防御和坚固的筑垒地域。[21]

考虑到补充兵需要熟悉他们要去的部队，每个突击师接收的 2500 名补充兵，将与他们以后会加入的连队一同训练。第 4 步兵师的各步兵连在"犹他"海滩登陆时实际兵力是编制兵力的 120%，这额外的 20% 兵力是在补充兵体系运转起来之前弥补人员伤亡用的。整个 6 月，未能参加抢滩突击的团属军官、士官和士兵，以及"剩余"的补充兵被用于填补参战部队遭受的损失。从 7 月份开始，第 4 步兵师与其他所有师一样，不得不依赖陆军的补充体系来弥补兵力损失。通过研究第 22 步兵团在 6—7 月间的晨间报告可以看出，第 4 步兵师各团一次性（而非陆陆续续）补充了 250 名士兵、士官和军官，这种兵力补充方式一直持续到相当数量的伤员伤愈归队。陆军的兵力补充体系显然运转良好：即便第 4 步兵师的步兵数次遭遇重大伤亡，全师的兵力也从未低于编制人数的 80%。[22]

1944 年 6 月 6 日登上诺曼底的"犹他"滩头之后，"常春藤"师投入了解放瑟堡和科唐坦半岛的战斗，在两个月内全师步兵单位的伤亡超过了编制兵力的 100%。在率先向圣洛发动突击的过程中，第 4 步兵师成了一支准摩托化步兵师，他们一路追击德军，解放了巴黎，并在 9 月份攻入德国，成了首批踏上德国领土的美军部队之一。10 月，第 4 步兵师负责警戒阿登—蒙绍（Ardennes-Monshau）森林这一广阔区域，在此期间全师官兵得到了一段相当平静的修整期，这段时间恰好可以让那些新来的补充兵更好地融入各自的单位之中。到 11 月，在第 4 步兵师加入第 7 军，准备对鲁尔河发动攻击之际，全师已经从诺曼底战役期间的重大伤亡中恢复了过来。[23]

接下来就要谈到第 22 步兵团了。这支部队有着悠久而卓越的传统，其历史最早可以追溯到 1886 年 9 月 21 日。其早期取得的荣誉包括 5 次参加印第安战争，美西战争期间该团是首批在古巴登陆的部队之一。从 1900 年至 1905 年，第 22 步兵团大部分时间都在菲律宾进行反游击作战。1906—1917 年，第 22 步兵团先是参加了旧金山大地震的救灾工作，接着又被派往阿拉斯加执行任务，之后在美墨边境驻守了 5 年，其间该团士兵大部分时间都是在营帐中度过的。[24]

与许多常备军的步兵团一样，第 22 步兵团也未曾亲历第一次世界大战的战斗。第一次世界大战期间，该团负责警戒新泽西州的"霍博肯港区"（Docks of Hoboken），并且在首都华盛顿组建了被非正式地称为"国会卫队"的警卫部队。在两次世界大战之间，该团第 1 营被撤编，团里的其他单位也在佐治亚州的麦克弗森堡（Forts McPherson）和奥格尔索普堡（Fort Oglethorpe）之间往返调动，并在亚拉巴马州的麦克莱兰堡（Fort McClellan）和路易斯安那州的博勒加德营地（Camp Beauregard）训练国民警卫队及预备役部队，管理民间资源保护团（Civilian Conservation Corps）的营地，协助红十字会。由于财政预算的限制，战前陆军将每年军事演习的时间限制在一个月内，而且由于弹药缺乏，每年只能进行一次实弹射击。1937 年，美国陆军将该团的两个现役营合并为一个暂编营，以检验三三制师的效果，第 22 步兵团进行了扩编后的训练。1940 年，第 1 营在麦克莱兰堡恢复现役，1941 年 2 月该团从那里移驻本宁堡。[25]

1940—1941 年，来自军官后备队的军官和应征入伍的士兵不断加入该团。在美国训练时，第 22 步兵团先是驻扎在佐治亚州本宁堡。进行摩托化改造的初期，该团再次被派到佐治亚州的戈登营地，在那里一直驻扎到 1943 年 4 月。其间，全团还参加了 1941 年和 1942 年在卡罗来纳举行的军事演习，并在新泽西州迪克斯堡进行了专门的步兵训练，到佛罗里达的戈登·约翰逊营地进行了两栖作战训练，之后又到南卡罗来纳州的杰克逊堡完成作战预案，最后来到新泽西的基尔默营地为向海外调动做最后的准备。与第 4 步兵师一样，诺曼底登陆前第 22 步兵团也更换了数任团长。在 1941 年第一次卡罗来纳演习之后，艾伯特·塞缪尔·皮克（Albert Samuel Peake）上校离任，接替他的是绰号"老爹"的乔治·哈顿·威姆斯（George Hatton "Daddy" Weems）中校，他在 1942 年 2 月卸任。诺曼底登陆时指挥该团的赫维·奥尔德里奇·特里博莱（Hervey

Aldrich Tribolet）上校是在 1942 年 2 月 18 日接任团长职务的，在登上法国海岸之前，特里博莱有两年半的时间来领导这支部队。在卡罗来纳的军事演习中，特里博莱上校曾任第 12 步兵团 1 营营长。1943 年年初，离团士兵的人数大大减少，第 22 步兵团人员名单也趋于稳定。然而到 1944 年 6 月 6 日，在全团的 209 名军官中只有 8 名是常备军军官（其中 5 名是军事学院的毕业生，3 名是预备军官训练团的杰出荣誉毕业生），3698 名士兵中只有大约 290 人是战前入伍的常备军老兵。[26]

1943 年 12 月，全团上下都被即将调往海外的命令给惊到了。正如团史中记载的那样："官兵们认为自己不可能会被派往海外，即便这种可能不是不存在……因为这是一个众所周知的事实，全团的平均年龄超过了 28 岁，而且他们认为'年龄偏大的部队无法打仗，他们的体能达不到要求了'。"[27]

第 22 步兵团乘坐的"开普敦城堡"号于 1944 年 1 月 29 日抵达英国，他们随后接受了更多的强化训练，将爆破、防炮击、在敌机枪火力下运动等科目都结合到各类实弹演习之中。虽然在演习过程中遇到了些许意外事故，但是得益于指挥有方和对细节的关注，发生意外的概率一直保持在最低限度。盟军在英国南部还进行了两次两栖突击（演习），在最后一次于斯拉普顿海滩进行的代号为"老虎"的演习中，德军鱼雷艇突然出现在坦克登陆舰群之中，它们击沉了两艘坦克登陆舰，击伤了另一艘，参加此次演习的部队大约有 700 人死亡。[28]

第 22 步兵团 3 营在"犹他"海滩登陆时位列第二攻击波，其余的营在后面几个波次中陆续上岸。从登陆日到 7 月 31 日，该团各战斗连队的 2513 名"老兵"中，有 1814 人阵亡或负伤，加上补充兵后总伤亡人数达到了 3439 人。在不到两个月的时间里，第 22 步兵团的伤亡人数就超过了其在诺曼底登陆时的总编制兵力。[29]

从 8 月至 9 月中旬，该团的战斗形式通常是在开阔地形上快速运动。9 月，该团突破"齐格弗里德"防线，在继续向布兰德沙伊德（Brandscheid）推进时遭遇德军顽强阻击，只能花时间防御其在阿登的占领区。在 3 个月时间里，全团共有 1174 人倒在了突破、追击、穿越法国及攻克"齐格弗里德"防线的过程中，这个数字大概相当于全团总兵力的 30%，平均每月的伤亡比分别为 12%、15% 和 3%。到 10 月底，士兵们已经习惯于快速推进，在炮兵和装甲部队的掩护下，全团的伤亡人数远低于6、7月份。随着时间的推移，少量补充兵断断续续抵达，这使团里的各单位能够妥善分配新兵，并让他们很好地融入集体中去。更重要的是，团里许多在6、7月份的战斗中负伤的官兵康复后开始归队。[30]

在阿登驻防期间，大兵们享受到了通常难以企及的待遇：淋浴、电影、红十字会的医疗设备和劳军联合组织（USO）的表演，更不用说还可以收到家乡寄来的信件、品尝到热食了。11月中旬，这支久经沙场的队伍士气高涨，且基本齐装满员。[31]

建制

1944年，美军步兵师的编制兵力为14253名官兵。此外，从6月6日起第4步兵师还配属了1个坦克营、1个坦克歼击营和1个防空营。在诺曼底登陆首日，该师拥有2个坦克营、2个坦克歼击营，以及1个特种工兵旅和1个防空营。11月进攻许特根森林时，如图表1所示，第4步兵师编制表上的总兵力为20058人，加上配属部队后的实际兵力为17217人。[32]

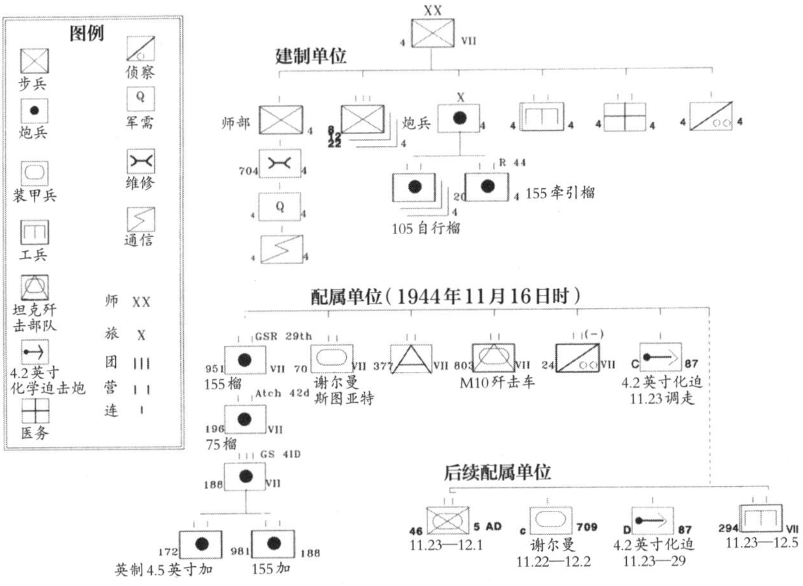

图表1：第4步兵师的编制，1944年11月16日—12月3日

　　每个步兵团实际上都是一个微型师，更确切地说是得到配属部队加强的团支队，团的配属部队除了编制上小一些外与师配属部队并无本质区别。1944年，一个步兵团的编制兵力是3118人，外加135名医护人员。步兵团的主要战斗力是3个步兵营，每个营辖3个步兵连、1个营部和营部连，还有1个重武器连。此外，每个团还有1个装备105毫米榴弹炮的轻型炮兵营提供直接火力支援。另外，每个团还有1个医务连。这样步兵团的编制就回到了1942年中期的水平。与师一样，各团同样根据需要得到了工兵、野战炮兵、坦克和反坦克部队的加强。[33]

　　第22步兵团在1944年11月16日进入许特根森林，当时拥有大量配属部队，战斗期间又得到了加强。在战斗最激烈的时刻，该团配有1个炮兵营、2个坦克连、1个坦克歼击连、1个工兵连、1个重迫击炮连、1个装甲步兵营，还有1个医护连。[34]

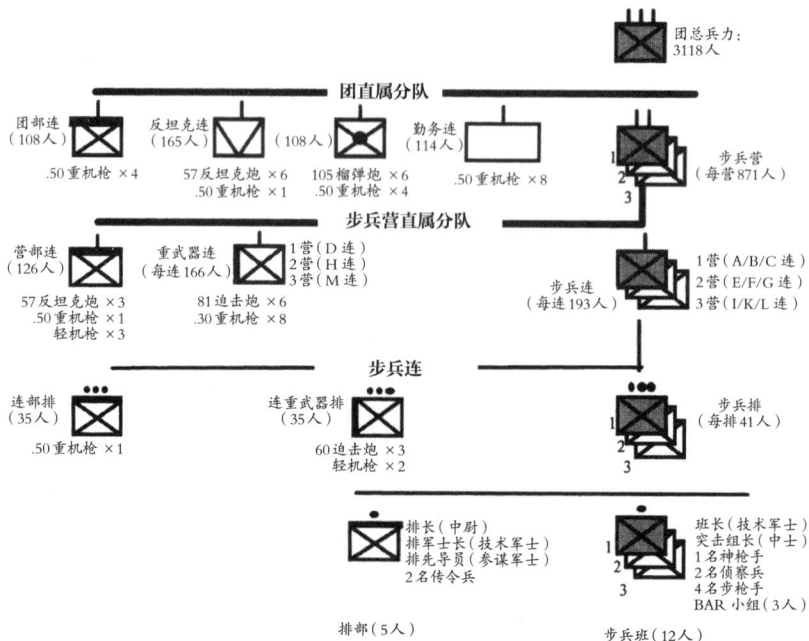

图表2：步兵团的人员与装备编制（资料来源：Infantry Regiment TOE 7-11, 15 July 1943; Infantry Battalion TOE 7-15, 26 February 1944; Rifle Company TOE 7-17, 26 February 1944）

在无线电呼号为"Red"的1营中，A连（Able）、B连（Baker）和C连（Charlie）是步兵连，D连（Dog）是重武器连。2营的呼号是"White"，辖E（Easy）、F（Fox）和G（George）3个步兵连，重武器连是H连（How）。3营的呼号是"Blue"，所辖的步兵连分别是I连（Item）、K连（King）和L连（Love），M连（Mike）是重武器连。步兵团的支援连队包括1个加农炮连、1个反坦克连、1个勤务连，还有医务分遣队（为每个营分成几个分队，另有1个救护所），以及团部和团部连。步兵连中有1个连部，下辖1个重武器排和3个步兵排。[35] 由于一直处于战斗最前沿，陆军地面部队的伤亡人员近90%来自步兵排。

排长通常为中尉军衔，每个排有3个班，每个班有12人，排部另有5个人。每个班有2名士官（NCO）、2名侦察兵、1个由3名士兵组成的勃朗宁自动步枪（BAR）小组，还有5名步枪手。每个排里还会指派一名士兵担任狙击手，配备一支斯普林菲尔德M1903A4狙击步枪。除了狙击手和BAR自动步枪手外，其他人都使用M1加兰德半自动步枪。

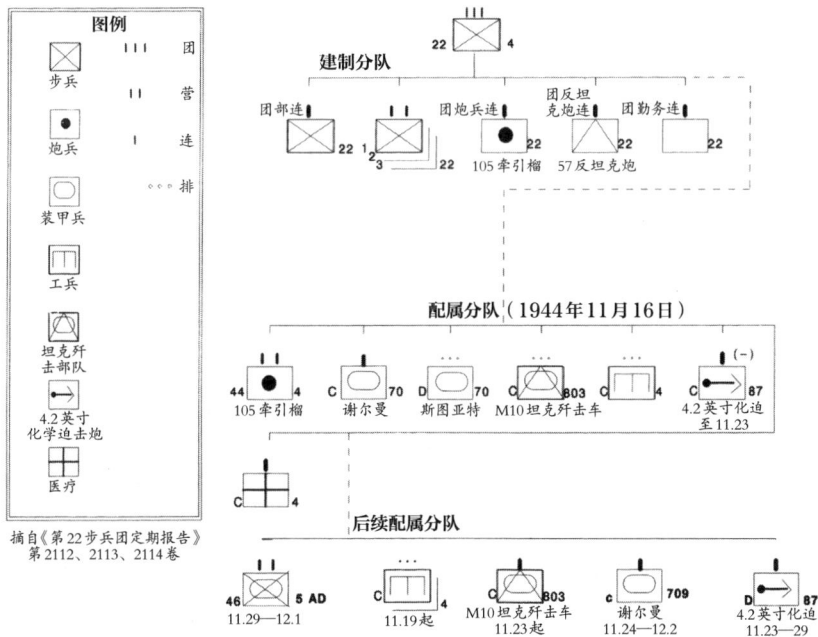

图表3：第22步兵团的编制，1944年11月16日—12月3日

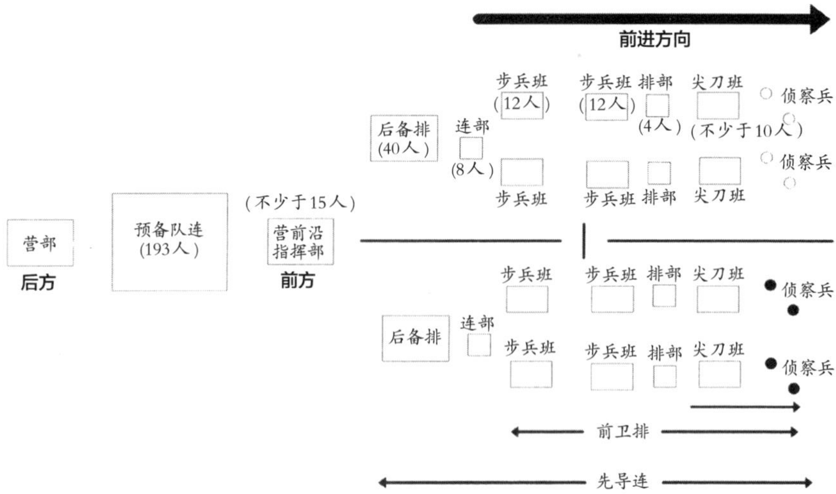

前进方向

步兵班（12人）　步兵班（12人）　排部（4人）　尖刀班　侦察兵（不少于10人）

后备排（40人）　连部（8人）

步兵班　步兵班　排部　尖刀班　侦察兵

营部　后方

预备队连（193人）

营前沿指挥部　前方　（不少于15人）

步兵班　步兵班　排部　尖刀班　侦察兵

后备排　连部　步兵班

步兵班　步兵班　排部　尖刀班　侦察兵

前卫排

先导连

图表4：1944年时典型的步兵营进攻阵形

　　虽然每个排的编制内都有 3 支勃朗宁自动步枪，但是步兵排的火力支柱还是射速较快的 M1 半自动步枪，一名出色的步枪手使用 M1 精确射击时可以打出每分钟 20 ~ 30 发的射速。以此类推，11 名 M1 步枪手每分钟就能打出 220 ~ 330 发的子弹。为步兵排提供火力支援的是重武器排，这个排装备了 3 门 60 毫米迫击炮和 2 挺 7.62 毫米机枪。[36]

　　通常来说，步兵排和步兵连都是作为它们的上级——营的所属单位投入战斗的。更确切地说，它们很少独立作战，而是在所属营部的指挥下作战。既然营是师的基本战术模块，那么接下来我将简要分析营的战术方法和实施战斗的步骤。图表 4 阐明了二战时期一个步兵营的典型攻击阵形，由两个连打头阵，一个连作为预备队。前两个连通常会选出一个或两个排充当前卫部队，前卫排再指派一个充当尖刀的班，每个尖刀班再派出两名探路的侦察兵。[37] 一个营进攻的成败很大程度上取决于那些在部队最前方推进的极少数士兵，如果尖刀班和前卫排被敌人压制住的话，整个营的进攻很可能会陷入困境。

规章制度

陆军中每支部队的编制都是依照条令的规定来确定的。重要的是如何在组织的运作过程中落实这些条令条例，以及指挥层将重点放在了何处。因对后方部队实行严苛的着装规范而在士兵中臭名昭著的乔治·巴顿将军，同样因其对第3集团军将士的体恤照顾而著称。正如随后要讨论的那样，第12集团军群曾一度宣布待命士兵将根据需求分派，而不会提前确定去处，第1集团军却不顾这一声明，竭力要求步兵回到他们的原单位。第22步兵团的作战日志中有320页手写稿用来记录许特根森林的18天战斗，这个不同寻常的细节反映了一种高度的专业精神。[38]

晨间报告记录了一个连队的日常琐事——领受的任务、离队人员、军衔升降、伤亡人员、归队人员，以及连队位置、当前状况和兵力（尽管后者在大多数情况下会可悲地失去时效性），它是连队方面最重要的文件。晨间报告完成并经确认后，就会被编译成电码通过电报发送给上级指挥部，并最终作为历史记录保存在战争部部长助理办公室。关于士兵状态变化的所有条目，都通过设置在军级和集团军级相关部门的读卡机（MRU），输入到IBM打孔卡上。以上所列的每项事务都需要一张卡片，这些卡片可以让上级组织掌握近乎实时的数据，而其他国家的军队几乎不可能通过传统方法达到这样的效果，除非耗费极大的精力。[39]

晨间报告中的兵力是对每天增减员的情况加以调整后得出来的。战斗中负伤的人员一经师部的医疗后送站处理，就会被从连队花名册上删去，而非战斗减员中的伤员则在离开作战单位5天后才会被连队除名，后勤兵站的伤员则更久一些，离队60天后才会被连队除名。上级指挥部将下级单位上交的晨间报告进行整合，根据整理后的数据来决定补充兵的数量，并且在48小时内将补充兵分派到出现减员的部队。从1944年11月开始，人事部门可以通过预先申请补充兵来弥补预估的兵力损失，以确保各单位维持相对稳定的兵力。[40]

当部队出现缺额并向上级递交申请时，伤愈的士兵就会回到原单位，而且优先考虑在部队服役时间最长的人。这或许会在某些特殊的岗位上造成人员空缺的积压，但是对通常要分配到步兵连或重武器连的所有步兵来说，在被安排回原部队之前，他们待命的时其实非常短暂。[41]

以第 22 步兵团 1 营 A 连为例，可以看出部队减员和兵力补充的情况，我们注意到诺曼底登陆首日全连官兵共有 229 人。如图表 5 所示，在 6 月 6 日至 11 月 16 日间，A 连最初的那批官兵中有 44 人阵亡、18 人失踪或推测被俘、144 人负伤，还有 36 人属于非战斗减员，这期间有 82 人返回部队。同期，包括补充兵在内，A 连的伤亡总数是 70 人阵亡、41 人失踪、235 人负伤，另有 91 人属于非战斗减员。到 11 月 6 日时，A 连参加诺曼底登陆的老兵仅有 54 人还留在连队内。11 月 16 日，A 连只有 54 人属于最初的编制兵力。在这一时期，A 连得到的补充兵力为 275 人，另有 132 人伤愈归队。11 月 16 日，A 连的总兵力是 145 人。[42]

从远征欧陆开始，第 4 步兵师上下就致力于让伤愈的士兵返回原单位。在出兵海外之前，一些士兵由于食物中毒而染病，巴顿少将亲自去医院探望了他们，并承诺他们康复后都可以返回原来的部队。然而在这批士兵康复前，第 4 步兵师就已经乘船前往英国，这批人只得搭乘"马拉坦尼亚"号（Maratania）出海，向已经移师海外的部队报到。在战斗中同样如此，无论第 4 步兵师在哪个战场，或是归属哪个军、集团军和集团军群指挥，康复的官兵都返回了原部队。[43]

对步兵来说，持续不断的战斗令他们时常处于紧张状态，负伤很可能并不只有一次，而是每场战斗中都有可能倒下，在他们因阵亡或重伤被后送之前，这种担忧一直困扰着每个人。正如詹姆斯·琼斯（James Jones）所说，当时他接受了这样的事实，那就是他的名字被记录了下来。第 22 步兵团 A 连参加诺曼底登陆的 229 名官兵，在最初的 6 个月战斗中有 298 人次被列入伤亡名单（阵亡、失踪、被俘或是因重伤必须撤离战场），许多人负伤不止一次。在这份名单中，有 70 人后送 1 次，50 人后送 2 次，10 人后送 3 次，还有 2 人（其中 1 人是二级军士长）后送了 4 次。通过查阅 A 连的晨间报告可以发现，有些从医院返回的士兵通常在当天或次日又作为非战斗减员被后送。[44]

从 8 月份开始，一些归队士兵在执行勤务方面受到了一定的限制，然而步兵连并不需要无法执行任务的士兵。团营连三级指挥官们尽其所能地保护这些"没有变化"的归队者，（伤愈归队的）步兵要么给厨子打下手、当邮递员，要么被调到勤务连或指挥部，许多时候（他们）被降职为二等兵。士兵们某天刚归队，但是次日的晨间报告中显示他又被调离步兵连前往其他单位，

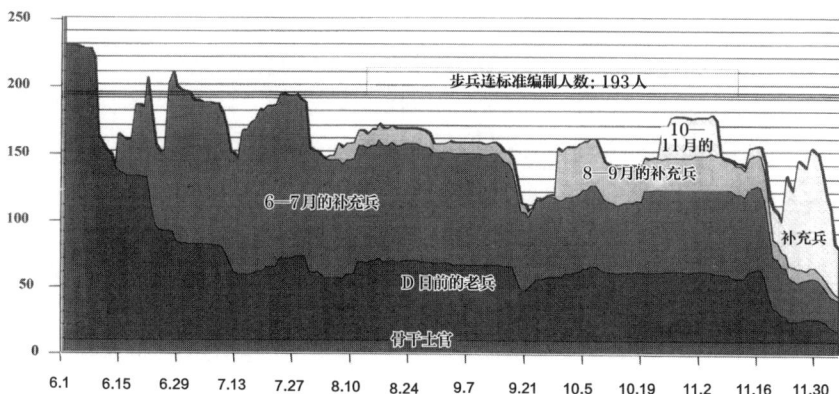

图表5：第22步兵团A连人员构成，1944年6月6日—12月5日

这样的例子屡见不鲜，或许这就是在步兵连兵力不足的情况下指挥机构却始终超编的原因。[45]

在短短4年时间里，第4步兵师就经历了数次大幅度的编制调整：从4个团的两两制师转变成了3个团的三三制师；在摩托化战术仍处于发展阶段时被改编为摩托化步兵师；再从一个摩托化步兵师调整回标准的步兵师；最后由标准的步兵师转变为一个受过两栖登陆作战训练的步兵师。也许第4步兵师在诺曼底登陆前所接受的训练和采用的编制使其与其他步兵师有所不同，但即便如此，该师依旧在各处战场上蒙受了重大伤亡。

尽管在1942年和1943年，第4步兵师有许多官兵被调到新的部队充当骨干，可有许多人对当时该师从一个步兵师转变为摩托化步兵师，以及由此产生的技战术发展记忆犹新。此外，高强度的训练不只在相关部队中进行，步兵还要与装甲部队和反坦克部队进行多兵种协同训练，而接受近距空中支援训练的经验也将在未来的战斗中发挥不可估量的作用。士兵和指挥官都必须灵活应变，即兴发挥成了一种艺术。在各级单位中，这种进行调整的能力塑造出了一批思维灵活，能适应不断变化的局势的指挥官。

第4步兵师初入战场时之所以所向披靡，从德军的海岸防御工事一直打到瑟堡，并在繁密的树篱中杀出一条血路，具备这种能力就是原因之一。在突破德军封锁的圣洛之战中，第 22 步兵团临时配属第 2 装甲师，而第 3 装甲师 B 战斗群则接受第 4 步兵师指挥。[46] 即使是在六七月份蒙受重大伤亡后，得益于战前接受的摩托化训练，第 4 步兵师的老兵和资深军官也没有遗忘作为机动师的相关经历，这使其在法国的突破和追击作战中获得了巨大成功。[47]

第四章
第74军和下属各师：建制沿革

今天，第22步兵团与它在许特根森林中的德军对手的比较已经非常全面了。在编制、部队领导、新兵征募、意志、装备以及战术条令上，美军和德军之间存在着鲜明的差异，但迄今为止，史学家们未能透过表象充分认识到这些差异。理解这些差异，不仅有助于我们了解许特根森林之战，还能加深我们对1944年欧洲战区地面战斗的认识。

"齐格弗里德"防线的德军

1944年6月6日，盟军在诺曼底登陆。德军对盟军扩大登陆场的行动展开了坚决抵抗，在接下来的6周内，双方军队不断集结，进行了一场残酷的消耗战。7月20日，当这场战斗进行到最高潮时，一群德国军官发起了暗杀希特勒的行动。行动失败后，希特勒下令对军官团进行清洗，并因此加强了纳粹党对德国武装力量的控制。正如我们将要看到的那样，失败的刺杀行动以一种极不寻常的方式，削弱了德国元首和高级将领在普通士兵中的威望。不久之后，德军在诺曼底的防线被攻破，巴黎光复，盟军部队兵临"西墙"（"齐格弗里德"防线）。

1944年9月，从法国撤退到"齐格弗里德"防线的德军，是由各支打了败仗、残缺不全的部队混编而成的大杂烩。遭到重创的各师被合并成战斗群（Kampfgruppen），士兵来自各军兵种，缺乏装备。例如，当德军撤退到"齐格弗里德"防线时，武装党卫队第1装甲军只剩下1辆可使用的坦克，而第74

军只剩 1 门完好无损的大炮。兵力损失亦相当惊人，在 1944 年 6—9 月间，德军损失了 60 多万人，其中除了阵亡、负伤和被俘人员外，还包括被盟军绕过的西线各要塞内的守军。根据第 7 集团军参谋长鲁道夫·克里斯托夫·冯·格斯多夫（Rudolf Christoph von Gersdorff）少将的说法，对德军来说值得庆幸的是，各集团军、军、师以及大部分团级参谋机构与许多部队的骨干，都在撤退中设法逃了出来。[1]

漫长的撤退过程中，德国士兵毫无士气可言，而且对许多人来说，此时的德国陆军几近于毫无纪律的乌合之众，只想着尽快撤到德国边境。从法国撤退的行动几乎完全失控，来自各部队的陆军和空军士兵竞相争夺道路。德军各师师长为了防止部队彻底崩溃，强令下级尽力掩盖各种问题，诸如士兵不向军官敬礼，部队指挥官醉酒后向他们的哨兵开枪，武器"意外"走火射伤其他士兵，团里的军士长不上前线，"德意志同胞"（Volksgenossen）盗窃军需物资，后方的驻防部队士兵公开与女性交往，等等。当将军和上校们意识到必须解决这些问题时，他们所指挥的部队已经处于土崩瓦解的境地中。此外，大部分士兵认为他们刚刚在诺曼底战败，正从法国溃退，而陆军高层密谋反对希特勒的行动是对前线将士的"背叛"，对战事毫无助益。[2]

双方士兵都相信战争将会在 12 月份结束，然而当盟军推进到帝国边境时，在数周前已被打垮的德军师团如今又重新组织起来，守住了深入德国的门户。这些德军部队似乎是仓促间重新整编的，那么重建这些部队的兵源来自哪里呢？[3]

1944 年 9 月初，在德军野战部队从法国撤退之际，德军最高统帅部根据阿道夫·希特勒的命令，将国内正在训练的各师，以及警察部队和空军地面部队，调到漫长的"齐格弗里德"防线上进行防御。国防军指挥参谋部为那些从法国前线撤回的师划分好了防区，在到达"西墙"后能立即投入防御，而由其他遭到严重损失的部队组成的战斗群，则归这些幸存的师部指挥，至少暂时如此。

如果德军能于 1944 年 8 月到 9 月间，在马斯河畔挡住盟军，那么许特根森林之战也许就不会发生了。这些部队派出侦察队返回"西墙"检查他们的防区，并与当地的守备部队进行协调。大体上，第 7 集团军的防区北起亚琛

（Aachen）北部的荷兰边境，向南穿过许特根森林和阿登森林，直至卢森堡的维尔茨（Wiltz），绵延约130千米。最初配属到该区域的3个军由北至南分别为第81军（辖第49步兵师和第353步兵师，以及一辆坦克也不剩的第9装甲师和第116装甲师）、本书的研究对象第74军（辖第89步兵师和第347步兵师），以及辖武装党卫队第2装甲师和国防军第2装甲师残部的武装党卫队第1装甲军。[4]

调派给第74军占领防御工事的部队是来自亚琛的第253补充团，隶属第526补充师，包括4个营，工兵营由德国军官和士官指挥的苏联战俘组成，另外还有一些杂七杂八的单位。在从法国撤回来的部队到达之后，第526师调整了所辖部队的防区范围，以免和新到部队的防区重叠。除了这些训练单位，防区内的反坦克部队和炮兵也将与从法国撤回来的部队合并。第7集团军司令埃里希·布兰登贝格尔（Erich Brandenberger）装甲兵上将，让手下的军长和师长们自己决定是将这些训练补充单位以营连形式整编入各团，还是将它们打散后编入那些兵力不足但是经验丰富的一线部队，让士兵和部队的混编工作围绕现有的指挥官、参谋人员和残存的骨干进行。[5]

即便补充了这些训练单位，各师的兵力依旧远远低于正常编制，因此德军最高统帅部将各种类型的部队都编入了这些师，其中包括德国空军的要塞营、陆军的要塞营和要塞机枪营，由伤愈归队的士兵或有特殊病历（诸如肠道疾病或听力问题）的士兵组成的勤务能力有限的营，以及掉队者收容站收容的士兵。从法国撤回来的各师，即便是在编入了这些令人不放心的部队后，兵力和装备依旧严重不足。战争进行到这个阶段，德国陆军已然无力补充其各师在兵力和装备上的缺损了。[6]

编制

下文将引述第74军下属单位的作战记录——从部队成军到许特根森林之战的全过程，从中可窥见在这场绞肉机式的消耗战中，轮流参战的德军各师及其官兵的团队凝聚力、士气以及作战效率。

美军第22步兵团在许特根森林中的交战对手——德军第74军，是在14个月前的1943年8月才组建的。第74军军长是埃里希·施特劳贝（Erich

Straube）步兵上将，该军最初的职责是控制德国在法国布列塔尼（Brittany）
的占领区。诺曼底战役期间，第74军下辖的大部分师都调配给其他的步兵军
并投入了在科唐坦半岛的战斗，而军部则留在后方管理铁路运输，将部队输送
到战区。盟军突破诺曼底的德军防线后，施特劳贝率领军部，带着第89步兵
师和第347步兵师的残部，于9月初撤回了"西墙"防线上预先设置好的阵地。
没过多久，第353步兵师的残部也被编入第74军，而原先在此驻防的训练补
充师解散后，其人员被补入这3个野战师中。补充师的参谋人员回到后方，重
新开始训练补充兵力。[7]

第347步兵师位于第74军防区最南端，这个在1942年按照德军第20批
次步兵师标准组建的师，最初是一个三团制的守备师，驻扎在荷兰。1943年，
第347步兵师抽调一个团去挪威组建新的师，全师还剩下4个步兵营。盟军在

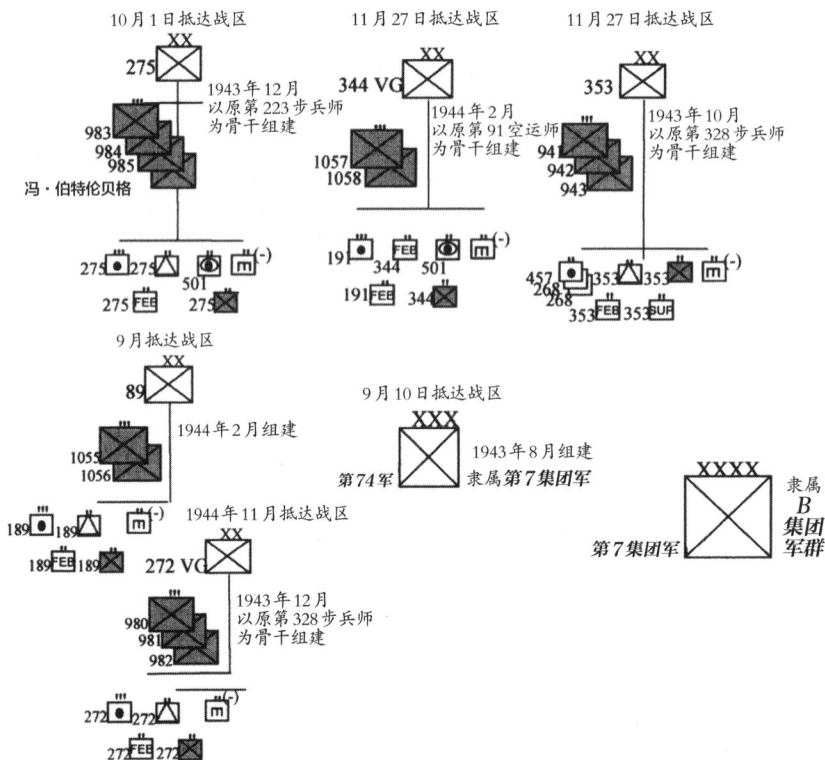

图表6：第74军的编制，1944年11月16日—12月4日

诺曼底登陆后，第347步兵师在第15集团军建制内投入战斗，被重创后从法国撤退。1944年9月，该师抵达蒙绍附近的"齐格弗里德"防线时，几乎只剩下一个空架子了。此后的一个月内，该师变更番号为第347国民掷弹兵师，补充了1个训练团、1个要塞营和1个"胃病"营，根据师长的记载，新加入的部队令全师兵力增加了10倍。11月，第347国民掷弹兵师调防到梅斯附近的萨尔地区。[8]

德军第89步兵师占据着第74军防区中部，即蒙绍与施密特（Schmidt）之间的村落。第89步兵师是按照1944年德军第25批次步兵师标准组建的部队，成军时间不足8个月。1944年1月，该师在一个加强步兵团的基础上扩编，编制上类似于轻型师，其步兵实力为2个步兵团，每团有3个步兵营。第89步兵师成军后的最初4个月是在挪威度过的，部队忙于组建和训练。

盟军在诺曼底登陆之后，第89步兵师转移到了鲁昂—勒阿弗尔（Rouen-Le Havre）地区，并在那里一直战斗到8月份，全师几乎被英国空军和地面部队消灭殆尽。在撤退到"齐格弗里德"防线时，第89步兵师的一线战斗兵力只剩下350人，其中还包括所有早先充当步兵使用的工兵和炮兵。

进驻"齐格弗里德"防线后的第一个月，第89步兵师就组建了1个1500人的训练团（不久变更番号为第1055掷弹兵团）、1个民兵营[①]、3个空军要塞营、1个来自第526补充师且由苏联"志愿者"组成的营级单位，以及1个配备了75毫米牵引式火炮的反坦克连。整个9月，第89师在"齐格弗里德"防线上的防区相对而言较为平静，然而这种平静在10月中旬被打破了，美军第9步兵师的部队向该地区发动进攻，将德军赶出了茨韦法尔镇（Zweifall）和勒特根镇。11月初，第272国民掷弹兵师开始与第89师换防，但是当时美军第28步兵师穿过森林向施密特发动进攻，第89师的步兵得到解脱的期望破灭了。第7集团军取消了部队换防，第89师的士兵们仍然要待在战场上。[9]

---

① 译注：Landesschützen 在德语中泛指上了年纪的（至少40岁以上）有服役经验的老兵，二战末期德军在后方将许多参加过第一次世界大战的老兵组织起来成立地方守备队，但与属于正规军的预备役部队不同，这样的部队即便是在理论上，也充其量只能守备地方。

把守第 74 军防区最北端的是第 353 步兵师，师长保罗·马尔曼（Paul Mahlmann）中将。正好在一年前的 1943 年 10 月，按照德军第 21 批次步兵师标准，在第 328 步兵师残部的基础上组建了第 353 步兵师。前者早先在东线的战斗中遭到了重创，随后获得了补充。第 353 步兵师辖 3 个两营制的步兵团、1 个炮兵团、1 个侦察营、1 个工兵营、1 个反坦克营和 1 个通信营。1944 年 6 月 6 日，驻扎在布列塔尼海岸附近的第 353 步兵师接到了盟军登陆的警报，部队开始向诺曼底运动。整个 6、7 月份，马尔曼的师在科唐坦半岛和圣洛地区与美军第 1 集团军所部进行了战斗。尽管在法莱斯包围圈中有许多德军部队被盟军包围，可第 353 步兵师师部和下属部队的一些士兵还是设法逃了出去。

1944 年 8 月底，兵力严重不足的第 353 步兵师撤回"齐格弗里德"防线，进驻亚琛北部的第二道防线。在此期间，该师补充了 5 个民兵营，1 个营级规模的步兵补充训练团，还有 1 个空军要塞营。不幸的是，在美军第 7 军发动进攻前，该师没有时间将这些不同的单位融合成一个整体，双方一交火，几个民兵营就被打得全军覆没。第 353 步兵师再次补充了数百人后，移师亚琛南部，驻防文瑙（Wenau）、许特根和罗特根森林。该师官兵在阵地上等待着换防或兵力补充。9 月 16 日，第 353 步兵师被编入第 74 军。[10]

10 月 1 日，师长马尔曼率领师部和成建制的部队从前线撤了下来，移师施内艾弗尔（Schnee Eifel）地区重建，来换防的第 275 步兵师则接收了第 353 师留在前线的步兵和炮兵连队。[11] 于是第 74 军防区的态势如下：第 275 师在北翼，第 89 师居中，第 347 师则在南翼。

10 月至 11 月初，第 353 步兵师① 以本地守备部队和从法国撤回来的残余部队为基础进行了重组。该师在早期战斗中负伤的官兵陆续伤愈归队，那些带兵的人有着丰富的作战经验。通信方面的技术专家和其他方面的专业人员也陆续向该师报到，待那些征募入伍的新兵到达后，就能以老兵和技术人员为骨干迅速形成战斗力。

---

① 译注：作者在原文中称第 353 步兵师此时更名为第 353 国民掷弹兵师，这显然是错误的，该师一直到战争结束都没有变更部队番号。

第941掷弹兵团的框架是在第1保安团的大龄士兵基础上建立起来的，诺曼底登陆之前，他们已经在巴黎驻防了3年。对一支部队来说，撤退不会产生强烈的斗志，而且大部分士兵也没有继续战斗下去的意愿。该团大部分部队都没有重武器，士兵们有什么武器就凑合着用什么。第941掷弹兵团的平均年龄是38岁，其中来自第1保安团的基干官兵年龄大多在40～48岁之间，而新兵则年轻得多。[12]

第942掷弹兵团由以前的第353野战补充营（Feld Ersatz），与来自特里尔（Trier）地区的警卫部队和补充部队混编而成。正如第353步兵师师长保罗·马尔曼中将所记载的，"一般来说，如果一个团的兵员构成五花八门的话，那么其作战能力就不合格了"。各国民掷弹兵师并没有得到承诺的新式武器，他们的步兵使用的是各种各样的步枪，有荷兰的、法国的、比利时的，还有捷克的。第943掷弹兵团的装备更好些，而且士兵的平均年龄相对于其他两个掷弹兵团也低很多。[13]

汉斯·施密特（Hans Schmidt）中将指挥的第275步兵师是另一支谈不上有什么历史的部队。1943年12月，在被打残的第223步兵师的基础上，按照第22批次步兵师标准，第275步兵师开始缓慢组建。到1944年2月，第275步兵师建立了师部、第984掷弹兵团团部、一支炮兵部队、两个以大龄士兵为主的营，以及一些其他单位。在诺曼底登陆前的数月，驻扎在布列塔尼的该师利用伤愈归队和新征召的士兵组建了另两个掷弹兵团，同时训练部队、构筑防御工事，负责布列塔尼的守备任务。

盟军在D日发动进攻后，第275步兵师是德军首批向诺曼底地区机动的部队之一，在科唐坦半岛与美军打了6周的仗。在圣洛附近的战线上，该师有一个小战斗群被美军歼灭。7月25—27日，美军第7军在"眼镜蛇行动"初期痛打了该师，该师的剩余部队在法莱斯包围圈里蒙受了重大伤亡，幸存者最终撤回了德国边境。第275步兵师不断拼拼凑凑，下属各单位和掉队人员约有5000人，起初在荷兰马斯特里赫特（Maastricht）南部的"齐格弗里德"防线驻防。美军第19军向施密特中将的师发动了猛攻，6天激战过后，该师的一线部队只剩下800人。

9月17日，第275步兵师撤离前线向南转移，与第353步兵师换防，进

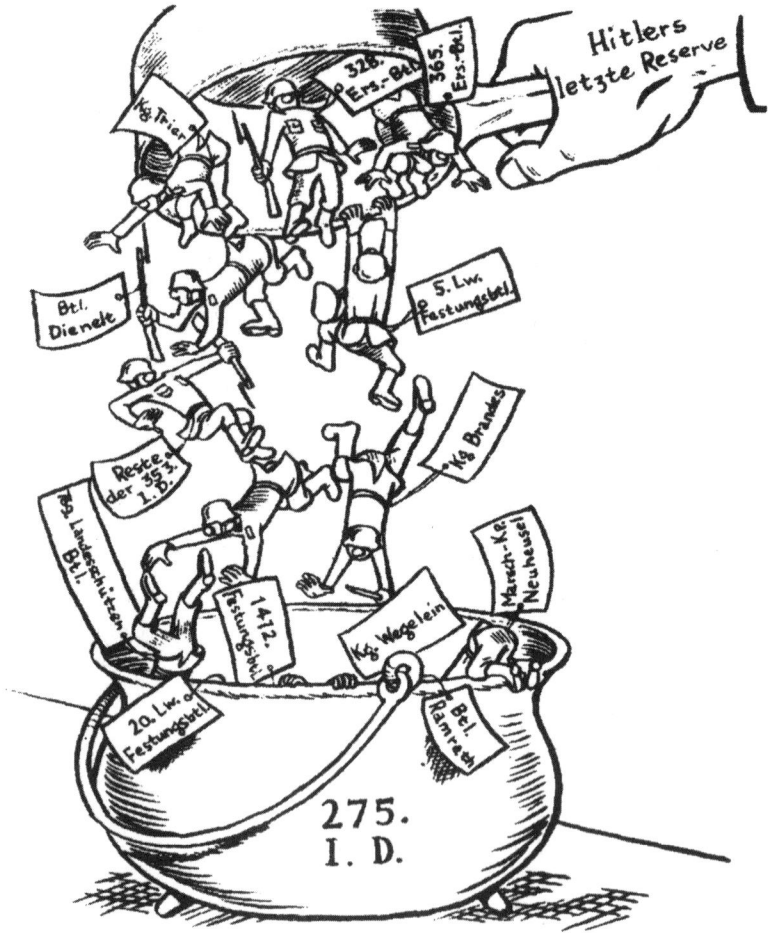

"乱炖"，一张美国宣传画，讽刺德军第275步兵师是一个诸多毫无关联的部队的大杂烩

驻尚无战事的许特根森林中的平静防区。到10月3日，在接收了第353师留下的单位和当地的其他守备部队之后，该师的总兵力恢复到了5000人，配备有13门105毫米榴弹炮、1门210毫米榴弹炮和6辆突击炮。在许特根森林驻防期间，第275步兵师不断收编该地区的其他部队，到11月初该师已经收编了37个不同的单位。[14]

10月份的第一个星期，施密特中将委派法因德（Feind）上校指挥的第

253 团（之前是补充团）负责第 275 师的南部防区，此时该团由 7 个兵力不足的营混编而成，其中有现役营，有补充营，还有民兵营，该团防区包括盖米特（Germeter）、福瑟纳克（Vossenack）和施密特等主要村落。法因德的团总兵力约有 1100 人，换句话说还不到一个两营制步兵团满员兵力的 60%。在部队进行整编的同时，士兵们还要忙于构筑掩体、挖掘散兵坑、埋设地雷、伐倒树木、在林中道路上设置路障。[15]

亚历克修斯·冯·施米茨（Alexius von Schmitz）中校指挥的第 983 掷弹兵团是另一支特别的混编队伍，总兵力约有 600 人，人员分别来自第 353 师 941 掷弹兵团留守队、3 个小型补充营、1 个高炮连、1 个反坦克连，以及一些原第 983 团残存的步兵。与第 253 团一样，第 983 掷弹兵团在重组的同时，也在迪伦（Duren）附近的鲁尔河畔沿河修筑防御工事。[16]

这些被编入第 983 团的单位中，第 20 空军要塞营也许颇具代表性，起初它是在厄尔斯尼茨（Oelsnitz）的一所德国空军情报判读学校，据传，该校师生因为直言不讳地评价希特勒，被从空勤人员改编为步兵。更有可能的是德军已经无兵可用，这才把他们调到了前线，然而这些初来乍到的士兵相信派他们上前线是对他们的惩罚。他们首次到靶场进行射击训练时，一名连长竟被"意外"射杀。因此，"后来当一些军官听到士兵们抱怨食物和供给时，他们就会说，'让那些混蛋自生自灭吧'。于是，士兵们的斗志也变得非常低落"。[17]

9 月，第 344 步兵师抵达"西墙"防线时已名存实亡了。1942 年 10 月，按照德军第 20 批次步兵师标准，第 344 师从保安师升级为步兵师。盟军在诺曼底登陆时，该师驻扎在波尔多（Bordeaux）地区。诺曼底战役期间，当美军第 1 集团军所部占领塞纳河以南地区时，第 344 步兵师蒙受了重大伤亡。10 月，第 91 空运师的番号被"正式"撤销，其余部更名为第 344 步兵师[①]，但第 91 空运师所辖的第 1057 和第 1058 掷弹兵团的番号却被保留了下来。[18] 除了两个规模较小的步兵团外，第 344 步兵师还辖有工兵营、燧发枪兵营[②]和补充营，但暂时没有直属的炮兵部队，只能依靠第 405 国民炮兵军提供火力支援。

---

① 译注：此处原文写的是国民掷弹兵师，这是错误的，该师直到战争结束依然在使用步兵师番号。
② 译注：德军步兵师的师属燧发枪兵营通常靠自行车机动，执行侦察任务。

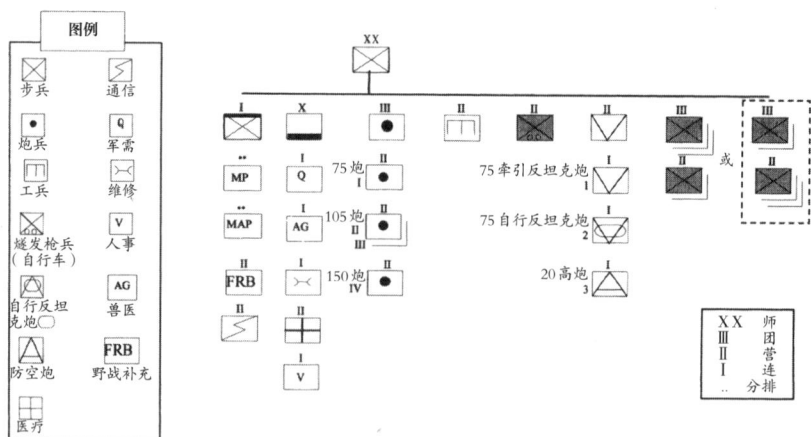

图表7：德军步兵师的编制，1944年（1944年组建或重组）

　　到1944年，德国步兵师已经从战前实力强大的17000多名官兵、9个步兵营和众多支援兵种的完整建制，沦落到了无论是两团制还是三团制，都只有6个步兵营的地步，至于究竟有两个团还是三个团，只取决于组建时间。战前德国陆军采用三三制，但是因部队伤亡而被迫进行重组时，与其为了维持三三制而削弱部队战斗力，倒不如撤销三团制师中每个团的第三个营，每个团只保留2个步兵营，而两团制师每个团则仍有3个营。1944年，德军大部分新组建的师或重组的师建制大致如图表7所示。一个三团制师的编制兵力有12352人，但大部分部队都不满编。步兵团虽然在编制构成方面维持不变，但是兵力和装备都不断遭到消耗，另外团里还有80%的补充兵，战斗力因此遭到进一步削弱。[19]

　　德军步兵师与美军步兵师不同，即便是在战争末期，编制内仍然拥有包括反坦克和防空分队在内的众多支援部队。1944年8月末，为了弥补德军在东西两线持续的兵力消耗，党卫队全国领袖兼预备军司令海因里希·希姆莱组建了一批以"国民掷弹兵"为名的步兵师。虽然国民掷弹兵师没有明确的兵员和装备编制表，但是它们也与1944年组建的步兵师类似，用六营制取代九营制，通过把步兵员额裁减到更易达到的水平来降低补充兵力的负担。

　　在这些国民掷弹兵师中，为了弥补战斗兵力的不足，步兵配备了更多的突击步枪而非栓动步枪。虽然国民掷弹兵师隶属国防军，但是希姆莱把这些步

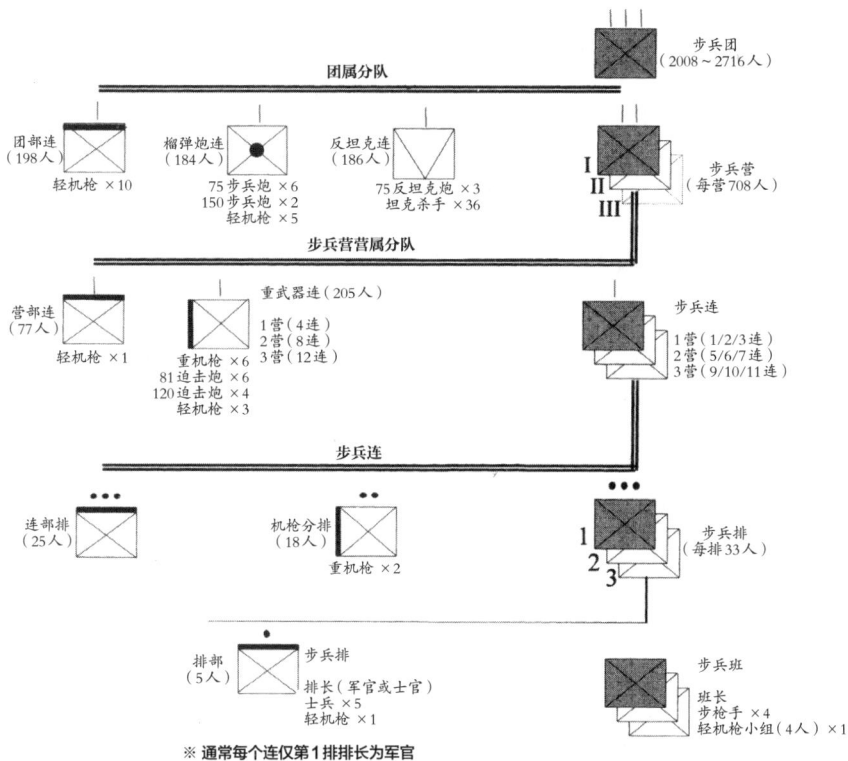

图表 8：德军步兵团的编制，1944 年（两两制和三三制步兵团）

兵师设想成了充满纳粹精神的"精英"部队，他把军官的任命权收归党卫队管辖，并且要求补充兵的年龄最好在 16～18 岁。在将国民掷弹兵师投入筹备中的阿登反击战这一点上，希姆莱的计划或许已经成为现实，但是对第 74 军的部队来说，重建还只是一个愿望。[20] 这些部队不仅没有从前线撤下来进行重组，更没有什么可以维系战斗力的部队史和凝聚力。

　　1944 年，德军一个三营制步兵团的编制兵力是 2716 人，一个两营制步兵团的编制兵力是 2008 人。一个步兵团的战斗力完全依赖于下辖的 2 个或 3 个步兵营，每个营辖 3 个步兵连、1 个重武器连，还有 1 个营部连。各团还可以从师里得到战斗工兵营、反坦克营、突击炮营和防空连等单位的加强。有了反坦克营的坦克歼击车连，步兵团就可以充当进攻中的突击矛头，或者实施要点防御。[21]

　　除了团部连，步兵团中的每个连都有数字序号，1营辖1连到4连，2营辖5连到8连，如果有3营的话，则辖9连到12连。无论是否编有第3个营，炮兵连始终都是第13连①，反坦克连是第14连。在步兵连中，有1个指挥小组和1个重机枪小组，以及3个步兵排。

　　在这3个步兵排中，只有1排由军官担任排长，2排和3排的排长都是士官，步兵排编制中共有11名军士，比美军的编制多了2人②。尽管依照编制德军每个步兵排有11个军士，但实际上通常远未达标。步兵排的三个班中各有一个4人轻机枪小组、4名步枪兵，以及一名担任班长的军士。排部中另有一个4人机枪小组，能在一个排的防区内提供猛烈的交叉火力。

　　步兵排的火力主要依赖4挺MG 42机枪，每挺机枪的射速达到了每分钟1500发子弹，相当于100名使用栓动毛瑟步枪的步兵各打出15发子弹。因此，无论是在进攻中还是在防御中，德军的班级战术都围绕着高速射击的机枪做文章。在各步兵排的297名士兵中，有144人是36个轻机枪小组的一员。由于兵员伤亡不断增加，步枪兵逐渐从德军的编制中消失了。给各步兵排提供火力支援的是来自连属机枪分队的2挺重机枪。

　　与美军相似，德军的连和排通常都是所属营的组成部分。图表9显示了德军一个步兵营的典型防御阵形，以及一个步兵营在许特根森林中的实际防御阵形。上图中，两个步兵连靠前部署，每连的9个班中有4个布置在前沿，2个班担任紧急预备队负责直接支援，连部掌握1个排作为预备队，另有1个步兵连担任营预备队。下图中，营里的步兵连全部布置在前沿，每个连可能留1个班作为预备队，营部掌握的预备队为1个排。

---

　　① 译注：德军步兵团属支援火炮连装备的通常都是步兵炮。

　　② 译注：这里也许存在一个误区，因为二战期间，德军尉官以下的军人主要分成三个部分，士兵（Mannschaften）、无剑结军士（Unteroffiziere ohne Portepee）和带剑结军士（Unteroffiziere mit Portepee，Portepee——剑结，是一种配饰，既可以和佩剑一同佩戴，也可单独佩戴，是指挥权力的象征），其中士兵的军衔分5个等级。以步兵为例，从低到高为列兵（Schütze，刚入伍的新兵）、上等列兵（Oberschütze，通常服役满1年且能力一般的列兵可晋升）、豁免兵（Gefreiter，有能力的列兵服役半年以上即可跳过上等列兵，晋升为豁免兵，代表人物是一战时期的希特勒，晋升为豁免兵后可以免去一些勤务）、上级豁免兵（Obergefreiter，服役2年以上的士兵可晋升，机枪组的组长通常都是上级豁免兵，战争末期还能担任班长）、资深豁免兵（Stabsgefreiter，服役满5年，成为上级豁免兵2年以上，资质不够进入士官学校培训的老兵可晋升）。美军士兵的军衔仅有2级，因此无论是英美还是我国国内，都有许多人将德军的豁免兵或上等豁免兵去对应美军的下士（国内以前曾将豁免兵或上等豁免兵翻译成二级下士），人为造成了军士级别认定的混乱。因为没有进一步的资料，所以无法确定德军步兵排中到底有几名真正意义上的军士，德军无剑结军士的级别为三级，分别是军士（Unteroffizier）、下级军士长（Unterfeldwebel）和军士长（Feldwebel）。

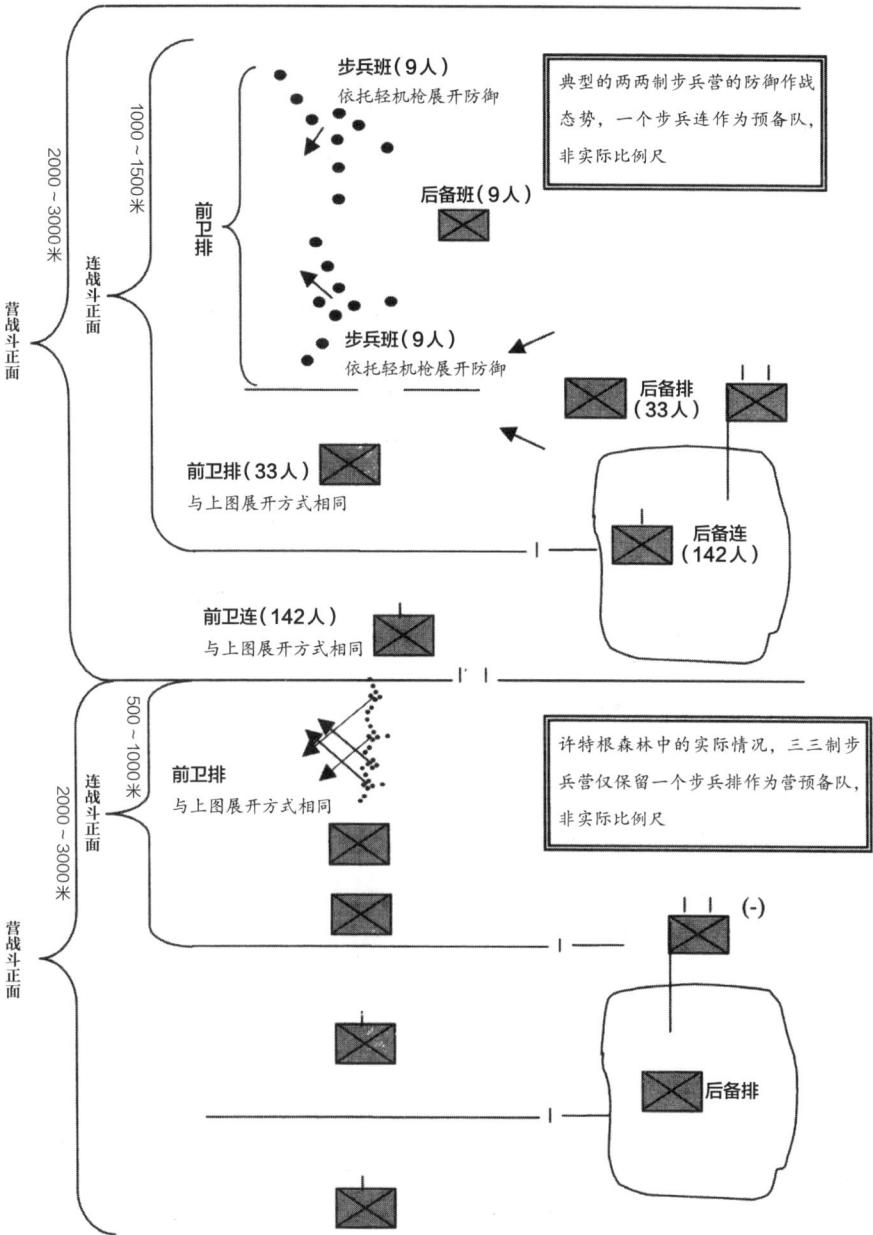

图表9：德军步兵营防御阵形

兵力补充流程

在战争初期，德军的兵力补充体系很大程度上是分散管理的，由各级指挥官自己负责。然而，由于德军在1942年遭受惨重损失，其兵力补充分配权被集中收紧，因为可调配的补充兵力少于伤亡人数，德国陆军只能将大部分补充兵力优先分配给重要区域的部队，那些相对次要的地区只能获得少量补充，甚至根本得不到补充。[22]

德国陆军通过两种不同的渠道来汇报损失情况。首先，通过副官和人事参谋军官统计和整理，列出官兵（前者按姓名，后者按人数）的伤亡情况报告，以及允许离开医院的人员和补充兵员的清单，呈递给上级指挥部。比较编制兵力和实际兵力的差异可表明部队需要补充的兵员人数，因疾病和调动损失的兵力不计入伤亡名单。集团军群的人事军官将呈递上来的报告清单统一整理后，每隔10天就将报告上交给陆军总司令部（Oberbefehlshaber des Heeres，OKH）。另一个统计兵力损失的方式则依靠医疗报告，各单位的军医每晚通过医疗渠道将阵亡、负伤和失踪人员的名单递交上去。虽然军医的报告要比人事参谋（Ⅱb）的报告更精确，能为上级指挥部进行伤亡评估提供有用的依据，但是它们与美军的日报表一样存在一些错误，尤其是关于阵亡和失踪人员的数据。这些报告中列出了军官的姓名，但士兵的伤亡和失踪只有一个总数。各师、军和集团军按名称填写月报表，整理后递交给位于柏林舍讷贝格区（Schöneberg）的国防军战争伤亡和战俘信息办公室。[23]

某个月补充兵力的调配是根据上个月最后一周的伤亡报告计算得出的。例如，8月份的补充兵力数量是根据6月20日—7月20日的伤亡报告确定的。7月底，由陆军总参谋长核准各部队补充兵力分配的优先权。在补充兵力的分配过程中，诸如装备、训练情况，以及年龄层等其他因素基本不被考虑在内，补充兵的数量很少能满足战地所需，一般由野战部队来负责对其进行专业训练。[24]

1943年，德国陆军对伤员的常规操作程序是让他们在原部队的花名册上保留60天，超过60天的话，他们的档案就被转调至预备军中归属原部队管辖的补充单位，但在实际操作过程中并非完全如此。一个士兵只要留在战区的战地医院中，那么在伤愈和康复后他还会回到原部队。一旦被转送到战区之外的医院，这名士兵就会被转调至预备军，康复后他可能被派到任何地方去。尽管许多部队对先前负伤的士兵相当重视，会密切留意他们的去向，不愿意失去他们，可是康复后的士兵还是可能被分配到其他部队。[25]

在德国陆军中，有各种不同类别的数字用于统计兵力。编制人数是计划中的部队兵力数，体现在编制和装备表中。实际人数则相当于部队的花名册，包括暂时离队休假、出外勤以及住院的伤病员。每日人数包括当天从其他单位临时到本部队出勤的所有士兵。口粮人数将执行某项特定任务的单位的全体人员都计算在内，包括来自其他单位的士兵、战俘和随军平民辅助人员。战斗人数（Combat strength）包括某日可以投入战斗的所有官兵，不包括师部的后勤、行政和宪兵部队。作战人数（Battle strength）只包括直接参与战斗的官兵，比如步兵、装甲兵和炮兵，不包括后勤保障单位的人员和配属给战斗部队的后勤人员。[26]

如表 2 所示，德国陆军坚持将伤兵分派到战术单位的做法，至少在理论上维持得比美军更久，从而人为地夸大了部队人数，延迟了部队补充兵力的时间。正如我们所见，了解德军补充兵制度对理解许特根森林之战的兵力变化非常重要。只要士兵的名字还在部队的花名册上，就不会有兵力补充。一旦战斗爆发，德军的兵力补充体系就不会为在过去的数月中有官兵阵亡、失踪以及有60 天以上未康复伤病员的部队补充兵力，恢复其编制人数，除非该部撤离前线，用相当长一段时间进行休整。而即便得到了兵力补充，大部分部队也很少能够恢复满编的兵力。[27] 即便补充兵数量更多，需要补充的师数量更少，德军的兵力补充体系依然无法满足前线部队的兵力需求。

表2：以德军核算方式显示一个步兵营的兵力状况

按编制及装备表的编制	708	达到80%
实际人数	566	包括住院125人，休假5人，外出勤务15人
每日人数	421	实际人数去掉那些离队人员
口粮人数	446	在每日人数的基础上添加25名平民辅助人员
战斗兵力	421	
作战兵力	321	减去100名营里和连里的人事及后勤人员

每个月，不同的军区向各条战线发送整营整营的补充单位。例如，8月份将要分配给各野战部队的补充兵力，是根据6月20日—7月20日各部队提交的人员损失报告，在7月24日前后计算得出的。7月28日前后，陆军总参谋长会批准8月份的补充兵力分配。

图表10以（美军）第22步兵团1营A连的人员伤亡统计数据为基础，结合德军兵力补充系统的规定，来说明一个德国步兵连在一段持续时期内的假想兵力。6、7月间无补充兵力抵达，因此伤亡人员都是一线的作战兵力。此外，对6、7月间被列为伤亡补充人员的非正式归队人员也进行了类似处理。在此期间连队兵力损失估计为588人，有182人归队，补充了140人，假设连队经补充后再次达到满编。按照假定的人员伤亡，该连的每日人数有两次归零，一次是7月底，另一次是12月初，即便在这两个时间段内该连的花名册显示实际人数分别是105人和104人。6月6日至12月4日这段时期内，虽然有两次兵力归零，但是兵力的中间值是73人。[28]

图表10说明，在艰苦的作战中，一个德军连队的兵力无法一直得到补充，德军的兵力补充体系存在一定的缺陷。因此，为了保证部队不解体，只能合并战斗部队，取消支援部队的建制。例如，从1944年11月开始，德军第7集团军就下令取消10%的后方部队，用于补充兵力不足的一线部队，其中的大多数士兵都移交给了各师的补充营。第275野战补充营中的大部分人以前都是驾驶员、文员和后勤人员。[29]

部队指挥人员受到的影响相当大。指挥官负伤后，名字仍然会保留在部队的花名册上，其职务由同单位的其他指挥人员接替，这点与美军相似。可是，补充的指挥人员数量很少，只能维持在最低水平。如表3所示，在第983掷弹兵团1营中，原营长和营副官都生病了，营长由一名连长暂代，副官则是团部派来的一名中尉。该营中有一个连由一名军士长指挥，几乎所有的排都由军士担任排长，只有一个例外。

1944年11月，在第74军下属各师平均组建时间刚刚满1年时，其编制与人员都已经经历了巨大变化。各部当中，许多组建时的骨干官兵或死或伤，或者要在战俘营中度过余下的战争时光。即便想方设法给部队补充兵力，也只能优先满足第74军中那些最重要的部队，而且是用保安部队和当地守备队来

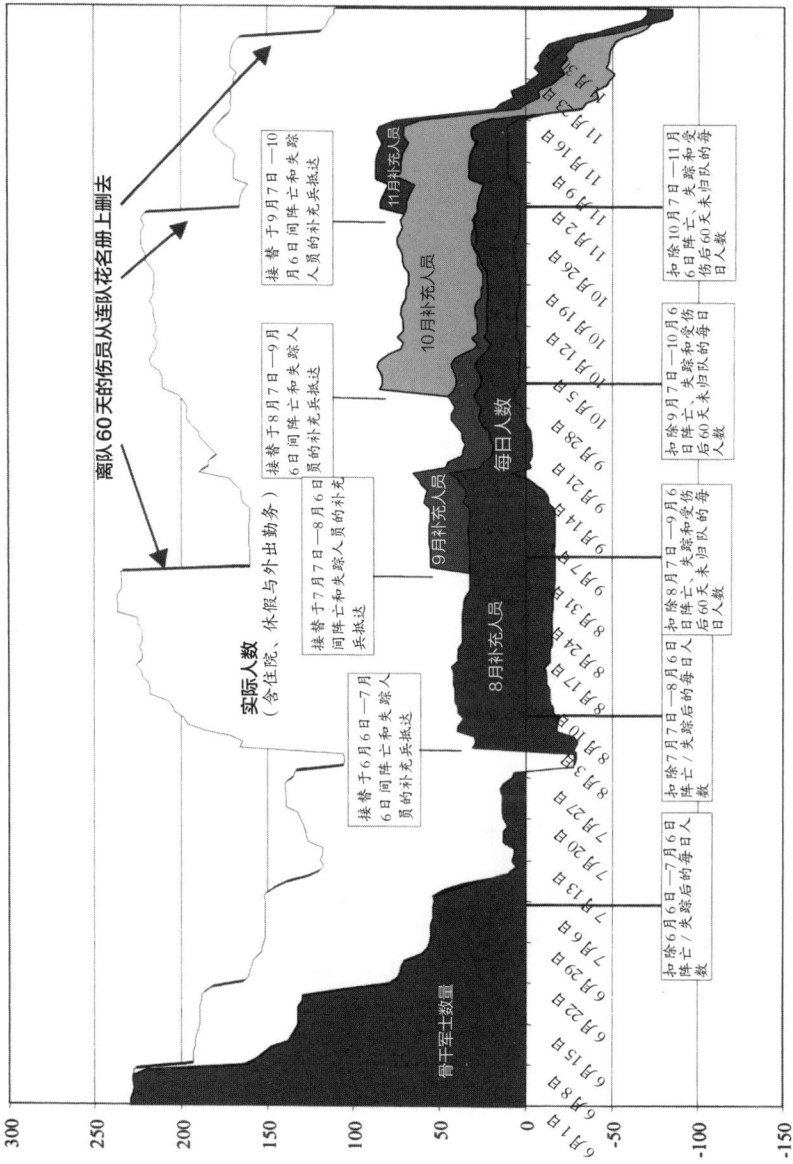

图表 10：德军兵力补充体系对步兵连的影响

勉强凑合，二线单位则充斥着掉队士兵、上了年纪的中老年人和青少年。[30]

第 74 军在 1944 年四五月里配备的许多重武器，在横穿法国撤回德国边境的过程中被抛弃在战场上。此时，第 74 军下辖各师很大程度上都依赖大名鼎鼎的 MG 42 轻机枪、各种工程障碍物和崎岖的森林地形来进行防御。[31]

表3：德军兵力补充体系对部队指挥层的影响

第983掷弹兵团1营（前身是第1512步兵要塞营）	
部队花名册上的指挥官	1944年11月1日实际指挥官
营长：兰普雷克特上尉（1944年10月9日起，因病住入弗罗茨海姆的医院）	由原3连连长维特默中尉接任
营长副官：施罗德中尉（生病：当时是下毛巴赫军校校长）	穆勒中尉（第983团团部派遣接任）
军械官：穆勒中尉	（10月9日在战斗中负伤，由齐默尔曼中尉接任）
1连连长：埃蒂希中尉	（10月9日阵亡，由贝尔上尉接任）
排长：米塔格中尉	阿尔曼上士
2连连长：迈瓦尔德中尉	（10月8日在战斗中失踪，由克罗默中尉接任）
排长：克鲁格中尉（被转调至韦格林战斗群）	黑尔特军士长
3连连长：维特默中尉（临时代理营长）	滕洪费尔德中尉（3连的排长）
排长：滕洪费尔德中尉（临时代理3连连长）	普吕斯克军士长
4连连长：佩拉赫军士长	（10月9日阵亡，由蔡格勒上尉接任）
排长：施特赖费尔连军士	（10月9日在战斗中负伤，由多伊特中尉接任）

第五章
美军士兵：第22步兵团的征召、
训练和指挥阶层

我们不过是一群籍籍无名的普通步兵，我们所留下的痕迹也注定只是军用地图上的一道黑线——但是这条由我们的散兵坑组成的线条，会显示出战斗之所在。

——美国陆军二等兵亨利·麦克勒莫尔[1]

为了充分了解第22步兵团在许特根森林之战中的动态，我们必须对这个团的兵员结构有清晰认识：全团官兵都来自什么地方？他们是如何成为美国陆军的一员的？是什么引导他们加入第22步兵团？是什么促使他们参军，或者说当兵吃饷？他们如何训练？在进入欧洲前的数年准备期中，彼此间的关系如何？他们的指挥官——连长、营长和团长都是哪些人？指挥官如何与他们的士兵相处？士官都是哪些人？从D日登陆到横穿法国直逼德国边境的战斗，该团都受到过哪些影响？

最后，我们至少要考虑将第22步兵团视作二战美国陆军步兵团的典型样板，因为与其他步兵团一样，其官兵都来自同一个国家，都要遵守相同的法律、军规与程序。作为最先组建的步兵团之一，第22步兵团与其他的一线步兵团在许多方面存在差异，一度还改编成了摩托化步兵团，并且在许特根森林的战斗表现非凡。但即便如此，该团依旧在很大程度上堪称1944年秋季于欧洲作战的美军步兵团的典型代表，值得作为所有美军步兵团的缩影来加以研究。

二战中的美军士兵都亲身经历了美国的大萧条时期。1941年，时年21岁的士兵在 9 岁那年刚好见证美国经济大萧条的爆发，无论身处何方，他们都与自己的家庭一起经历了这场灾难。大萧条时期的特点就是股票价值大幅缩水，无数企业倒闭，数以百万计的储蓄账户化为废纸，人均工资下降 60%，失业率从 9% 提高到 25%，以及 1500 万美国人失去工作。

那些找不到工作的专业人士，只能到工厂里去干些体力活，或者尝试挨家挨户地推销每周需支付 25 美分的人寿保险，只要投保，保险代理人就要每周上门去收取保险费。医师和律师为了几个小钱使出浑身解数，他们中的大部分人只能勉强混口饭吃。工程师也找不到工作，他们也许偶尔会受雇，但干不了几个月就会被解雇。农民的生活非常困苦。各家百货商场的营业员经常无所事事，一整天都看不到一个客人。有家商店甚至只雇了一位哲学博士当营业员。他们通常都靠抽取佣金获得报酬，但有时为了生计，不得不向老板要求预支工资。对那些没有专业技能和没有受过高等教育的人来说，大萧条就是一场大灾难，因为他们发现以前的劳动密集型岗位现今充斥着更多受过教育的人。许多养家糊口的人不仅对自己失去了信心，对政府同样心灰意冷。

由于贫困在美国大范围蔓延，许多成年的孩子不得不辍学回家，帮助养家糊口。那些高中毕业，甚至已经上了大学的人，为了打工挣钱而四处奔波。大多数找不到工作的人加入了民间资源保护队（Civilian Conservation Corps），以换取每天 1 美元的报酬外加食宿，或者通过公共事业振兴署（Works Progress Administration）找到一份工作。民间资源保护队和公共事业振兴署都是美国总统富兰克林·罗斯福实施新政的成果。

如果德军没有在 1939 年 9 月 1 日越过德波边界，那美国的大萧条或许会持续更长时间。随着波兰战役的进行，罗斯福总统签发了有限的紧急状况法案，决定将美国现役军人从 210000 人扩充到 227000 人，并且将国民警卫队扩充到 235000 人。[2]

波兰沦陷后，由于德国与英法打起了"静坐战"（Sitzkrieg），大多数美国人都不赞成对军队进行大规模重整。可是到了 1940 年的 5—6 月，纳粹德国攻占了法国、重创英国之后，美国公众的态度发生了一百八十度大转变，强烈要求大幅增加美国军队的兵力和武器装备数量。1940 年 8 月 27 日，罗斯福总统下令将国民警卫队置于联邦政府指挥下，9 月 16 日，他又签署了《选征兵役法》，要求在一年时间内征兵900000人。[3]

1940年，与美国陆军常备军的其他团一样，第22步兵团也迅速扩编。托马斯·凯南与厄尔·爱德华兹，分别于1939年和1940年年初，以常备军中尉的身份从预备军官训练团加入了第22步兵团。1940年年底，众多的预备役军官接到命令转入现役，进入不断扩充的军队，其中就包括中尉阿瑟·S.蒂格（Arthur S. Teague）、乔治·马丁·戈福斯（George Martin Goforth）、弗洛伊德·丹尼尔（Floyd Daniel），还有詹姆斯·柯特利（James Kirtley）医生。美军集中征兵期间，大批平民应征入伍，陆军的编制兵力从1940年1月时的227000人增加到1940年8月的280000人，增长近19%。二等兵詹姆斯·坎特雷尔（James Cantrell）、爱德华·休斯（Edward Hughes）、哈罗德·沃特金斯（Harold Watkins）、欧文·米特曼（Erwin Mitman）以及其他许多人都是在1940年6月前响应征兵号召参军入伍的。[4]

1940年，第22步兵团派兵参加了在路易斯安那进行的常备军军事演习，随后到佐治亚州本宁堡接受整编，一边进行训练一边执行驻防任务。周日的一整天，还有周三和周六下午，不需要执勤的士兵都可以放假。除了参加年度"精英步兵作战小队"竞赛外，团里的士兵很少进行战术训练。竞赛前，班长会接到一位评估员给出的战术态势和任务，随后他要对形势作出判断，向全班口头下达行动命令。接下来，班长将指挥全班穿过指定地带，根据不同的战术情况做出调整，射击代表敌人的弹出标靶。随队的评估员会根据班长的行动，以及全班的表现打分，包括计算命中目标的次数。[5]

虽然第22步兵团每天都有新兵来报到，但与其他所有的团一样，兵力还是远远达不到战时编制，缺编近1000人。许多到该团服役的士兵，如二等兵伯拉·奇尔德斯（Berla Childers）、本尼·格里芬（Benny Griffin）、埃尔维·英格拉姆（Elvie Ingram）和查尔斯·爱德华兹（Charles Edwards）等，都来自本宁堡周边的军区（Corps area）①，包括南卡罗来纳州、北卡罗来纳州、佐治亚州、佛罗里达州、亚拉巴马州、密西西比州、田纳西州和路易斯安那州的部分地区。[6]

---

①译注：根据1920年6月4日的《国防法》，全美国共分9个军区，1930年麦克阿瑟担任陆军参谋长后，将全国分成了14个军区。二战爆发后，随着美军多次军改，军区被取消。

征兵

各项民意调查一致表明，至少从 1941 年年初开始，虽然 90% 的美国人不愿意参战，但仍有约 70% 的美国民众认为，独善其身并不比阻止轴心国继续取得胜利重要。许多美国人期望美国不用直接介入这场大战，只给英国以及后来的苏联提供物质援助，兴许就可以取得胜利。[7]

1941 年，美国的盖洛普民意调查（Gallup polled）显示，大部分美国青年愿意投入到一场即将来临的战斗中。调查指出："美国青年坚韧、忠诚且充满希望，他们相信美国是一个值得为其奋斗和战斗的伟大国家。他们对未来充满信心。他们并非激进分子——事实上，他们的观点出奇地保守。"[8] 对征兵这个问题，绝大多数人的回答是他们并不反对应征入伍服役一年。[9] 虽然 1941—1942 年间在高中进行军训是个有争议的话题，但是在日本偷袭珍珠港之前，征兵一直没有受到太多关注。[10] "已婚的朋友会对他说：'好啦，杰克，过得愉快。尽你所能，一年后你就可以回来了。'就好像他要离家去上大学似的，唯一有些担心的是他的父母。"[11]

1940 年的第一次征兵要求所有年龄在 21～35 岁的男性，无论是本土公民还是外来移民，都要进行入伍登记。到 10 月 16 日，已有 16812822 人登记，他们随后填写了一份共 8 页纸的调查问卷。这些问卷被初步分类，应征者会得到一个征兵编号，随后等待全国性的抽签。1940 年 10 月 29 日，战争部长亨利·史汀生抽出了第 158 号，征兵就此开始。登记的人有三种选择：一直等到他们的编号被抽到、志愿服役，或者自愿应征入伍。[12] 自愿应征入伍意味着要服三年义务兵役，可是只要符合条件，他们就可以选择想要服役的军兵种。虽然有些人偷偷用其他人的出生证明来登记，但是 21 岁以下的年轻人必须得到父母的同意才可以应征入伍。[13]

军队希望能打仗的士兵都是些年轻且基本上没有家庭牵挂的成熟男人，身体和精神都坚韧到足以承受严酷的战斗，战前的征兵动员就以此为口号。首批应征的人大多是身体健康的未婚失业者，和 1917 年征召的士兵相比，平均身高高了 2.5 厘米，体重重了 3.6 千克。[14] 身体太过单薄的人本就几乎没有，在新兵训练的那几个月里，由于大量操练再加上吃的都是健康的军粮，大部分人体重都增加了 2.7～4 千克。[15]

　　征兵初期，美军设定了很高的体检标准。虽然首批新兵中大部分人身体健康，但军医还是淘汰了一些牙齿和眼睛有可矫正缺陷的人。此后的数年中，体检标准有所放宽，许多被打入另册的人因此得到机会重新应征入伍。当时的一名军医自豪地说："今天登记人能顺利应征入伍，他应该为此感到十分荣幸。"[16]

　　至少在1941年和1942年年初的时候，镇里准备入伍参军的人会聚集到一起，镇上的显要人物会亲自为他们送行，目送他们登上汽车或是火车，驶向征兵站。在这里，他们会与周边地区的其他拥有资质的应征者会合。在了解《战争法规》（*Articles of War*）之后，他们把纸板标签挂在脖子上，按字母顺序排队，然后开始走流程。高中毕业的入伍者要检测是否有精神和神经方面的问题，接着进行体检。其他人则要进行一项全面的文化水平测试，测试成绩达到第四等级才算通过。通过文化水平测试的人就排在高中毕业者的后面，而那些没有通过的人还要进行另一项"团队目标测试"，以确定其是否能够服从命令。如果通过了，就排在文化水平测试合格的人后面做体检。文化水平测试和团队目标测试都没有通过的人，要进行单独面谈，如果发现不是伪装的的话就会被打发回家。[17]

　　体检非常彻底，对大部分人来说这也许是他们做过的最全面的体检，事实上对很多人来说这可能是他们一生中唯一一次全面体检。毫不夸张地说，做体检的人大部分时间都是赤身裸体地排队等待下一个检测项目的。整个体检流程每天都要检测数百号人，除了梅毒血液检验的结果外，其他所有的项目都在一天内完成。[18]第二天，验血通过者就会排成队列，举起他们的右手庄严地宣誓入伍：

　　我，某某，庄严宣誓：我将对美利坚合众国怀着最真诚的信仰和忠诚；我将真诚地为美国效力，忠实地对抗它的所有敌人；我愿以条例和《战争法规》来约束自己，坚决服从来自美国总统和其他被委派来指挥我的军官的命令。[19]

　　之后，后勤军士会给新兵分发制服，这些制服在1941年年初的时候都是一战结束后的库存品，随后新兵们就被带到（新兵）接待站。[20]

　　在征兵中心，新兵要参加至关重要的陆军一般分类测试（Army General Classification Test）。这项150道问题的测试，将在很大程度上影响应征者的军旅生涯，文盲和不会说英语的入伍者通过打手势和演示的方法进行其他测试。至于那些未能通过测试的人，会采用不同的表现量表（如斯坦福指数）对其进行单独考核。有些不懂英语的人在这些不同的分类测试中取得了高分。陆军一般分类测试的总分为 160 分，根据测试的分数将士兵分为 5 个等级：第 1 级（非常优秀），130 分以上；第 2 级（优秀），110 分（含）以上；第 3 级（普通），90 分到 109 分；第 4 级（较差），70 分到 89 分；第 5 等（非常差），69 分（含）以下。得分在 110 分（含）以上的士兵有资格进入候补军官学校（OCS）。[21]

接下来是分类面试，询问应征入伍者在社会上的工作履历。那些擅长军队所需技能或专业的士兵，通常都会接受与其平民职业相关的任务。不过，一旦兵力损耗和战斗伤亡不断增加，这些支援部队中的技术人员也会被补充到前线，某位早期曾经在金融公司任职的会计师或许就会被派到某个步兵连扛步枪。对大部分白领阶层，如音乐家、艺术家、演艺人员、新闻记者和销售人员来说，军队中很少有或几乎没有相应职务。这也导致许多愤愤不平的应征者被列为适合操纵各类武器以及在所有军兵种服役，而这往往意味着他们会被分配给执行战斗任务的兵种，如步兵、装甲兵和炮兵。[22]

1941 年 8 月 18 日，罗斯福总统签署法案，将征兵期限从 12 个月延长到 18 个月，同时让年满 28 岁的士兵都退出现役。[23] 从 8 月末到 9 月，美军开始让年满 28 岁的士兵退役，然而他们的退役时光是短暂的。日本偷袭珍珠港后他们就被部队召回，对每个符合征兵条件的美国男性而言，这都是一个决定性时刻，此时每个成年男子都知道自己被征召入伍只是时间问题。1941 年 12 月 20 日，年龄 21 ~ 45 岁，单身或无子女的人很容易被征召（到 1942 年 11 月，有 81000 名年满 37 岁的男性应征入伍）。到 1942 年 2 月，年满 20 岁的青年需要进行兵役登记。到 1942 年 6 月 30 日，登记年龄下降到了年满 18 岁和 19 岁，这很快成为义务服兵役的年龄。尽管如此，到 1942 年年底，绝大部分征召入伍的士兵年龄都在 21 岁以上（甚至 40 岁以上的还多过 20 岁以下的），而征召兵的年龄多在 18 岁到 24 岁之间。[24]

到 1941 年年底，入伍的智力标准和体检标准就开始降低，而且整个大战期间这些标准一直在不断降低。到 1942 年 2 月时，哪怕是戴着眼镜的人，只要牙齿能够咬得动标准军用口粮，陆军也来者不拒。因为身体存在某些缺陷，

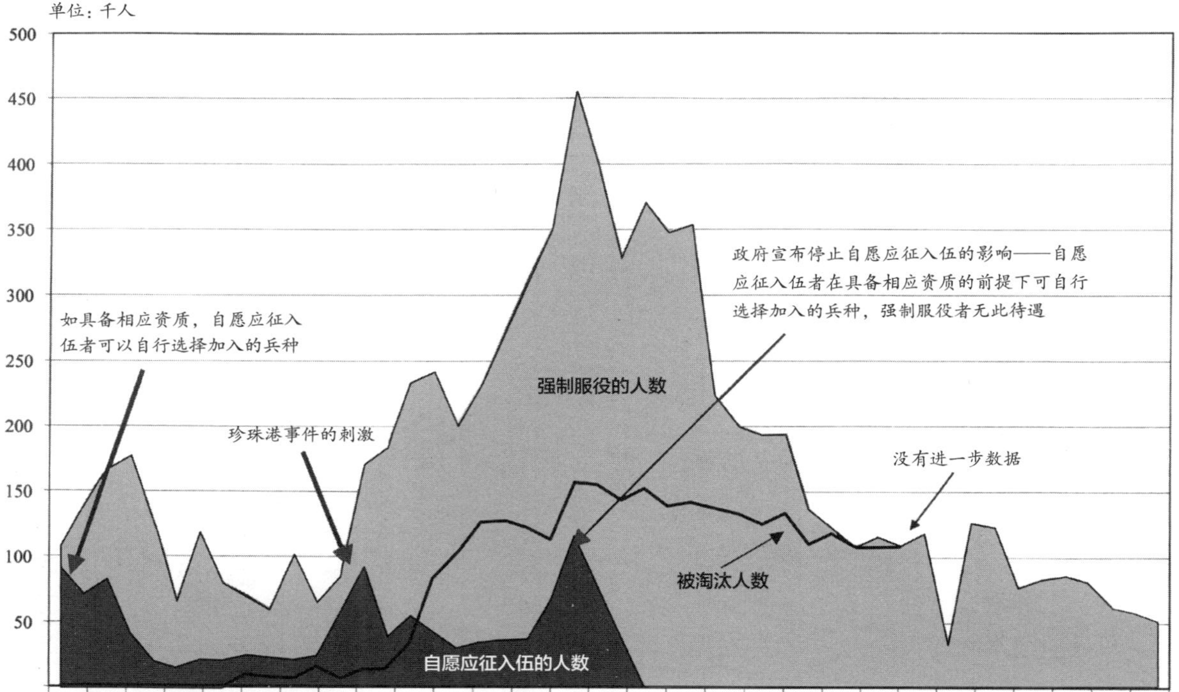

单位：千人

图中标注文字：

- 如具备相应资质，自愿应征入伍者可以自行选择参加的兵种
- 珍珠港事件的刺激
- 政府宣布停止自愿应征入伍的影响——自愿应征入伍者在具备相应资质的前提下可自行选择参加的兵种，强制服役者无此待遇
- 没有进一步数据
- 强制服役的人数
- 被淘汰人数
- 自愿应征入伍的人数

纵轴刻度：500　450　400　350　300　250　200　150　100　50

	1940 11—12	1941 2	1941 3	1941 5	1941 7	1941 8	1941 10	1941 12	1942 1	1942 3	1942 5	1942 7	1942 8	1942 10	1942 11	1943 1	1943 2	1943 4	1943 6	1943 7	1943 9	1943 11	1943 12	1944 2	1944 4	1944 5	1944 7	1944 9	1944 10
征兵人数	17	85	135	51	59	46	79	26	78	178	168	194	277	340	321	369	346	222	190	191	120	114	107	32	122	76	85	60	10
转常备军	89	81	39	13	19	23	20	58	91	54	30	34	37	114	75		1		1	1									
淘汰人数						9	6	6	14	34	101	125	121	156	154	151	138	135	123	132	117	108	107						

图表11：美国陆军的自愿应征入伍、强制服役与淘汰情况（1940年11月—1944年10月）

在 1941 年和 1942 年被淘汰的人，到了 1943 年和 1944 年都穿上了军装。

军队会考量那些应征入伍的人是否有资格服役。如果一名士兵在训练期间跟不上，或是无法完成指定任务，那么他就会被退伍。[25] 到 1943 年年底，美军已对可用的兵力进行了数次择优挑选（见图表 11）。[26] 体检医生淘汰的应征者数量远远超过了批准入伍的人，政府正在打破各种底线，这样战争爆发前需要父辈同意才能入伍的人或无法满足其他入伍条件的人，都被列入征召范围。[27]

征兵中心一会儿熙熙攘攘都是新兵，一会儿人走得干干净净——满载着新兵的火车，不顾一切地驶向任何一个需要补充兵力的单位。如果有一个师亟须补充数千兵力，那么征兵中心也许会不考虑整批征召兵的年龄或体能情况，一股脑地将他们转运过去。[28] 火车是在短时间内将大量人员运送到同一目的地的最佳方式。在用电脑分派人力资源这种最简单的办法问世之前，运输士兵通常都是按照字母顺序排列的。[29]

不少在征兵中心按字母顺序排在一起的士兵被分到了同一个单位，其中包括许多兄弟或近亲，有一对双胞胎发现自己都在第 22 步兵团 2 营 E 连。在 E 连中还有另外两组具有相似姓氏的士兵，而且他们的 8 位兵籍号只相差了几个数字，其他连队也有类似现象。还有一些人虽然身处同一个营，但是被派到了不同的连队。[30]

征召兵中有一部分是移民，他们是在 20 世纪 30 年代末期和 40 年代初期才移民到美国的。这些移民与美国公民一起被征召入伍，因为只要签署了一份成为美国公民的声明，他们就有当兵的义务。这样的例子在第 22 步兵团中比比皆是，如斯坦利·维希涅夫斯基（Stanley Wisniewski）、安东尼·科特（Anthony Kot）、格热戈雷克（Grzegorek）和雅各布·布里尔（Jacob Brill）都是波兰人，大战前他们都在波兰军队服役，1939 年后才移民美国。托伊沃·戴维松（Toivo Davidson）1940 年作为芬兰军人在卡累利阿地峡① 打仗，1941 年搭乘货船来到美国，1942 年 9 月加入第 22 步兵团。温特斯（Winters）和好友库恩（Kuhn）都出生在德国，两人于 1940 年通过不同的方式离开德国来

——————————

① 译注：此处原文错写成卡累利阿半岛。

到美国，在 1941 年年初一起被征召入伍，分到了同一支部队。按照第 22 步兵团团报《22 团人报》的转述，温特斯最初发现自己很难理解士官们的意思："我根本不知道他们在说什么，而他们也听不懂我说的话。"[31] 此外还有一些来自意大利、捷克斯洛伐克、英格兰、法国和苏格兰的移民，他们中有不少人在 1942 年佐治亚州萨凡纳（Savannah）的大规模宣誓仪式中获得了美国国籍。取得公民身份无须测试，只要有人——比如士官和军官——愿意担保他们品行良好就行。[32]

第 22 步兵团的训练

第 22 步兵团是一支混编的队伍，由征召兵和常备兵组成。尤其是在头两年，常备军官兵为征召兵充分了解军人生活做出了巨大贡献，特别是在军队管理、纪律、操练、武器和小部队战术方面。曾经的征召兵很快成长为真正的战士，在未来的战场岁月里将扛起保家卫国的重担。[33]

正如塞尔托里乌斯（Sertorious）中士在《步兵杂志》中所说的那样：

我们现在的部队不是建于 1919 年、1929 年，甚至也不是 1939 年。它组建于 1940 年，当时像我这种以前被认为对军队毫无用处的人，突然到处都需要了……我们这支庞大的军队直到 1941 年才开始真正动员，就在那时，我和成千上万像我一样的退伍军人再次被征召入伍。

当然，他们（常备军）确实更加熟悉军队的传统……老兵在操练的时候比我们更加熟练，他们对军队条例的理解或许也更加全面深刻。然而根据我的经验，无论在签名前能引述多少条规则，他们都会在军队条例中寻找相应的规定以求安心。总之……我们对大部分军事动态和他们一样熟悉，这实际上影响了战争的进程。[34]

正如《传统陆军和当代陆军》（The Old Army and the New）一书中的"美国士兵：适应陆军生活"一章所述，新兵入伍的第一年会遭遇如分娩般的阵痛。几乎所有的士官都是老资格的常备军，而且总的来说他们的受教育程度不如征召兵，但是他们具备的丰富军事经验正是新兵所欠缺的。除此之外，传统军队和平民百姓之间的文化差异也不可忽视。大战前军队的各个部门是一个结构分明的专制体系，不提倡主动性，强调传统。[35]

从 1941 年 2 月起，随着大批新征召的士兵来到，体制转变的步伐略有加快。大多数新兵来自纽约的阿普顿军营（Camp Upton）和新泽西的迪克斯堡，柯特利医生和其他军医前往北方对他们进行了检查，并将第 4 步兵师的士兵带到了本宁堡。医生们发现这些士兵都有一头蓬乱的长发，住的是 8 人一顶的老式西布利帐篷，穿着制服上衣和宽松裤子，裹着一战时期的老式绑腿。成千上万的征召兵来自纽约州、宾夕法尼亚州和新泽西州，其中包括二等兵斯坦利·尤伊维亚克（Stanley Jozwiak）、尼古拉斯·瓦里亚诺（Nicholas Variano）、伊姆里奇·杜费克（Imrich Duffek）、威廉·凯尼恩（William Kenyon）和巴特利·福特（Bartley Ford），他们被同一辆军用列车运到了南方。[36]

由于补充兵训练营尚未组建，将这些平民百姓塑造成士兵的重任就落在了团里的老兵身上。在第 22 步兵团中，大多数老资历的常备军士官都来自美国南方，可是最初的征召兵大多来自纽约州、宾夕法尼亚州和新泽西州——这种混合无疑会再次引发如同美国内战的南北争端。地域仇视的状况在最初的两年里可能会影响彼此的感情。1943 年，另一支部队的士兵在基础训练期间写道："一开始我们这些'南方叛匪'[①] 非常不喜欢'北佬'[②]……直到 8 个星期后我们才能和睦相处，那是因为我们一起经历了磨难。"[37] 在第 22 步兵团中，至少是在初期，士官中来自南方州的人仍占多数。

大部分美军步兵团都是以征召兵为基础组建的，第 22 步兵团也不例外，士兵们说着各种各样的语言，几乎囊括了美国的每一个种族、信仰和宗教。虽然欧洲血统的士兵占了绝大多数，但还是有一些华裔、越南裔和印度裔。士兵中新教徒或天主教徒占据多数，但是在众多来自纽约的士兵中，有很多是犹太人。[38]

团里很多人都相当有艺术天赋，他们曾是音乐会上的小提琴手、大提琴手、钢琴家，以及艺术家和作家。还有一些人拥有其他技能，但是这些技能在军队

---

　　① 译注：Rebels，美国内战时期北方对南军士兵的称呼。
　　② 译注：Yankees，美国内战时期南方对北军士兵的称呼。

中没什么用武之地。此外，士兵中还有伐木工、掘墓工、特技演员、电梯操作员、教师、农民和记者。[39]虽然陆军的教育标准要求士兵能使用英语且阅读能力达到四级水平，但有些目不识丁的人仍然通过了理解测试，参军入伍。[40]第22步兵团的助理副官亨利·杰克逊（Henry Jackson）中尉，教会了这些士兵中的许多人书写他们的名字。[41]

该团从4月底开始对士兵进行个人训练并发放装备，在这项工作结束后才开展集体训练。摩托化行军训练通常在本宁堡周边狭窄的公路上进行，由于路面尘土飞扬，不少人都对这项训练提心吊胆。车辆调配场训练车辆驾驶员的任务非常繁重，所幸这里有足够多掌握专门技术的熟练机修工，可以让驾驶员们掌握大量的机动车相关知识以及维护技能。[42]

基础训练结束之后，士兵们被分到各自的连队，参加1941年在路易斯安那和卡罗来纳的长途拉练及演习。由于装备缺乏，正如前文所述，为了让该团能进行摩托化演练，只能从其他部队借来一些老旧的车辆。迫击炮、反坦克武器和机枪的供应也不充足，只能用五花八门的老旧装备凑合，在训练和演习时士兵们甚至只能用模型来假装真实装备。

虽然8月和11月士兵一直在野外搞演练，但总的来说这仍旧是一支和平时期的军队，无法急于求成地对服役期只有一年的征召兵逼得太紧。[43]

1941年8月18日，征召兵的服役期限延长了6个月，与此同时年满28岁的征召兵开始退伍。珍珠港事件爆发令美国的征兵政策发生了变化，整个战争期间，征召兵的服役时间又被延长了6个月。仅仅在1942年，就有3364000人应征入伍，这一数字比大战时期的任何一年都要多。[44]

1942年12月，军队直接征募士兵的行动结束了，美国的人力资源调配也因此变得更有组织性。拥有熟练技能的民用飞机技工或煤矿工人，已不再有机会离开战时岗位志愿成为陆军士兵或海军陆战队员。此后的几年里，随着美国国防工业的迅猛发展和对人力资源的不断需求，一个人会不会被征召入伍取决于他的工作是否服务于战时工业或者农业（机会较小）、年龄几何（25岁以下概率较大），以及是否符合军队的入伍标准。同时，年满38岁或以上的人不再被征召入伍。[45]

1942年年初，军队按照义务兵役制开始征召25～45岁的人入伍，第22

步兵团中的许多新兵便是那时加入该团的。《22团人报》的美工、"闪电侠"这一卡通角色的原创人——林·斯特里特（Lin Streeter）曾画过一幅漫画，画中是一名"年长的"新兵走在连队驻地的街道上，旁边站着一名下士，漫画的附注写道："就是这家伙向我保证，战后我可以回去干我的老本行。"[46]

接下来的两年里，一些早期的征召兵和常备军士兵要么作为骨干被调往其他组建中的师，要么被送到候补军官学校或各类其他军校，主要由来自中西部各州的士兵接替他们的位置，第22步兵团的结构已经改变。[47]那些离开该团的官兵，无论是去其他部队充当骨干还是上军校，仍和团里的朋友保持着密切联系。许多人写信回团里表示后悔离开，还有一些人又回到了第22步兵团。[48]霍伊特·C.霍尔库姆（Hoyt C. Holcomb）中尉原是团部连的一名征召兵，1941年被送往候补军官学校学习，1942年他又回到了第22步兵团。[49]1942年2—11月，团部连有56人，或者说该连编制兵力的50%，被送往候补军官学校。[50]

训练期间，无假外出（AWOL）的士兵回到部队后一般都会被关禁闭，有的人还是累犯。这些士兵被认为是"迷途的羔羊"，他们的无假外出产生了额外的文书工作，再加上其他人的休假也被取消，因此大家怨气冲天。[51]

珍珠港遭到偷袭后，第22步兵团中许多在1941年9月因年满28岁而退伍的士兵重新归队。[52]随着时间的推移，大多数常备军军人被调派到新部队充当骨干力量。如果他们年龄偏大，就会被派到训练机构当教官，训练大批新来的征召兵。来自全国各地的新兵和训练有素的士兵填补了他们留下的空缺。军衔的晋升过程加快了，那些在征兵初期入伍且接受过常备军官兵训练的士兵，都晋升到了领导岗位。

1942年年初，各单位根本不知道他们什么时候会被派到海外，部队的工作重心就放在将全团上下拧成一股绳，让官兵们心往一处想、劲往一处使上。珍珠港事件之前，士兵不在岗时可以穿便服，头发的长度一般跟周围的平民差不多。但在日本偷袭珍珠港后，美军的政策发生了变化，正式下令军中只能穿制服，头发长度不得超过5厘米。由于一头卷发被剪掉后成为战友的调侃对象，第22步兵团里的许多士兵对新的发型规定抱怨连连。[53]

在第22步兵团里，行军40千米只能带一个水壶的水已经成了标准。正如《22团人报》中所写的那样，如果全连走完全程后所有人的水壶还是满的，且没有一个人掉队，那该连一定会感到无比骄傲。一个营要在无人掉队的情况下完成32千米徒步行军。1942年8月最热的那天，有一个连有85%官兵完成了42千米公路行军，返回时水壶中的水一滴没少。还有一个连队连续完成了3次32千米公路行军，全连有一半人没有喝一口水。另一个连队以1小时零7分的成绩完成了10千米越野行军。[54] 为了进一步激发士兵的干劲，有时候连队的军官会购买几桶啤酒和数箱香烟，等候徒步行军的士兵归来。

汽油配给制不仅适用于平民，军队也未能幸免，此前重武器是用卡车运到射击场的，而这时只能用手推车运送。在车辆调配场，每周都要对车辆进行检查，车辆维护最好的驾驶员可以获得5美元奖励和3天假期。那时二等兵一个月的津贴只有50美元，这比附近市区居民的收入要少10%。[55]

到1942年8月，第22摩托化步兵团发生了显著变化。全团士兵目睹了萨姆·布朗武装带——区分军官和士兵的传统制式装备——的消失。士兵的津贴增加了，二等兵的津贴从每月30美元涨到了50美元。《士兵和水兵民事救济法》（ The Soldiers and Sailors Civil Relief Act ）也获得通过①。另外，"汤普森"冲锋枪、M1加兰德步枪、"巴祖卡"反坦克火箭筒、M1钢盔、摩托化载具、各种各样的野战口粮，以及其他无数新装备也出现了。

每个班和排都要参加符合实际交火距离的战斗演练，在机动中对600～1000码之外的目标进行实弹射击。每个单位都会有评判员跟随，评估指挥人员的决策是否正确、全班是否机动到位，计算抵达及占据目标所需的时间，并且统计射击命中率，以此给整个班而非个人打分。每个单位演练结束后，评判员都会对该单位的表现作出评估，给出评估报告。[56]

训练是以实战为准绳的。1942—1944年间，陆军地面部队在训练中使用了24万吨弹药和炸药。[57] 士兵们夜以继日地进行越障渗透训练，他们从带刺铁丝网下爬过时，炸药时常在附近爆炸，机枪子弹则在头顶上横飞。士兵们用实弹射击盖上舱盖的坦克，然后蹲伏在散兵坑里让坦克从他们的头顶上驶过。他们穿过模拟的德国村庄，踹开房子的大门，向房内投入训练手榴弹，然后向

---

① 译注：这个法案是1940年10月17日通过的，在产生抵押和债务纠纷时为陆海军士兵提供救济。

弹出的目标射击。[58] 有一名年轻的二等兵在日记中写道："那天晚上我们去搜查德国村庄。我们无聊透顶地走向村子，当看到另一群家伙从那里出来时，就知道该轮到我们进去了，对此我们已经习以为常了。搜索的过程中狙击手会朝我们射击，试图吓住我们，但是我们早就知道会这样了。这挺有意思的，我们都很期待能再次经历。"[59]

连级战术训练涉及治安、进攻和防御等 18 种不同的任务，包括步兵向前推进时用迫击炮、曲射炮火和机枪压制目标。由营长充当下属各连的演习评判员，对各连和连长的表现作出评估，而连长（上尉）则对下属各排作出评估。[60] 那名二等兵继续写道：

我们看着一个连队在大炮的火力支援下进攻两个山头，这是我见过的最具破坏性的景象。一些炮弹上安装了定时引信，它们会在地面上方 3 米处爆炸，弹片在山上四面开花。我从未见过任何可以与之相比的场面。连队在重机枪火力的掩护下向山上推进，当连队进入距山头约 100 米的火力范围时，炮兵开始射击。炮击过后，步兵向山头发起突击……我们翻过那座被炮击的山头，此时整个山上都已经寸草不生。[61]

1942 年 12 月底，正当每个人都预测将要被派遣到海外时，整个第 4 步兵师观摩了一场实弹演习——师属炮兵与俯冲轰炸机协同攻击地面目标。演习结束时，巴顿少将对士兵们说道："你们很快就要登船……我希望你们知道来这里的目的……这次演习的目的是展示步兵如何作为一个整体与炮兵和航空兵协同……而且你们还要学会辨认我方的飞机，这样当它们试图为你们提供支援的时候，你们才不会向它们射击。"[62] 演习结束后，戴维·罗特巴特在日记中写道："虽然对在海上航行的景象和在辽阔的战场上驰骋有些许向往，但老实说我心里还是非常害怕。似乎没有人能想象自己置身于一场激烈的血战之中，他们在意识中拒绝相信自己会以任何方式成为战争的牺牲品。"[63] 然而，战争部取消了向海外派兵，训练仍然继续。第 4 步兵师移师新泽西州的迪克斯堡，4 月接替另一个师进驻戈登军营。

虽然第 4 步兵师的命运由战争部决定，但是全团官兵在接下来的 5 个月里发现局势出奇地平静，时间都花在了打磨士兵的技能和小部队战术上。训练主要集中于测试个人和小部队的斗志，有精确射击、游骑兵训练、高难度障碍物穿越、白刃战、格斗和爆破课程，还有必不可少的班排级考核。突破带刺铁丝网障碍物时，一名士兵飞身跃起用身体的重量把铁丝网压下去，其他人则踩着他的背跨越过去。翻越高墙时，士兵们踩着脚蹬往上爬，其他人在顶部轮流拉扯绳索给予助力。

每次战术演练，部队都至少要进行一次 10 千米急行军，每个士兵要背一把步枪和一个野战背包，"这些装备要在 30 到 40 秒内搞定"。每组士兵要在 48 分钟内完成急行军，有许多奖惩措施在刺激着官兵，尤其是对士官而言，如果他们在公路行军中掉了队，袖子上的 V 形条纹就会少一道（降级）。有些士兵的制服肩膀处绣着一个绿色的字母"R"，那是游骑兵的标志。巴顿少将有一次曾经脱帽亲自下场，与格斗教官对打了一场。坎特雷尔中士指挥的排，在"重武器排熟练度测试"中取得了全师最高分。[64]

因为离纽约、费城和托伦顿很近，许多士兵都想回家看看，指挥官们慷慨地批了通行证和休假条。更为有趣的是，金宝汤公司 [①] 拥有大片西红柿种植地，却没有采摘的人手，得到战争部的许可后，巴顿少将批准各部队派志愿者去采摘西红柿，补贴部队开支。巴顿少将的第 4 步兵师暗地里有许多不同的绰号，这次他的师被称为"西红柿化（Tomaterized）师"。士兵们当然都不想错过这样的美差，因此各营在田里展开了一场"西红柿大战"。[65]

在收到交还半履带车和卡车的命令之后，大批三级技术兵 [②]、司机和机修工虽然还保留着他们的技术等级，却都转职为像他们的战友一样的步兵。许多身体条件不达标的人被转调到了其他单位，来自补充兵训练中心和其他师的士兵取代了他们的位置。

1943 年 9 月，为了进行两栖作战训练，第 4 步兵师移驻佛罗里达州的戈登·约翰逊军营。当士兵学习游泳、练习两栖登陆时，他们的指挥官则要学习如何制定登陆计划。斯特里特创作了另一幅漫画，画上是几名后勤中士正拿

---

① 译注：美国首屈一指的罐头汤品生产商。
② 译注：美军技术兵中最低的一级，相当于下士军衔。

着军靴去交换鱼鳍。在约翰逊军营，第 22 步兵团中加入了更多的新面孔，有来自候补军官学校的军官，还有为了补充兵力从第 83 步兵师调派过来的士兵。在加入第 22 步兵团和第 4 步兵师的其他单位前，这些新来的士兵都已经接受过基础训练和部队战术训练，并参加过在田纳西州举行的军事演习。

在一次登陆演练结束后，巴顿少将给赫维·奥尔德里奇·特里博莱（Hervey Aldrich Tribolet）上校和第 22 步兵团的士兵写了一封信："你们接到了在非常险恶的海滩战斗的命令，在某些情况下还必须在远离海滩 600 多米的深水区下船登岸。按照登陆时间表，你部要涉水向岸边的沙滩突出部前进，到达沙滩水线之后向前冲锋穿过海滩，稍微整理一下建制后继续向前推进。"[66]

1943 年 12 月，第 4 步兵师在南卡罗来纳州的杰克逊堡短暂停留，让士兵有机会向亲人道别，并为出兵海外整理装备。1944 年 1 月 6 日，离上一次第 4 步兵师接到命令准备调往国外几乎过了一年，全师上下意识到这次是真的要出发了。一些长期在该部队服役的士兵未能通过体检，不适合出海，立即就被其他身体条件合格的士兵给顶替了。[67]

在英国的几个月里，部队还要进行更加艰苦的训练，同时还要接收和训练将来作为部队补充兵力的士兵——他们与即将被分派去的连队一起生活和训练。大多数补充兵来自此时仍在美国本土接受训练的师，如第 69、76、87 和 106 步兵师。许多士兵不仅完成了基础训练，还和部队一起经历了军事演习。随着训练的重点转向削弱敌防御工事、爆破，以及引导迫击炮和炮兵火力，班组一级在训练方面暴露出了新的问题。训练规模从班一直扩大到团和师，1944 年 5 月初，该师在英国西南德文郡的斯拉普顿海滩（Slapton Sands）参加了两栖登陆演习。训练区域的地形与"犹他"海滩和周边地区非常相似，最终目标是深入内陆 56 千米。从 5 月 18 日开始，团里的士兵不得与外界联系，正如随军牧师博伊斯所记叙的，"在此之前，团里几乎没有笃信宗教的迹象，但是现在很多人都来虔诚祷告"。[68]

当第 22 步兵团的士兵从"犹他"海滩上岸时，他们虽然参军的途径不同，但都是不折不扣的正规军。他们经历过数以百计的徒步和机动行军，参加了 3 次军事演习，数次动员训练测试，以及游骑兵训练和两栖登陆训练。可以说他们已经为战斗做好了准备。

虽然在电影《拯救大兵瑞恩》的刻画中，登陆"犹他"海滩要比登陆"奥马哈"海滩更加顺利，但在随后的日子里战事逐渐变得更为艰难。在肃清从海岸线一直延伸到瑟堡的德军炮台的战斗中，以及在圣洛周围灌木篱墙的战斗中，数以千计的该团官兵负伤或阵亡，仅6月6日至6月19日的战斗伤亡就有1059人。总体战略是什么不重要，成功的关键还是突击小队，因为要想夺取阵地，必须依靠突击队员奋力突破敌人的雷区和机枪火力封锁区域，迫使敌军放弃阵地。指挥人员的伤亡非常大，各营中担负指挥任务的军官和士官，伤亡比例达到了36%。[69]

爱国主义、荣誉和成长

应征入伍或志愿入伍的士兵在接受战火洗礼时，存在着不同的内在驱动力。在诸如爱国主义、责任感和荣誉感这样无形的精神力量的推动下，许多人投入了战火之中。

从1942年8月起，《22团人报》就开始大量刊登有关士兵入伍动机的文章，那刚好是第22步兵团达到满编后的第18个月。当时第4步兵师结束了1942年在卡罗来纳的演习，接到了准备向海外调动的命令，随后命令又被取消了。《22团人报》的编辑人员中，有一位未来的普利策新闻奖得主，一位百老汇制片人，一位著名漫画家，还有一位来自史密森学会的美国土著社会文化历史学家，他们都是被征召入伍的。第22步兵团情报军官怀曼·克拉克（Wyman Clark）中尉，是1941年从预备军官训练团（ROTC）毕业加入该团的，他主要负责团里新闻刊物的审查。每个连都设有一个专栏，由随军牧师和文娱军官负责。

因为专栏上禁止刊登军事演习、天气和任何涉及当前军事任务的内容，所以刊载的文章都将重点放在了士兵个人和他们的各种活动上。每期的内容都涉及爱情的得失、难以计数的结婚通告、哪个傻瓜醉酒胡闹、某人荣获食堂大胃王比赛冠军，还有卫兵交接期间哪些士兵会被选中成为上校和将军的勤务兵、谁的车辆最好、哪个食堂的菜最好吃，以及谁回收的废金属最多、哪个单位的士兵选择政府保险的比例最高。1942年8月20日那期和此后陆续刊登的文章，都把重点放在了征召兵入伍前的方方面面，但随着专栏文章与士兵们一起发展成熟，团刊越来越关注士兵们的成就。每期团刊都会有"救生员"（Life Savers）专栏，着重讲解诸如巡逻、排除诡雷、防空和伪装等军事方面的窍门和技能。[70]

除了训练，许多士兵还购买战争债券并参与废金属回收，1942 年 9—11 月间总共上交了 6.8 吨金属。[71] 没有什么能挡住他们上交废金属的热情，大家都以此为傲。通常被士兵们称为"棉铃象鼻虫"的第 22 步兵团团徽，由于金属短缺经常供不应求。移驻迪克斯堡后，该团开始安排士兵将布质团徽缝到他们的军服上。

从《22 团人报》上刊登的征召兵所作的许多诗文可以看出，士兵们非常爱国。其中有一首诗是这样写的：

独自站在自己的枪旁，

眼泪不由自主地落下，

主啊，请怜悯他们并眷顾我吧！

又一枚炮弹填进炮闩，

而他还在继续开火；

一次又一次，直到黎明破晓。

上尉在那里找到了他，

手里还拿着另一枚炮弹，

他失去了小腿，再也无法站立，

"噢，上尉，请帮帮我吧！"

他气若游丝地诉说着，

"长官，临死之前我要告诉你一件事：

请告诉我那年迈的母亲，我死得英勇。"[72]

士兵们被集体活动吸引到了一起，诸如连、营、团的运动会，管弦乐队和乐团，还有滑稽短剧和戏剧表演等。宠物在驻军生活中发挥了很大作用，而且许多宠物还随着它们的主人一起去野外驻训，其中以猫狗为主，不过在一些排里也有人饲养浣熊和猪。

不去野外驻训时，陆军的生活主要以执行时间表上的项目或定时点名为主。以 1941 年 12 月的作息时间表为例，6 点 15 分吹执勤日起床号，6 点 30 分集合，6 点 45 分吃早餐，7 点 45 分开始出操。士兵们 11 点 30 分结束训练，

12 点吃午饭，12 点 50 分继续训练。驻防时，17 点吹收操号，执勤日结束，17 点 15 分开始晚餐。22 点 45 分回营号吹响之前，除了站岗的哨兵或有其他勤务的士兵外，都可以自由活动，23 点吹熄灯号。

因为美国才宣战不久，所以美军尚未实行24小时的战时时刻表。如上所述，美国宣战后的头三天，驻军的士兵在执勤日的时间安排是早上 7 点 45 分开始勤务，下午 5 点收队，军官和士官的工作当然还要稍晚一些才能结束。这一时间安排很快就要被打破了。[73]

军人的生活并非全部是工作——无论指挥官们如何试图榨干士兵的最后一点精力。那些单身的年轻士兵，一有空闲时间就会找地方花钱。军队里对饮酒没有任何限制，由于酗酒无法执行任务才会受到惩罚。16 点以后，军人服务社才会出售啤酒，而且那种啤酒只含有 2.4% 的酒精，而多余的酒精都用来充当鱼雷的燃料了。[74]

一个二等兵的津贴最初是 30 美元，后来涨到 50 美元，这笔钱在今天看起来似乎并不多。不过，由于军方提供了膳宿，还配发了制服，这笔钱完全可以任意支配——扣除理发费、连队基金、战争债券、保险费，以及军人服务社的开销。不演习的时候，士兵们只要手头有钱就会到市区去。经历了大萧条时期消费匮乏的日子之后，士兵们可能更多地把钱花在喝酒、女人和赌博上，而不是精打细算。他们有时候会像糖果店里的孩子那样，享受那无拘无束的时光。然而，许多在部队服役多年的老兵还是比较稳重的。对已婚的士兵来说，靠军饷来养家糊口且每个月给妻子留点余钱几乎是不可能的，只能绞尽脑汁省钱。那些结了婚的士兵为了晋衔也许会加倍地努力工作，他们会尽量避免与还是单身的朋友去参加高消费的活动，宁愿留在家里陪伴家人。

征召兵入伍的时候，大部分人还是单身，但两年过后许多事情都发生了变化。1944 年 1 月，当第 22 步兵团要乘船向海外进发时，团里的许多士兵已经与家乡的爱人，或是与服役期间结识的女友步入了婚姻殿堂。有人这样戏称，第22步兵团是一支"三多"部队——"结婚的人最多，有孩子的人最多，买汽车的人最多"。[75]

执勤日晨号吹响之前，连队的棚车会穿过边缘地区，从那里的公寓和住宅接走士兵。如《22 团人报》的文章中描述的那样，"每天早上 6 点 30 分，行进的脚步声传来，起初声音还算轻柔，随着士兵逐渐接近变得震耳欲聋，足以将睡死的人震醒。可是并没有什么好担心的，这不过是晨号吹响后，军用棚车拉回来的士兵在下车集合"。[76]

军官

战前，进入第 22 步兵团的军官来自常备军，要么是军事学院的毕业生，要么是从技官①或士兵中直接提拔上来的，也可能是预备军官训练团的杰出军事毕业生。1941 年之后，以及战争期间，获得常备军授衔的军官只有军事学院的毕业生，1943 年军事学院的毕业生有两批，一批是 5 月毕业的正规班，另一批是 9 月毕业的速成班。虽然被分配到常备军步兵团令人垂涎，但是在 1944 年 6—11 月间，该团除了团长外只有 7 人属于常备军军官。其中有 4 人毕业于军事学院，他们分别是约翰·弗兰克·拉格尔斯中校、休厄尔·马里昂·布伦比（Sewell Marion Brumby）中校、罗伯特·查尔斯·福伊西（Robert Charles Foisey）中尉和富兰克林·肖（Franklin Shaw）中尉。还有 3 人是预备军官训练团的杰出毕业生，分别是厄尔·爱德华兹中校、托马斯·凯南中校和托马斯·科利尔·理查森·希尔兹（Thomas Colyer Richardson Shields）上尉。[77]

军官后备队的大部分军官是在 1941 年之前授衔的，而且在大学期间就已完成了为期四年的预备军官训练团课程。课程内容主要包括课堂教学和训练教学，在大三和大四的暑期还要举办一次培训营。那些 20 世纪 20 年代和 30 年代授衔的军官，在 1940 年仍然服役的寥寥无几，留在岗位上的人想要获得晋升资格，需要通过一系列函授课程。虽然这些军官在数年前就被授衔，但其中大多数人并没有接受过相关专业的脱岗课程培训。直到 1942—1943 年间，随着培训节奏逐渐平缓，相关课程的资源才对他们开放。许多人还参加了军官高级课程培训，其目的是"培养营连级战地指挥官"。步兵学校教授的是小部队战术、训示方式、武器知识和领导能力，以及无处不在的后勤和行政知识。比

---

①译注：这是一个独立体系，有5个段级（二战时期似乎只有两级），一般意义上来说各级之间没有上下级的区分，大多是为了表现资历的深浅（不同的级别军饷不同）。技官有独立的培养和考评标准，与负责指挥的军官体系和负责操作的士兵体系完全不同，没有交集。以前也有将技官翻译成准尉的，这个军衔在美军中的地位和英法等国的准尉有很大区别，因此翻译成技官。

起理论教学，步兵学校更注重实际运用，学校认为持续不断地投入实践可以更好地理解理论知识，另外军队希望这些学校的军官毕业后立刻就能有"老练的表现"。[78]

从1942年夏天开始，所有候补军官要想为自己的肩章"加上杠"①，必须要满足从候补军官学校毕业这条"硬指标"。一名高级军官这样描述道："战争还在继续的情况下，我在候补军官学校经历的3个月强化训练，强度远远超过预备军官训练团的所有课程。"[79]

士兵要想取得军官培训的资格，至少要在陆军普通分类测试中得到110分。取得军官培训资格的士兵没有正式教育方面的限制，唯一需要的是"在教育、民事或军事方面的阅历……足以保证他们能令人满意地完成培训课程"。最初，只有技官、至少服役4～6个月的征召兵以及预备军官训练团的学员才有资格成为候补军官。1944年之后，政策变更为直接从训练基地挑选士兵成为候补军官。[80]

1943年7月以前，步兵候补军官学校的培训时间是13个星期，7月之后增加到了17个星期。培训内容主要是步兵班排级战斗技巧和战术，也有少量营团级战术演练。领导能力的培训包括理论指导和实践培训。有可能的话，战功卓著的军官会通过战例分析，指导学员进行领导能力分析和决策。学校考核期间，候补军官还要到实习的连队担任见习指挥官，充任巡逻队队长、排长或是连长，在见习中"他要学习指挥，展现其作为一名指挥官的能力，尽职尽责并指挥一支队伍完成所有的任务"。

对候补军官进行评估时，战术军官会扪心自问："我是否愿意跟随这个人作战？"[81] 对候补军官学校毕业生技术培训的众多赞誉，充分证明了该计划的有效性，一位高级军官评论道："（候补军官学校毕业生）的培训方式是我在陆军中见过的最好的，在那些需要军官做的工作上，他们的表现就和刚从军事院校毕业初入步兵团的军官一样（好）。"[82]

有些人对所有连级军官的领导能力不足表示遗憾。可是，陆军地面部队

① 译注：美军尉官肩章为竖杠，"加上杠"是获得授衔的意思。

相信，比起通过讲课和固定的演练来掌握领导能力，与士兵一起摸爬滚打磨炼出来的领导才干更加宝贵，因此陆军尽量缩短军官培训的时间，尽早让他们到部队去锻炼。[83]

军方认为，已经参加高级培训课程的预备军官训练团学员，应该获得争取授衔的机会。1943 届大学毕业班的学员几乎已经完成了的全部课程——因珍珠港被袭而停止的进阶训练营课程除外。这些人于 1943 年 6 月至 9 月进入候补军官学校学习。1944 年届速成班的学员在完成大部分预备军官训练团的课程后，于 1944 年 9 月至 12 月进入候补军官学校学习。那些完成一年预备军官训练团高级课程学习，但无法在就职前毕业的学员接受了基础训练，要与其他人竞争进入候补军官学校的空缺。一旦被候补军官学校录取，在 1943 年 12 月开班之前，他们要返回学校。通常他们要去的部队所属的兵种，和他们在大学预备军官训练团时所属的兵种是一致的。[84]

1944 年 6 月以前，大部分候补军官的年龄都是 20 多岁。1944 年年末，许多候补军官更加年轻，其中有很多人是从补充兵训练中心直接选拔来的。[85]因此，还没长胡子的年轻军官令人惊讶地指挥一群满脸稚气的士兵成了一种普遍印象，这种情况在 1945 年可以说时有发生，但在 1944 年显然还不常见。

根据陆军地面部队的政策，替补军官部署到国外之前，至少要在美国本土的连级战术单位待 3 个月。正是学校培训与部队培训相结合，造就了步兵部队中合格的低级军官。[86]在经验丰富的校级军官的教导下，在时间的磨砺下，这些中尉成了称职的指挥官。

从 1943 年到 1945 年，8678 名主要来自高射炮部队和反坦克部队的军官被分派到步兵部队，他们在本宁堡接受了步兵适应性训练，另有一些人在海外接受步兵军官的训练。第 22 步兵团中有这样的经验的军官只有 12 人，他们是1944 年 11 月底和 12 月初前来报到的。在 1944 年的最后几个月里，军官的伤亡人数已经大大超过了归建待命人数。[87]

第 22 步兵团获得军官的最后一条途径就是在战场就地提拔，这个时候教育水平或陆军普通分类测试成绩已经不重要了，士兵只要在战场上有突出指挥能力，就可以被任命为少尉。[88]

入伍

士官并没有专门的培训学校，由尉官来选拔和训练士官的传统要追溯至美国独立战争时期。当步兵学校提议将那些不合格的候补军官训练成副排长时，陆军地面部队的答复是培训士官是作战单位中军官的职责，其领导能力的培养只能通过"履行职责和指挥部队"来磨炼。[89]

1941 年 6 月之后加入第 22 步兵团的士兵中，即便不是大多数，也有很多人在补充兵训练中心接受过步兵训练。基础训练最初持续 13 周，1943 年 8 月改为 17 周，以解决海外的指挥官们报告的兵员缺乏训练问题，同时防止公众抗议将只受过 3 个月训练的青年士兵派往海外。变动生效后，完成 13 周训练课程的士兵，将被分派到其他连队去接受额外的 3 周训练。[90]

1943 年 12 月，美军步兵的基础训练分成三个阶段。第一阶段是常规军事科目，包括军队礼仪、警卫值勤、急救、队列操练，以及制服和装备保养。第二阶段，包括 M1 步枪、M1 卡宾枪、勃朗宁自动步枪、7.62 毫米（.30 英寸）口径机枪、60 毫米迫击炮和"汤普森"冲锋枪的射击训练，还要学会投掷各种手榴弹。第三阶段，学习各类战术，如伪装侦察和巡逻，步兵班、排、连战术，以及夜间战斗。[91] 这些科目不仅需要教官的指导，也需要自己主动摸索学习。除了常规科目之外，课程中士兵们还会学到"如何过集体生活，如何避免不必要的争吵和激烈斗殴，如何取悦我们的军官"。他们学会了"接受每一件事并时刻保持着幽默感"。[92]

有一名士兵在征兵公告栏上写下了他的训练过程：

我们肯定当我们归来时任务会出色完成。不必太牵挂，如果发生了什么我们回不来的话。只要记住，我们已经拼尽全力。因为我们确实接受了最好的训练，教官是全美最优秀的军官。每个军官都告诉我们，我们将同舟共济，命运相连。正如我们现在所经历的。这就是我们当中的大多数人都喜欢陆军的原因。我们都有着相似的经历……告诉孩子们没什么可怕的，已经上战场的兄弟们需要帮助。现在正是时候。再等下去就太晚了。[93]

发表在《步兵杂志》上的关于完成基础训练的个人文章所表达出的情感，

实际上在每个人如同经历了成人礼般的描述中都有反映：

> 作为一名步兵能最终走到这一步，这个过程是我一生中最难以忘怀的经历。我和其他普通人一样在步兵之中找到了自我，过去我并不喜欢当步兵。我知道它没有魅力，没有华丽的制服。不会基于我的事迹拍成电影，更不会有赞颂我光辉成就的头条文章。我曾对此感到愤慨……我无法确定究竟是从哪天开始，但应该就是在第三个月的某一天，我突然为能成为一名步兵感到自豪。几乎在同一时刻，我同样为自己所在的班、排、连、营和团感到骄傲。[94]

1944 年 2 月，战争部下令除非各单位和补充兵训练中心的兵力枯竭，否则不得向海外派驻 18 岁的士兵。同样的规定还适用于美国参战之前妻子已经怀孕且在军中服役不超过 6 个月的军人。同年 6 月，战争部严令所有未满 19 岁的士兵都不得被派往海外充当步兵或者装甲部队的补充兵员，各单位必须无条件服从。[95]

下面就是一名 18 岁的士兵由于禁令不得派遣海外的例子。韦斯·特林德尔（Wes Trindal）入伍时刚好 18 岁，在完成了基础训练后就回家休假了。此前，特林德尔二等兵和许多同期战友被派到了肯塔基州的布雷金里奇军营（Camp breckinridge），作为游骑兵的补充兵力，他们要在那里接受强化训练。所有行动都要跑步进行，强行军和野外生存训练也成了家常便饭。盟军在诺曼底登陆后不久，他们的游骑兵训练突然结束了，全体人员搭乘火车转移到了马里兰州米德堡（Fort Meade）军营的海外补充兵站。在那里，他们注射了疫苗，检查了制服，还"第四遍或第六遍"观看了战争片《炮火的洗礼》（Baptism of Fire）。之后所有年满 19 周岁的士兵都登船向海外进发，而 19 岁以下的士兵先是转移到了北卡罗来纳的巴特纳军营（Camp Butner），为了得到一枚式样简朴的步兵资格章努力训练，随后再次登上火车，横贯整个美国来到加利福尼亚的奥德堡（Fort Ord）进行丛林战训练。特林德尔从教官那里得到的教训之一，就是"我们的一生不可能把所有的错误都犯一遍，然后自学成才"。丛林战训练结束时，所有士兵按照姓氏的首字母进行划分，"A"到"M"的士兵被派去太平洋战场，"N"到"Z"的士兵则是去欧洲战场。1944 年 11 月 12 日，特林德尔和仅存的少数共同完成基础训练的战友从英国抵达法国，此时他的年龄是 19 岁零 4 个月。[96]

1944 年年初的一项民意调查显示，有接近四分之三的民众认为，比起征召为人父者从军，征召单身女性入伍更为合理。国会为了努力解决这个问题，于 1942 年批准将征兵年龄下调至 18 岁，希望以此保护有家室的男人。[97]

1943 年年底以前，珍珠港被偷袭前就当了父亲的人都没有被征召入伍。但即便征召已做父亲的人入伍，各地征兵部门也未能完成分配给他们的任务，在 1943 年的最后一个季度，他们只完成了征兵配额的三分之二。可是，由于对征召 18 岁青年的限制导致无人可被派遣，1944 年第一季度被征召入伍的士兵中几乎有半数在珍珠港事件爆发前就当上了父亲。然而当时大部分部队都已经组建完毕，这些为人父者发现他们只是充当步兵部队的补充兵力，并非部队的初建兵员。[98] 许多人在人员伤亡最严重的 7 月和 8 月来到了欧洲战场。[99] 不满 19 周岁的士兵不得派遣到海外战场的禁令则在 1944 年 8 月 4 日被取消了。[100]

作战领导力

第 22 步兵团的指挥团队，由一群在美国共同训练的百炼成钢的军官和士官组成。从 D 日到 11 月 16 日，团编制表上的 152 名军官，阵亡或负伤人次达到了 283 人。那些在战斗中幸存下来的 D 日前就隶属该团的军官，都晋升为团里的连长和营长。他们大多出身于预备军官训练团，于 1941 年和 1942 年年初授衔，1942 年和 1943 年相继加入第 22 步兵团。就步兵排而言，到 1944 年秋，几乎所有的中尉，无论出身于军官后备队还是正规军，都是候补军官学校的毕业生。在诺曼底登陆之后他们补充到各连，取代这些部队中阵亡、负伤、晋升或解职的军官。[101]

那些在头两个月的血战中幸存下来的人很快就得到了晋升。在岗位上连续 30 天有杰出表现的军官可以获得比所任职务更高的军衔，并由美国陆军临时授予该军阶。D 日时的少尉军官，到 11 月已晋升为上尉，上尉晋升为少校（有一名上尉还晋升为中校），而少校则晋升为中校。[102]

指挥

查尔斯·拉纳姆上校是 1944 年 7 月 10 日接手指挥第 22 步兵团的，他是该团自 D 日以来的第三任团长。拉纳姆是西点军校 1924 届毕业生，他还是一名"军中诗人"，与欧内斯特·海明威关系密切。他的部下都认为他很有才华，可是"疯得够呛"。20 世纪 30 年代，从中尉晋升为上尉的拉纳姆编辑了一本极具影响的书——《战斗中的步兵》（*Infantry in Battle*），该书重点介绍了第一次世界大战期间对步兵部队的运用。二战初期，拉纳姆参与撰写了 7–40 版《野战手册》的"步兵团"章节，这本手册为步兵团提供了理论教学指南，后来他担任了第 69 步兵师 272 团团长。拉纳姆的情绪飘忽不定，经常大起大落，他与巴顿少将在从战术到奖励等一系列问题上存在分歧。克里福德·M. 亨利（Clifford M. Henley）上尉的记录中写道，拉纳姆想要独自赢得这场战争。

拉纳姆身先士卒，甚至可以说是蛮勇，他还希望手下的指挥官以自己为榜样。上任伊始他就告诫团里的军官，谁如果胆敢未经许可擅自撤退，那么肯定会被送上军事法庭。当时有传闻说拉纳姆是在被解职后重新分派来的，而且第 22 步兵团被分派来的军官要比第 4 步兵师其他两个团加起来还多。过分强调指挥官身先士卒是要付出代价的。从 7 月 10 日到 11 月 16 日，第 22 步兵团有 4 名营长、8 名步兵连连长伤亡或被解职。[103]

约翰·拉格尔斯中校是这支常备军步兵团在 1944 年 11 月时仅有的另一名毕业于西点军校（1931 届）的军官，作为土生土长的佛蒙特州人（位于美国东北部），他是 D 日前全团唯一一个并非来自美国南部的校级军官。他于 1943 年来到第 22 步兵团，当时该团正在佛罗里达州进行两栖登陆训练，此后拉格尔斯到步兵学校担任军械部讲师。担任了一段时间营长后，他在 1944 年年初被提升为副团长。拉格尔斯中校在团里地位特殊，他把大部分时间都花在了充当巴顿少将和拉纳姆上校之间的和事佬上。[104]

第 22 步兵团的作训股长厄尔·爱德华兹中校，D 日登陆时任 2 营营长。爱德华兹出身于密西西比州预备军官训练团，1940 年第 22 步兵团重建之初以少尉军衔加入该团，在诺曼底登陆前的 4 年多时间里，他几乎担任过团里的所有军官职务。1944 年 8 月，爱德华兹接替负伤的托马斯·凯南中校成为团作训股长。凯南中校 1939 年毕业于南卡罗来纳州的要塞（Citadel）军事学院，随后以少尉军衔加入该团。[105]

1营营长休伯特·劳埃德·德雷克少校（Hubert Lloyd Drake）是除拉纳姆上校之外，唯一一名在D日之后、许特根战役之前，被派到团里来的校级军官，团里的其他高级军官都是就地提拔的。德雷克少校是加利福尼亚人，7月间他在指挥2营作战时身负重伤。伤愈归来后，他调任1营营长，也许是因为他未曾与该团在美国一起训练的缘故，德雷克始终未能真正与其他军官打成一片。他的副手乔治·戈福斯少校和作训参谋克里福德·亨利上尉，自1942年年初就来到了该团。戈福斯少校出身于北卡罗来纳州的预备军官训练团，亨利上尉则来自克莱姆森大学预备军官训练团。[106]

2营营长格伦·戴维·沃克（Glenn David Walker）中校在诺曼底登陆时还是个上尉。他是密西西比大学毕业生，在国民军事训练团（CMTC）接受的训练，1940年加入第22步兵团后，军衔从少尉逐渐晋升到了中校。他的副手约瑟夫·塞缪尔斯（Joseph Samuels）少校和作训参谋乔治·克尔（George Kerr）上尉，也是在D日前就加入了第22步兵团。[107]

3营营长阿瑟·蒂格中校是第4步兵师各营营长中在任时间最长的，蒂格毕业于克莱姆森大学预备军官训练团，拉纳姆上校称其为"我认识的指挥官中最具作战能力的"。1940年，蒂格到3营报到时还是个少尉，他一直在营中服役，从排长一路晋升到营长。D日，蒂格率领的3营是首波在"犹他"海滩抢滩登陆的部队，而且他还是为数不多的从未负伤的军官之一，但一连串的好运在许特根森林的头几天就荡然无存了。专业地形工程师出身的蒂格，每次都要从各个角度对着地图研究大约15分钟，然后下达非常明确的指令。蒂格的副营长詹姆斯·肯普（James Kemp）少校是南卡罗来纳人，1935年毕业于南卡罗来纳大学，作训参谋奥斯卡·威林厄姆（Oscar Willingham）上尉出身于预备军官训练团，他们俩都是在1942年夏天之前加入第22步兵团的。[108]

1944年11月15日，第22步兵团中有12名中尉是在战场上授衔的，除了一人外其他都是征召兵，而且有些人就在他们入伍时的连队任职。这12名中尉中的大多数人从1940年或1941年起就与自己的部队待在一起，诺曼底登陆后的血战中他们都表现得非常优秀，都是从副排长或二级军士长被提拔到中尉的。他们大都至少负过一次伤，伤愈后归队。8月和9月初，奥斯卡·坎特雷尔（Oscar Cantrell）、威廉·库克（William Cook）、克里福德·梅里特（Cliford Merritt）和克拉伦斯·舒加特（Clarence Shugart）4 人从少尉晋升为中尉；其他 8 人中，包括米特曼中尉、马里昂·里斯（Marion Reece）中尉、罗伯特·比克内尔（Robert Bicknell）中尉，还有查利斯·佩顿（Challis Peyton）中尉，也在 9 月底和 10 月得到晋升。[109]

11 月 16 日委派到团里的军官中至少有 40% 是在先前负伤后重返前线的，有些人还多次负伤。在初期的战斗中，凯南中校、德雷克少校、戈福斯少校、克拉克上尉、马丁上尉、萨拉特（Surratt）上尉、比扎罗（Bizzaro）中尉、伯纳斯科（Bernasco）中尉、布里奇曼（Bridgeman）中尉、伯顿（Burton）中尉、格林利（Greenlee）中尉、杰内尔（Jahnel）中尉和托尔斯（Tolles）中尉像许多其他军官一样，在 10 月和 11 初回到了团里。

1944 年 6 月至 11 月间，很多新军官到该团报到。据估计共来了 260 名军官（其中包括伤愈归队者），主要填补了 139 个由上尉和中尉担任的职务空缺，其中包括唐纳德·麦克拉肯（Donald McCracken）中尉、罗伯特·皮萨雷克（Robert Pisarek）中尉、唐纳德·沃纳（Donald Warner）中尉和乔治·威尔逊（George Wilson）中尉等。6 月和 7 月补充到团里来的军官基本都是中尉，但在晋升前已经负伤且仍是少尉的军官除外。在美国本土获得军衔的中尉之中，仅有 8 人是在 1944 年授衔的，服役经验最少的 4 名中尉都曾是预备军官训练团成员，直到近期才在候补军官学校被授予军衔。[110]

图表 12 显示了许特根森林战役期间第 22 步兵团的指挥链（指挥系统）。列出了各步兵连、营和团部机关的指挥官以及选定参谋的姓名。如前所述，全团每个营级和连级指挥官都至少被替换了一次，团里的老兵填补了他们的空缺。

作战部队的军官中有着一种兄弟般的情谊，当然，这种情谊不仅体现在同事军官之间，而且体现在军官与手下的士兵之间。军官将自己定量配给中的酒与士兵分享的事例不胜枚举，几乎各个级别的军官都有这样的行为。在候补军官学校出身和获得战地提拔的军官身上，这种兄弟情谊显得尤为突出，因为他们都曾是应征入伍者，经历过严酷的训练，与手下的士兵一起浴血奋战过。

第 22 步兵团的士官彼此相似，且战争期间大都一直在本团，乃至本连服役。从 1941 年起，大部分二级军士长和很多军士就已经在团里服役了，该团最初

第7军军长
J. 劳顿·柯林斯少将

第4步兵师师长
雷蒙德·O. 巴顿少将

团长：C.T. 拉纳姆上校
副：J.F. 拉格尔斯中校

团人事股长 福赖伊少校　团情报股长 布来泽德少校　团作训股长 E. 爱德华兹中校　团后勤股长 肯特少校

3营营长 蒂曼尔少校（11.17受伤）　背盖华少校
副营长 肯盖少校
作训参谋 哈里桑中尉（11.17）
威林厄姆上尉（11.17受伤）

3营
I 连连长 布里夸克中尉（11.25受伤）科特纳尔上尉（11.29阵亡）麦特雷尔少尉（11.29受伤）麦尔洛夫少尉（12.1受伤）
K 连连长 威尔利上尉（11.22阵亡）法罗中尉 伯顿中尉
L 连连长 杨格上尉 库克中尉

2营营长（11月20日） 盖耶尔斯少校（11.21非战斗伤亡）埃格尔斯中尉（11.25阵亡）丹尼尔斯少校（11.26失踪）纽康姆上尉
副营长
作训参谋 克兰尼尔中尉 布兰尼根上尉

2营
E 连连长 纽克姆上尉（11.27）福克纳上尉
F 连连长 麦基上尉 克兰尼尔中尉（11.19）布兰尼根上尉（11.21调往团部）贾内尔中尉（11.19非战斗伤亡）威尔逊中尉
G 连连长 图来克上尉（11.19）皮萨雷克中尉（11.20阵亡）托尔斯中尉（11.30受伤）

1营营长（11.17阵亡） 德雷克少校 戈福斯少校
副营长 麦利上尉 戈福斯少校 1944.11.15
作训参谋 麦克莱恩上尉

1营
A 连连长 苏拉特上尉（11.27受伤）沃纳中尉
B 连连长 麦克莱恩上尉 迪肯森中尉 比扎罗中尉
C 连连长 马丁中尉（11.18受伤）斯威尼中尉（11月27日）斯坦利上尉

11月18日　11月20日　11月26日　11月18日　11月17日

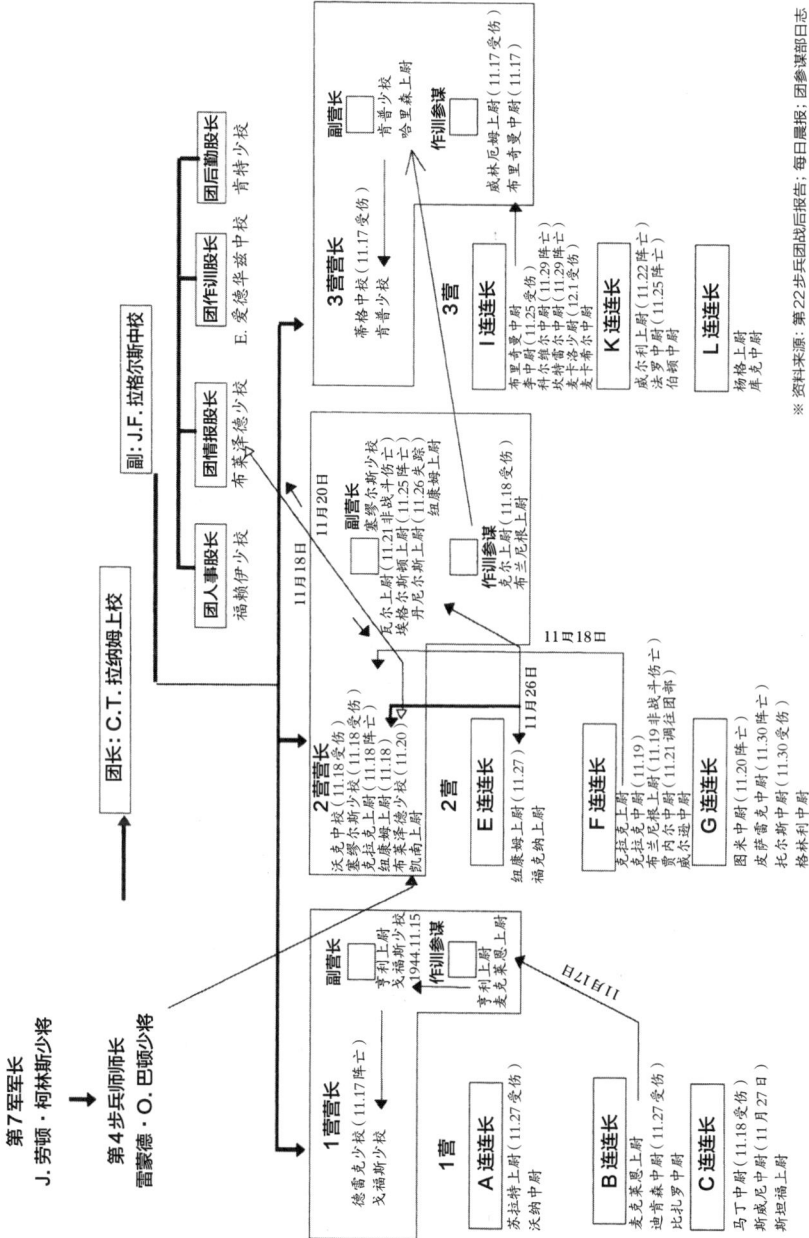

※资料来源：第22步兵团战后报告；每日晨报；团参谋部日志

图表12：第22步兵团指挥人员和主要参谋人员的减员与替换情况，1944年11月16日—12月4日

满是征召兵，尽管有相当一部分人是 1941 年和 1942 年入伍的。[111] 1944 年 6 月至 11 月间，全团征召兵的战斗伤亡达到 4329 人，而且不出所料的是绝大多数伤亡人员都来自步兵连。这个数字远远超过了 D 日登陆时全团的总兵力。[112]

与军官一样，那些在 D 日后的战斗中幸存下来的人在连队里也纷纷被提拔，成了班长或副排长。步兵连中有 20% 的副排长在 D 日前就已晋升，在战斗中负伤，并在伤愈归队后回到了原岗位。虽然在许特根之役中幸存下来的一些二级军士长和技术军士长战前属于常备军，如莫雷尔·沙普顿（Morel Sharpton）、约翰·奥斯加（John Osga）、威利·派克（Wiley Pike）和埃德温·巴特勒（Edwin Butler），但这样的人显然为数不多。许多军士都负了伤，但剩下的仍以较低的军衔战斗，基层士兵们的主心骨以二等兵到军士这个级别的人员为主，如二级军士长尼利（Neeley）、凯尼恩（Kenyon）和福特（Ford），技术军士长弗兰克·埃斯皮诺（Frank Espino）、杜费克、尤伊维亚克、斯考顿（Scouton）和瓦里亚诺。与大部分新来的少尉不同，许特根森林里的第 22 步兵团全体士官都是从普通士兵提拔上来的百战老兵。

1944 年 6 月 6 日，各步兵连中有 14.5% 的兵力是来自常备军的普通士兵（包括二等兵、一等兵和技术兵 [①]），1.7% 来自国民警卫队，65% 来自征召兵或陆军预备役部队。士官在连队中占了 18.8%，各班的军士中出身常备军的占 2.9%，出身陆军预备役部队的占 12.5%。高级别的技术军士长和二级军士长中，常备军出身的占 2.3%，陆军预备役部队出身的占 1.1%。在蒙受惨重伤亡的 1944 年 6 月和 7 月间，补充兵力主要来自陆军预备役部队，部分来自常备军，甚至还有一些人来自国民警卫队。接下来的几个月里，那些在激战中存活下来的士兵要么成了班长，要么成了经验丰富的一等兵，他们都是不可或缺的人物。二等兵马卡里奥·加西亚（Marcario Garcia）、莫里斯·L. 哈维（Morris L. Harvey）、威廉·H. 库克（William H. Cooke）和艾尔弗雷德·范坎普（Alfred van Camp），他们都是补入该团的数千名补充兵中的一员（当然，这包括了所有归队的士兵）。[113]

---

① 译注：二战时期的美军中，技术兵分为四个等级，级别和普通的士官军衔相对应，三级技术兵对应下士，二级技术兵对应中士，一级技术兵对应上士，技术军士长则对应二级军士长。

到 1944 年 12 月 4 日，许特根森林战役结束后，全团其他衔级的士兵占 81.1%，其中 5.1% 来自常备军、0.5% 来自国民警卫队、75.5% 来自陆军预备役部队。士官比例为 18.7%，各班的军士中有 2.5% 来自常备军、12.6% 来自陆军预备役部队。技术军士长和二级军士长中，常备军出身的占 0.9%，陆军预备役部队出身的占 2.2%。

11 月初的时候，许特根森林的磨难还未到来，许多人似乎都认为战争在圣诞节前就会结束了。11 月 7 日，欧文·米特曼少尉在给父亲的信中写道：

看起来我们正准备度过一个严冬……美国大选对我们来说似乎是很遥远的事情，而且现在根本不重要……当然，我查看过手下士兵的邮件了，大部分小伙子肯定对此很关注。眼下天寒地冻，先前的两个晚上又是倾盆大雨，幸运的是这张信纸没有被打湿。一切都陷入泥泞之中，我们也不例外。尽管如此，小伙子们的心思还是放在了尽快结束这场战争上，越快越好……如果到圣诞节战争能结束，我相信明年春天我就可以回到美国，或是到太平洋地区了。当然前提是我不会再挨子弹。[114]

第六章
德军士兵：第74军的征召、训练和指挥阶层

　　德军中最年轻的新兵，在1933年希特勒上台时只有7岁。这些年轻人在纳粹的统治中度过了自己的成长岁月，直到1944年还相信元首并认为德国将会获得最终胜利。年纪较长的德国人经历过第一次世界大战前德国的空前繁盛，感受过1918年战败后的耻辱，见证过经济大萧条，目睹了希特勒的崛起，亲历了"捷克危机"期间为了备战而进行征兵动员及入侵波兰时的难忘岁月①。他们还体验了打败法国的快感，眼睁睁看着德军入侵苏联，却在莫斯科城下被挡住去路。他们看到了斯大林格勒的惨败和东线崩溃的战报，还听闻盟军在诺曼底登陆，以及暗杀希特勒的阴谋行动。

　　对大多数注定要在许特根森林中战斗的德国人来说，其人生的决定性经历发生在大萧条时期。之后德国重整军备以及剥夺公民权和政治自由，也对那些年长的士兵产生了重要影响。国会纵火案②之后，纳粹党通过宣称此事为其他党派所为，依靠全民公投达成了自身的目的。希特勒解散了德国共产党，并通过了《授权法案》，使政府在未来4年中拥有独裁权力，以巩固所谓"民族革命"。1933年7月14日，希特勒宣布国家社会主义工人党（NSDAP），即纳粹党，是德国唯一的合法政党。此时的德国已是纳粹党一家独大，希特勒的"民族革命"大计也已开始。结果在1933年6月和7月¹，德国的一切传统政党相

---

① 译注：纳粹德国于1938年3月吞并奥地利，接着利用捷克斯洛伐克苏台德地区的"自治"问题，制造了五月危机。
② 译注：1933年2月27日晚，德国纳粹党策划焚烧柏林国会大厦，借以栽赃德国共产党和其他进步力量的阴谋事件。

继被解散，单从这点看，德国人民的日常生活"陷入了长期的紧急状态"[2]。

与大多数工业化国家一样，德国人民同样深受大萧条的影响。希特勒上台之后，通过一系列公共基础设施建设和军备重整计划，给德国经济注入了活力。德国的失业人口从 1933 年的 3863700 人，下降到了 1938 年的 333300 人，而在 1939 年的军事动员之后，失业者更是只剩下 84900 人。[3]

第一次世界大战的战败给那些当时在前线战斗的德国军人带来了巨大影响。虽然一战前的德国政客魏玛共和国时期依然在政坛上呼风唤雨，但那些在战壕中战斗的德国军人的情感，深深影响了大战期间的一代年轻人。恩斯特·云格尔（Ernst Jünger）的文学作品最为真实地记录了一战时期战壕中官兵们的情感，他曾在其所著的《钢铁风暴》（In Stahlgewittern）一书中极力鼓吹战争的吸引力，并在《战争的内在体验》（Der Kampf als inneres Erlebnis）一书中描述了人类在战争中体验到的快感。[4] 尽管他自己不是纳粹分子，可是云格尔的言论推进了极端民族—种族主义向泛社会达尔文主义扭曲发展。这种理论认为国家民族和个人一样要参与优胜劣汰的斗争，遵循适者生存这一亘古不变的定理。因此，战斗不仅对于个人，而且对于整个民族来说都是最终目的。

德特勒夫·波伊克特（Detlev Peukert）指出，在希特勒统治下的第三帝国，正经历青春期的德国青年分为三个群体。第一个群体是在 1933 年至 1936 年间成年的人，他们的年纪足以理解大萧条时期生活的困苦和因此产生的大面积失业，所以这个群体很欢迎重整军备和公共设施建设，因为这样可以给他们提供工作机会。第二个群体是在 1936 年至 1939 年间从青春期步入成年阶段的青年，他们是首批受到希特勒青年团和"民族共同体"（Volksgemeinschaft）精神洗脑的人，他们亲身参与了以野蛮残暴的手段对犹太人、共产主义者和其他"异类"的迫害。第三个群体则是在战争时期（1939—1945 年）成年的人，经历了日常生活中令人麻木的千篇一律和成长过于迅速带来的艰辛。正如一名前希特勒青年团成员回忆说："我们都是政治规划出来的工具：要服从命令，要培养出军人般的'德行'，要立正，说'是的，长官'。而且当人们说出'祖国'这个神奇的单词时，以及谈论到德国的荣誉和伟大时，我们就要停止思考其他任何事情。"[5]

当德国人民目睹战争再次爆发的时候，一阵极大的寒意扫过他们的心头。1939 年时的气氛与 1914 年 8 月一战爆发时截然不同，没有欢歌，没有笑语，没有欢呼的人群夹道欢迎挂满鲜花、趾高气扬的军人队伍，也没有无数志愿者涌入征兵办公室的场面。

1939—1944 年间，德国人民对这场战争的态度发生了数次转变。在战争初期的闪电战屡战屡胜之后，德国人因胜利倍感骄傲和欢欣，那些经历了第一次世界大战的老兵更是为法国投降感到无比欣慰。然而，斯大林格勒战役之后德国人的情绪发生了变化，随着德军在苏联遭遇挫败，盟军持续不断地发起轰炸，以及未来无条件投降要求的提出，德国人面临着艰难的抉择，要么继续战斗，要么接受一个比战争本身更具毁灭性的和平。[6] 也就在这个时期，第 74 军下属各部队编制成型，其中的大部分士兵都是征召兵。

1934 年，德国开始重整军备，要求在一年内将陆军师的数量增加一倍，而且 1935 年 3 月希特勒还颁布了重新修订后的义务兵役法，以填补这些新成立的部队。1939—1945 年，大多数身体健康的德国成年男性都进入国防军服役。在此期间，年龄较大的男性训练 8 周后返回了原先的平民工作岗位。每年秋天征召入伍的士兵，最初的服役时间是一年，到 1936 年延长至两年。德国士兵的征召是按照年龄组进行的，也就是说征召所有在同一年出生的男子。例如在 1938 年，那些 1918 年出生的男子就要应征入伍。[7]

对许多德国人来说，在国防军服役是一个觉醒的过程。虽然有相当比例的德国人居住在大城市（居民超过 10 万人）中，但大多数人仍然生活在小城市、城镇、村庄和农庄里。（他们的生活境况）与 18 世纪的时候非常相似，许多德国人从未离开过他们的家乡半步，可能只去过一两座城镇。当兵后的南征北战，使这些德国人领略到了欧洲各地不同的民族和文化。1939 年入伍的德国人如果有幸在这场发生于德国东西两侧的战争中幸存，那么他既有可能领略巴黎的别样风景，也有机会目睹恍若数个世纪前模样的苏联村庄。[8]

德国当时的劳工法规要求学生离校后到劳动局报到，等待分配工作。1936—1941 年，毕业于三类学校的德国男性青年共有 3101408 人。德国的潜在兵员还有那些在 1936 年以前毕业的青年，他们此时大都已加入了劳动大军。[9]

1939 年时德国的 3940 万从业人员中，有 1120 万人于 1939—1944 年间被征召入伍，可是德国的劳动力资源只下降了 10%（350 万人）。这是因为，纳粹德国为了弥补征兵造成的劳动力短缺，启用了妇女、外国劳工以及战俘。虽然这些人充实了德国的劳动大军，在数量上弥补了劳动力不足，但是他（她）们无法维持原来的生产力水平。[10] 粮食短缺导致劳动者身体素质下降，此外熟练劳动力仍然不足，妇女和未成年人只能从事劳动密集型工作，这两个因素导致了实际产能的降低。

征召与训练

关于哪些人要被征召入伍，哪些人可以暂缓征召，有两个基本规则。首先，德国国防军原则上坚持所有身体条件合格者都应该到军中服役一段时间，包括那些在 14 岁就作为学徒参加工作，日后将成为新一代熟练工人的男孩儿。许多德国人都认为，当成年人都上战场打仗的时候，年纪较轻的男孩们还留在家里，这是非常不公平的，这点与美国很相像。其次，军事需求高于一切。每一种劳动都要进行分类，然后根据每种确定的类别决定征召或是缓召的比例。由各军区决定谁要被征召或缓召。为了保持各年龄层军人数量的均衡，这种征兵制度一直沿用到了大战的最后几天。[11]

德军的征兵年龄底线在逐年降低，从 1939 年的 21 岁降到了 1943 年年初的 17 岁，到 1945 年 3 月更是低到了只要满 16 岁就要入伍。纳粹国防军需求的兵力远远超过了一年的征兵数量，即便征召更年轻的男丁也无法满足军队需求时，先前因年纪较大而被暂缓征召的人也被列入征兵行列。二战期间入伍的 1100 多万人中，有许多人在入伍前未曾有过工作经验。[12]

德国人征兵时不需要进行兵役登记，因为当他们还是幼童的时候，他们的名字已经记录在当地兵务局的花名册上了。1942 年年初，征兵命令要求征召入伍者和志愿入伍者，先到他们服役部队的补充兵单位受训。征兵站一般通过邮件和公报将征召令传达给应征者，然后应征者就到本地征兵站的接待连队报到，花上几天来进行一些相关的程序处理。所有应征者都要进行体检，并且在正式入伍前还要宣誓："我在上帝面前做此神圣的宣誓，我将无条件地服从德意志帝国和人民的元首、国防军最高统帅阿道夫·希特勒的命令，作为一名英勇的战士，时刻准备践行此誓言，即使牺牲生命也在所不惜。"[13]

1943年之后，应征者的体检要求被极大降低。德军将应征者划分为数个体能等级，从能适合常规任务到具备劳动能力，几乎没有人由于体检不合格而被淘汰。德国的兵务局根据应征者的身体条件，决定把他们分配到哪支部队去服役，这就如同德国社会中，由父亲来决定儿子要去哪种层次的学校就读，却不考虑儿子的意愿。这种武断选择的不利之处在于，对一支部队而言其所属士兵的能力可能很有限。随着入伍体检的标准降低，那些在先前的体检中完全不适合服役的人，现今竟成了野战部队的士兵。尽管有些人推迟服役回到了工作岗位，可大部分应征者还是直接参加了部队训练。[14]

在入伍程序进行期间，新兵要首次接受基础军事训练，还要自学徒手格斗的技巧。接着，新兵要转移到其所属军区的一支训练单位中。如果接兵部队此时正在进行重建，或是因长期再次受训和重组而有时间训练新兵的话，各单位会有限度地接收新兵。

可以这么认为，德国陆军中的新兵并非毫无军事经验的新人。大部分新兵入伍前事实上都已经在纳粹党建立的准军事机构中接受过军事训练，尤其是年龄较小的一代人，都加入过希特勒青年团和帝国劳工组织（RAD）等团体，年纪稍长的则加入过冲锋队（SA）。德国新兵的基础训练科目与其他国家大致相同。新兵入伍时会有一本由上述机构发放的，证明其入伍前训练水平的受训证书。[15]

根据帝国青年义务服役制的规定，10～18岁的男孩要加入希特勒青年团或少年团（Jungvolk）。[16] 希特勒青年团每周3天的集训中有2天专门进行体能训练，包括投掷手榴弹，练习使用轻武器和队列操练。从1942年开始，为了弥补预备军训练遭受的压缩，国防军在希特勒青年团中推行了一套正式的准军事训练方案。1944年，有63万名男孩在希特勒青年团接受了入伍前军训。[17]

每个德国人都要到帝国劳工组织参加为期6个月的义务劳动。帝国劳工组织的征集令与国防军的征召令同时发出。负责登记的官员随时掌握着所有帝国劳工组织成员的工作情况，义务劳动一结束就会通知军方，然后他们就要去当兵了。在结束帝国劳工组织的义务劳动后，有51.9万人进入国防军服役。1927年出生的德国少年，1943年11—12月会被征入帝国劳工组织参加为期6个月的劳动，到1944年7月再被征入国防军的一支部队服役。[18]

随着战争的持续，德军的兵力逐渐变得紧张，冲锋队作为纳粹党最庞大的准军事武装，开始训练 18 ~ 65 岁、未曾入伍或早已退役的德国人。其中包括那些暂缓征召的人、工厂工人，以及离开了希特勒青年团却未加入国防军的青少年。[19]

德国军队的兵力补充和训练过程是分开进行的，德军更注重的是教育，至少认为教育与训练是同等重要的。训练涉及实践、经验和技术，而教育还注重整体的人格培养，这在大战前的国防军中是重点工作。然而，战争期间新兵的训练时间相当紧迫，由连长和士官负责的新兵训练已经很难达到战前的训练标准了。[20]

德军不同的部队有着各自的科目计划和训练进度表，教官和部队指挥官据此对新兵进行训练。有时候战局变化会缩短新兵的训练时间，甚至还有尚未接受训练的新兵跟随部队直接上战场的情况。[21]

战争期间，随着德军野战兵力的不断消耗，对兵力的需求日益紧迫，这使得补充兵力的训练时间逐渐减少。新兵的训练时间从之前的 12 ~ 16 周缩短到了 8 ~ 12 周，而且取消了诸兵种合同演练。在某些情况下，新兵的基础训练经常只进行 4 ~ 5 周，还总是因空袭而中断。1944 年 1 月，德军又在已超负荷的新兵训练日程安排中，增加了 3 ~ 5 个小时的政治思想灌输。[22]

训练日程的减少，使得新兵从第一天起就必须为执行任务而训练。如表 4 所示，训练从一开始就侧重于士兵在战斗中需要了解的基本任务。由于训练装备短缺，训练日程被进一步缩短。1943 年和 1944 年，由于德国军火工业已无法满足前线部队的需求，大批（原本作为训练用的）武器装备被送到了前线。在一个有 700 名新兵的补充连里，训练时通常只有 1 挺可用的机枪。然而，即便这挺机枪被循环使用，真正能用它进行训练的士兵仍然寥寥无几。由于训练所需的武器和其他器材不足，新兵们有时只能用金属材料制成的教学道具枪将就，或是依靠其他方式的训练来弥补。[23]

表4：德军步兵部队新兵12周训练计划摘要（大约在1942年10月）

第一周	掩蔽与隐蔽（Cover and concealment）
	伪装（Camouflage）
	掩蔽前进（Advance by cover）

（续表）

第二周	理解各种口令（Extended squad order）
	交替掩护前进（Advancing in bounds）
	步枪射击（Range practice with rifles）
	机枪射击 (Range practice with machine gun)
第三周	16千米行军（10-mile march）
	防毒面具的使用（Use of the gas mask）
	步枪实弹射击（Rifle firing）
	步枪远距离射击（Range firing with rifle）
	机枪远距离射击（Range firing with machine gun）
第四周	19千米行军（12-mile march）
	攻击前的准备（Preparation for the attack）
	预备阵地的运用（Use of alternate position）
	射击移动目标（Firing at moving targets）
第五周	从400码推进到100码；推进过程中步枪手间的交替掩护（Advance from 400 yards to 100 yards; mutual support of riflemen in the advance）
	手榴弹投掷练习 (Grenades)
第六周	战斗中突破敌军阵地（Fighting through enemy positions）
	轻机枪训练（Light machine gun training）
第七周	班组进攻演练（Squad in the attack）
	压制敌军一处机枪阵地（Reduction of an enemy machine gun position）
	班组阵地防御（Defence of a squad position）
	运动过程中使用手榴弹、步枪和轻机枪（Hand grenades and rifle,firing the light machine gun while moving）
第八周	32千米行军（20 mile march）
	班组防御（Squad in the defense）
	突击敌堑壕（Assault of a trench line）
第九周	警戒哨勤务（Outpost duty）
第十周	35千米行军（22 mile march）
	防御坦克进攻（Defense against tanks）
	防御空袭（Defense against air attack）
第十一周	反击（Counterattack）
	攻击敌筑垒阵地（Attack on a fortified position）
	战斗巡逻（Combat patrols）
第十二周	51千米野营拉练（32 mile march with bivouac）

完成训练后的新兵，能够在其他老兵的协助下执行单项简单任务。预备军领导层并不指望完成这些简化训练的新兵能胜任各项职务。战地指挥官通过新兵训练册上的记录来了解他们的训练水平。[24]

一名士兵的经历

胡贝特·格斯（Hubert Gees）出生于 1926 年 9 月 28 日。1943 年秋，年仅 16 岁的格斯加入帝国劳工组织，开始了为期 6 个月的义务劳动。最初的 10 个星期主要用于训练，内容包括使用配发的铁铲、体育运动、步枪射击和准军事训练，在那里小伙子们学会了"迅速卧倒"。只要无人受伤，空袭有时候反倒很受小伙子们的欢迎，因为这样操练就可以中止了。在剩下的时间里，格斯负责所有办公室里的记录工作。1944 年 5 月，在帝国劳工组织的义务劳动期限已到，格斯回到家里等待入伍通知。

没过多久，格斯就收到了入伍通知，要他到帕德博恩（Paderborn）的训练营报到。格斯在帕德博恩被反坦克炮兵选中，部队组建完毕后他所在的连队就向西面位于亚琛的训练区域开拔。在那儿，除了正常的训练之外，新兵还要协助修复被空袭炸断的铁路。格斯和反坦克连的其他炮兵，主要用已被淘汰的 Pak 35/36 型 37 毫米反坦克炮进行训练，还有肩扛式"坦克杀手"反坦克火箭筒和"铁拳"反坦克榴弹发射器。临近训练结束的时候，他们已能够熟练使用 Pak 40 型 75 毫米反坦克炮了。虽然训练期间的公路行军非常艰苦，但年仅 17 岁的格斯还是凭借坚强的意志挺了过来。8 月 17 日，格斯和他的反坦克连携带着所有装备进行了一次 40 千米的公路行军，抵达了迪伦（Düren）东北部的训练场，三天之后他们的训练结束了。虽然许多人都得到了探亲假，但格斯由于要参加军官训练课程的测试而没能回家，在 8 月的最后几天里他看到似乎无穷无尽的军用车队通过亚琛回到莱茵河畔。

9 月 3 日，格斯与大约 20 名战友朝着荷兰行军，而此时美军正朝着德国推进。这些年轻人心中并非无所畏惧，然而他们同样富有勇气，也许是因为他们还年轻，怀着满腔的爱国热情和"为了祖国竭尽全力"的思想。随后，格斯被编入第 275 步兵师第 275 燧发枪兵营 2 连当传令兵，11 月 29 日他在许特根森林某处教堂的地下室里被美军俘虏。[25]

　　1943 年年底和 1944 年年初，德军在营级（含）以上部队中设立了"国家社会主义督导员"（NSFO），西线德军总司令卡尔·鲁道夫·格尔德·冯·伦德施泰特（Karl Rudolf Gerd von Rundstedt）元帅强调，对士兵实施必要的政治思想灌输，可以克服德国在兵力与资源上的劣势。《我们为何而战》系列宣传手册也进行了更新，其中的章节谈到了德国的敌人——犹太人、布尔什维主义、英国和美国，还有战争的发展趋势和目的，"我们为何而战？"同时还是手册中总结章节的标题。[26]

　　大战已接近尾声，是什么样的动机使德国士兵仍然留在战线上？正如纳粹主义意识形态、民族意识形态和文化一样，"民族共同体"（Volksgemeinschaft）理念也发挥了作用。战后曾任德国总理（1974— 1982 年）的赫尔穆特·施密特（Helmut Schmidt）表示，"过去几代德国人已被成功地灌输了尽忠职守的思想，其影响远远超过了使用个人的政治和道德观念做出判断的教育"。[27]

　　另一个鲜为人知的方面是，这个国家对逃兵或犯有危害国家罪行之人的惩罚极为严酷。军事司法体系协助指挥官维持军队的秩序和纪律，从而保证指挥官能够命令部下踏上九死一生的战场，并且知道他们一定会去。许多军官、民族主义者和纳粹分子认为，1917—1918 年间，当军事司法体系未能维护指挥官的权威时，德国在第一次世界大战中取得胜利的信念在战壕中消失了。当时，只有33% 的死刑判决得以执行，其余的人则获得减刑，改判为远离战争的长期监禁。

　　第二次世界大战爆发之初，德国军事刑法中加入了一些新的法条，很大程度上加强了军队指挥官的纪律惩戒权，同时也削弱了士兵的申诉权。新法条中最严厉的一条是"口袋罪"①——"破坏战争动员罪"（Wehrkraftzersetzung）。暗中破坏战争动员工作或散播失败情绪蛊惑军心的人，将会被判处死刑。[28] 这些新条款一经执行，法官会无视减轻罪责的情节，无论是法庭还是指挥官，都不得做出任何宽大处理。

　　军事法庭通常由一名法官和两名与被告军衔相同或更高的军人组成。不要

---

　　①译注：所谓口袋罪是指界定不清、外延模糊，难以界定有罪与否的罪名；在不确定某一行为是否触犯某一法条的情况下，只要该行为与法条描述相似，即可直接适用该法条定罪。

指望军事法庭会维护"抽象的公正观念"[29]，它们只会维护秩序和纪律不容侵犯，惩罚是为了威慑。如果士兵知道逃离命悬一线的前线，等待他们的不过是一间安全的牢房，那么继续战斗的人可能就寥寥无几了。军事法庭把逃跑纳入了"破坏战争动员罪"，并认为这种行为是对他们的战友和帝国元首的亵渎[30]，一经判决即刻执行死刑。

起初，处罚的最终仲裁者是德国元首和各军种司令。可是随着大战的进行，不惜一切代价维持军纪已是迫在眉睫的事情，因此一些级别较低的指挥官也被授权批准死刑。1944 年 9 月，冯·伦德施泰特元帅授予了团级指挥官对他们的下属执行死刑的权力。如果立即执行死刑对维持军纪非常重要的话，这些"新任法官"就可以行使这项权力。[31]

第 89 步兵师就发布了以下关于逃兵的公文：

逃兵应该了解对逃跑行为的惩罚：

在所有正直的德国人眼里逃兵都是卑劣的，他们将在缺席审判的情况下被判处死刑，不得提起任何上诉。逃兵的家人和亲属必将在公众面前无地自容，所有的配给也将停止发放。因此，逃兵只是为了保住自己的命，却在给自己带来耻辱的同时令他的妻子和孩子蒙羞。[32]

从俘获的德军第 275 步兵师 984 团士兵身上得到了该团训令，摘录其中的一条：

第 4 条．逃兵。叛国投敌，将会导致我们整个民族的彻底毁灭，这是最可鄙的罪行之一，再怎么严厉的批判都不为过。在这样一场史上最伟大的战争中，逃跑无异于毁了自己的一生。他（逃兵）将会被缺席判处死刑，倘若被抓获，立即处以极刑。然而，逃兵不仅要为自己的叛逃行为付出代价，还会给他的家庭和亲属带来难以言喻的灾难。将对逃兵的亲属采取行动，让他们一辈子都抬不起头来。各连连长要将上述内容通知全连，让他们铭记叛逃行为会给自己的家庭带来严重后果。[33]

其他更为激烈的措辞还有：

我们队伍中的叛国者已经投降敌军了，他们的名字是：……

这些混蛋已经泄露了我方的军事机密……犹太骗子用造谣的小册子来哄骗你们，想要把你们也都变成杂种……对令人不齿的叛徒……放心吧，师部会确保他们再也见不到家人和爱人了。他们的家人将不得不为他们的叛国行为赎罪。[34]

第272国民掷弹兵师的一名士兵写道，"你只需要服从战斗的命令"，因为这是瓦尔特·莫德尔（Walter Model）元帅发布的军令，"我们都在这份军令上签了字，它警告我们'任何人擅自从战场上撤退，都会被判处绞刑'"。[35]

至于那些军事法庭上未做规定的严重失误，正规军的士官和军官会被剥夺军衔并立即降为列兵。许多被判有罪的军人被送进了惩戒营，如果这些人侥幸活过了战争（且纳粹政权没有垮台的话），战后他们仍将继续服刑。[36]

部队组建

从1939年到1942年，德国陆军得到了迅速扩充。与美军相似，德军也会将现有师中的骨干力量派到新组建的师。通常会抽调1～3个步兵营，数个炮兵和工兵连，还有反坦克部队、侦察部队和通信部队，新组建的师会将这些有着丰富作战经验的骨干人员平均地分配到各支新部队中。而提供了骨干部队的各师则由预备军用征召的新兵进行补充。随着野战部队深陷苏联战场并蒙受重大伤亡，德军已无法再从现有部队抽出骨干力量，所以这种组建新师的方式宣告终结。从1942年起，大部分新组建部队的核心都是来自新兵训练基地的补充兵。[37]

德军各部队兵员的年龄中位数差距很大，尽管在大战初期组建的部队中这一点不是很突出，可1944年秋季改编的各支部队年龄差距就很明显了。各师最初的补充士兵都来自同一军区，但到了1943年已无法做到这一点了，即便预备军已经在尽量维持士兵与各师的匹配关系。然而，随着各条战线上的伤亡数字不断变化，德军各步兵师对补充兵力已没有具体要求了。

随着战争的持续,德军作战师的数量不断增加的同时,现有的师都蒙受了重大伤亡,在保证现有单位恢复到适当兵力水准这项工作上,预备军越来越感到力不从心。1939 年,德国陆军野战部队共有 102 个师,140 万官兵。到 1944 年 12 月,陆军野战部队有 243 个师和 3624403 名官兵,其中只有1593712 人年龄不到 30 岁。[38]

尽管德军已经在频繁缩减部队编制,可是各部队的实际兵力仍在持续减少,部队的实际兵力和编制兵力之间仍存在着巨大差距。此外,支援部队和作战部队的可用兵力也出现了巨大差异。各师及其下属部队中的非战斗减员人数相对较小,非战斗人员在编制兵力中所占的比例仍然很高,同时作战部队的伤亡人数占总伤亡人数的 90%,而且几乎没有人力补充进来供其恢复实力,哪怕连一点点都没有。令问题更加严重的是,在大规模组建新部队的同时,预备军根本无法满足受到重创的现有部队的兵力补充要求。结果,这些部队只能寄希望于伤病员早日康复归队。德国陆军缩短了伤病军人的恢复期,那些伤愈后并不适合重返前线的士兵被派到了康复部队。计划参加重大攻势的各师通常更有可能接收到补充兵力。[39]

在前线兵力日益匮乏的情况下,为了给野战部队提供更多的士兵执行战斗任务,德国陆军实施了额外的节约兵力措施。从 1942 年 12 月起,作战部队和作战支援部队之间,以及东西两线之间开始强制交换士兵。[40]

西线的作战师将较为年轻的士兵作为补充兵力移交给东线。1943 年 9 月至 11 月,共有 27 万年轻士兵从西线转至东线。西线部队短缺的兵力则用德国国内年纪较大和素质稍差的士兵来填补,同时征召先前暂缓征召的人员及具有外国血统的德国人入伍,并且让女性来承担通信转接工作。[41]

1943 年 9 月,德国陆军取消了家庭唯一幸存男丁非志愿情况下不用上前线的规定。希特勒下令,各级指挥机构和后方部队要抽出 25% 的士兵到前线作战,年龄小于 30 岁(1914 年以后出生)的士兵也要调离指挥机构和后勤部队去接受步兵训练,然后作为补充兵加入野战训练师。随着东线和德国本土的距离逐渐缩短,德国与前线间不再需要大量士兵(运输、军需、建筑工程兵等等)来维持补给线,可是由于机动车辆匮乏,后勤部队和行政机构又无法精简掉太多的人员。一辆载重 3 吨的卡车只需要 2 名士兵(驾驶员和副驾驶)就能开上 88 千米，而用马车运输 3 吨货物一般需要 24 个人，运输时间也更长。[42]

到 1944 年 7 月，德国后方地区基本上不存在非必要勤务的士兵了。为了给迅速削弱的德国陆军提供兵力，纳粹德国做出了最后的挣扎，戈培尔宣布为了全面战争成立总体战事务委员会，德国军备和战时生产部长阿尔伯特·施佩尔（Albert Speer）绞尽脑汁设法从德国经济中榨取最后可用的人力。然而，这些措施都为时已晚，虽然德军此时仍然拥有大批伙食条件优越、身体健壮且由所属军种配发精良装备的海空军士兵，但已经没有时间将他们重新训练为陆军所需的兵员了。[43]

军官

在战争的第五个年头，纳粹国防军面临着军官短缺的问题，无论是老部队还是新组建的师，军官都不满编。许特根森林战役期间，陆军要求补充 7 万名军官，可是德国的军官补充体系根本无力满足这项请求。此时，德军的大部分连队都由少尉指挥，拥有两名（含）以上军官的连队可谓凤毛麟角。由于对连级指挥官的需求极大，所有任期满 6 个月的排长都被提拔为连级指挥官，除非此人像军令中规定的那样"有充分理由不得提拔，例如完全无法胜任"。

营级单位原本应由经验丰富的中校指挥，现在不得不让少校、上尉，有时候甚至是中尉来指挥。可是在打了一两天仗之后，营很快缩编成了连，连缩编成了排，这时候的部队编制就适合这些略显经验不足的军官了。前线直接被告知，年轻军官不可能受到比目前更好的训练了，军官的素质应该视（军队）需求而定。由于放宽了对军官（素质）的要求，晋升为军官的机会变大了许多，不过在当时被擢升为军官的士兵仍然要拥有高中文凭。虽然从 1942 年起对军官的要求降低了，但拥有较高文凭的士兵已经被大量征召入伍。此时的最高统帅部对赢得战争仍然抱有一线希望。在注意到一些拥有高中文凭的士兵不愿意接受任命后，最高统帅部出台了一项法令，禁止那些符合条件却放弃成为军官的士兵在战后上大学。[44]

军官培训，无论是正规军还是预备役，从入职到授衔至少要 2 年时间。1944 年，第 74 军中的大部分低级军官都是于 1942 年或 1943 年年初进入授衔流程的。

德军现役候补军官学校的培训分为 6 个阶段。第一阶段为期 4 个月，包括与其他士兵一起进行的基础训练。第二阶段，在 6 个月时间内训练成为一名士官。第三阶段，军官候补生要到预备军的士官学校以代理士官军衔完成学业。第四阶段是"前线考验"（Frontbewahrung），这是决定候补生能否授衔的关键阶段。"考验"并不一定包括参加实战，在后方部队履职也是可行的，只是要让候补生得到发挥领导作用的机会。1944 年，"考验期"被缩短到了 10 天，事实证明尝试用毫无经验的军官候补生指挥部队的"豪壮"行为代价高昂，缩短考验期是为了减少不必要的兵力损失。第五阶段，由预备军安排为期 2 个月的特定岗位候补军官课程学习。第六阶段，这时已是高级军官候补生的学员要到军兵种学校度过 3 个月，接受排长一职的强化训练，并且熟悉副官和连长的相关职责。学习结束之后，合格的军官候补生会被授予少尉军衔。[45]

预备军官的培训科目与现役军官大致相同，1942 年年初是个例外，只有在野战部队证明自身具有军官潜质的士兵才会被选中。连长将具有军官潜质的士兵推荐给团部，然后团长依次将他们提拔为下士和候补军官。与现役的军官候补生一样，这些候补军官也要在预备军参加相同科目的培训。

1942 年年底，只从野战部队中选取候补军官的政策被取消了。此后，训练单位的连长们可以从预备军训练的新兵中挑选候补军官。这些候补军官在第二阶段和第三阶段的训练实际上与正规军一样，除了这两个阶段外，其他阶段都留在补充和预备单位接受士官培训。最后三个阶段的训练与 1942 年的现役军官候补生类似，候补军官返回原先的野战部队后会被提拔为少尉。

为了弥补军官短缺，德军扩大了候补军官训练规模，增加了更多的课程。1942 年 1 月时，德军全军仅有一个步兵军官候补生训练班，学员 1500 人，而 1944 年 1 月却同时开设了 11 个步兵候补军官训练班，招收学员多达 18000 人，且淘汰率被设定为不得超过 20%。也许是认识到了这些新任命的军官经验不足，德国陆军做出了指示，与其让他们作为连长投入艰苦的战斗，倒不如先让他们担任排长获取经验，甚至允许士官在过渡期间作为代理连长指挥部队。[46]

1944 年，德军人事部门为了缓解日益严重的军官短缺问题，将担任排长、经历过战斗考验的士官提拔为少尉。预备军在安排了两次 4 周的课程后就放弃了这种尝试，因为候补军官根本无法在这么短的时间内消化密集的课程内容。[47]

第74军的民兵和要塞守备单位中，有许多上了岁数的军官没有经历过标准的军官授衔程序。许多服役5年或时间更久的士官自战争初期起就未参加过任何培训，仍旧被提拔为军官。1943年，那些曾参加过第一次世界大战的退伍老士官，在接受了为期4周的培训后就成了军官，这些人都在地方守备单位或行政岗位上任职，许特根森林中的许多德军一线部队中有不少这样的军官。到了1944年，德军的军官团队已经失去了原来的一致性和凝聚力，军中充斥着各种背景的军官：重新启用的军官、预备役军官、授衔的警官、冲锋队官员和从士官提拔上来的军官。[48]

士官

由于需求量日益增加，战前对士官实行统一训练的做法已不复存在。战时的士官学校与过去（战前）的陆军士官学校相比只是徒具其形，因为根本没有时间培训士官如何教导士兵。[49]

在野战部队中，申请并被批准成为士官的士兵在晋升下士之前或之后，会被送到一所野战士官学校参加为期2周的培训。指挥官根据士兵的性格、心理素质、身体状况、任务表现，以及实践和理论考核的结果，来决定可以成为士官的人选。

士官培训课程期间，教官强调战斗时的指挥能力，表现最好的下士将作为排长来培养，而其他下士和士兵则被训练成班长或组长。步兵士官、工兵士官和预备士官到步兵野战士官学校接受培训，而炮兵部队的人员则前往炮兵学校。其余的兵种基本上在野战部队内部训练其预备士官，或是将他们调回预备军接受进一步训练。部队希望受训归来的士官具备很高的素养，能够对士兵进行战术训练，教会他们使用新式武器和装备。[50]

与常见的描述不同，德军野战部队中的士官大部分是预备役军人，他们与美军中的同行一样未曾受过学校教育。被指挥官提升为预备士官的士兵大多有着出色的战场指挥能力，与美军士官相似，他们在晋升以前从未接受过相关培训。因此，许多士官在休息和休整过程中，无法将他们的知识与经验传达给手下的士兵。基于同样的原因，预备军中的训练单位指挥官发现，委任伤愈康复期的预备士官担任教官的话，他们并不是很胜任这样的任务。[51]

指挥

　　第 74 军的所有师长都在第一次世界大战中担任过军官，1944 年时他们的年龄介于 48 ~ 57 岁之间。第 74 军军长埃里希·施特劳贝步兵上将在 1909 年得到军官授衔，一战结束后在德国临时陆军（Reichsheer）[①] 中服役，1939 年 9 月 1 日时任第 268 步兵师师长。瓦尔特·布伦斯（Walter Bruns）少将于 1909 年成为军官，一战后在德国临时陆军中服役，1939 年 9 月 1 日时任第 21 猎兵团团长。汉斯·施密特中将 1915 年成为军官，一战后在临时陆军服役，1939 年时任第 41 步兵团 3 营营长。欧根·柯尼希（Eugen König）少将在 1917 年被授予预备役少尉军衔，1920 年退出现役，1936 年以中尉军衔再次被征召入役。1939 年 9 月 1 日时任第 353 步兵团团部副官。保罗·马尔曼（Paul Mahlmann）中将在 1914 年成为军官，战后在德国临时陆军中服役，1939 年 9 月 1 日时担任第 181 步兵团团长。[52] 虽然无法找到太多关于团级军官及其下属的详细资料，但可以推定德军东、西线的上校和中校级别军官肯定都是久经沙场的老手。

表 5：第 74 军指挥结构（1944 年 11 月至 12 月）

B 集团军群司令 瓦尔特·莫德尔元帅（1944 年 11 月 16 日—12 月 4 日）→ 第 7 集团军司令 埃里希·布兰登贝格尔装甲兵上将 → 第 74 军军长 埃里希·施特劳贝步兵上将				
第 89 步兵师（布伦斯少将）	1055 团（黑塞上校）	1 营	2 营（弗里德堡中尉）	3 营
	1056 团（勒斯勒尔上校）	1 营	2 营	3 营
第 272 国民掷弹兵师（科斯马拉上校）	980 团（布兰上校、维尔纳少校）	1 营	2 营	–
	981 团（克莱因克雷斯少校）	1 营	2 营（菲岑少校）	–
	982 团	1 营	2 营	–
第 275 步兵师（施密特中将）	983 团（施米茨上校）	1 营（黑塞上尉、维特马中尉）	2 营（沃尔拉布上尉）	–
	984 团（海因茨中校）	1 营（洛特少校、贝克尔少校）	2 营（拉姆拉德少校）	–
	985 团（韦尔克上校、特勒斯特上校、冯·博特伦贝格中校）	1 营（泽德曼上尉、波默内特上尉、鲍姆拉特中尉）	2 营（冯·博特伦贝格中校、胡嫩贝格中校、勒克上尉、克勒上尉）	–
第 344 步兵师（柯尼希少将）	1057 团（洛特上校）	1 营（哈恩少校、巴洛少校）	2 营（齐默尔曼上尉）	3 营
	1058 团（勒布雷中校、迪普纳上校）	1 营（西多中校、贝克尔少校）	2 营（巴洛吉上尉）	3 营（沙尔克上尉）

[①] 译注：第一次世界大战结束后，新成立的魏玛共和国于 1919 年 3 月 6 日颁布法令，建立了临时国防军（Vorläufige Reichswehr），其中包括临时国家陆军（Vorläufige Reichsheer）与临时国家海军（Vorläufige Reichsmarine）。1921 年 1 月 1 日，魏玛政府按照《凡尔赛条约》的规定，将临时国防军更名为德国防卫军（Reichswehr）。

（续表）

第353步兵师 （马尔曼中将）	941团 （施特赖希上校）	1营	2营（申克上尉）	–
	942团 （韦尔克少校）	1营（保罗少校）	2营（阿贝尔上尉）	–
	943团 （蒂梅上校）	1营（加滕上尉）	2营	–

瓦解

　　1944年夏天宣告了德军原有人力政策的末日。盟军的诺曼底登陆和苏联红军紧随其后的夏季攻势[①]，给德国军队施加了巨大的压力。1944年6月，德军最高统帅部下令停止批准休假和离队许可。野战部队正在休假的25万德军士兵中，有7万人被转至预备军编入休假预备营，随后派往东、西两线的激战区域。这些应急措施谈不上有什么效果，不过是拆东墙补西墙的权宜之计。[53]

　　盟军在法国登陆给德国造成的打击之一，就是德军设置在法国境内的兵力储备和疗养中心再也无法运转，就个体而言，东、西两线之间的交流已经不可能了。不断向东线抽调增援部队，大大降低了西线德军的作战能力。西线部队不得不硬着头皮将那些仍在进行基础训练的新兵投入法国战场[②]。[54]

　　德军部队番号过多，没有足够的兵力对其进行补充，因此陆军总司令部解散了一些由于伤亡过重只剩下空壳的师。1944年8月17日，莫德尔元帅接替冯·伦德施泰特成为西线德军总司令，随即下令各师中每个营的战斗兵力必须达到300人，否则就要被解散或者合并，同时每个连的兵力至少要达到50人。[55]

　　即便上述指令要求解散或合并一些部队，可是陆军总司令部仍在组建其他师。1944年6—10月间，按照第27—32批次步兵师标准，德军共新建或重建了74个师。组成这些师的兵力来自后方部队，以及德国空军和海军。德国空军总司令部向全德空军部队下令，让年龄在38岁（含）以下的士兵全部充当步兵。许多空军士兵只进行了为期10天的步兵训练，就被编制成军进驻"西

---

① 译注：这里指1944年6月22日苏联红军发动的规模宏大、战果辉煌的白俄罗斯战役。

② 译注：这里基本上是指步兵部队。诺曼底登陆后，德军将装甲部队的主力悉数投入法国战场，这些精锐装甲力量在诺曼底战役中被消耗殆尽，根本无力东顾。东线德军在不久之后的白俄罗斯战役中缺乏装甲预备队，其后果是灾难性的。

墙"防线的阵地。6 月，1926 年出生的德国青年也被征召入伍，8 月底就被编入新组建的师。[56]

担任突击任务的师（装甲师、装甲掷弹兵师等）将许多不怎么看得上的士兵——这些人通常是诺曼底战役期间临时配属的——移交给了被重创的师，然后再接收来自国内的素质更高的补充兵。1944 年 11 月 10 日，第 1031 保安营被第 2 装甲师正式解散，然而只有一部分士兵留在了该师，其余人员组成了一个战斗群投入许特根森林的战斗。补充兵力的另一个来源是民兵和因意外或事先计划而与所属部队脱离的掉队士兵。莱茵河上的各座桥梁就是现成的士兵收拢点，发现掉队的士兵后就将他们编成一个连，一名国家社会主义督导员对他们训诫一番，接着把他们送上前线。由于士气低落，有些人再次设法脱队当了逃兵，其他人没过多久就被盟军俘虏了。[57]

德军 1942 年 10 月按第 32 批次标准组建的步兵师中有很多被打残了，这些部队随后被改编为国民掷弹兵师，第 272 师就是其中之一。在吸收了德国海军和空军的成员及诺曼底战役的少数幸存者后，第 272 师以少数幸存的军士为

许特根森林中，迅速向美军阵地推进的德军士兵

骨干，用补充兵力重组各排，最终在德贝里茨（Döberitz）恢复了实力。[58]

挪威的德军部队和士兵也受到了影响。1925 年出生的士兵抵达挪威后，原先在此驻扎的 1924 年出生的士兵作为补充兵被派往西线战场。[59]

从后方部队、德国空军和海军抽调来的士兵中，许多人根本无法熟练使用手中的武器。由于有一些德国士兵在清理他们的武器时受伤，上级在向一线部队发布的命令中建议"必须对武器拆卸和组装给予充分指导，这样才能让每个必须使用这些武器的士兵完全掌握操作方法"。[60] 问责是另一个问题。有时候士兵在部队失踪，几天后才被发现。指挥官如果无法监督好手下士兵，不能按时点名，不能迅速上报有士兵失踪，就会受到严厉惩罚。

可以想象，不断把士兵由一支部队抽调到另一支部队造成的混乱，必然使其很难与好友保持联系。第 275 燧发枪兵营 2 连有 6 名官兵（1 名军官和 5 名士兵）来自德国不同的州和军区。其中一人于 1939 年入伍（1919 年出生），一人于 1941 年入伍（1922 年出生），一人大概在 1941 年至 1943 年间被征召入伍（1908 年出生），其余 3 人于 1944 年 5 月入伍（1926 年出生）。[61]

如前所述，德国陆军与战前已大不相同，师参谋部以下的参谋部门几乎都失去了组织凝聚力，组织结构也受到影响。师级和师以上参谋部门的表现则更为优秀，正如第一次世界大战时期埃里希·鲁登道夫（Erich Ludendorff）将军的参谋部齐心协力，而非一团散沙那样，第 7 集团军和第 74 军的参谋部，及其下属各师的一些参谋部同样如此。德军的各级参谋部依然保持着凝聚力，但一般来说在其指挥下的部队就未必如此了。[62]

积极性

1944 年 11 月，德军基层单位指挥官都接到了坚守阵地后战斗至最后一颗子弹的命令。一名德军师长详细阐述了他对手下指挥官的期望：

只有在得到明确无误的命令后，才可以从预设阵地上撤退。负责驻守重要据点的军官和士官要向营长宣誓，誓死捍卫他们的阵地，战斗至最后一刻。

面对敌军的局部渗透，己方预备队要立即投入反击。营级的反击将由营长亲自指挥。

所有火炮都要打光炮弹, 炮弹射尽后各炮组就要像步兵一样投入战斗。步兵手中的武器只有在弹药打光无法补充之后才能下令摧毁。即便摧毁武器的命令已下达了, 也要加以调查, 以确定是否有必要执行。如果发现命令并非绝对必要, 那么责任人将受到适当的惩戒。[63]

德军普通士兵的作战积极性各不相同。在许特根森林中, 与美军交锋的德军士气和整体素质都很低。如前文所述, 这些德军部队就是从各处搜罗来的大杂烩。这种混编部队几乎谈不上什么凝聚力, 与来自同一个地方的士兵不可同日而语, 而且许多德国士兵对战争的结局不再抱有幻想。[64]

在许特根森林作战的德军各师师长向部下下了死命令, 绝不许后退一步。许多接到命令的德国士兵无心恋战, 一有机会就向美军投降。虽然有不少人放下武器, 但还是有很多基层官兵由于担心连累各自的家庭而不得不顽抗下去。11 月, 德国军官例行要求士兵签署忠诚誓词。军官们还强调了连坐制的后果, 如果有人胆敢当逃兵, 他的家人将面临被关进集中营的威胁。有些师还公布了逃兵或被俘者的名单, 以此来警告师里的其他士兵不要妄图投降。[65] 尽管会面临受到报复的威胁, 可是仍有大批德军士兵为了摆脱当前的窘境, 毅然选择了投降。

尽管如此, 在许特根森林战役中缺乏精锐士兵的德军仍然拥有强大的防御力量。他们在森林里为数不多的道路、小径和防火道上埋设地雷, 集中炮兵火力封锁穿越森林的道路和小径交汇点, 以此来弥补兵力上的缺陷。由于这里的地形更有利于防守, 德军甚至只凭一些建制不完整的班组就可以抵挡住兵力数倍于己的敌军, 并给进攻者带来重大伤亡。[66]

第二部

许特根森林

第七章
许特根森林的态势

1944 年 6 月 6 日，隶属伯纳德·蒙哥马利将军第 21 集团军群的美军第 1 集团军，向"奥马哈"海滩和"犹他"海滩发起抢滩登陆，并在法国的土地上取得了立足点。接下来的几个月里，盟军突破了德军在诺曼底的树篱防线，解放了巴黎，把德军从法国和比利时赶了出去。为了攻入德国，盟军最高统帅德怀特·艾森豪威尔将军计划沿着莱茵河集结兵力，然后在宽大正面上向柏林推进。最初的计划要求美军第 12 集团军群进攻阿登南部，但由于后勤补给长时间跟不上，艾森豪威尔将优先权给予了蒙哥马利的第 21 集团军群，以占领北部的运河港口。为了掩护第 21 集团军群的右翼，美军第 1 集团军将从阿登和亚琛之间的缺口攻入德国。

10 月 21 日，美军第 1 集团军占领了德国亚琛。在亚琛南部的第二轮攻势中，美军第 9 步兵师和后来调上来的第 28 步兵师试图清除许特根森林里的德军，在激烈的战斗中这两个师蒙受了惨重损失，战斗伤亡分别达到了 3836 人和 3611 人。1944 年 11 月 6 日，第 4 步兵师攻入许特根森林，该师是美军第 1 集团军和第 9 集团军投入联合攻势的 10 个师中的一员，攻击目标是推进至莱茵河一线。[1]

1944 年 9 月 13 日，占领了勒特根—赖纳措夫（Reinartzof）—埃尔森博恩营地（Camp Elsenborn）一线的第 9 步兵师，成为美军第一个在许特根森林战斗的师。4 天之后，第 7 军军长约瑟夫·劳顿·柯林斯（Joseph Lawton Collins）少将口头命令第 9 步兵师，突破这片森林，占领森林东边的许特根和小豪等村落。

第9步兵师的战线从舍芬许特（Schevenhütte）延伸至蒙绍，直线宽度22.4千米。第47步兵团在舍芬许特，第39步兵团的两个营负责蒙绍地区的战斗，第39步兵团1营配属给了第60步兵团，任务是占领这两座村镇并占据14.4千米宽的森林前沿地带。9月19日，第60步兵团开始向许特根村发动进攻，次日推进到了距离许特根村及其南部的盖梅特（Germeter）以西约1400米的地方。虽然德军在9月21日的反击挡住了美军的进攻势头，但第60步兵团全团上下仍希望第二天继续发动攻击。然而，由于第47步兵团在舍芬许特的战况吃紧，第9步兵师师长路易斯·亚历克·克雷格（Louis Aleck Craig）少将取消了进攻，并将第60步兵团调到北边去加强第47步兵团。9月底的时候，第60步兵团再次向盖梅特发动进攻，并于10月1日在耶格豪斯（Jägerhaus）附近切断了拉默斯多夫（Lammersdorf）至许特根村的公路。由于伤亡过大，美军无力继续向许特根村推进。[2]

同样在10月1日，第7军也将第9步兵师的攻击正面缩窄到了14.5千米，并将其进攻目标从许特根村改成了位于高地之上、能够俯瞰施万梅瑙尔大坝的施密特镇。[3]为了缩减各团的攻击正面，美军用2个工兵营填上了舍芬许特附近第47步兵团与第39步兵团及盖梅特以西第60团之间长达8千米的缺口。

10月6日，第9步兵师各团向密林中的德军第275步兵师253团发起突击，德军士兵躲在地堡内顽抗，而炮弹则在树梢上爆炸，缓慢向前推进的美军付出了血腥的代价。次日，第275步兵师师长汉斯·施密特中将派第275燧发枪兵营，向美军最北端的步兵团左翼发起反击，但是没有成功。接下来，他又派师属工兵营和第983掷弹兵团向渗透到赖谢尔考尔（Reichelkaul）附近小村落的美军发动正面突击，但同样没能把美军赶回去。

一天之后，美军推进到森林边缘，已能俯瞰附近的城镇和赖谢尔考尔村。10月9日，第60步兵团占领了赖谢尔考尔，接着又推进到了拉费尔布兰德（Raffelsbrand）。德军从许特根村发动反击，在盖梅特北边的维特海德（Wittsheid）击溃了美军第39步兵团的一个排。美军坦克抵达一线后，第39步兵团于9日傍晚重新夺回了维特海德，随后继续推进，一举占领了盖梅特。

　　此时，施密特中将深信与第275步兵师交锋的美军，是一支养精蓄锐、装备精良，且接受过森林作战训练的部队。在随后的几天里，由于伤亡不断增加,施密特将更多的部队投入了战场。10月9日，德国空军第5和第24要塞营，以及第16装甲工兵营（名义上的装甲部队），作为增援部队归第983掷弹兵团指挥。第二天，美军第60步兵团守住了拉费尔布兰德，成功击退了德军的又一次反扑。与此同时，第39步兵团也从盖梅特向福瑟纳克（Vossenack）发起进攻。但美军进展甚微，只有一个营穿过小镇北边的森林，抵达福瑟纳克外围。

　　10月11日，以指挥官赫尔穆特·韦格林（Helmuth Wegelin）上校的姓氏命名的韦格林战斗群进入第275步兵师防区，2000名装备精良的士兵在斗志昂扬的军官和士官率领下编为2个营。战斗群对美军突破点的北翼发起了

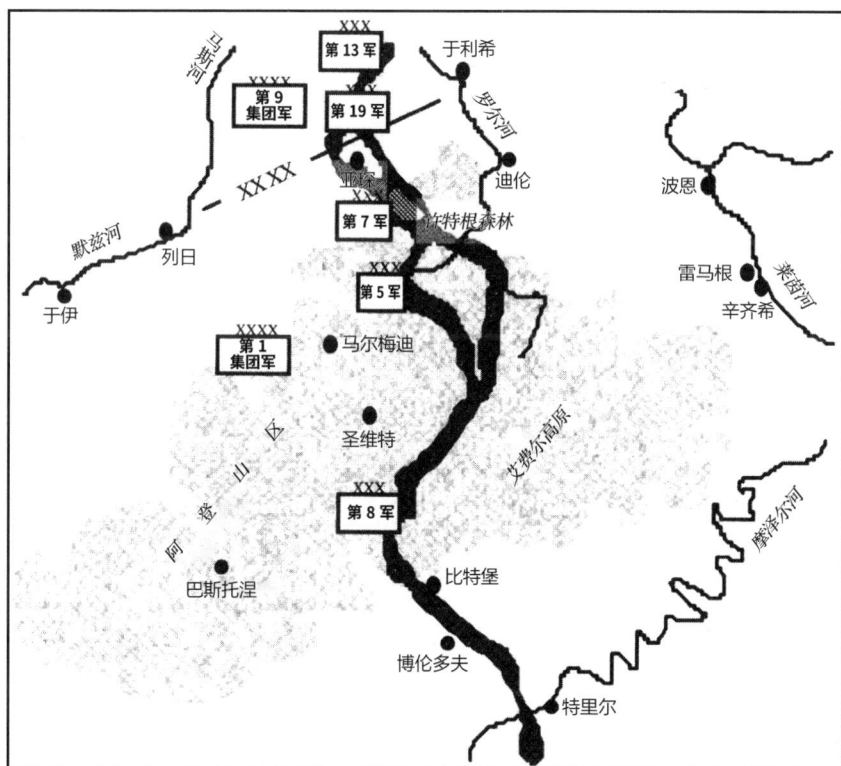

示意图3；美军第1集团军作战态势，1944年11月

又一次反击，德军的这次反扑突破了第 39 步兵团北翼一个营的防线，并切断了通往盖梅特的补给线。虽然德军的进攻开了个好头，但由于各单位之间的通信联络不畅，在黑暗的森林中的攻势被迫停止，这就给了第 39 步兵团恢复防线的时间。

经过两天的激烈战斗，韦格林上校战死，他的战斗群损兵折将，2 个营加起来只剩下不过 500 人，其余人马要么伤亡被俘，要么仓皇后撤。10 月 16 日，美军的攻击逐渐停了下来，当时第 7 军命令第 9 步兵师停止进攻。在向施密特镇的第一次进攻中，美军第 39 步兵团和第 60 步兵团的战斗减员和非战斗减员达到了 4500 人，换来的只是在森林中向前推进 3200 米。[4]

第 275 步兵师布置在最北翼的第 984 掷弹兵团没有卷入盖梅特附近的战斗，团长约阿希姆·海因茨（Joachim Heintz）上校将团里的残余部队合并入 1 营，把"迪内尔特营"（Dienelt Battalion，以该营营长命名）变更为该团 2 营。此外，隶属于该团的还有 30 名年纪较大的士兵，他们曾是迪伦警察局的警察，现在组成了"亨内克营"（Battalion Hennecke）的第 3 警察连。全团总计拥有 585 名官兵。在接下来将近 6 周的时间里，海因茨对他的团进行了重组，并在许特根森林的北部地区以原木构筑掩体、战壕、雷区和带刺铁丝网，建起了一道几乎密不透风的防御屏障。

第 983 掷弹兵团和第 984 掷弹兵团之间的防区，施密特将军交给特勒斯特（Tröster）上校的第 985 掷弹兵团负责，该团的前身是第 353 步兵师 942 掷弹兵团。第 985 掷弹兵团的残余部队中还补入了第 20 空军要塞营，还有第 253 补充团的部分部队。11 月初，该团又补入了第 18 空军要塞营和第 275 燧发枪兵营剩余的 49 名士兵。11 月 13 日，该团总兵力达到了 782 人。由于第 983 掷弹兵团受到了重创，为了恢复其战斗力，施密特将军在 10 月 23 日下令把第 1412 步兵要塞营调入该团，这个营在 10 月 26 日成了该团的 1 营。[5]

推进至莱茵河的计划

10 月 21 日，美军第 12 集团军群指挥官奥马尔·布莱德雷中将下令发起全面进攻，向莱茵河逼近。考特尼·希克斯·霍奇斯（Courtney Hicks Hodges）

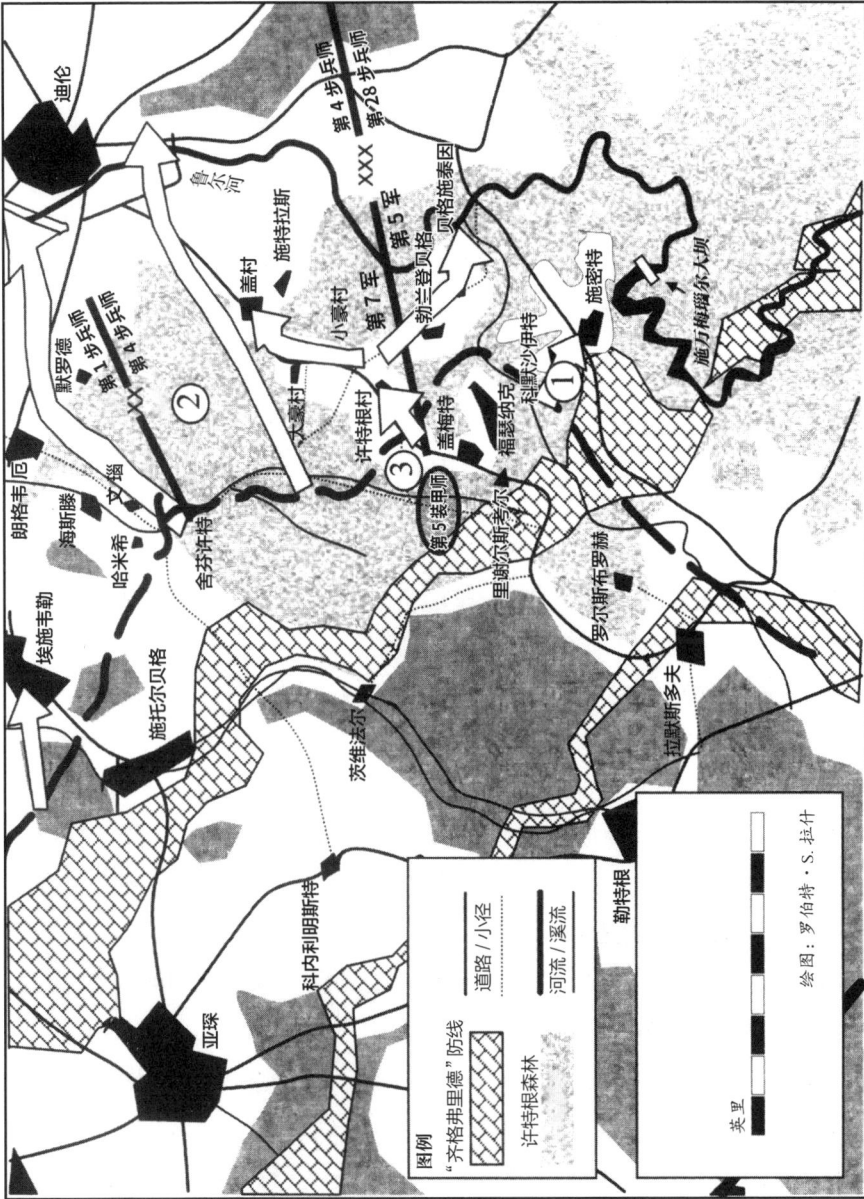

示意图 4：强渡鲁尔河的作战计划

迪伦

鲁尔河

第 4 步兵师
第 28 步兵师

施特拉斯
盖村
xxx
第 5 军
贝格施泰因

小豪村
第 7 军
勃兰登贝格
施密特

默罗德
第 1 步兵师
第 4 步兵师
②
文森
大豪村

施万默尔人坝

迪豪村
①
科隆沙伊特

哈米希
交镇
许特根村
③
福瑟纳克

明格韦尼⑤
海斯膝
舍芬许特
盖梅特

第 5 装甲师

埃施韦勒
施托尔贝格

里姆尔斯奥尔
罗尔斯布罗赫

茨维法尔

拉默多夫

科内利明斯特

勒特根

亚琛

图例

"齐格弗里德"防线

许特根森林

道路 / 小径

河流 / 溪流

英里

绘图：罗伯特·S.拉什

中将指挥的第 1 集团军，因为战斗力最强且地理位置最佳，担负起了第 12 集团军群的主攻任务。该集团军的目标是科隆（Koln）和波恩（Bonn）间的莱茵河河段。如果可能的话，该集团军群将在那里占领一个桥头堡。如果条件不允许，盟军至少也要把南至摩泽尔河（Moselle River）、北至科隆之间的莱茵河西岸德军清理干净。当时仅辖第 19 军的第 9 集团军将共同发动进攻，负责掩护第 1 集团军的北翼。

强大的盟军航空兵将在第 1 集团军和第 9 集团军发动进攻的同时，为其提供大规模空中支援。该计划被称为"女王"行动，是有史以来盟军航空兵发动的规模最大的近距空中支援，美军第 8 航空队和英国皇家空军将出动 1389 架重型轰炸机、107 架中型轰炸机和 486 架战斗轰炸机支援美军地面部队，这些飞机会投下 9 千多吨炸弹。

第 1 集团军的进攻主要分为三个阶段。第一阶段该集团军将占领福瑟纳克、施密特和施塔赫（Stach）地区。第 1 集团军临时调整了各军的分界线，把第一阶段的进攻任务交给第 5 军。占领上述村镇后，第 5 军就能掩护第 7 军的右翼，使其免遭必将到来的反击。第二阶段，约瑟夫·劳顿·柯林斯少将指挥的第 7 军将发起进攻，打穿科隆附近的莱茵河河段。

这两个阶段相互独立。无论第 5 军是否能夺取这三座村镇，柯林斯的主攻都会按计划发动。不过，第三阶段只有第 7 军攻入德军主要防御地带后才能开始。如果一切按照计划顺利进行，第 5 军将向波恩发动进攻，位于集团军南翼阿登地区的第 8 军将采取攻势防御，对科布伦茨发动进攻。[6]

第一阶段，第 5 军的进攻

第 5 军军长伦纳德·汤森·杰罗（Leonard Townsend Gerow）少将选择第 28 步兵师来执行第一阶段的任务，他给该师加强了大批工兵、炮兵和装甲部队。11 月 2 日，第 28 步兵师发起进攻，旨在迅速攻占福瑟纳克、施密特和许特根，打德军第 275 步兵师的南线守军一个措手不及。在进攻的前三天，第 28 步兵师突破了本就虚弱不堪的第 983 掷弹兵团的防御，占领了福瑟纳克、科默沙伊特（Kommerscheidt）和施密特，但许特根村的西南部仍然掌握在第 985 掷弹兵团手中。[7]

第 28 步兵师左翼的第 109 步兵团推进到了面向许特根村的森林边缘，但在德军猛烈的曲射和直射火力打击下被迫停了下来。该师最南端的第 110 步兵团，遇到了强大的"西墙"防线上一连串构筑完备的碉堡工事，前进步伐相当缓慢。中路第 112 步兵团的突破可谓干净利落，再次向前推进 1100 米后夺取了福瑟纳克。第二天，第 112 步兵团继续向前推进了约 5000 米，占领了科默沙伊特，并在 16 点攻入了施密特，但是第 112 步兵团的主要补给线路卡尔小道难以通行，因此只能动用少量装甲车辆前出支援步兵。当天德军从许特根村发动的反击，也令第 109 步兵团寸步难行，该团的攻势陷入停滞之际，第 110 步兵团在第 28 步兵师右翼同样进展有限。[8]

施密特镇和周围的制高点被美军占领后，德军各级指挥部乃至整个集团军群都对此感到惊恐万分，因为失去这些阵地后，北部的鲁尔河防线和南部计划中的阿登反攻将会遭到破坏。德军很快就意识到仅凭兵力薄弱的第 89 步兵师和第 275 步兵师根本无法击退美军，为了发起反击，瓦尔特·莫德尔元帅批准动用第 116 装甲师（大约有 40 辆坦克和 900 名步兵）进行反击。第 89 步兵师并没有与第 272 国民掷弹兵师换防，而是从原防区向北机动，承担起了施密特—福瑟纳克地区的防御任务，因此 11 月 8 日与第 28 步兵师正面交锋的对手是德军第 89 步兵师、第 275 步兵师和第 116 装甲师。[9]

11 月 4 日，德军兵分三路攻击了驻防施密特镇的美军第 112 步兵团所部，后者仓皇撤回了科默沙伊特。而第 109 步兵团和第 110 步兵团面对不断施压的德军只能勉强守住自己的阵地，遑论向前推进。接下来的两天里，德军攻击了科默沙伊特和福瑟纳克，并在 11 月 6 日迫使第 112 步兵团撤出了福瑟纳克。当天晚些时候，美军第 146 战斗工兵营再次占领了福瑟纳克西南部的一半区域。11 月 7 日，德军夺回了科默沙伊特，第 112 步兵团只得撤过卡尔河。当日第 4 步兵师 12 团配属第 28 步兵师指挥，与许特根村西边的第 109 步兵团换防。第 109 步兵团转而向南行军，协助第 112 步兵团守住卡尔河一线。11 月 8 日，第 28 步兵师撤回卡尔河一侧，结束了对施密特镇的第二次进攻。到了 11 月 12 日，除了福瑟纳克村之外，美军在前几日进攻中的战果大多付诸东流，在激烈的战斗中还付出了 3611 人伤亡的代价。11 月 14 日，第 28 步兵师接到命令，要守住卡尔河阵地。

德军的 sIG 33 型 150 毫米步兵炮正在向美军开火

　　德军的胜利也是有代价的：第 89 步兵师与第 116 装甲师的装甲掷弹兵团仍然留在战线上，前者原本计划参加即将开始的阿登反击战，如今时间紧迫，已经来不及重组部队了。美军只有一个新的步兵团在许特根村西南边攻入德军防线，但进展甚微，并在一大片雷区前停下了前进的步伐。[10] 总而言之，美军的此次进攻伤亡惨重，宣告失败，而第 28 步兵师几乎退回了进攻出发地。

　　随着战事相对缓和，施密特将军把第 983 掷弹兵团调回了迪伦，冯·博特伦贝格战斗群（以指挥官冯·博特伦贝格中校的姓氏命名）接手了该团的防区，这个战斗群由 8 个不同编制的单位组成，总兵力约为 1300 人。11 月 15 日，战斗群进驻许特根村，与该地区南部和西南部的美军第 4 步兵师和第 28 步兵师针锋相对。[11]

　　森林中的持续战斗令德军第 275 步兵师所辖的部队濒临被歼灭的境地，施密特向第 74 军军部发出警告，如果再受到猛烈进攻，他的师随时都可能被击溃并丢失阵地："现在到了该撤退的时候了，并且要由新的部队来换防。"[12]施密特将军是正确的，他的师里有些部队士气已经跌落谷底，而第 74 军的其他各师同样如此。为了应对美军鼓动士兵开小差的宣传，德军在碉堡墙壁上涂刷着"胜利或西伯利亚"（Sieg oder Siberien）的标语，而且在第275步兵师下属部队里，对叛逃者的依法处决案件至少有5起。[13]

整个许特根防区的所有德军指挥官都严令士兵不得退却或开小差，逃兵一旦被抓就会被处决。迫于军令，许多德军步兵只能继续留在战场上，但他们并非真心愿意战斗下去，一旦脱离了指挥，一有机会他们就会投降。

施密特的步兵几乎消耗殆尽，且意志动摇，因此在许特根地区的防御很大程度上要仰仗他的炮兵部队。11月15日，有25门摩托化牵引火炮为德军防御提供直接支援，另有106门不同口径的野战炮可在射程范围内提供火力支援。[14]虽然德军拥有大量火炮，但是由于各炮兵连与一线部队通信困难，以及美军的强大反炮兵火力时刻存在，通常每次只有3~6门德军火炮一起开火。

第二阶段，第7军的计划

第7军将突向莱茵河的主攻任务交给了第1步兵师，第3装甲师位于第1步兵师左翼，后者以第47团支队 [①] 朝朗格韦厄（Langerwehe）进军，占领迪伦以北的鲁尔河渡口。第1步兵师将从此处渡河并切断渡口上下游交通，新近抵达且未经战阵的第104步兵师将在其左翼同时展开攻击。临时配属第1步兵师的第4骑兵群准备转移，封锁因德河（Inde River）渡口。一旦第1步兵师或第104步兵师突破德军防线，第3装甲师将与第1步兵师一起进攻，占领哈斯滕拉特—韦特—科特尼希（Hastenrath–Werth–Kottenich）地区。

第7军左翼的第104步兵师按计划要凿穿埃施韦勒（Eschweiler）和魏斯韦勒（Weisweiler）附近的德军防线，然后肃清因德河西岸的德军。这些行动与第1步兵师的推进协力进行，将依次切断埃斯韦勒和周围地区与德军主要防线间的联系。

在第1步兵师南部掩护第7军右翼的是第4步兵师。该师的任务是发起穿过许特根森林的进攻，占领迪伦南部的鲁尔河渡口，随后协助第1步兵师拿下

---

① 译注：Regimental Combat Team，是二战和朝鲜战争时期的美军步兵团支队，用步兵营和炮兵营加强，属于加强团，常见于进攻作战。

科隆。[15] 为了加强第 1 步兵师的攻击，雷蒙德·巴顿少将麾下的主力第 8 步兵团摆在了第 4 步兵师的最左翼。南边 5000 米处，在许特根村东边攻击前进的是第 12 步兵团，该团参与了第 28 步兵师对施密特镇发动的命运多舛的攻击行动，结果蒙受了惨重伤亡。巴顿少将把第 22 步兵团部署在第 8 步兵团和第 12 步兵团之间的空隙里。11 月 8 日至 9 日晚，第 4 步兵师转移到了新的集结区域。

由于地形崎岖、林木丛生，第 22 步兵团的官兵无法填满友邻的两个团之间宽约 4800 米的战线，因此团长查尔斯·拉纳姆上校决定将兵力集中到该团中央区域，以一个更狭窄的攻击正面发起进攻。他打算在拿下大豪村后转而进攻东北方的盖村。与师里的计划一样，该团的主攻方向也在左翼，与第 8 步兵团保持着接触。因此，为了支援主攻部队，团预备队始终部署在作战区域的北部，这个决定令该团 2 营的右翼或者说南部完全得不到掩护。[16]

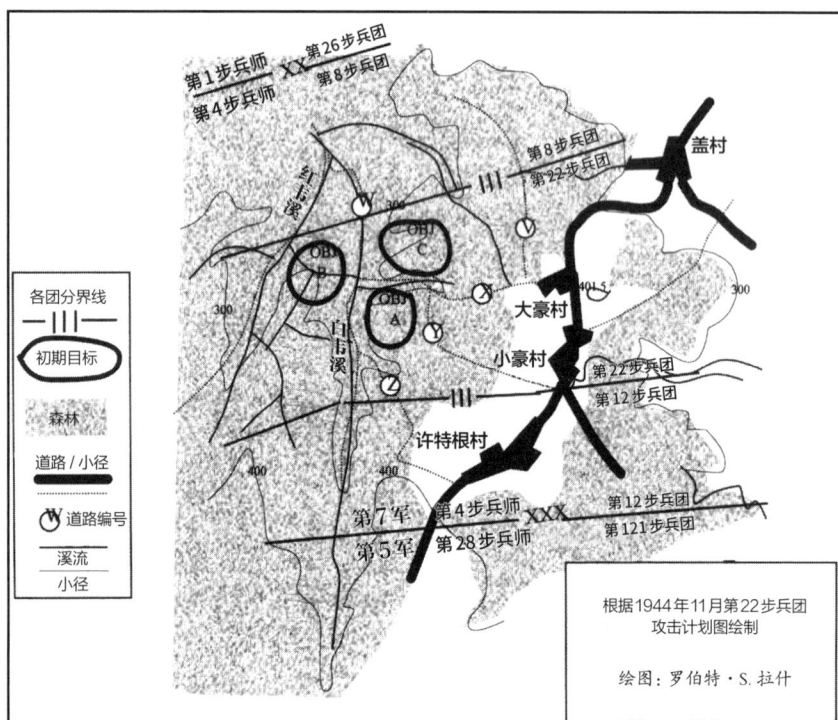

示意图 5：许特根森林中各团分界线和第 22 步兵团初期目标

第 7 军原计划于 11 月 10 日开始进攻，由于恶劣的天气不利于飞机飞行，进攻推迟到 16 日才发动。每天晚上各团都在徒劳地等待着表示开始进攻的暗语——"Dog Baker"。待命期间，第 22 团的步兵军官们演练了炮兵观察程序和森林战斗，并从各部队的攻击发起线前出以进行侦察。[17]

欧文·米特曼少尉在进攻开始的前夜给他的父亲写了封信：

昨晚他们想办法让军官们喝到了酒，我喝了一夸脱的黑与白苏格兰威士忌和一品脱戈登杜松子酒，其余的全部分给了手下的军士。在这个寒冷的德国冬季，要在野外生存下去需要喝尽所有能喝的烈酒。昨晚喧闹了一夜，除了一些人被掉落的树枝刮伤之外，并无大碍。我们每个人都得到了带防水外层的铺盖卷，里面裹着毛毯，这比盖两张普通毛毯要暖和得多。几周前，一名德军中士径直走入我的哨位，向我军投降。他说他已经在军队里服役了六年，有两年是在东线，负过四次伤，他已经受够了。[18]

C. T. 拉纳姆上校（机枪后方）正在与 R. O. 巴顿少将（握方向盘者）会晤（美国陆军通信部队拍摄）

　　11月15日22点45分，第4步兵师各团收到了准备于第二天发动进攻的通知。11月16日3点31分，进攻时间得到确认。几个小时前，师长巴顿曾询问拉纳姆上校，让他估计该团当面的德军会有多少兵力。拉纳姆的答复是他认为应该不会有很多，他告诉巴顿"全团上下充满了信心，而且他个人对这一仗也很有信心"。[19] 不过他的想法很快就会发生变化。

第八章
进入森林：初期
（11月16—19日）

进入森林

11月16日。天气晴朗。在这场战争中规模最大的近距空中支援行动中，盟军向于利希（Jülch）、迪伦、海因斯贝格（Heinsberg）、埃施韦勒、魏斯韦勒、迪维斯（Dürwiß）和黑尔拉特（Hehlrath）等城镇投掷了9000多吨炸弹。第7军于11点45分（H-60）开始炮火准备，一线部队于12点45分开始进攻。第104步兵师攻占了唐纳堡（Donnerburg）。第3装甲师夺取了韦特，然后正面朝向哈斯滕拉特（Hastenrath）① 镇南部边缘。第1步兵师已经推进至格雷塞尼希（Gressenich）和哈米希（Hamich）镇外围，攻入了大瓦尔德（Grossewald）。第4步兵师则进展缓慢。

——第1集团军作战报告[1]

进攻开始的第一天早晨，天空飘着几朵云，气温是30多华氏度（0～3摄氏度），能见度良好。随着气温的逐渐升高，德军也忙碌起来。破晓前，第22步兵团的3个营报告说他们正遭到德军重炮的猛烈轰击。炮弹击中了3营L连的集结区，炸伤了8名士兵。10点15分，1营的通信小队在巡查电话线路时撞上了德军侦察小队，双方发生了交火，1名德军士兵负伤，1名美军士

---

① 译注：此处原文写的是 Hasenrath，经译者反复核对查询，此地应为 Hastenrath。

兵被俘。一处观察所还报告说德军狙击手的数量有所增加。很显然，德军已经意识到将会发生一些事情，于是试图用炮击来干扰美军的进攻准备，同时派出侦察小队前出侦察，摸清美军的意图。[2]

11 点 45 分，第 44 野战炮兵营向第 22 步兵团进攻轴线的南北两侧发射了700 枚炮弹，不过拉纳姆上校拒绝了传统的炮火准备[①]，因为他不希望让德军摸清他的团要攻击的目标。为了进一步迷惑敌军，拉纳姆上校指示各营，穿越森林的时候尽量避开那些林间小径。为了等待适合轰炸的好天气，将领们已经将进攻时间推迟了 6 天，每个人都期待一场如同圣洛之战突破前那样的"演出"。在第 22 步兵团的作战区域内，士兵们看见一拨又一拨重型轰炸机从头顶上飞过，感受到隆隆的炸弹爆炸声不断从东北方传来。然而他们的作战区域并未遭到轰炸，这一轮"近距空中支援"既不近，又没提供多少支援。[3]

2营

11 月 16 日 12 点 45 分，格伦·沃克中校的第 22 步兵团 2 营作为先头部队蹚过了红韦溪，穿过德军第 295 工兵营的警戒线，紧随其后的是 1 营和 3 营的部队。拉纳姆上校不暴露该团进攻路线的努力成功了，当天执行突击任务的连队并未遭到德军炮火的精确打击。行动进展"一帆风顺"[4]，但好景不长。

2 营 G 连是全团的前卫连，G 连 3 排则是尖刀排，其余各排呈纵队跟进。美军士兵爬上红韦溪谷东侧的陡坡，朝东北方穿过茂密的松林，能见度仅有10 米左右。在距离红韦溪 500 多米处，3 排的侦察兵撞上了德军警戒哨，德国兵打了几枪，然后就撤回去警告他们的战友了。

美军士兵继续翻越山丘，但没过多久就遭到了德军机枪的扫射。德军士兵早已砍掉了较为低矮的树枝，在浓密的冷杉林中开辟出了数条防火道。守军通过这些被树荫遮蔽的小道快速穿行，还可以居高临下观察并向美军射击，除非推进中的美军步兵走了背字，恰好钻入一条防火道，否则乎不可能从下往上发现敌人的所在。[5] 从那时起直到 17 天后离开许特根森林，第 22 步兵团的一

---

①译注：炮火准备是指在步兵或坦克发动冲击前，集中使用炮兵对敌目标进行有组织有计划的火力覆盖。

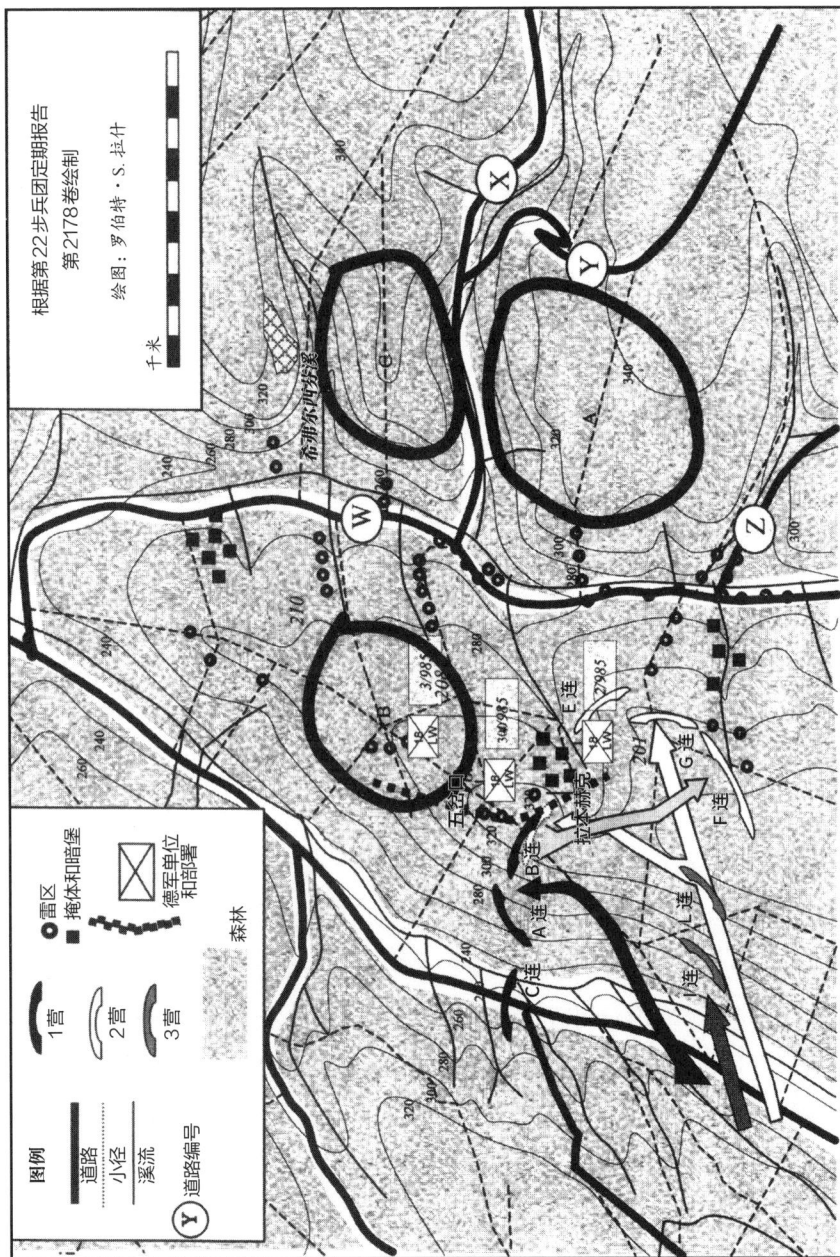

线连队在行动时都难以摆脱敌军的火力。

G 连连长托马斯·J. 图米（Thomas J. Twomey）中尉率领着 2 排与 3 排并肩突击，团属榴弹炮连打出的炮弹从他们头上掠过飞向森林深处，落到德军的前沿阵地上。在 F 连重武器排的火力支援下，两个排的士兵一边呐喊一边胡乱射击。也许双方实力太过悬殊，美军士兵瞥见德军正在穿过森林逃跑。

G 连穿过被称为"乌鸦树篱"（Rabenheck）的岩岬后，于 16 点 30 分停了下来，并在 201 高地东边的斜坡上挖掘工事。图米中尉将两个排部署在东边，一个排部署在东南边，东南边的这个排可以看到在 100 多米外有几条战壕，德军士兵正在里面走动。[6]

按照计划，当 G 连到达山顶时，2 营 E 连应该出现在 G 连的左翼。然而，E 连前卫排在 201 高地以北偏离路线太远，遇到了一段纵深 20 多米的缠绕式带刺铁丝网构成的陷阱区。这段铁丝网横跨一条小沟，掩护着隐藏在松树林中的几座暗堡。

只要 2 排停下来勘察障碍物，德军的迫击炮弹就会在沟中密集落下，打头的侦察兵进入灌木丛时遭到了轻武器的猛烈射击。不久前才得到火线提拔的欧文·米特曼少尉正率领 2 排的侦察兵在前方侦察敌情，一枚迫击炮弹在附近爆炸，弹片夺去了米特曼的性命。排里的医护兵——哈里·科尔斯（Harry Coles）一等兵冲上去抢救倒地的米特曼时，也不幸被弹片击中身亡。他们俩也许是第 22 步兵团在许特根森林中最初的牺牲者。

E 连连长阿瑟·纽科姆（Arthur Newcomb）上尉带着另一个排来支援 2 排。当 E 连用 60 毫米迫击炮向德军阵地轰击时，两个排的士兵也举起手中的武器朝着灌木丛开火。由于无法从正面突破德军阵地，纽科姆上尉决定从侧翼包抄，他命令一个排穿过德军阵地和开阔地之间的森林边缘，另两个排迅速跟上。

这时图米中尉呼叫 E 连赶快向前推进，纽科姆上尉改变了行动路线，向右侧移动，沿着 G 连先前的路线前进。E 连发现 G 连正在离白韦小径不远的一小片林中空地上，于是他们在面向这片开阔地的溪谷中挖掘战壕，扎营过夜。那天晚上，E 连的士兵可以听到放弃阵地的德军穿过灌木丛的声音，后者正在从白韦小径撤退。[7]

怀曼·克拉克指挥的 2 营 F 连，跟随着突前的 E 连和 G 连爬上了山脊。

该连停在了"乌鸦树篱"岩岬西侧防火道的交叉路口，负责掩护2营左翼，面向北方，并为1营开辟出一条可以通过的进攻线路。在1营A连和B连通过F连的阵地之后，克拉克上尉率全连向南行军，赶到G连右翼，并在那里挖掘战壕。[8]

1营

休伯特·德雷克少校指挥的1营跟在2营后面推进，A连在1营的左翼，B连位于右翼。这两个连都以排为单位依次行军，士兵成双列纵队，交错间距5 ~ 10米。士兵们爬上山脊时开始遭到分散的狙击手射击，德军大炮和迫击炮也开始向峡谷和沟壑集火轰击。炮弹很快就落到了山脊上，给两个连都造成了伤亡，A连的轻机枪阵地被一轮炮火命中，几乎全员阵亡。这两个连队通过F连的阵地向目标B推进时，德军的抵抗也加强了。16点40分，第22步兵团的作训股长厄尔·爱德华兹中校通知1营在17点整暂停进攻，命令各连就地挖掘工事。

1营指示A连连长威廉·萨拉特上尉，在右翼的B连和2营之间建立起联系，理查德·伯纳斯科中尉的1排奉命完成这项任务。随着夜幕降临，森林迅速陷入了黑暗之中，伯纳斯科中尉用的方法和《糖果屋》（Hänsel und Gretel）中黑泽尔与格蕾特尔回家的方法是一样的——不过，他不是沿途撒石块。伯纳斯科沿着路线每隔15米左右就部署一名士兵。遗憾的是，全排在前进了近300米之后就没有更多的士兵了，而他们仍然还差大约一半路程。

此时森林中漆黑一片，伯纳斯科中尉与萨拉特上尉的无线电通信也断了。虽然排里配备了制式SCR 560型无线电台，但按照伯纳斯科的说法，"在这种始料未及的（恶劣）地形上，这玩意儿（的糟糕性能）无疑是'山姆大叔'能为通信不畅找的最为可悲的借口"。在无法使用无线电通信的情况下，伯纳斯科中尉派出了由弗兰克·埃斯皮诺上士、埃尔维·英格拉姆上士和雷蒙德·弗拉尔（Raymond Fraher）一等兵组成的侦察小队去寻找E连。三人辞别伯纳斯科中尉后，在黑暗中跌跌撞撞地走了大约50米，然后就被几个睡梦中的德国士兵给绊到了。双方都大吃一惊，但是都没有开枪，三人抱头鼠窜撤回了排里。

不久，三人再次出发，这次他们发现了一队正在黑暗中穿行的德军侦察兵。于是三人隐藏在岩石和树木之后，等到德军接近至 20 多米时才举枪开火，射杀了领队的中尉。随后，三人躲进黑暗中继续前行，直到他们又遇到了另一支德军侦察队。这次，英格拉姆上士朝着德军尖兵的胸口发射了一枚反坦克枪榴弹，其余的德军都消失在了黑暗中。这三名美军士兵始终未能联络上 E 连，不过他们这一整晚也没有白忙活，而是多次将试图渗透进美军两个营之间的德军侦察小队击退。[9]

与此同时，1 排的两个班依然在森林中瞎转，直到午夜才找到 E 连。不过这种联系并不能填补两个营之间的缺口，因为这两个连仍然无法进行通信。[10]

12 点 43 分，詹姆斯·麦克莱恩（James McLane）上尉的 B 连开始推进，在 15 点 30 分左右通过了 F 连阵地。除了遭到大炮和迫击炮的轰击，几乎没有遇到什么抵抗。各排以纵队前进，还特别命令士兵之间要保持 5 米左右的间距。到 16 点 45 分，麦克莱恩上尉命令全连停止前进，在一条通向"五岔口"（五条道路的交汇点）的小路上扎营。在第一天的行动中，B 连在德军大炮和迫击炮的轰击中伤亡 15 人，其中包括 2 名军官和 2 名士官。[11]

1 营 C 连在连长爱德华·马丁上尉的指挥下跟随 A 连登上了山脊，在 1 营右后方呈梯次部署。C 连是第六个爬上山脊的美军连队，且已经进入了德军炮火的攻击范围，落到 C 连头上的迫击炮弹造成了不小的伤亡，16 名重伤员必须送下山，有些伤员直到午夜过后才被送到急救站。德军的炮兵观察员藏身在俯瞰山脊和沟壑的制高点上，只要看到任何动静，就立即召唤迫击炮射击。[12]

3营

阿瑟·蒂格中校的 3 营跟在 1 营后面出发，并于傍晚前在第 22 步兵团南翼进入阵地。拉纳姆上校命令蒂格从 3 营抽一个连去肃清防火道上的德军，为前方各营开辟出一条补给线路。3 营与德军发生的唯一一次交火，是 L 连的前卫排不小心闯进德军伏击圈造成的。在随后的交火过程中，伯纳德·施塔赫诺维奇（Bernard Stachnowicz）中尉头部中弹，当场阵亡。那天，在清晨的炮击和后来的战斗中，L 连共损失了 2 名军官、5 名士官，还有 10 名士兵。[13]

在第一天的战斗中，第 22 步兵团已经成功地楔入了德军的防线前沿。为该团提供火力支援的第 44 野战炮兵营共发射了 2100 枚 105 毫米炮弹，尽管团属迫击炮没有像拉纳姆上校希望的那样猛烈射击，可德军阵地里里外外也落下了 800 多枚 81 毫米迫击炮弹。获悉炮兵在森林中调整射击目标的难度后，拉纳姆上校向炮兵推荐了一种在第一次世界大战期间成功使用的方法：找个地方放好大炮，然后把它推到敌人面前。[14]

根据当天的作战报告，全团损失了 9 名军官和 46 名士兵（包括士官），其中大部分伤亡来自 2 营。就实际损失而言，战斗和非战斗减员合计为 6 名军官、27 名士官，还有 65 名技术兵和士兵。那天晚上，各重武器排的士兵抬着伤亡的战友，沿着进攻路线折回团里的急救站。尚能行走的伤兵和运送重伤员的担架兵都沿着白色的工程胶带行走，这条胶带可以将士兵从前线连队一路引导至后方的急救站。由于车辆无法通行，士兵们在返回前线时需要将补给品带回各自的连队。[15]

与第 22 步兵团对阵的德军

第 22 步兵团已经占领了德军第 985 掷弹兵团的前哨阵地，孤立了德军第 18 空军要塞营 4 连，该营此时已经变更番号为第 985 掷弹兵团 2 营。特勒斯特上校动用了其规模不大的预备队，结果以失败告终，他付出了 9 人被俘，多人死伤的代价。面对美军的强大压力，施密特中将把第 984 掷弹兵团放在北边，第 985 掷弹兵团置于中路，对战场态势作出评估后，他立即把师属野战补充营派去加强中路的守军。整个 16 日夜间，施密特将冯·博特伦贝格团的部分兵力向北调动，以守住突破口的南翼，并将第 1031 保安营约 2 个排的残余部队，从第 983 掷弹兵团防守的迪伦调到了大豪村。[16]

在未来几天内，他会派更多的部队去那里。然而，在美军第 1 集团军和第 9 集团军发起的大规模攻势中，第 275 步兵师只是众多遭到攻击的德军师中的一个，因此很难及时获得原先承诺的兵员补充。德军第 7 集团军指挥官认为第 275 步兵师已经无法抵挡美军的进攻，准备用另一个师来替换它。他命令最南端的军扩大两个师的防区，批准新近才重新编组的第 344 步兵师从 11 月 17 日开始调至第 74 军的防区。

莫德尔元帅给 B 集团军群所属部队下达了反攻动员令，第 275 步兵师也是其中之一：

蓄势已久的敌军发起了进攻……那些以英美雇佣军为靠山的人一定会感到失望。那些人信誓旦旦地说德国会在今年崩溃, 在背后支持他们的是贪求财富的犹太人和凶残嗜血的布尔什维主义者。他们希望占领鲁尔, 摧毁德意志帝国, 奴役所有的德国人, 但他们的愿望不会得逞。我们必须要给这些人类中的伪善分子一点颜色瞧瞧, 打破他们以为可以轻易取得战争胜利的美梦。他们将惊恐地发现, 德国士兵为了保卫自己的家园会在这里顽强而坚定地作战, 我们的妇孺都在注视着我们。为了德意志祖国的荣誉和安全, 我们要以满腔的愤慨和无尽的勇气投入战斗。在我们为生命而进行的神圣斗争中, 每个战斗小队都必须是一支拥有狂热斗志的队伍。那么, 第三次亚琛战役的激烈战斗, 将会以我们的胜利而告终。对元首的信仰就是我们胜利的保证。[17]

但由于四处落下的炮弹经常切断德军各级指挥官间的通信, 反攻的动员根本无法传达到前线作战的步兵耳中。

"全乱套了"

11月17日, 各军于上午8点再次开始进攻。天气状况不利于空中支援。虽然第3装甲师肃清了哈斯滕拉特镇的敌军, 攻进了谢彭塞尔 (Scherpenseel)[①], 还击退了德军的一次反攻, 但是第104步兵师进展甚微。在第1步兵师作战区域, 当第26步兵团向舍芬许特 (Schevenhütte) 东北方向推进了900米、第47团支队肃清格雷塞尼希时, 第16步兵团在哈米希附近遭到了德军反击。第4步兵师的推进在铁丝网、雷区、陷阱, 以及猛烈的迫击炮和大炮轰击下受挫。在南边, 第12步兵团到达了许特根村西北部的许特根森林边缘。

——第1集团军作战报告[18]

17日, 拉纳姆上校计划拓宽全团的攻击正面, 他将第1营调到2营侧翼, 两个营在通向大豪村的公路两侧齐头并进。该团的进攻取决于德雷克少校的1

---

① 译注: 此处原文写的是 Scherpensel, 经译者核对应为 Scherpenseel。

营在北边的攻击态势，如果能夺下目标 B，1 营就以此为起点转向东边，与 2 营一起跨过白韦溪攻击前进。为了让渡过溪流的攻击能够同步进行，拉纳姆命令德雷克在 8 点前发起进攻。1 营的首个目标是 325 高地（目标 B），一旦拿下这里，德雷克的 1 营就改变进攻方向，穿过白韦溪和小径，占领东边的高地（目标 C）。直到 1 营攻克 325 高地开始向目标 C 攻击前进，2 营才开始横渡白韦溪，3 营作为预备队沿着防火道清除德军的零星抵抗。[19]

1营

就在黎明前，德军的炮火密集地落在了第 22 步兵团的整个进攻区域。1 营营长德雷克少校计划用 B 连朝防火道的德军进攻，A 连位于其左翼，C 连则紧随在 B 连后方。然而，正如 1 营作训参谋克里福德·亨利上尉所描述的那样，"全乱套了"。德军的炮火覆盖了 B 连的进攻队形，一枚重炮炮弹在德雷克附近的树上爆炸，少校当场阵亡。各连与营部之间的通信线路也被炮击切断了。

第 22 步兵团同步进攻的计划尚未实施就胎死腹中了。美军的炮击任务由第 20 野战炮兵营和第 44 野战炮兵营负责，第 9 战术航空兵司令部的 P-47"雷电"战斗轰炸机执行对地攻击任务，炮击和轰炸定于 8 点开始，然而德军炮兵对美军地面部队的猛烈炮击令后者乱作一团，进攻被迫暂停了数小时，同时 1 营进行了整编，并将伤亡人员组织后送。B 连官兵，以及全团的老兵都曾经历过猛烈炮击，进攻也许会放缓，但不会停止。亨利上尉回忆说："一切都乱作一团。B 连在斜坡顶部已经伤亡了 50 人，而且很难用担架把他们抬到后方 900 米外的急救站去，通信也被切断了。我们千方百计地对部队进行了整编，并尽可能按计划发起进攻。"[20]

在新营长赶到战区前，由亨利上尉暂代 1 营营长一职。由于无线电台和野战电话皆已失效，各连之间无法通信，亨利上尉只得在战线上来回奔波，与指挥官们交流，让部队重新开始进攻。随后他一直与 1 营的前卫排待在一起，直到进攻开始。[21]

在获悉德雷克少校阵亡后，拉纳姆上校命令营作训参谋乔治·戈福斯少校赶去一线担任 1 营营长。戈福斯记得收到的唯一指令，就是由于军官大量伤亡，他不能与亨利上尉待在同一个散兵坑里。亨利上尉继续担任副营长，而在

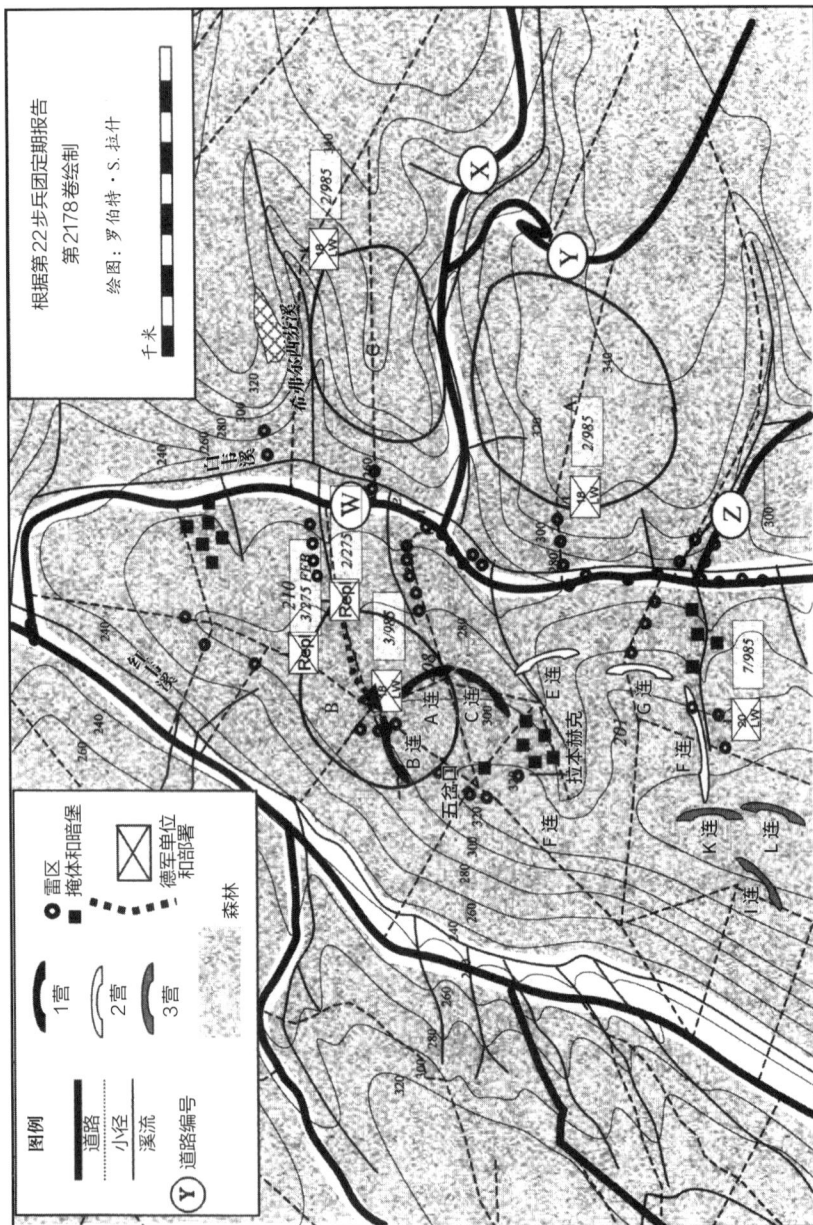

那天早上之前一直任 B 连连长的麦克莱恩上尉成了营作训参谋，B 连副连长丹尼尔·迪肯森（Daniel Dickenson）中尉接任连长一职。[22]

9 点 45 分，就在 B 连开始进攻前，4 辆 M5 "斯图亚特"轻型坦克抵达了 B 连的作战区域。B 连开始进攻，2 排和 3 排在防火道右侧向前推进。穿过森林时能见度只有不到 20 米，4 辆坦克与步兵排成一行向前推进，但是坦克开始射击后，它们很快就沿着防火道分散开了。

在行进了 40 多米后，先头坦克就突然辗到地雷停了下来。几分钟后，第二辆坦克引爆了另一枚地雷，爆炸造成 2 名车组成员负伤。第三辆坦克从两辆瘫痪的坦克左侧绕了过去，却陷入茂密的灌木丛和泥泞的地面动弹不得。第四辆坦克从一侧把它拉了出来，随后两辆坦克一起用机枪和 37 毫米榴弹扫射灌木丛。但它们没法走得更远，步兵只能在没有坦克伴随的情况下奋力往前推进。

为了让 B 连尽快攻克防火道，迪肯森中尉将 1 排调到了防火道左侧。当 1 排的士兵从坦克旁边挤过去时，防火道左侧的一挺德军机枪在 40 米开外朝他们射击，防火道右侧也有两挺机枪开火了。2 排的两名尖兵——马卡里奥·加西亚一等兵和查尔斯·杰弗里（Charles Jeffrey）一等兵，与德军的几挺机枪玩起了"猫抓老鼠"的游戏。

B 连 2 排排长托尼·比扎罗中尉说："加西亚与杰弗里是我所见过的最出色的侦察兵，他们有着过人的胆识。"两人配合默契，一人用勃朗宁自动步枪射击吸引德国人的火力，另一人则绕到机枪的侧翼对着机枪手的头部开火。随后，一个班冲向敌军阵地，疯狂射杀视野内的德军士兵，直到阵地中的德国兵被悉数击毙。B 连继续沿着防火道向东北方向进攻，越过 325 高地后又前进了 600 多米。[23]

A 连本应在 B 连左翼进行掩护，但是因为萨拉特上尉希望等 1 排归建，所以 A 连直到 11 点才开始向前推进。进攻开始之后，A 连的步兵排成了一道三四百米宽的散兵线，连属迫击炮直接部署在步兵排后面。虽然在接近防火道的森林中布满了地雷，躲在暗处的狙击手还在不断放冷枪，但是比起地雷和轻武器的射击，士兵们更担心的是始终存在的炮击。

在通往白韦小径的斜坡上，萨拉特上尉的士兵发现了一连串通过战壕连接，覆盖着多层原木和泥土的地下掩蔽部，每个地下掩蔽部内有 2 ~ 4 名德国士兵。此时他们采用了9月份突破"西墙"防线时形成的标准作战模式，士兵们先以密集的步枪火力压制洞中的敌人，另一队人则靠上去投掷手榴弹。这样的战术非常有效，但是很费时间，进一步减缓了A连的推进速度。[24]

13点，B连抵达了1营的首个目标325高地，随后继续向前推进。40分钟后，爱德华兹中校给1营的后方指挥所打电话，命令他们通知A连和C连与2营连成一线，但不要跨过白韦溪。看来向目标C的推进只能改日了。[25]

B连的突前令其沿着防火道暴露在危险之中，因为该连的突破口还不到50米宽。让A连和C连与2营连成一线，意味着迪肯森中尉的B连要撤回到325高地东北边的交叉路口，并在路口周边构筑防御阵地。戈福斯少校让萨拉特上尉的A连待在"五盆口"，全连面向东边布防。A连就位之后，戈福斯将B连后撤了近200米，部署在A连左翼，C连则位于B连左翼，这样全营的阵形部署成了一个连朝向北边，另两个连面朝东边。戈福斯希望让B连后撤，拉大B连与德军之间的距离，然后就可以发扬美军炮兵的火力。遗憾的是，B连一后撤，德军就马上压了上来。[26]

2营

直到1营拿下第一个目标之后，2营才开始行动。上午的大部分时间里，2营都在尽力为前线作战的连队提供补给，同时还要消灭孤立在后方的德军。11月16日晚间，沃克中校发现迂回过来的德军已经切断了2营给一线连队运送补给的线路。纽科姆上尉接到命令，要他派兵回来消灭E连早先绕过溪谷时避开的德军。[27]

11月17日清晨，纽科姆上尉命令威廉·梅森（William Mason）中尉，率领E连的一个加强班和A连的两个班，去干掉后方那些棘手的德军阵地。德军的这处阵地中有一个环绕着带刺铁丝网的混凝土碉堡，周围还有12个掩体，工事间通过交通壕相连。梅森的三个班一字排开从东边而不是西边进攻德军阵地，这是因为德军碉堡的大部分射击口都对着西边。领头的侦察兵打死了一名爬出掩体的德军士兵，战斗就此爆发，美国兵采用与A连相同的战术来清除每个掩体：用勃朗宁自动步枪的火力压制掩体内的德军，其他士兵接近掩体，朝里面扔手榴弹。

混凝土碉堡是最后被攻克的。第一枚手榴弹在碉堡里爆炸之后，美军士兵听到里面传出了哀号声，有人朝碉堡喊话，让德国人弃械出来投降，但是没有任何回应。又有一枚手榴弹被塞了进去，爆炸后里面传出了更多的呻吟声，他们再次命令德国佬出来投降，但依然没有回应。在塞进去 4 枚手榴弹和 1 枚烟幕弹后，4 名德国兵从呛鼻的烟雾中爬了出来。在这个由 26 名德军士兵据守的阵地中，只有这几个人被活捉。[28]

虽然 F 连没有投入进攻，但是该连的士官仍然蒙受了重大伤亡，11 月 17 日 F 连损失的 15 人中有 7 人是士官。F 连位于第 22 步兵团的右翼，而德军一直试图迂回第 22 步兵团南翼的部队，杀入其后方地域。K 连的抵达伸展了侧翼后，局势才稳定下来。[29]

整个上午，在德军大炮和迫击炮的持续轰击下，G 连官兵都蜷缩在掩体内躲避。一处机枪阵地被炮弹直接命中，整个班非死即伤。图米中尉随即命令迫击炮班对着溪谷里的德军阵地开炮。图米的部下偶然间看到德军医护兵在阵地上来回跑动，救助受伤的士兵。经历了几个小时的炮击后，6 名德国士兵走上山头向美军投降。

3 营

作为预备队的 3 营负责保护第 22 步兵团的后方不被德军渗透，虽然没有与德军发生正面交锋，但仍然由于炮击蒙受了重大伤亡。阿瑟·蒂格中校是第 4 步兵师仅存的参加过诺曼底登陆的步兵营长，他与手下的大部分参谋在德雷克少校阵亡后不到 3 分钟就非死即伤。副营长詹姆斯·肯普少校赶去接替营长，从 1 营调到 3 营的托马斯·哈里森（Thomas Harrison）上尉继任副营长。I 连的乔治·R. 布里奇曼中尉担任营作训参谋。

3 营的所有阵地都遭到了持续不断的重炮轰击，肯普少校用无线电向团部报告说阵地"犹如地狱般炙热"。由于指挥所位置靠后无法指挥部队，肯普将营前沿指挥所向前移动了约 200 米，找到了一处较为平静的所在。临近中午，拉纳姆上校考虑是否要将 3 营部署到 1 营和 2 营之间，因为这两个突前的营相互间的距离正在拉大。但是他最终放弃了这个想法，因为这样做意味着他手里不会再有预备队了，于是他把 1 营撤了回来。[30]

　　刚过 13 点，巴顿少将就来到了第 22 步兵团团部。他对攻势进展大为不满，立即传令 1 营和 2 营渡过白韦溪占领目标 C。2 营的副官接到了进攻命令，但他无法将命令传达给前沿指挥所，因为电话线被炮火炸断了。传令兵被派了出去，但营长接到命令时已经过了很久。14 点 14 分，沃克中校致电拉纳姆上校，汇报说他的营正在与渗入美军战线后方的德军交战。拉纳姆告诉沃克，别再管后方的敌情了，无论如何都要在 15 点发起进攻，至于后方的德军，3 营会派部队去清剿的。3 营 K 连很快就动身向南边机动，收拾掉了那里的德军并负责掩护 2 营的南翼。

　　虽然傍晚时分拉纳姆上校致电巴顿将军，汇报说进攻仍在继续，但实际上两个营都寸步难行。在阴暗的森林中，一旦停下脚步，再次展开进攻就非常困难。每次推进出现停滞，士兵们就立即挖掘掩体，还砍下树木挡在头顶上，以此来抵御德军的炮击。构筑这样的阵地通常要花上 2 ～ 3 个小时，"对步兵而言，斧头比枪更重要，因为他既可以用斧头砍树，又可以用它来砍死德国佬"。[31]

　　这一整天，德军一直在对第 22 步兵团后方区域的各条小径和防火道进行猛烈炮击，大多数时候德军会发射 20 ～ 25 发 150 毫米榴弹。虽然炮击没有造成更多的人员伤亡，但炮弹会不时切断各单位间的电话线路，摧毁无线电设备，导致团部和前线各营、各营与各连之间无法通信联络。[32]

　　当天美军的伤亡相当惨重，指挥官的损失尤为严重。在战斗中长期缺乏指挥和管理的话，一支部队离崩溃就不远了。第 22 步兵团里，不仅有 2 名营长损失，而且在一线指挥的基层指挥官的数量也下降到了非常危险的程度。根据战报，全团当天阵亡、负伤和失踪的数字是军官 2 人、士兵 104 人，实际伤亡人数是 10 名军官、38 名士官和 124 名士兵，仅 1 营就伤亡了 94 人。为第 22 步兵团提供火力支援的第 44 野战炮兵营伤亡也不小，9 名炮兵观察员中有 4 人负伤，不得不从营里抽调军官来填补这些空缺。

　　11 月 17 日和 18 日，第 22 步兵团得到了来自第 92 补充营的 31 名补充兵，其中包括 18 名军官和士官。这些人都是该团在先前战斗中的伤员，伤愈后归队。他们先在团属勤务连里过了夜，第二天出发回到各自的单位。然而，由于通向前线连队的防火道上的地雷尚未被扫清，运送伤兵和补给物资时只能继续翻山越岭。[33]

与第22步兵团对阵的德军

第985掷弹兵团2营前身是第18空军要塞营，该营的士兵仍然用老番号来称呼自己的部队。为2营提供支援的是第275补充营，这两个营损失的兵力中有52人被俘，还有许多人在森林里阵亡或负伤。在必须战斗到最后一人的严令下，据守"乌鸦树篱"岩岬碉堡群的德军中，只有4连连长乌尔里希（Ulrich）和18名士兵当了美军的俘虏。乌尔里希的4连和第275补充营2连遭到的攻击最为猛烈，白天的战斗结束时这两个连各自的剩余兵力可能不超过30人。当天第275补充营从德罗弗（Drove）派来了更多的士兵，他们立即被送上前线。对前线的其他部队而言，美军雨点般不断落下的炮弹并没有造成太大的伤亡，但也逼着他们躲在掩体内动弹不得，饭食无法送上一线，伤员也无法后送至急救站。[34]

第7集团军指挥官布兰登贝格尔装甲兵上将和第74军军长施特劳贝步兵上将，视察了施密特中将位于温登（Winden）的野战指挥所，并与他讨论了第275步兵师的战况。布兰登贝格尔上将答应派第116装甲师的部分部队前来支援，让一直在艾费尔高原整编的第344步兵师紧急待命——该师各团于11月17日晚间向北边开拔，与遭到重创的第275步兵师换防。11月17日，施特劳贝开始着手加强第275步兵师的兵力，并在当天将前一天刚刚组建的两个战斗群派了过去——它们的规模不大，由第89步兵师各连掉队士兵和残部拼凑而成。新近重建的第26国民掷弹兵师和第18国民掷弹兵师扩大了各自的防区，接管了第344步兵师的阵地。[35]

"我身上从来没干透过"

11月18日，13点之前天气一直很晴朗，能见度极佳，第9战术航空兵司令部出动战斗轰炸机群为各师提供了空中支援。第104步兵师的先头部队推进到了离费尔劳芬海德（Verlaufenheide）村不远的地方，与从谢彭塞尔出发的第3装甲师会合，第3装甲师并无积极行动。在第1步兵师的进攻区域，第16步兵团肃清了哈米希的敌军，并成功击退了一波由200～300名德军步兵和15辆坦克发起的反击。第4步兵师的第8步兵团向东推进了900米，第22步兵团渡过了白韦溪。

——第1集团军作战报告[36]

行进中美军士兵（美国陆军通信部队拍摄）

　　11月18日，拉纳姆上校计划继续攻击目标A和目标C。17日傍晚，1营和2营营长都接到了命令，占领这两处目标，并推进到大豪村附近的森林边缘。为了避免重现17日的战况，拉纳姆让爱德华兹中校向每个营转达，无论其他营的进展如何，他们都要发起进攻。进攻时间定在8点30分。

　　雨整晚下个不停，士兵们清晨醒来的时候觉得寒意逼人，天上仍下着毛毛细雨。士兵的毛料制服被雨水浸透后黏在身上，让人感到又冷又湿，只有开始行军后身上才逐渐暖和起来。[37]

　　德军再次率先发起了进攻。7点，第44野战炮兵营通知团部作训股，前沿的炮兵观察员呼叫炮火支援，2营南部再次遭到德军攻击。2营营部与各连的通信线路已被炸断，所以只能通过炮兵的射击控制无线电通信网络呼叫炮火支援。为了支援守军，第44野战炮兵营在1小时内发射了500发105毫米炮弹。到了8点，2营报告德军的进攻已经停止了。早些时候，一名德军战俘向审讯官供认，德军将对第22步兵团南翼发动进攻。当一挺机枪开火时，前沿的炮兵观察员估计这就是德军俘虏所说的进攻。[38]

1营

1营和2营按计划发起了进攻。1营营长戈福斯少校希望能继续将德军的注意力吸引到1营在前一天的进攻方向上，他让D连——1营的重武器连——和炮兵朝210高地东北方的德军开火，同时B连也用轻武器朝同一个方向射击。佯攻期间，A连和C连穿过白韦小径，朝东边进攻。两个连的推进轴线和分界线是另一侧的一条东西走向的防火道。

当1营朝目标C攻击前进的时候，A连在北，C连在南。第44野战炮兵营对美军攻击队形前方实施了徐进弹幕射击，破坏了德军步兵最初的抵抗。德军也不甘示弱，对美军先头部队进行炮火拦截，但是炮弹都落到了美军后方，反而逼得美军快速向东推进。A连和C连的士兵穿过白韦小径，涉过没膝的冰冷溪水到达对岸，过河时每个人都几乎全身湿透。[39]A连的一名班长，后来被提拔为2排排长的约翰·L.佩奇（John L. Page）一等兵如是说：

> 我身上从来没干透过，而且在接下来的两周里，我们中的大部分人都是如此。高筒雨靴黏上了大把的污泥，战士们只好把它们给脱掉，连绵的阴雨和雨夹雪令我们更加觉得寒冷和潮湿。白天人在活动的时候情况还没那么糟糕，但是到了晚上，当你穿着湿漉漉的靴子在散兵坑里睡觉，那种感觉真是糟糕透了。[40]

负责主攻的1营C连各排，排成纵队沿着不到100米宽的狭窄正面向前推进。士兵们散开的间距相当大，至少要保证一枚炮弹不会炸倒两个人，但又不能远到彼此间联系不上。这样的行军令人联想到了严酷的音乐抢座游戏，当士兵们听到"炮弹飞来时如运货列车发出的咔嗒声"时，除了所站的地方外，每个人都在不断搜寻安全的掩体，然后一头猛冲过去。与先前的狙击手悄悄跟踪和机枪正面扫射完全不同，现在德军的主要攻击方式是无休止的视距外炮火拦阻射击。爱德华·斯威尼（Edward Sweeney）中尉认为德军火炮和迫击炮的火力"比这个连队遭遇过的任何炮火还要强上三倍"。此外，德军的炮击非常精准，几乎将C连在前方开路的3排全部报销。

德军的炮弹似乎大多落在 X 公路，以及连接 X 公路和 W 公路的被毁坏的桥梁区域，因此马丁上尉将 C 连的进攻路线略微往北调整，使连队的右翼远离 X 公路大约 90 米。

徒涉白韦溪进入森林大约 450 米后，马丁上尉当场干掉了为数不多的几名德军中的一个。朝领头的侦察兵走去时，他撞上了德军的一名迫击炮观察员和两名步枪手。马丁举枪就打，击毙 1 人、射伤 1 人、俘虏 1 人。在突击过程中，连长通常不应该出现在尖兵的位置上，马丁按理应该跟在前卫排后面。然而，C 连的士兵都说他是个坐不住的人，根本不可能长时间待在"指挥所"里。不久后，A 连的士兵看到两个德国兵若无其事地沿着 X 公路朝残桥走去，于是把他们射杀了。

12 点 30 分，C 连到达目标 C 的东南方并在密集的炮击下挖掘战壕。马丁上尉让右翼的排朝南监视 X 公路，由于德军炮火集中轰击这片区域，他没有派人上公路。在突击和占领防御阵地的过程中，C 连伤亡 21 人。最惨重的伤亡事件发生在黄昏时分，当时 1 枚 120 毫米迫击炮弹命中了 C 连连部，炸伤了马丁上尉、巴特利·福特二级军士长和连部排的大部分士兵。弗雷德里克·斯威尼中尉接过了连长的指挥权。由于电话线路被切断，SCR–300 步话机也无人操作，C 连无法与 1 营营部取得联系，斯威尼中尉只能靠自己继续指挥全连作战。[41]

在 C 连的北边，A 连的进攻以 1 排打头阵，其余各排排成纵队紧随其后。A 连在推进过程中遭到德军火炮和迫击炮的猛烈拦阻射击，周围的树木不断被炸断。士兵们经过的松树被弹片削得乱七八糟，仿佛有个挥舞着大砍刀的巨人穿过了森林，将树梢全给砍掉了。A 连伤亡惨重，副连长唐纳德·麦克拉肯中尉就是阵亡人员之一。麦克拉肯之前的副排长在知道他阵亡后完全崩溃了，并因为战斗衰竭症（Combat Exhaustion）被迫撤离战场。他们俩自诺曼底登陆以来一直在并肩战斗。

德军的炮击之下，1 排是推进过程中伤亡最小的单位。当德军呼叫的拦阻炮火在指定区域落下时，C 连的先头部队已经安全地冲过了炮火封锁区。不过跟在后面的部队就没有那么幸运了，埃尔顿·K. 费希尔（Elton K. Fisher）一等兵说，他宁愿"随时与突击排一起在前方开路，也不愿意留在后方等待，支援部队总会遭到炮击，不得不在猛烈的炮火封锁中艰难前行"。1 排沿着"乌鸦树篱"岩岬上的防火道向山岭下迅速推进，朝着白韦溪走去。在沿着防火道突击的过程中，艾尔弗雷德·范坎普一等兵用枪榴弹炸死了两个德国兵，一人被直接命中，身首分离，另一人则被近失弹炸死。

进入白韦溪谷后，A连的士兵迅速穿过道路，涉过没膝的溪水。为了加快肃清林中德军的速度，萨拉特上尉将三个排一字排开，扩展了全连的攻击正面。搜索时各排士兵保持五六米的间距，这样做不仅能够覆盖更大的范围，还与C连的做法一样可以降低被炮弹同时杀伤两名以上兵员的概率。然而，在茂密的松树林中，即使只有4米来宽的距离，士兵们也很难与左右两边的战友保持联系。

A连各排渡过溪流后，德军加大了炮击力度。因为德军炮火根据预先标定的诸元射击，所以小唐纳德·沃纳（Donald Warner Jr.）中尉指挥2排选择朝南机动绕开炮火封锁区，这样一来1排和2排之间就出现了一段缺口。在分隔A连和C连的防火道上，2排转头向东前进，撞上了一挺朝防火道西边射击的德军机枪。在轻武器、机枪和迫击炮的火力压制下，沃纳的2排一直无法干掉这挺机枪，当天就在距离德军阵地不到50米的地方动弹不得。

就在A连抵达目标之前，萨拉特上尉观察到溪谷中有5名德国士兵悠闲地朝东北方走去。为了不打草惊蛇，萨拉特示意一等兵詹姆斯·阿姆斯特朗（James Armstrong）、阿洛伊修斯·马森萨斯（Aloysius Masensas）和珀西瓦尔·科金斯（Percival Coggins）来到身边，他指着德国兵，悄悄地倒数了三声，然后大喊一声"开火！"四人同时射击，大吃一惊的德国兵开始跑下山坡，穿过一片开阔地。随后就如同在美国打靶时一般，几名德军士兵全部被射杀。

在目标C防火道的北边，A连面向东边挖掘工事，萨拉特上尉在防火道和另一条小路的交叉路口安排了两挺重机枪把守。在美军挖掘工事的时候，配属的前沿炮兵观察员也将火炮和迫击炮的炮火封锁区调整到了A连驻防区域的周围。由于仍然无法与1营营部取得无线电联系，萨拉特派英格拉姆上士返回营部报告A连所在位置，英格拉姆在归途中用枪榴弹炸死了另一名德国兵。就在黄昏时分，1排的一些士兵看到在他们挖掘的工事前方约140米的山脊上有支德军侦察小队正在往上爬，于是立即朝他们开火。没过多久，这5名德国兵高举双手走上高地来投降了。

示意图 8：初期交战，11月18日

16 点左右，萨拉特接到 1 营的通知，有一个营的德军正在朝他的阵地方向行军。他让伯纳斯科中尉派出侦察小组在暮色中寻找德军，一旦发现敌情立即鸣枪示警，但侦察兵没有发现敌踪。侦察小组返回连队，每个人都静静地待在散兵坑中过夜。在没有任何警报的情况下，把守交叉路口的两挺重机枪突然在黑暗中打响，朝黑暗中泼洒弹雨，不一会连里的前沿炮兵观察员呼叫火炮和迫击炮对着阵地前沿进行炮火封锁。

把守在路口的机枪手在听到一队德军侦察兵接近的声音后，把敌人放近到离机枪阵地只有几米远才开火射击，将这队人马全部歼灭。黑暗中，萨拉特上尉呼叫了炮火封锁，因为他没法弄清阵地前方 40 多米处发生了什么事情，而且先前接到的敌情通告可能让他相信德军正准备向他的部队发动连级或营级规模的反击。当晚 A 连报告的伤亡为 28 人，包括 1 名军官和 6 名士官，其中之一是尼利二级军士长，是连里最早应征入伍的士兵。[42]

在麦克莱恩上尉的 B 连完成朝东北方向的佯攻之后，3 营 I 连进驻 B 连原先的阵地。一旦 A 连和 C 连在目标 C 就位，B 连就会越过公路与 A 连的北翼连成一片。11 月 17 日晚和 18 日白天，拉纳姆上校不断敦促戈福斯少校的 1 营穿过森林，前进到大豪村附近的森林边缘，然而直到天黑，美军距离大豪村依然还有近 2000 米远。[43] 经历了三天的进攻和连绵不断的炮击之后，士兵们已经精疲力竭、心力交瘁。

2 营

更南边的 2 营遇到的麻烦更大。德军盘踞在 W 公路以东的高地上，可以将美军的动向看得清清楚楚，当美军的连队向公路发起冲锋时，德军的炮弹就劈头盖脸地砸到整个 2 营头上。与北边的战况不同，2 营的官兵从一开始就遭到了德军步兵的坚决抵抗。

进攻开始后，纽科姆上尉将 E 连调到左翼，让他们进入一片生长茂密的松树林，而非穿过山脊东坡的一大片开阔地。E 连进入茂密的森林后，德军的前沿观察员无法再找到美军的行踪，因此放缓了炮击的力度，在穿越密林的过程中美军仅有 1 名士兵阵亡，1 ~ 2 人负伤。与前期的战斗相比，可谓损失轻微。

在离 W 公路不远的地方，纽科姆上尉下令全连停止前进就地构筑工事，然后亲自去前方观察公路上的敌情。纽科姆看到有个德国兵朝东边走去，为了不暴露 E 连的位置，他放过了这个德国兵。后来，在接到 2 营营长和副营长双双负伤的消息后，纽科姆离开连队去指挥全营。下午，他回到连里命令全连穿过公路恢复进攻。[44]

罗伯特·皮萨雷克中尉指挥的排带头发起攻击，穿过公路，蹚过溪流，到达对岸。他们继续向山上冲去，穿过一片矮松林来到山顶，拿下目标 A。E 连的许多士兵都认为这次进攻可谓"闲庭信步"。他们在斜坡上攀登时没有遇到德军的任何抵抗，一枪一弹都没有。

在 124 高地顶部，E 连停下了前进的步伐，纽科姆上尉让三个排横向展开进入夜间防御状态。他派梅森中尉率领一支巡逻队朝北穿过 X 公路与 C 连取得联系，不过 2 营与 1 营之间仍有一段大约 200 米宽的缺口。E 连连部设置在德军放弃不久的地堡里，床铺上铺满稻草[45]，这已经算是奢侈的享受了。

图米中尉的 G 连就没有那么好运了。G 连以 1 排作为前卫排，其余各排排成纵队紧随其后走下山脊，朝白韦小径推进。尖刀班走出密林来到一片林中空地时，他们遭到了几挺德军机枪的交叉射击，1 排副排长伊姆里奇·杜费克技术军士长当场阵亡，多名士兵负伤。幸存的士兵拖着负伤倒地的战友，迅速撤回了林中的安全地带。

1 排的另两个班下到溪谷中，攻击昨天炮击过 G 连的德军阵地。经过一轮恶斗之后，他们拿下了德军阵地，击毙了大约 25 名德国兵，俘虏 15 人，还缴获了 6 挺机枪。俘虏中竟有二人是父子。但即便德军已经榨干了国内的人力资源，他们的战力仍旧不容小觑。

当 G 连到达 W 公路并准备穿过去时，一名班长不幸踩到地雷被炸死。美国大兵们这才发现除了视野范围内能看到的地雷，他们身边还埋有更多。尽管雷区没有得到火力掩护，可这也是一种典型的障碍设置。图米中尉指挥 G 连向北转移，找到了另一处交叉路口，并在黄昏时分穿过了 E 连后方的道路。G 连士兵们爬到东侧能够远眺诸多山头的山丘顶部并在 331 高地上挖掘工事。[46]

E 连和 G 连在目标 A 汇合，打算在这里过夜。夜幕降临时，德军侦察兵开始在 G 连阵地前沿进行侦察。侦察兵离开后不久，德军就开始炮击 G 连的前沿阵地，直到第二天早晨才停火。

美军攻击连队的后方仍然不断遭到德军炮击。临近中午时分，德军的炮弹击中了2营的前沿指挥所，沃克中校和大部分营部参谋被炸伤。2营副营长约瑟夫·塞缪尔斯少校赶过去接替了营长的职务，但是没过多久他也负了伤。奉命接任营长的克拉克刚离开F连就在路上被炮弹给炸死了。这时营长的职务传到了E连连长纽科姆上尉身上，他返回营部暂时代理指挥，直到原团部情报股长霍华德·布莱泽德（Howard Blazzard）少校来接任。在一个小时的时间里，2营就更换了5名营长，其中1人阵亡，2人负伤。

2营不仅损失了大量指挥官，而且连无线电设备也被炸毁了，与团部的通信只能依靠炮兵联络官的电台，直到新的通信人员从团部抵达，无线电台和电话联络才得以恢复。[47]F连是2营的预备队，负责掩护全团的南翼，该连遭到了德军炮火的猛烈轰击和步兵的持续攻击，损失了2名军官、4名士官和19名士兵，伤亡数字超过了2营的其他各连（这是在F连作为2营预备队的情况下发生的）。

乔治·威尔逊中尉是F连的一名排长，他奉命前去确定G连的位置，同时了解对方的情况。他回来后发现连长克拉克上尉已经阵亡，副连长负伤，连里资历最老的中尉也病倒了。威尔逊接过了F连的指挥权，克林顿·麦克劳德（Clinton MacLeod）中尉暂代副连长，直到G连的詹姆斯·克拉克中尉来接管F连。F连艰难地向前推进，但严重偏离了方向，与2营营部和G连都失去了联络。当F连停下来过夜并整顿建制时，没人能确定他们身在何处。[48]

3营

3营作为预备队紧跟在1营的后面，掩护全团的北翼。当1营穿过白韦溪之后，3营向前运动接管了1营在"五岔口"周边的阵地，其中K连面向北边和东边布防，L连面向东边和南边，而I连掩护后方。3营虽然没有与德军直接发生接触，但是遭到了炮击，所以也在不断失血。在营阵地上落下的炮弹造成39人伤亡，其中包括威廉·库克中尉和10名士官。[49]

当天全团停止进攻，计划在11月16日就该拿下的目标现在终于落入了美军手中。1营和2营穿过了W公路，其中1营在X公路以北的124高地挖掘工事，2营在公路南边的126高地挖散兵坑。两个营之间有段约200米宽的缺口，密布地雷且为德军炮火封锁，所以彼此间难以建立联系。[50]

拉纳姆上校原本希望在 11 月 18 日夜里能够推进到面向大豪村的森林边缘，但是在进攻遇到顽强抵抗的情况下，这两个营能达成既定目标已经很不错了。最初抵抗第 22 步兵团进攻的两个德军营，以及从福瑟纳克地区派来的其他部队，再也无法对美军形成有效的抵抗。事实上，美军各营当天下午就注意到德军的抵抗力度普遍有所下降，2 营在傍晚时分穿过白韦溪的推进过程中，几乎没有遇到德军的任何抵抗。然而，第 22 步兵团每个营都已经换了新营长，他们虽然在团里都有指挥部队的经验，但需要时间解决通信问题及整顿部队。此外，战斗也给第 22 步兵团造成了严重伤亡，各营连都有不小的损失，需要补充物资和兵力，士兵们同样精疲力竭。

拉纳姆上校发现，此时他的部队正位于一个突出部内，两翼很容易受到德军的渗透。第 22 步兵团与南边的第 12 步兵团相距约 2500 米，与北边的第 8 步兵团的距离略微近一点，只有第 24 骑兵群[①] 的一支部队在第 22 步兵团和第 8 步兵团之间的森林里进行掩护。在森林中战斗的头三天，第 22 步兵团向前推进了近 2000 米，但是补给状况仍然不稳定，因为该团的主要补给线路（W 公路）仍有部分路段被德军控制，而且防火道上还布满了地雷。[51]

日间，第 4 战斗工兵营 C 连的残余部队被编成一个排配属给了第 22 步兵团。即便增加了额外的工兵部队，排雷工作的进展仍然十分缓慢。工兵在排雷过程中发现，在很多地方地雷被重叠布设，而且还装上了反扫雷装置。为了规避风险，工兵躲在安全之处引爆了这些地雷，然后再将爆炸形成的弹坑填平。

虽然有些雷区已经清理过三遍甚至更多次，但是车辆在深深的泥泞中压过时仍然会引爆一些埋藏在深处的地雷。X 公路上横跨白韦溪的桥梁已被破坏，每当美军工兵开始修建新的桥梁时，德军精准的炮击就会迫使他们散开隐蔽。[52]

在给师部的夜间情况汇报中，爱德华中校报告说 3 营有 13 名军官和 150 名士兵伤亡。实际战斗伤亡是 12 名军官、37 名士官和 136 名士兵。在最初三天的进攻中，第 22 步兵团的实际战斗伤亡已达到了 391 人，其中主要集中在 1 营和 2 营。[53] 包括非战斗减员在内的损失人数共计 454 人，其中指挥人员的

---

① 译注：二战中美军的骑兵群（Cavalry Group）是团级建制部队，装备各种轻型装甲车辆（而非字面意义上的马匹），通常辖 3 个骑兵中队（营级），并得到自行火炮单位的加强。

损失达到了138人（28名军官和110名士官）。在三天之内，第22步兵团在德军炮火的攻击下损失了所有三个营的营长和一名副营长、2营的几乎整个营部、另两个营部的大部分人员，以及许多连级军官和士官。

全团的通信陷入了瘫痪状态，敌人的炮击和寒冷潮湿的天气令电话线路中断，无线电台的电池也坏了。由于德军到处布设地雷，战区内的所有公路和小径仍无法通行卡车、吉普车或坦克。为了尽快打通各条道路，配属的工兵部队只能顶着炮击清理雷区，扫雷这项精细活变得更加危险。

只要公路和小径还无法通行，补给物资输送和伤亡人员后撤就要沿着一条条白色工程胶带画出的通道进行，这条通道从森林里一直延伸到部队最初的出发地点，绵延2700多米。每次运送补给物资，团补给连的士兵们的单兵负重都超过45千克，而且必须爬过两座陡峭滑溜的山坡，涉过两条冰冷的溪流，才能将物资送达前线部队。因为各营后勤排的士兵无法运送部队所需的大批弹药和口粮，所以各连连长从一线部队中抽调士兵同补充兵一起运输物资。[54]

战斗初期一直是双方步兵的交锋。茂密的森林地形、遍地的泥浆和陡峭的斜坡，使坦克和坦克歼击车只能走公路。然而只要公路上的地雷没有被清理干净，装甲部队就无法到前沿去支援步兵。第44和第20野战炮兵营为支援步兵推进发射了数以千计的炮弹，但封闭的地形限制了炮兵观察员的视野，令炮击的效果大打折扣。

与第22步兵团对阵的德军

到11月18日，除了第275工兵营之外，施密特中将已无法为其遭到攻击的部队调派其他的援军了，而第275工兵营辖3个连，每个连仅有约50人。18日凌晨4点前后，该营2连穿过白韦溪到达了被破坏的桥梁，不久后第1055掷弹兵团2营的主力部队从福瑟纳克出发，途径贝格施泰因—勃兰登贝格（Bergstein–Brandenberg①）公路，徒步行军8千米赶到了那里，随后5连和6连马上进入了希弗尔西芬（Siefersiefen）溪与X公路之间的阵地。11月18日清晨，

①译注：此处原文写的是Brandenburg，根据核查这条公路上只有Brandenberg这座村镇。

来自第 74 军和第 7 集团军的小型单位全部集中到了盖村、小豪村和大豪村三地。特里尔团是一支由大约 40 名官兵组成的小型战斗群，17 日晚间从福瑟纳克出发，但是他们遭到了炮火拦截，赶到的时候只剩下大概 20 人了。[55]

美军攻击了南边的第 20 空军要塞营（此时已变更番号为第 985 掷弹兵团 2 营），以及第 18 空军要塞营的残部和刚赶到北边的德军增援部队。在南边，施密特手下已被打残的部队试图将美军拦阻在白韦小径的西边，但是没能成功，还因此损失了 13 人。中路，第 275 工兵营 2 连全军覆没，15 人被俘，其余的人非死即伤。北边，虽然第 1055 掷弹兵团 2 营 5 连和 6 连伤亡并不大，但他们仍丢失了阵地，被赶回了大豪村。只有密集的炮击成功阻止了美军前进的步伐。施密特的第 275 步兵师 10 月初进入许特根森林参战，打到现在已是山穷水尽，已经无法阻挡美军的推进了。[56]

11 月 18 日至 19 日晚，第 344 步兵师 1058 团的先头部队抵达大豪村。可是，他们发现在主力部队赶到之前，美军就要穿过森林了。

"整个作战行动的时间越来越少"

11 月 19 日。上午天气晴朗，第 9 战术航空兵司令部出动了 150 架次飞机支援前线各师。11 月 20 日午夜，第 1 集团军的指令生效，将第 7 军和第 5 军之间的分界线从许特根村以北变更为小豪村以北。第 5 军得到命令，从西南发动进攻，打穿许特根村和小豪村。第 5 装甲师 R 战斗群已经调离第 7 军，重新配属给第 5 军。第 104 步兵师沿着第 1 集团军和第 9 集团军的分界线推进，并取得了实质性进展，先头侦察部队入夜时已经前出至埃施韦勒外围地区，还有一个营接近了勒厄（Rohe）村和施托尔贝格（Stolberg）的外围。第 3 装甲师没有重大行动。在哈米希以北，第 1 步兵师 16 步兵团再次挫败了德军的一轮反击，第 18 步兵团推进到了文瑙（Wenau）镇。在第 4 步兵师的进攻区域，战况并无重大变化。

——第 1 集团军作战报告[57]

11 月 18 日整晚，第 22 步兵团团部的军官们商讨了第二天的进攻计划，拉纳姆再次强调各营在进攻过程中不必顾忌侧翼其他单位的进展。这份计划涉及一种最为复杂的进攻形式：3营分几路越过1营，朝大豪村和小豪村之间的森林边缘发动进攻，与此同时1营和2营提供支援，攻击临近的目标。

但这项进攻计划实施起来困难重重。3营各连分散在全团后方，需要时间进行重整。同时，X公路南边的2营正被运输补给和后送伤员的难题搞得焦头烂额，F连也毫无音讯。这天深夜，第4步兵师师部发来消息，再次重申了巴顿将军的要求，第二天要加强攻势。[58]

整个晚上，第22步兵团的阵地继续遭到德军炮击，美军出现了更多的伤亡。2营与其支援部队的联络中断了，3营本应在8点30分发动进攻，但是营部无法让所有的部队都进入攻击阵地。11月19日早上7点，拉纳姆上校与巴顿将军通了电话，向将军汇报了团里的情况。拉纳姆解释说，下属各营都遇到了重组和补给方面的困难，可能无法按时发动进攻。巴顿同意取消应该在8点30分发动的进攻，但是他担心"整个作战行动的时间越来越少"。

拉纳姆上校知道待在森林中只是浪费时间徒增伤亡，因此他试图让部队继续向前推进，但几个前卫连队的组织已是一片混乱。到中午12点，他手下的各支部队由于这样或那样的原因，没有一个能行动起来，拉纳姆意识到部队现在根本无法推进，于是再次向巴顿将军做了汇报。师长下令停止进攻，让第22步兵团重整部队并进行物资补给。为了缓解该团的补给状况，巴顿指示第22步兵团疏通与北边第8步兵团分界线间的W公路路段，指示第12步兵团清理其与第22步兵团之间的区域。各部队都在全力以赴。

第22步兵团的老兵之间没有狭隘的山头主义，"兄弟连"式的情感令各部队合作无间。1营副营长亨利上尉帮2营组织物资补给。2营的所有炊事员和帮厨士兵，以及团属后勤连的士兵，被编成运输队向前线运输补给品和食物，让士兵们不再饿肚子。[59]

3营

尽管11月19日该团没有发动进攻，可是战斗仍在继续。在许特根森林中，即使是团部也免不了卷入步兵战斗。大约11点，当团部向前转移准备接管3营原先的阵地时，他们并不知晓设立团部之处的附近仍有一些被德军控制的地堡。傍晚，这些绕过来的德军在外围发起攻击，在随后的战斗中，团部连连长罗伯特·米切尔（Robert Mitchell）中尉和一些士兵为了抵挡敌人的疯狂进攻而牺牲。第二天，团属后勤连的威廉·凯特（William Cater）中尉被调来接任团部连连长。

接到求援电话后，查尔斯·惠利（Charles Whaley）上尉指挥 K 连前来保卫团部，随后向德军阵地发起进攻，但在近乎黑暗的情况下未能将其摧毁。这一整天，3 营的其他连队都在进行巡逻或整编。I 连派出巡逻队沿着白韦溪巡逻，努力清理通往该团北部分界线的 W 公路路段以疏通补给线，与此同时，L 连对各排进行了合并重组。[60]

2营

大约中午时分，一支人数较多的德军战斗巡逻队不经意间闯入了 2 营阵地，随后在交火中蒙受了惨重伤亡。德军巡逻队撤退时丢下了 8 名伤员，许多尸体被遗弃在森林里。为了填补大豪村前沿的兵力空缺，德军新调来一些部队前往第 22 步兵团进攻区域，这个巡逻队就是其中之一。[61]

1营

除了炮火封锁之外，1 营度过了一个还算"平静"的白天，直至黄昏时分一支德军巡逻队闯入 C 连的外围阵地，走到美军重机枪枪口前。这是前一日夜间战斗的重演，克拉伦斯·费希尔（Clarence Fisher）技术军士长一直等敌人蹑手蹑脚地走到距离枪口不到 10 米的地方才开火，5 人当场毙命，1 人身负重伤。斯威尼中尉向 1 营营部报告他的 C 连北翼正遭到敌人进攻，几分钟后第一批 360 发 105 毫米炮弹就砸到了 C 连前沿阵地外围。不久后，戈福斯少校给团部打电话说这次进攻没什么威胁，只不过是德军巡逻队试图渗透 1 营的阵地。[62]

全团上下，每名步兵都忙着尽量把自己的散兵坑挖得更深些，以及将补给物资运到阵地上。E 连后勤士官戴维·奥马利（David O'Malley）上士带领 10 名补充兵和补给物资踏上返回连队的归途时，由于沿路的白色工程胶带断了一截，他们拐错了弯，无意间撞到了一队正在溪边打水的德军。谨慎比勇猛更为重要，奥马利让他的运输队三三两两地溜回山上。然而，在集合地点奥马利发现人数不对，他又花了几小时去寻找走失的两名士兵。[63]

第4工兵营C连负责扫雷并修复破损的公路和小径。中午时分，工兵们修通了一条可以通行吉普车的小径，小径连通着通往横跨白韦溪上被毁桥梁的W公路，这样补给品可以源源不断地运送到白韦溪东岸的部队手中。现在，担架员再也不用累死累活地抬着担架行走1400米，他们只需走上不到300米就可以把伤员抬上救护车了。这座破桥仍然继续遭到德军准确的炮击，显然在桥梁附近一定藏着敌军的炮兵前沿观察员。每次工兵去修桥都会遭到炮击。美军步兵在小径两侧不断搜寻这名观察员，却始终未能发现他的踪迹。

虽然11月19日全团没有发动进攻，但是德军不断地炮击还是造成了重大伤亡。当天报告的伤亡总数是109人，实际伤亡数是14名军官、19名士官和82名士兵。其中包括前天刚刚委任的F连连长克拉克中尉，以及团里为数不多的战前常备军军人莫雷尔·沙普顿二级军士长。当天的伤亡数字中有许多人是在前几天的战斗中阵亡或负伤的，但是当时并没有上报，因为在黑暗且危机四伏的森林中很难对部队进行掌控，指挥人员的频繁伤亡与更迭进一步加剧了这种情况。[64]

与第22步兵团对阵的德军

施密特中将并没有意识到美军对大豪村的进攻暂时停止了，他仍然相信这片区域最为脆弱。在通向大豪村的公路南边，11月17日从迪伦调来的第1031保安营残部（约2个排兵力），对X公路南侧的美军进行了大规模搜索，并在随后的交火中遭受了严重伤亡。德军炮兵继续对通向大豪村的各条小径发起拦阻射击，X公路两侧的高地也遭到了猛烈炮击。[65]

11月18至19日晚，第344步兵师1058掷弹兵团的两个营乘坐卡车抵达大豪村。他们一下卡车立即被派往大豪村的西边，2营进入第984掷弹兵团的防区，3营进入第985掷弹兵团的防区。施密特将直接指挥这些部队，直到他的师被接替。进驻大豪村西边的阵地后，第344步兵师的部队立即遭到了猛烈的火力打击。在行军中，第1058掷弹兵团的两个连不慎误入美军炮火封锁区，被炸得焦头烂额后溃散到了后方，直到第二天才重新整编。然而，到11月20日早晨，德军防线上原有的一个巨大漏洞，已经被新近赶到的部队封堵上了。[66]

第九章
进入森林：目标大豪村
（11月20—24日）

11月20日。天气恶劣，乌云密布，进攻无法得到空中力量的支援。北部的第104步兵师肃清了勒厄和贝格拉特（Bergrath）① 镇的敌军，一直推进到了黑尔拉特村和埃施韦勒西南外围。第3装甲师虽然不再与第104步兵师和第1步兵师协同，但还是扫清了文瑙镇，绕过了海斯滕（Heistern）②，大摇大摆地穿过一片开阔地带朝舍恩塔尔（Schönthal）推进。配属的第47团支队已经推进至距离亚琛—施托尔贝格—迪伦铁路线不到800米的地方。第4步兵师的第8团遭到德军反击，丢掉了部分阵地，而第22步兵团朝大豪村的攻势则进展缓慢。

——第1集团军作战报告 [1]

"就像在拍电影"

11月19日晚，爱德华兹中校将第二天的进攻命令传达给了三个营。1营和2营的进攻目标是X公路马蹄形转弯处南北两侧的高地，3营的任务是彻底肃清全团的后方区域。先头部队的进攻时间定在8点50分。各营在晨间报告中皆提到了整晚一直遭到德军的猛烈炮击。[2]

---

① 译注：此处原文写的是 Burgrath，经核查，埃施韦勒西南方向只有 Bergrath。
② 译注：此处原文写的是 Hersten，经核查，文瑙边上的镇子是 Heisten。

2营

2营准时发起进攻，但是G连和E连刚出发就遭到了敌人的顽强抵抗。2营的突击一开始就迎面撞上了德军同时发动的得到坦克支援的反击。这场遭遇战表明第22步兵团没能抓住机会——如果在一天前发起攻击，敌军将无法发动反攻。

11月19日晚间，德军第344步兵师1058掷弹兵团的主力部队全部到达，他们刚一下卡车，第275步兵师师长和防区指挥官汉斯·施密特中将就把两个营派上了前线。施密特把第1058掷弹兵团3营部署在大豪村以西，他认为那里"被突破的危险最大"，该营仓促间撞上了第22步兵团2营。[3]

G连的目标距离他们的出发阵地约有200米，图米中尉计划让1排直扑公路，同时2排和3排从右侧的溪谷迂回，希望能绕到德军侧翼。

才向前推进了100米左右，G连就陷入了混乱，他们被数挺德军机枪和狙击手的交叉火力压制在一片开阔地，此外猛烈的炮火还不分青红皂白同时落到了交战双方头上。最初G连估计挡在面前的德军有6挺机枪和1个排的步兵。随后，6辆德军坦克在Y公路开上开下，朝着被压制的G连开火。

在接下来的几个小时里，交战双方各损失了50%的兵力。美军士兵手里能对付敌人坦克的武器只有"巴祖卡"火箭筒，但他们仍然在战斗。G连的指挥层遭到了毁灭性打击，在初期战斗中指挥出色的图米中尉和全体军官全部伤亡，许多士官也非死即伤。德军狙击手打死打伤了许多美军士兵，其中包括两名正在救助伤员的医护兵。德军大约阵亡了25人，一辆坦克搭载着伤员撤离战场。15点左右，来自E连的一名中尉接手了G连的指挥权，不久后G连阵地开始遭到德军远程重炮的炮击。当可怕的一天过去时，3排只剩了7个人。

E连的命运稍微好些。皮萨雷克中尉的1排再次作为前卫排率先出击，但与G连各排一样，1排前进了没多远就被德军冲锋枪的火力给压制住了。连长纽科姆上尉让梅森中尉指挥3排，从敌人阵地的北边包抄，打破眼前的僵局。然而还没等他们动身，一轮迫击炮和火炮的拦阻射击就砸了过来，将他们钉死在原地。炮火封锁稍有放缓，美军就继续向前推进，却不料又被一挺机枪挡住了去路。在最初的攻击中，前卫排损失了许多士兵，推进的势头也停了下来。纽科姆让此时由奥塔·安德斯（Otha Anders）技术军士长指挥的2排绕到南边，

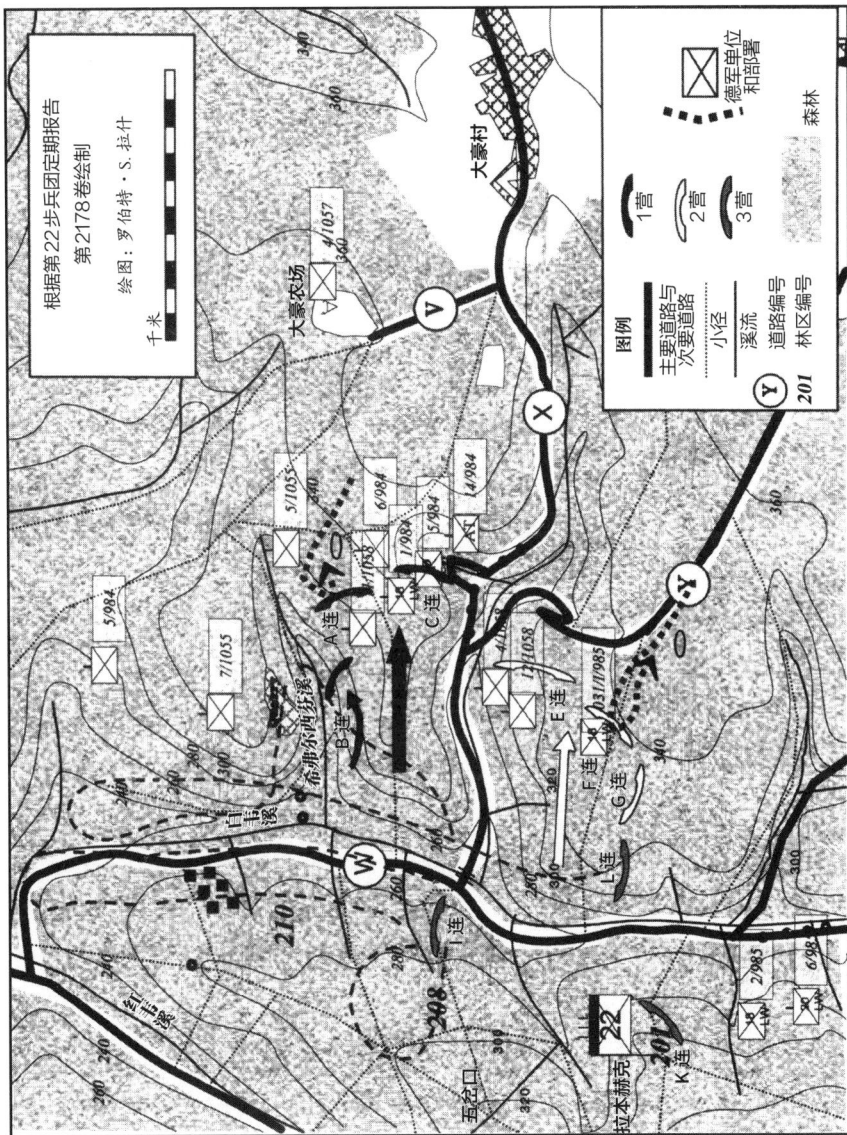

示意图9：初期交战，11月20日

从右翼进攻德军阵地。随后，E 连的 3 个排一边射击一边冲锋，终于拿下了敌人的阵地，在此过程中俘虏了 30 名德军，缴获 3 挺机枪。[4]

当 E 连在打扫战场时，本尼·格里芬二等兵——由于士官和老兵损失殆尽而当上了班长——和泽诺斯·斯塔斯科夫斯基（Zenos Staskowski）二等兵，在相邻的高地上发现 8 名德国兵躲在三座地堡里。斯塔斯科夫斯基用德语向他们喊话，成功说服这 8 名德军出来投降。但是当两人示意这些德国兵跟自己回 E 连时，其中三人试图逃跑。双方发生了交火，一名德国兵被击毙，而格里芬也负了伤。另两名德国兵再次投降，他们与其他德国兵一起被带回了 E 连连部，美军让他们在那里挖掘散兵坑。挖完之后，格里芬将他们押送到 2 营营部进行审讯，随后他去急救站治疗伤口。

入夜后 E 连的兵力状况如下：1 排剩余 22 人；2 排剩 11 人；3 排有 7 人；重武器排还有 7 人；总共 47 人，凑不足 4 个满员的步兵班。重武器排现在只能携带 1 门 60 毫米迫击炮和 1 挺轻机枪。

E 连进行整编的时候，纽科姆上尉赶往 G 连阵地，去查看那边发生了什么事情。他发现 G 连只剩下 1 名急需后送的负伤军官和大约 25 名没有负伤的士兵。纽科姆让皮萨雷克中尉去指挥 G 连，后者所能做的也只有把幸存者组织起来，把他们部署在面向东边的外围阵地上。[5]

20 日一大早，一名上尉来到 F 连担任连长，但是他在连里待的时间很短，甚至都没人记得他的名字。F 连一直坚守阵地直到战斗平息，G 连派来一名向导把 F 连带到了 G 连的阵地，随后 F 连面朝南边，掩护 G 连的南翼。那名上尉离开之后，从 2 营营部赶来的卡尔·杰内尔（Carl Jahnel）中尉接任了 F 连连长一职。[6]

2 营营部的情况也不轻松。11 点 45 分，2 营营部被一轮德军炮火击中，所有的参谋军官都被炸伤，只有布莱泽德少校和 6 名通信兵逃过一劫。为了确保南翼的安全，布莱泽德向拉纳姆上校请求支援。随后拉纳姆上校把 3 营 L 连调到 G 连的西侧，延长了 2 营南翼的防线，以便抵御德军从南边发起的攻击。

托马斯·凯南中校于 13 点 55 分赶到 2 营担任营长，他从 1939 年 9 月起就在第 22 步兵团中服役，D 日时已担任团作训股长。他曾在 7 月的战斗中负伤，此时伤愈归队，便被派来指挥陷入困境的 2 营。2 营的人员伤亡数再次占据了全团伤亡总数的大部分，记录在晨间报告中的损失包括 4 名军官、20 名士官和 76 名士兵，而且其中还未列入第二天被发现死在森林中的 11 名士兵，大部分伤亡人员来自 G 连。3 个步兵连，每一个都只剩大约一半兵力，全营 18 名连级军官中有 10 人伤亡。当天傍晚 2 营得到了 68 名补充兵，多少弥补了一些兵力损失。[7]

1营

在第 44 野战炮兵营对目标进行猛烈炮击之后，1 营在 9 点 20 分开始发动进攻，A 连在左，C 连在右，B 连作为预备队。为了不让德军有集中火力封锁先头部队的机会，各连迅速向前推进。正如一些士兵所说的，"我们随时都可以用机枪，而不是迫击炮"。当 A 连和 C 连发起进攻后，戈福斯少校让 B 连留在原来的阵地上继续挖工事防备炮击。他的计划是，一旦攻击得手就让 B 连向前推进，配合在前方突击的两个连。[8]

A 连的目标是 X 公路马蹄形转弯处以北的高地，伯纳斯科中尉的 1 排为前卫排，2 排和 3 排紧随其后。每个排都以 V 字队形接敌，两个班突前，一个班殿后。在 1 排穿越森林的过程中，伯纳斯科中尉让哈罗德·拉什（Harold Rush）一等兵和理查德·霍普金斯（Richard Hopkins）上士前出约 100 米进行侦察。两人在 1 排前进的方向上没有发现德军，但是霍普金斯上士注意到右翼的 C 连进攻区域内有几个德军掩体。他并没有开枪，而是示意全排跟上来，A 连的三个排排列成一条约 200 米长的散兵线，从侧翼包抄这些掩体。萨拉特上尉一声令下，每个人都马上开火，同时稳步穿越森林向前推进，逐一把这些掩体清理掉。随后赶到的 C 连歼灭和俘虏了 30 名德国兵。[9]

侧翼的威胁清除之后，A 连朝着他们的目标 136 高地推进。德军的一处机枪阵地可以用火力封锁东西走向的防火道，配属 A 连的 D 连重机枪手小唐纳德·科凯恩（Donald Cokain Jr.）二等兵动作敏捷，很快就在战友配合下攻克了机枪阵地。当时德军机枪把科凯恩所在的排压制住了，他端着自己的水冷式机枪冲向敌人阵地后方，朝他们的屁股就是一顿猛扫。他在自己负伤前打倒了两名德军士兵，其英勇行动为步兵冲锋和消灭敌人争取到了宝贵的时间。[10]

10 点 18 分，萨拉特上尉向营部报告 A 连已完成任务，士兵们正在修筑工事。

他们很幸运，过了不到 20 分钟，A 连北翼的开阔地上就出现了一拨德军，大约 75 名得到坦克和火炮支援的德军正向美军扑来。萨拉特的部下都隐蔽在掩体内，等着敌人走入他们的射击范围之内。获悉德军发动进攻后，戈福斯少校打电话让迪肯森中尉带着 B 连从预备阵地赶到前线，接到命令的 B 连马上跑步前进上了一线。美军火炮和迫击炮冒着误伤友军的风险调整了射击诸元，炮弹就落在离 A 连左翼不远的地方，得到炮火支援的两个步兵连用手中的轻武器击退了德军反扑。从开始到撤退，德军的反击持续了一个多小时。[11]

在 A 连的南边，斯威尼中尉指挥 C 连在全营右翼朝着 X 公路推进。C 连以 1 排和 2 排突前，之前在穿过白韦溪的进攻中几乎被德军炮火炸得全军覆没的 3 排留在后方接应。C 连先穿过防火道，接着由 X 公路的马蹄形转弯处向东，朝着向北面延伸的山脊前进，部队推进的过程中，德军的火炮和迫击炮一直在追着他们炸。虽然没有与 A 连预先商定协同作战，但 C 连几乎在同一时间攻击了德军在马蹄形转弯处的据点。C 连最早发现德军在此处防御据点的人是 2 排的侦察兵哈维·圣皮埃尔（Harvey St.Pierre）二等兵，当时他恰好看到一名负伤的德国军官向其中的一座地堡走去。两人几乎同时开火：皮埃尔太阳穴被击中，德国军官当场中弹毙命。

2 排副排长伯拉·奇尔德斯（Berla Childers）上士让士兵们排成散兵线向前推进，队列中有人端着轻机枪，两翼各有两挺重机枪和多支勃朗宁自动步枪压阵，他们并没有遇到敌人的有力抵抗。"我们没有为这次行动设计特别的战术，"斯威尼中尉解释说，"因为我们并不了解敌情。士兵们，尤其是 2 排的战士们，他们的进攻战术属于临场发挥。"

此处的德军阵地有 6 ~ 7 个小型地堡，每个都伪装得非常隐蔽，顶部覆盖着 1 米多厚的原木和泥土，除非用炮弹直接命中，否则很难摧毁。阵地中央是两座被交通壕环绕的小屋，一处是急救站，另一处则是指挥所。这处阵地唯一的缺陷是每个地堡的射击口都设在南边和西南边，朝着 X 公路，德军估计美军会从这个方向攻过来。

2 排 1 班对着地堡的射击口开火，同时 1 排和 3 排绕到北边，利用地堡背面的盲区朝他们进攻。德国士兵在连接地堡的战壕中向靠近的美军射击，但他们很快就被全体冲锋的 1 排和 2 排给击溃了。在冲锋的过程中，理查德·马利根（Richard Mulligan）技术军士长跪地给自己的 M1 步枪装填子弹时，发现膝前的战壕中蜷缩着两名德国兵。双方惊讶地看着彼此，随后马利根立即举枪对准了他们，德国兵乖乖地举起了双手。

外围德军的抵抗很微弱，只有轻武器在零零星星地射击。几分钟之后，各排继续排成散兵线稳步向前作最后的冲锋，兜着敌人的屁股打。后来奇尔德斯上士回忆说："这仗打得就像在拍电影。"[12]

在北边的 A 连协同之下，C 连很快就占领了德军阵地。除了抓到了 30 名俘虏外，他们还找到了 50 个弹药箱——里面装满了手榴弹、迫击炮弹和机枪子弹，100 把挖掘壕沟的工具，数捆未曾使用的带刺铁丝网，以及火箭筒和火箭弹。在向敌军阵地推进的过程中和随后的战斗中，C 连有 10 人伤亡，如果德军战斗意志坚决的话，C 连的伤亡想必会更高。

斯威尼中尉带着 C 连继续爬上山脊，然后让部下在防火道的东边挖掘散兵坑。他对这里的位置很不满意，因为这里的视界有限，射界亦是如此。当天下午，C 连的步兵以精准的射击，干掉了 X 公路对面 2 营进攻区域内的 2 挺德军机枪。与此同时，1 营营部也在向前转移，并在 C 连后方的一座德军修筑的木屋内驻扎下来，随后他们发现此处不断遭到炮击。亨利上尉在日记中写道："德国佬每隔 15 分钟就朝这里打一轮炮……炸得我们疲于奔命。"[13]

3 营

当 1 营和 2 营步履维艰地朝着马蹄形转弯处前进的时候，3 营正分散在全团的后方区域内。K 连把部队撤下来，尽全力去肃清团部附近的德军地堡。即便得到了坦克和坦克歼击车的支援，直到 20 日夜幕降临，K 连仍没能完成任务。

I 连也派出两支排级规模的巡逻队在后方区域搜寻是否有渗透进来的德军。其中一支巡逻队由奥斯卡·坎特雷尔中尉指挥，向北抵达团分界线，试图与第 8 步兵团的一支巡逻队取得联系。不过兄弟团的巡逻队并未出现，坎特雷尔只能带着部下收兵回营，归途中还俘虏了两名德国兵。回到营里后，这支巡逻队又被派去占领 K 连原来的阵地。

另一支巡逻队被派去搜索德军的观察哨，美军怀疑正是这个观察哨在为德军炮击 W 公路提供坐标。这个排展开成一条很长的散兵线，向西穿过森林，折腾着灌木丛，把隐蔽在这片区域里的德国人赶走。巡逻队在从"五岔口"转向北边的时候抓到了3名躲藏在早先已被B连清理过的地堡中的德国兵，在附近狭窄的战壕里又抓到了3个俘虏，在"五岔口"和W公路之间的森林中再次抓到了3个游荡的德国兵。这9名德国战俘似乎都迷路了，看起来还挺乐意被俘虏。

当天清晨L连也派出了一个排的巡逻队去搜索140高地，一个班沿着W公路东侧的路线前往该团的北部边界，两个班先向东走再转向北边，接着转回西边穿过希弗尔西芬采石场（Schiefersiefen Quarry），然后再次北上跟随另一个班巡逻。三个班一起围绕着140高地顺时针巡逻，然后向北转，再向西南转回到营里。在整个巡逻过程中，没有人看到任何德军士兵，也没有发现有人指挥迫击炮和火炮射击的迹象。德军观察哨仍然隐蔽得很好，且继续为炮击指示目标，炮弹不但落到狭窄的防火道上，同样在X公路上爆炸。[14]

这一天，美军俘获了73名德国士兵，其中大部分人来自新近赶到的第1058掷弹兵团3营12连。在这批俘虏中有一名75岁的老兵，另一名俘虏则有65岁，还有一些居然是穿着德国陆军制服的妇女。11月20日，第22步兵团报告的伤亡人数是8名军官和195名士兵，实际伤亡人数是6名军官、40名士官和135名士兵，可以说是得不偿失。从白天到深夜，有2名军官、9名"老资格"士官、45名"老资格"二等兵和63名新来的补充兵被补入了该团，其中包括二等兵赫布·福尔（Herb Fowle）、刘易斯·格雷夫斯（Lewis Graves）、艾伯特·格林伯格（Albert Greenberg）和劳埃德·哈格（Lloyd Harger）。即便如此，该团在这片茂密森林的中部事实上几乎并没有预备队，两翼也缺乏支援的部队，他们危险地暴露在德军的反击之下。

投入反击战的德军似乎是新近抵达的部队，他们还得到了一支小规模装甲部队的支援。虽然只有为数不多的几辆坦克，但这支装甲部队已经足以影响战斗的结果。由于通往前线的道路仍然无法通行，美军的装甲车辆和反坦克炮也无法赶到一线给团里的步兵提供支援。美军步兵只能靠轻武器、火箭筒和反坦克枪榴弹来对付德军步兵和坦克。[15]

团里的伤兵和补给物资必须徒手从各连抬到白韦溪，此时前线各单位距离后方已经有900～1400米远。到当天结束时，全团的补给问题仍然只得到部分解决。第4战斗工兵营C连在1营占领的防火道上开辟出了一段可以通行吉普车的道路，但不久之后这条小路就几乎无法通行了，没轴深的泥浆令车辆只能缓慢爬行。德军还在防火道的两肩埋设了大量地雷，使得车辆无法绕过泥泞的沼泽地。在主要补给路线埋设的地雷导致道路无法通行，扫清地雷的任务也进展得非常缓慢。

工兵还是取得了一些成就。11月20日以前，美军重建白韦溪桥梁的尝试都由于德军准确的炮击而告失败。11月20日晚，工兵营和团属工兵（职责包括承担基本工程任务的步兵）在210高地建好了一座桥梁的分段，并把它们都抬入溪流之中，在齐腰乃至齐颈深的冰冷溪水中组装好了这座桥。[16]

战役已经打了5天，全团上下开始弥漫着一种听天由命的态度。负责记录该团人员伤亡的戴维·罗特巴特中士在日记中写道："天命既定，我们这些诺曼底登陆后依旧还活着，并且依旧在前线作战的人，注定在劫难逃。"他以美军步兵如何看待他们自己为出发点，记录了自己的想法：

我们的士兵已经完全具备了战斗所必需的心理素质。他们是不折不扣的杀手。他们讨厌德国人，在杀死德军的时候眼睛都不会眨一下。或者说，他们可以下手杀死任何威胁到他们的敌人。他们认为自己的生命很廉价，更糟糕的是他们相信自己被视为廉价的低级士兵，否则为什么在后方部队中备受质疑的士兵会被重新分配到步兵部队中去呢？"我想我们是罪犯。"那些从未干过其他兵种的步兵如是说。[17]

许特根森林中的战斗凸显了步兵最残酷的本质：杀戮或者被杀。

16点30分，拉纳姆上校请示巴顿少将11月21日是否按计划继续进攻，并解释说如果要继续进攻的话，3营要连夜进行整编。18点15分，巴顿回电通知拉纳姆推迟上午的进攻，利用第二天的时间整顿部队，解决后勤补给的问题，肃清被围德军的零星抵抗。接下来巴顿转述了第7军军长柯林斯少将对拉纳姆的赞誉："是其麾下所有师中军官的光辉典范"，第22步兵团的出色表现"堪称典范，鼓舞了所有人"。在给手下的指挥官下令时，拉纳姆指示戈福斯少校和凯南中校清理各自的防区，与此同时肯普少校带领3营肃清白韦溪的公路和周边区域的德军。[18]

与第22步兵团对阵的德军

在第344步兵师准备接手之前，施密特中将一直保留着对这场战斗的指挥权。11月20日美军发动进攻的时候，他们遇到的德军不仅有新近赶到的第344步兵师和第275步兵师原先的部队，还有第89步兵师1055掷弹兵团2营，该营把守俯瞰X公路的高地。[19]

施密特认为X公路和Y公路之间直到小豪村的美军是得到工兵加强的两个步兵营。当美军为德军设置的雷区和障碍物所阻时，他集中了大炮和迫击炮进行猛轰，并派第983掷弹兵团的残余部队发起反击，在此过程中德军大约伤亡了40人。[20]

第1031保安营1连的剩余部队和第984掷弹兵团杂七杂八的部队被部署在X公路马蹄形转弯处周边的地堡中。11月19日至20日晚间，第1031保安营的部队从南边转移到那里，而第984掷弹兵团的官兵之所以留在那里是因为与自己的部队失去了联系。第984掷弹兵团反坦克连的官兵发现自己与第5连和第6连一起作为步兵被投入了前线。第7连的官兵原先是迪伦的警察。被美军绕过的第985掷弹兵团2营一部（前身是第18空军要塞营2营），或者因为断粮，或者由于已经连续3天无法与上级取得联系，在连长带领下全体向美军投降。[21]

11月20日，第1423要塞步兵营从普吕姆（Prüm）行军到达许特根森林，一抵达大豪村，该营马上就被改编为第1057掷弹兵团1营。其他援兵还有来自第2装甲师侦察营4连的80名病弱士兵，他们从诺伊尔堡（Neuerburg）赶来，作为步兵投入战斗。[22]

除了伤亡人员之外，新近赶到的第1058掷弹兵团还有37名士兵被俘虏，而第275步兵师被俘虏了28人，第89步兵师被俘虏了8人，这些被俘士兵所处的地域不超过2平方千米范围。[23]第344步兵师遭受的战火洗礼是突然而残酷的。

"你不可能找回所有的尸体，因为你根本就找不到"

11月21日，第104步兵师扫荡了黑尔拉特和勒厄，然后朝着迪维斯推进。在埃施韦勒西南郊区、贝格拉特和博尔（Bohl）爆发了逐屋争夺的巷战。默罗德附近的245高地北角被第1步兵师26团占领，同时第16步兵团和第

18 步兵团在海斯滕（Heistern）北部推进了 700 多米。配属的第 47 团支队在争夺 188 高地。在第 4 步兵师战区，除了第 22 步兵团稍微向前推进了一点之外，其余部队进展甚微。第 9 航空队轰炸了第 5 军负责区域中的贝格施泰因，第 121 步兵团经过了第 12 步兵团的阵地，但没有取得任何实质性收获。

——第 1 集团军作战报告[24]

　　11 月 20 日夜间，德军重炮——根据作战日志记载是一门铁道炮——开始猛烈炮击第 22 步兵团。第 20 野战炮兵营的 155 毫米榴弹炮进行了回击，当晚的大部分时间都在试图压制德军炮兵火力。11 月 21 日的晨间报告听起来与气象报告很像，"一成不变的间歇性炮击……零星的迫击炮和火炮轰击"以及"几轮散乱的火炮和迫击炮轰击"。天气也一成不变，整天都在下雨，没有一处地方是干的。[25]

　　1 营和 2 营按兵不动，对各自的部队进行整顿。刚过 8 点 30 分，德军就对该团前沿进行了猛烈炮击，在过去的几天里这个时候通常是美军发动进攻的时间。随着白韦溪上架起了桥梁，美军坦克和坦克歼击车在当天早晨赶到了前线，进驻 1 营和 2 营的步兵构筑的阵地。一辆坦克歼击车驶过桥梁还不到 200 米，就在 1 营阵地后方的地堡中俘虏了 12 名德国兵，而且其中一人居然是炮兵观察员。[26]1 营的巡逻队负责搜寻已经渗入 C 连和 2 营之间的德军。1 营得到了 101 名补充兵，并迅速将其补入兵力空虚的各连。

　　坦克和坦克歼击车一到 2 营立即引起了关注。虽然大家都很期待装甲部队的支援，但是驻扎在这些车辆周围的步兵却并不喜欢它们。哐当作响的履带会引起德军的注意，然后炮弹就会雨点般落下。虽然在 76 毫米厚的装甲保护下遭受炮击是一种极为糟糕的经历，但是绝对要比仅凭一身制服和一些泥土来抵御要可靠多了。[27]

　　杰内尔中尉离开 F 连返回了 2 营营部，乔治·威尔逊中尉接任了 F 连连长之职。在短短五天之中，威尔逊已是 F 连的第四任连长。[28]

　　G 连在一线的人员只剩下 33 人，其中 3 排 7 人，1 排和 2 排各有 13 人。带着补充兵回 G 连的威廉·凯尼恩二级军士长为了"尽可能多地把补充兵完好无损地带到前线"，一直等到德军炮击结束才出发。

当天 3 营比较活跃。惠利上尉指挥 K 连在几辆坦克和一辆坦克歼击车的支援下，摧毁了团部附近已经顽强抵抗了三天的德军据点。在团部附近的地堡争夺战中取得胜利之后，K 连撤退回了原先的阵地。

当 I 连在坦克和坦克歼击车的支援下，在该团北部分界线与第 8 步兵团 3 营 L 连相遇时，W 公路作为补给线路已经能够通行了。第 8 步兵团的人说该团最南端的连队正遭到德军攻击，并且被一辆突击炮给压制住了，威廉·李（William Lee）中尉立即带着 I 连向北急行军支援兄弟部队。I 连沿着 W 公路行军，却没有发现德军的影子，而且其他连队似乎也没有遭遇敌军。于是 I 连调转方向返回集结地区，大家都对此次无功而返的行动非常郁闷。下午，L 连脱离了 2 营返回 3 营，这还是 3 营从 11 月 18 日以来，首次可以对部队进行整编。[29]

第 4 工兵营 C 连负责清理 X 公路白韦溪桥以东一段近 200 米长的路段上的地雷。由于淤泥中散布着各种弹片，以及雨水造成电子系统短路，探雷器经常出现误判，进一步加大了排雷工作的难度。工兵为使用这条公路的补给车辆、坦克和坦克歼击车修建了一些回车道，前线各营也得到了弹药和口粮补给。[30]

21 日下午，巴顿少将来到了第 22 步兵团团部，当时此地正遭受德军铁道炮的炮击。情报股长布莱泽德少校获悉，两个炮兵营对怀疑是敌军火炮阵地的区域进行了压制射击。美军的反炮兵火力完全无效，该团的作战报告说，一小时之后一枚大口径炮弹再次落到了指挥所附近。该团阵地不断遭到德军大口径火炮的炮击，从白天一直持续到深夜。[31]

第 22 步兵团在报表中记载，11 月 21 日的伤亡人数是 306 人，虽然当天并没有发动进攻，但这是该团在整场战役中第二高的日伤亡人数。实际战斗伤亡是军官 6 人、士官 28 人、士兵 69 人。11 月 21 日报告中的伤亡其实大多是在之前的战斗中发生的，而团里也派出了几批人在森林中搜寻失踪、阵亡和负伤的士兵。1 营的军械员乔治·摩根（George Morgan）三级技术兵把大部分时间都花在了进入许特根森林找寻战友的尸体上，他感慨道："你不可能找回所有的尸体，因为你根本就找不到，他们的尸体只能留在那里，提醒那些正在前进的人会遭到什么样的攻击。"[32]

战斗才进行了四天半，第 22 步兵团已经有 857 名士兵阵亡、负伤或报告失踪。其中步兵连的伤亡人数达到了648人，而"新来的"补充兵中只有3人伤亡。这个伤亡数字占了该团在11月16日投入战斗时，步兵连总兵力的41%。[33]

补充兵的到来填补了士兵伤亡造成的空缺，但补充军官此时还没有到来。21日这天该团接收了247名补充兵，其中大部分被分配给了2营。这些补充兵中有25人是伤愈归队的老兵，225人来自第92补充营，其中有35名士官。这批补充兵中有许多人曾是第83步兵师的一员，例如乔治·克劳斯（George Kraus）技术军士长，他是先前在圣马洛（St-Malo）的战斗中负的伤。[34]虽然得到了补充，但是三个营所属的步兵连与最初相比兵力仍然严重不足，缺编近400名士兵和46名军官，2营的缺口尤为严重。[35]

团情报部门确定在第22步兵团战区内，德军部署有第275步兵师和第89步兵师。有趣的是，之前俘虏的德国士兵中没有一人的年龄是20多岁，似乎与第22步兵团和美军其他部队对阵的德军，都是由年龄超过40岁或不到20岁的士兵组成的。[36]

与第22步兵团对阵的德军

11月21日只有零星的战斗。此时负责防御许特根森林的德军部队已经换成了第344步兵师。第275步兵师从前线撤退时只带走了参谋部和一些关键岗位上的人员。那些仍然留在战壕里的步兵和炮兵认为指挥官已经抛弃了他们，士气急剧下降。[37]

由于持续不断的炮击，对下属部队的指挥和控制几乎是不可能的。交战双方的炮弹在整片森林中四处开花，军官们发现电话线路经常被爆炸切断，无线电通信设备也无法使用。德军的观察员很难调整炮兵的射击坐标，炮弹多次落到自己人的阵地上，导致许多士兵选择了逃跑，因为继续待在那里根本没有存活的机会。士兵们蜷缩在深深的散兵坑中，一直紧绷的神经对每个人的士气都产生了巨大影响。除了天气晴朗时美军出动的战斗轰炸机，许多德军士兵害怕美军的炮击胜过一切。美军炮兵通过空中和地面观察员实现了炮火的迅速反应和准确打击，将德军阵地一个接一个地"精确摧毁"，德军认为这种炮击方式比苏军的所谓"大规模毁灭性火力"更为有效。[38]

11 月 21 日有 46 名德军投降，其中大部分人来自被孤立在美军后方的第 985 掷弹兵团 2 连（前身是第 18 空军要塞营 2 连），他们的连长在断粮或失联三天后只得缴械投降。剩下的人厌倦了炮击，也走到美军防线向对手投降了。[39]

"战士们急需这些坦克"

11 月 22 日。第 7 军所有的师在 8 点整发动进攻。第 104 步兵师中部和右翼的步兵团向东北方向推进了 1800 米，跨过一条东西走向的铁路进入了因德河谷。第 1 步兵师遭遇顽强抵抗，几乎没有取得进展。第 47 团支队经过激烈战斗后占领了 188 高地，同时第 18 步兵团击退了德军两轮得到坦克支援的反攻。在第 4 步兵师的负责区域，第 8 步兵团的一个营向前推进了 550 米，到达森林中的一片开阔地，第 22 步兵团穿越森林向大豪村挺进了 550 米。在第 5 军的负责区域，第 8 步兵师 124 团继续朝东北方向进攻，但由于遭到德军重机枪、大炮和迫击炮的猛烈射击，进展甚微。第 7 军的命令于 11 月 22 日午夜生效：第 104 步兵师将负责占领魏斯韦勒—弗伦茨（Frenz）—因登 (Inden)；第 1 步兵师将负责占领朗格韦厄—默罗德—施利希（Schlich）高地；第 4 步兵师则负责占领大豪村附近的高地。

——第 1 集团军作战报告[40]

11 月 21 晚，团部就第二天的进攻任务做了最后研讨。拉纳姆上校再次计划，各营在次日的推进过程中要对德军进行战术欺骗。这项进攻计划与 21 日取消的计划类似。具体进攻计划是：1 营将向东方发起佯攻，同时 3 营以全部兵力从东北绕到 1 营的左翼，然后向东南方向推进，到达 X 公路和 V 公路的交汇点；2 营向东直线推进，1 营 B 连暂时配属 2 营，以掩护其不断伸展的南翼。黄昏时分，拉纳姆上校致电 2 营新任营长，表达了对他的信任。拉纳姆对凯南中校说他干得非常出色，并希望他的 2 营在明天的进攻中能有好运。[41]

德军的铁道炮一整夜都在不断炮击，口径巨大的炮弹几乎将整个森林翻了个底朝天。亨利上尉的描述或许表达了每个人的心声："那个该死的混蛋（敌方炮兵观察员）肯定在把一大堆坐标数据汇总，修正铁道炮的瞄准，而且他就躲在我们附近。"凌晨 5 点 55 分，炮兵部队报告他们已经确定了敌人大炮的方位，

示意图 10：初期交战，11 月 22 日

误差在 10 米范围内, 随后用重型火炮朝那里发射了 100 发炮弹。但就在 15 分钟之后, 德军铁道炮再次开火了。[42]

1 营

8 点一过, 1 营和两个炮兵营开始佯攻 X 公路北边的德军。佯动很成功, 德军对着 A 连阵地进行了猛烈炮击, 并对 2 营的北翼发起了反击, 针对 3 营的火力自然就被引开了。

伯纳斯科中尉后来评论道:"在德军开始火力反击前, 一切都很顺利。"1 营刚向德军阵地开火, 敌军马上以猛烈的火炮和迫击炮轰击进行压制。1 排伤亡最为惨重, 先前曾用枪榴弹精准歼敌的尖兵埃尔维·英格拉姆上士在指挥其他士兵射击时, 被一块弹片击中, 当场阵亡。乔治·马纳(George Mahner)中士在试图从射击阵地转移到一棵倒伏的大树下时牺牲了, 藏身散兵坑内的威廉·德莱尼(William Delaney)一等兵也被弹片击中, 不幸身亡。仅 1 排就有 3 人阵亡、8 人负伤, 还有 1 人患上了战斗疲劳症, 伤亡总数已经占了该排原有兵力的 61%。[43]

8 点 45 分, B 连开始朝南边的 2 营转移, 却同样受阻于德军对 A 连的炮火封锁。德军的炮击停止后, B 连迅速穿过公路, 赶到原本由 L 连把守的 2 营 G 连右翼, 面向南边部署。作为最南端的部队, B 连的右翼完全是不设防的, 对德军的渗透无能为力。[44]

3 营

肯普少校的 3 营从后方绕到 1 营左翼。3 营全部压上, 以 K 连、L 连和 I 连的顺序列队行军, 沿着希弗尔西芬溪行进了数百米, 未被德军识破, 沿途只有少数德军用轻武器进行抵抗。在溪谷前方, 肯普少校改变了 3 营一字长蛇式的行军队列, 让 K 连和 L 连并肩在前, I 连殿后警戒道路交叉口。K 连在连长惠利上尉的指挥下向东南方向移动, 将其左翼置于防火道的边缘, 同时扬格上尉的 L 连向左调动, 使其右翼也位于防火道上。

正要向东南方行军时, K 连遭到了德军的猛烈炮击, 惠利上尉被当场炸死, 行动也被打乱了。K 连失去了与肯普少校和 3 营营部的联系, 来自 M 连的伯顿中尉接管了 K 连，但是他也无法立即恢复通信或是让 K 连向前推进。在没有得到 K 连任何消息的情况下，肯普少校对是否该让其他部队推进到岔路口犹豫不决，在团长的催促下他才让部队继续向前推进。拉纳姆上校考虑到如果 3 营不转向东南方的话，全团的三个营将全部位于锋线上，这样一来就没有一个营能作为预备队来强化攻势，他担心没有足够的兵力继续进攻。

当 K 连和 L 连来到一大片开阔地前方时，为了避免在穿越过程中再次遭到炮击，肯普少校命令部队从与开阔地平行的森林边缘向南边走，然后绕到开阔地的东头去。两个连依令行事，沿途缴获了德军的 2 门 88 毫米反坦克炮和 1 门高射炮。

联系不上 I 连加剧了局势的混乱，肯普少校只能报告说 I 连已经"失踪、迷路或遭到偷袭"。I 连各排在行军过程中已经分散开来，占据了 3 营左翼的岔路口，而此时肯普禁止 3 营在与 I 连恢复联系前继续向前推进。最后，肯普终于与 I 连连长李中尉重新联系上了，3 营的进攻得以继续。

13 点 35 分，在距离大豪村以西 550 米的 V 公路和 X 公路交会处北部，3 营停了下来。肯普少校让 3 营在开阔地东边建起一道环形防线，I 连面向北边和西边，K 连和 L 连面向东边。K 连安排了几挺重机枪监视可能绕过开阔地的德军，肯普还派出了 3 个火箭筒小组去切断从东部和东北部进入 3 营防区的道路。3 营营部转移到了开阔地西边的一座地堡里，此地曾是德军的一处指挥所。[45]

2营

在 X 公路的南边，凯南中校的 2 营准备以 E 连为左翼、F 连为右翼发起进攻，G 连紧随其后。2 营的官兵几乎精疲力竭，各连基本上都是补充兵和老兵混编，彻底打乱正常编制的做法加剧了指挥困难。

在 2 营发起进攻前，德军第 1058 掷弹兵团 2 营沿 X 公路南侧向 E 连右翼的排发动了攻击。在美军的火力覆盖之下，德军的突击部队很快就撤退了，于是 E 连在 9 点 05 分发起了进攻。进攻伊始 E 连并没有得到多少装甲车辆的支援，崎岖不平的森林地形令坦克难以向前推进，而坦克歼击车也只能靠机枪提供火力支援。

这里是步兵展示自己本领的舞台，但是在森林里待了几天后，有些人并不能胜任自己的角色。士兵们饱受德军大炮和迫击炮的摧残蹂躏，指挥官必须把人从散兵坑中赶出来才能进行反击。尽管如此，一发起进攻，E 连就迅速向前推进了 550 米，穿过 Y 公路抵达另一边的山头。E 连在那儿遇到了 10 个敌人的藏兵洞。纽科姆上尉让 1 排和 2 排进行火力掩护，然后命令 3 排从侧翼迂回攻击敌人的阵地。克雷顿·斯特里克兰（Crayton Strickland）一等兵向纽科姆报告说 3 排连他在内只剩 6 个人了。

纽科姆当场将斯特里克兰晋升为上士，负责指挥 3 排，并命令他从侧翼进攻德军阵地。斯特里克兰等 6 名战士绕到敌军藏兵洞的右翼，将它们挨个端掉，战斗中这 6 人伤亡了 3 人，斯特里克兰也负了伤。E 连挖掘工事过夜的时候，1 排还有 13 人，2 排仅有 10 人，3 排就剩 3 人，重武器排同样只剩 3 人，全连兵力还凑不满三个满编步兵班。[46]

重武器排仅有的 3 人最为辛苦。迫击炮组仅存的皮卡雷洛（Picarello）中士要独自背负连里的 SCR-300 无线电步话机，1 门 60 毫米迫击炮和 1 袋弹药。在报务员、火炮和迫击炮观察员被炮弹炸伤后，重武器排排长劳埃德中尉肩负起了报务员和前沿炮兵观察员之责。22 日这天结束的时候，梅森中尉成了 E 连副连长，新任命的军官雷尔顿（Railton）中尉和拉森（Larson）中尉，分别接任了 1 排和 3 排排长之职。[47]

在进攻发起前 30 分钟，F 连接收了 16 名没打过仗的补充兵，他们都携带了一些不必要的装备。在临近出发的这半个小时里，F 连新任连长威尔逊中尉记录下了所有补充兵的姓名、军衔和军籍号，将他们分配到各排，并让他们扔掉不需要的装备。

此次攻击是威尔逊中尉作为连长的处女秀，因此他为所有可能发生的不测都做了准备。他派一名排长去寻找作为 F 连和 E 连分界线的小路。后来战斗打响时，威尔逊让这名排长率领前卫排冲在全连最前方，因为他知道小路的位置。在 F 连前进了大约 300 米后，威尔逊才意识到他的连队并没有到达预定位置。F 连没有按计划到达公路南边，而是正在经过公路北边的 E 连区域发动进攻。但事实证明，要找到正确的位置并不容易。

F 连的士兵试图穿过公路时遭到了迫击炮和机枪的射击。前卫排排长负伤，其余军官阵亡。此时，威尔逊手里只有一个副排长和两个班长来率领三个排，形势看起来令人绝望。威尔逊中尉致电凯南中校，将自己的困难汇报给了上级。凯南表示理解他的难处，但 F 连必须继续进攻。"我知道你会给我打电话，我也知道你会（继续进攻）的。"得到了这些鼓励的话语之后，威尔逊马上对连队进行了重组，再次发起进攻。

在继续向东推进的过程中，F 连遇到了一些藏兵洞和两辆躲在掩体内的突击炮，还有来自 E 连前方区域的德军侧射火力攻击。F 连继续向前推进，到 16 点已经穿过了 Y 公路以东约 230 米的防火道。[48]

G 连位于 F 连右翼，但是只要它一靠近突击的连队为其提供侧翼掩护，就会遭到德军迫击炮射击。头天晚上，G 连得到了约 28 名补充兵，与 F 连的补充兵一样，他们早上 9 点就随自己的连队出发了。

除了司空见惯的迫击炮炮击之外，德军坦克还从小豪村出击沿着 Y 公路行驶，并在 G 连前进时对其发动攻击。在强行向前推进了大概 200 米之后，德军的几挺机枪从左翼对着移动中的美军开火，G 连顿时被压制得动弹不得。无法前进的美军伤亡惨重，皮萨雷克中尉只能让剩余的官兵面朝东南就地挖掘掩体。[49]

由于缺少经验丰富的指挥人员，遭到攻击时士兵们开始进退失据，因此，虽然 2 营奋力向前推进，但敌人的小规模抵抗往往就能阻止他们前进。由于伤亡人员太多，营里向团部要求"派来吉普车之类能开动的车辆，直接把伤员送到急救站"。夜幕降临，E 连和 F 连在 X 公路和 Y 公路之间，小豪村以西 1600 米处构筑了一道防线。G 连的剩余部队被部署到 2 营的右后方，掩护全团的南翼，而 B 连在其后方不到 500 米的地方。[50]

即便 2 营的四个连中有两个连朝向南边部署，凯南中校的 2 营南翼仍然暴露在外。他向拉纳姆上校请求增派 100 名补充兵，不过凯南并没有将这批补充兵分配给兵力不足的连队，而是把他们编成一支部队部署在 B 连和 G 连之间暴露的南翼。对这种非正规使用兵力的行为，凯南中校的解释是，这批补充兵中有许多在早期的战役中负伤的第 22 步兵团老兵，他们知道自己该做些什么。第二天，这个特别的单位就被解散了，所有的补充兵都分派了各连。[51]

拉纳姆上校在团部听取了各营汇报的进展情况。随着各营的进攻越来越突入德军防御纵深，他们被分割包围撕成碎片的概率也越来越大。第 28 步兵

师 112 团前不久就遭遇了这样的事情，当时该团就在第 22 步兵团南边 8 千米
处的施密特镇作战。由于第 22 步兵团的两翼暴露在外，拉纳姆上校推测当天
会遭到德军的猛烈反击，因此他下令各营做好万全准备，在各自的防区内储备
弹药和口粮。[52]

此时，2 营再次面临在没有任何支援的情况下对抗敌军坦克的窘境，当天
的大部分时间里拉纳姆上校都在敦促工兵尽快疏通道路。获悉工兵拒绝清理道
路后，他立即致电第 4 工兵营 C 连连长肖特（Short）上尉，告诉对方这些道
路一定要得到疏通，"战士们急需这些坦克"。当天下午，当肖特被告知两名中
尉在坦克部队前方的公路上扫雷时，他指责坦克手没有足够的勇气尝试开车上
路。道路仍然没能通行，但这并非由于工兵没有尽力。[53]

当天第 22 步兵团上报师部的伤亡人数是 167 人，但最令人担忧的是非战
斗减员（战斗疲劳症、战壕足等）不断增加，仅 22 日这天就增加到了 39 人，
包括 1 名军官和 6 名士官。经过伤员运输站处理的实际战斗伤亡人数为 2 名军
官、18 名士官和 85 名士兵，其中包括 A 连的霍普金斯中士。许多阵亡士兵和
伤员还留在战场上。各营报告共俘虏 61 名德军，其中大部分是 3 营的战果。
全团还得到了 90 名补充兵，其中包括 8 名老兵，他们的到来缓解了一线部队
的兵力短缺。[54]

与第 22 步兵团对阵的德军

美军的攻势对德军第 344 步兵师 1058 掷弹兵团施以最为猛烈的打击。在
X 公路以南，该团 1 连和 2 连被击退，这两个连损失惨重，伤亡和被俘者数量
不少。在公路以北，美军沿着希弗尔西芬溪前进，然后搅乱了德军战线后方的
防御，迫使第 1058 掷弹兵团 3 营，以及第 985 掷弹兵团 1 营和 2 营的部分部
队撤回了大豪村。美德两军的大炮和迫击炮朝着整片森林开火，给双方一线部
队和为前线输送补给品的运输单位带来了重大伤亡。[55]

第 1057 和第 1058 掷弹兵团于 11 月 20 日赶到前线，现在他们的食品配
给已经耗尽。当迫击炮弹药补给站被美军攻占时，德军急需的大口径迫击炮弹
和第 7 集团军军属迫击炮营的警卫分队都落入美军之手。[56] 第 1058 掷弹兵团
5 连的一名士兵在日记里道尽了许特根森林之役阵地战中的艰难：

1944.11.22。今天早上我们遭到了一轮恐怖的弹幕射击，那些野兽向我们发射了白磷弹和烟幕弹，1 排和 2 排出现了人员伤亡。当时我站在哨位上，正想着三年前去世的兄长。我浑身湿透，身体都冻僵了。现在，我正坐在散兵坑里，唯一期盼的是要么受点轻伤，要么成为战俘。后者将是更好一点的解决方案。要是这整个骗局能结束就好了。[57]

感恩节

11 月 23 日。在第 104 步兵师负责区域，德军在集团军分界线附近的普茨洛恩（Putzlohn）进行了顽强抵抗，第 413 步兵团一度丢掉了 272 高地，后来又重新夺回。该师右翼的第 414 步兵团在因德河北岸取得了实质性进展。第 1 步兵师在该师左翼有所收获，第 47 团支队朝着许谢尔恩 (Hücheln) 推进了约 800 米。在第 4 步兵师方向，第 8 步兵团沿着舍芬许特—迪伦公路，穿过森林向前推进了 600 多米；第 12 步兵团穿过几片雷区，顶着敌军的炮火向东北方的大豪村推进了约 450 米。在第 8 步兵的战区，第 121 步兵团暂时为德军的反击所阻，并于当天下午将其击退。

——第 1 集团军作战报告[58]

11 月 23 日，由于战斗对士兵和组织、通信方面累积的压力，巴顿少将命令第 22 步兵团停止对大豪村的进攻。他不仅希望通过暂停攻势让第 22 步兵团整顿部队并清理后方区域的残余德军，而且还想让第 12 步兵团有时间从南部拉平与第 22 步兵团的战线，掩护该团一直遭到德军侵扰的右翼。巴顿少将告诉拉纳姆上校，他应该巩固团里的阵地并清理通往前线部队的道路。

为了便于巩固阵地以及筹备接下来的一系列进攻，巴顿命令部队必须拿下四处位于该团战线前方的关键小道与交叉口。拉纳姆上校转而命令戈福斯少校组织一支由步兵、工兵和坦克组成的特遣队，前去清理通向 3 营的 X 公路。同时，凯南中校也接到命令，他的 2 营务要控制从小豪村进入 2 营防区的十字路口。肯普少校的 3 营按计划要进攻三处地点：连接 X 公路和 V 公路的十字路口、地图上标注为大豪林务所（Forsthaus Grosshau）的森林小屋，以及 X 公路以北约 550 米处的一条小径。

11 月 23 日，在美国这天正好是感恩节，而在许特根森林，美军士兵却被落在散兵坑中的冰冷雨水惊醒。各营都报告夜间和清晨遭到了德军并不猛烈的炮击和迫击炮轰击，除此之外并没有发生什么特别的事情。在有的步兵连里，厨师向步兵们发放了口粮罐头，里面装着还算热乎的火鸡三明治和微热的咖啡。这是整场战役期间，许多士兵得到的唯一一餐热腾腾的食物。到了 8 点 30 分，士兵们开始向前推进，攻占今天的预定目标。[59]

1 营派出 C 连的一个排，加上第 4 工兵营 C 连的一个排，还有第 70 坦克营 C 连的一个坦克排，去打通连接 3 营的道路。在短短的一段路上，工兵排除或引爆了 63 枚反坦克地雷，有些地方德军甚至将三枚地雷层叠深埋在一起，制成诡雷陷阱。13 点 37 分，戈福斯少校报告任务已经完成，步兵排和工兵排回归各自的连队，而坦克排则留在了 3 营。[60]

3 营

当 1 营清理连通 3 营的公路时，I 连和 L 连也在准备向前推进，占领指定给他们的目标。一大早，K 连在大豪林务所附近地区遭遇了一次小规模反击。第 44 野战炮兵营为 K 连提供炮火支援，发射了 500 发炮弹进行封锁，德军的反击被轻松击退。[61]

由于 3 营营部遭到德军大炮和机枪火力的攻击，I 连对大豪林务所的进攻被迫延迟。清晨，德军的烟幕弹就打到了 3 营营部附近，美军士兵钻进了指挥所的地堡和散兵坑中，等待预期中的德军炮击。

几分钟过去了，炮弹并没有落下来，美军士兵爬出掩体后发现德军在烟幕弹的掩护下架好了机枪，他们又着急忙慌地躲了回去。敌人的机枪压制住了地堡的两个出入口，任何妄图进去或出来的人都会遭到扫射。一名不在机枪射界范围内的美军士兵击毙了敌人的机枪手，德军副射手扛起机枪逃进了森林之中。

李中尉接到了立即返回指挥所的命令，马上带着 I 连的一个排折返。当这个排接近开阔地东南角时，李听到附近的灌木丛中传来用德语发号施令的声音，他让两名自动步枪手朝着灌木丛射击，自己带着排里的其他人绕过此地继续向指挥所前进。李赶到指挥所的时候，敌人的机枪手已经逃跑了。随后，李带着这个排转向北边，朝着通往大豪林务所的公路进攻。在向目标推进的过程中一切顺利，但是当他们接近大豪林务所的时候，森林木屋内的德军开枪了。随后双方发生了交火，交战至17点，I连拿下了木屋并俘虏了6名德军士兵，其中3人受了重伤。俘虏向审讯者供述一个营的德军在不远处构筑了工事，获悉这个消息后，肯普少校立即在林务所的东边部署了数挺重机枪，把守这片区域。[62]

大豪村的德军用火炮和迫击炮，以及坦克炮和反坦克炮朝3营不断炮击。密集的炮弹落在森林中，几乎将林子夷为平地，倒下的树木把美军士兵困在散兵坑里。被炸断的树木到处都是，根本没法走路。在已经完成了扫雷工作的部分公路和林间小径上，美军还必须把树干和树枝清理干净，这样补给车辆和救护车才能通行。

2营

在3营的南边和X公路对面，E连和F连向前推进，占领了两处十字路口，于11点46分报告任务完成。各连驻扎妥当之后，就开始着手把补充兵和感恩节大餐送到前线。德军的猛烈炮击继续杀伤着2营官兵，凯南中校要求车队上来把2营急救站里的伤兵送回后方。

向前推进了近百米之后，E连就开始为当天的防御挖掘战壕。梅森中尉带来了补给品和另一批补充兵，但并非所有的补充兵都进入了各连阵地。他们爬上一道山坡时恰逢德军炮击，有几名士兵被弹片击中，那些仍能行走的伤兵自己走回了急救站，无法行走的重伤员则被疲惫的担架员抬走了。

11月23日，来自H连的威廉·格林利中尉带着4名先前负伤的士兵加入了F连。此时，F连的兵力上升至2名军官和109名士兵。[63]

F连和E连进占十字路口后，皮萨雷克中尉下令G连向前转移，掩护2营的右翼。和昨日不同，这次凯尼恩二级军士长将全连的补充兵都带出来向前沿进发，出发的时候约有15~20人，在去连部的路上遇到德军迫击炮弹幕拦截，损失了8名士兵。[64]

仍然暂时配属2营的B连一整天都留在原先的阵地上，结果遭到德军猛烈炮击，这天晚上该连士兵终于尝到了火鸡三明治。根据G连日志记载，步话机里传来一条信息，通知该连去营里领取火鸡，"本以为这只是某样东西的代号，一个小队被派去后却发现真的有火鸡"。这些惊讶的士兵拿到了他们的火鸡，但不得不晚些时候才品尝，因为猛烈的炮火把他们困在了散兵坑里。[65]

第4工兵营C连继续扫除公路上的地雷，清理障碍物，填平弹坑，为装甲车辆开路。之所以进展缓慢，是因为每次工兵一开始干活，德军的迫击炮就追着他们炸。[66]

11月23日下午，拉纳姆上校被召到师部，与巴顿少将和柯林斯少将商讨下一步进攻计划。回到团部后，他给各营营长打电话，告诉他们团里要到25日才恢复进攻，各营要利用第二天（24日）的时间完成部队整顿。拉纳姆把1营A连派到3营去扩展其北翼，一旦第12步兵团赶到2营南部与其连成一线，B连就能归建返回1营。对进攻的推迟，指挥官们想法各异。戈福斯少校希望继续进攻，他认为继续等下去只会"引发战斗疲劳症"。凯南中校和肯普少校希望在继续进攻之前，让坦克和坦克歼击车赶到各自的战区。没人指望步兵能继续孤军奋战。这场战役已经打了8天，每个士兵都已被德军持续不断的炮击和看似永无止境的蒙蒙细雨折腾得疲惫不堪，一切都湿乎乎的，让人非常不舒服。[67]

11月23日的部队伤亡并非完全由于德军的行动造成，团里的许多单位都遭到了美军炮兵火力的误伤。当天友军炮火击中了团部，炸死了哈罗德·沃特金斯下士，他是拉纳姆上校身边出身常备军的老资格勤务兵，在9月的战斗中身负重伤，近期刚伤愈归队。此外，炮弹还炸伤了几个人。就连在后方作为预备队的A连也抱怨遭到了友军火炮的近距离轰击。[68]

该团日志记载当天的伤亡是270人，晨间报告记录的人员伤亡是6名军官、40名士官和134名士兵，许多伤亡其实是前几天发生的。得到的47名补充人员中有26人是归队的该团官兵，21人是没上过战场的新手，其中有18人是替补军官。[69]

23日这天俘虏的16名德军里，有不少人是自己走到距离最近的美军阵地来投降的。坦克歼击车部队是个受欢迎的投降地点，许多俘虏就是向第803坦克歼击营C连缴械的。[70]

第22步兵团在许特根森林中遭受的磨难并没有被忽视，拉纳姆上校从第

4 步兵师师部回来后，向全团转达了第 7 军军长对该团所有官兵的高度赞扬。第 12 步兵团团长罗伯特·钱斯（Robert Chance）上校拜访第 22 步兵团团部时告诉拉纳姆，他听说霍奇斯中将（第 1 集团军指挥官）、柯林斯少将和巴顿少将都对第 22 步兵团赞誉有加。[71]

那天晚上，拉纳姆和作训股长爱德华兹中校提及了晋升军官的事宜，如果 I 连连长李中尉和加农炮连连长威尔默·卡佩尔（Wilmer Capelle）中尉在现有职务上的任期已满 30 天的话，他想将两人都晋升为上尉。在 11 月 16—23 日间，全团有 46 名士兵被提升为军士或高级士官，而且在接下来的日子里还会有更多的士兵得到提拔。[72] 在优秀的单位中，晋升和授奖之类的人事活动在艰苦的战斗期间必须要持续进行，否则该单位就会出现指挥人员断层。

与第 22 步兵团对阵的德军

德军从 11 月 23 日早上 7 点开始全面撤退，第 985 掷弹兵团 1 营和 2 营的残余部队撤回大豪村进行整顿。第 275 步兵师 984 掷弹兵团 2 营的剩余部队并入了第 1057 掷弹兵团 2 营，第 1057 掷弹兵团进驻原第 984 掷弹兵团的阵地。第 1057 掷弹兵团 1 营从每个连中抽出一个排部署在大豪林务所周围，将其余部队部署到北边与美军第 8 步兵团对峙。[73]

这些隶属不同单位的排奉命向西推进大约 200 米，然后以来自第 4 连的排为基准排就地构筑防线。可他们在向西推进的过程中遇到了美军，不但被赶了回来，连林务所都丢了。一些被俘虏的德军甚至无法确定他们是属于哪个团的，因为他们的士兵证在 4 连连长手里。[74]

美军炮兵继续进行猛烈炮击，一整天都有德军跑去投降。11 月 23 日被俘虏的 22 名德军隶属 3 个不同的师、4 个不同的团中的 11 个连队，这反映了德军在不断合并部队。这些俘虏被抓时彼此的距离不超过 900 米。[75]

这里摘录一条第 1058 掷弹兵团 2 营 5 连士兵的日记：

1944 年 11 月 23 日。现在是中午，我们正遭受猛烈的炮击。炮弹就在我的散兵坑前面爆炸，我正在写日记。每个人都希望能离开这个该死的地方。从昨晚起就没有见到下士，我们认为他可能被俘虏了。我们都很羡慕他。到今天为止，我们已经五天没有吃过热食了。虽然我们距离小溪只有一点路，但由于敌人已经用火力封锁了小溪，我们搞不到水。下了一个小时的雨后，我只能从头顶的防护罩上收集一些雨水。这些水虽然带着防护罩的味道，但是喝起来还是非常可口，这种感觉也只有经历过长期干渴的人才能体会到。[76]

"2营现在看起来还不错"

11月24日。第7军遭遇德军顽强抵抗，进展缓慢。第104步兵师在埃施韦勒和魏斯韦勒继续与德军进行逐屋争夺的巷战。由第47团支队的步兵和第32装甲团的坦克组成的特遣队占领了许谢尔恩。第1步兵师各部进展甚微，仍然在争夺朗格韦厄西南的山头。在第4步兵师负责区域，第8步兵团继续穿过森林向东推进。

——第1集团军作战报告[77]

11月23至24日晚间，虽然大豪村的德军用火炮和迫击炮的曲射火力，以及坦克和反坦克炮的直瞄火力对着美军阵地不断开火，但步兵部队始终没有任何动静。美军准备在11月25日发动进攻占领大豪村，24日这天主要用于整顿部队，调整和巩固阵地。巡逻队沿着2营的南翼行进并穿过1营和3营之间的地带。在G连派出的步兵协助下，工兵沿着2营南翼边界清理通往一线各连队的公路，还要尽快疏通全团区域内的各条主要小径和道路。[78]

第12步兵团在第22步兵团南翼的推进，部分缓解了德军对2营右翼的压力，B连脱离2营向北返回1营的左翼防区。A连的部分兵力向前移动，与3营连成一线，紧靠I连的左翼将3营的北翼防线向西延伸。A连的排长们见到了I连副连长，并确定了11月25日重新发动进攻后各排将要占据的阵地。[79]

下午，团部收到了要求炮火支援的紧急呼叫，2营正遭受德军的反击。第44野战炮兵营迅速发射了300发炮弹，C连接到警报后也准备去增援2营。其实没有必要进行增援，因为德军发起的反击通常会像突然开始那样突然结束。3营L连和K连都派出了侦察小队，对各自当面的德军部署情况进行侦察。X公路终于被清理干净了，第一批运输车辆把补给物资送到了前线。营属57毫米反坦克炮也赶到了前线并部署在公路交叉口。为了11月25日发起的进攻，第 22 步兵团得到了营级规模的装甲部队，以及两个炮兵营、一个化学迫击炮连 ① 和一个工兵连的支援。不过，装甲部队的支援出了问题。[80]

拉纳姆上校把第 70 坦克营 C 连的 14 辆坦克，以及第 803 坦克歼击营 C 连的 9 辆坦克歼击车，都加强给了 3 营。这两个连队曾经在穿越法国和突入"齐格弗里德"防线的战斗中给予第 22 步兵团很大的帮助。[81] 肯普少校向这两个连简要介绍了在第二天的进攻中他们将要扮演的角色，肯普对这两个连的连长及其部队能力的了解使他更容易将其融入作战行动中，但这并没有解决所有问题。

11 月 24 日下午，第 70 坦克营 C 连的坦克全部离开 3 营开往后方，这样一来 3 营就失去了装甲部队的支援。拉纳姆上校随后打电话给巴顿少将，抱怨坦克部队指挥官在没有通知他和肯普少校的情况下，就擅自把坦克拉到后方几英里外去补充燃料。巴顿少将说他会让这些坦克马上回到前线，但它们直到深夜才回到 3 营驻地。[82]

当天傍晚，另一个坦克连——第 709 坦克营 C 连——也配属给了第 22 步兵团，拉纳姆上校把它分派给了要在南翼发起进攻的 2 营。由于该连抵达时已经入夜，团部决定等 25 日一早再让该连进入一线。第 803 坦克歼击营 B 连有一个排的坦克歼击车也配属给了 2 营。[83]

拉纳姆上校告诉凯南中校，他不希望 2 营独自前进至森林边缘。既然有坦克可供使用，拉纳姆自然希望由它们打头阵，同时让步兵掩护推进中的坦克。他希望凯南的营能尽可能快地向前推进，在预计出现的德军炮火拦截中将伤亡降至最低。

夜幕降临时，工兵基本上已经将公路上的障碍物和地雷清理干净了。公路上还剩下一个弹坑没有填平，它令装甲车辆无法驶向 2 营的前卫连队。凯南中校一再询问弹坑是否已被填平，得到的答复是可以绕过去。入夜后，凯南致电团部说由于坦克无法按时抵达，希望 2 营的进攻时间推迟一个小时。拉纳姆上校重申，无论是否有坦克支援，2 营都必须在日出后 15 分内发起进攻，否

---

① 译注：美国在第二次世界大战和朝鲜战争期间广泛使用的 M2 型 107 毫米重型迫击炮，原拟装备化学兵部队，故亦称化学迫击炮。

则将会失去出奇制胜的意义。为了让凯南放心，他还保证坦克会绕道前进，一定能赶到前线。

11月24日22点27分，虽然拉纳姆拥有了两个坦克连，但没有一个连能进入可为该团提供支援的阵地。除了2营防区内的绕道问题之外，配属3营的坦克去后方补充燃料还没有返回，拉纳姆担心他的两个营都无法按时发动进攻。[84]

夜幕深沉，万籁俱寂。德军的大炮和迫击炮没有炮击第4步兵师的任何一个团，美军上下对敌军炮兵偃旗息鼓都感到非常困惑。22点55分，工兵营长肖特上尉来到团部，报告公路上的弹坑已经可以绕道通过，3营也报告说坦克部队已经返回。第二天的进攻似乎已经准备就绪。[85]

这一天中，另一批共190名补充兵抵达该团，其中包括新来的16名军官和3名士官，"老资格"的军官1人，士官有4人。新来的军官中有3人是上尉，其中一人是来替换11月17日负伤的军医的，其他二人是步兵军官。在9天的战斗中，美军的兵力补充系统为第22步兵团输送了767名补充兵，使其兵力又恢复到了最初的80%以上。除了563人是新来的补充兵员外，还有202人是于11月16—24日伤愈归队的老兵。此时全团离满员编制还缺少28名军官和450名士兵，缺编最严重的是各步兵连。不过就算是在团内，各营所面临的战斗环境也是天差地别。到11月24日，每个营都已经损失了1名营长和2名步兵连长。

1营的兵力达到编制的79%，其中包括33%新近到来未曾一战的补充兵。2营达到编制兵力的75%，其中50%是新来的补充兵。拉纳姆在给巴顿少将的一份报告中说："怀特（2营）现在看起来还不错，很快就会把投入一线的厨子和帮厨的士兵等人都撤回来。"

虽然损失了96名军官和士官，但3营的伤亡总数相对来说较少。全营现有兵力达到编制的81%，而且只有6%是新来的补充兵。[86]尽管如此，3营并非鱼腩，和其他两个营一样，9天里全营官兵在许特根森林中生活、工作、挖工事、侦察巡逻、与德军进行小规模交火，同样流血牺牲。[87]

5个月前盟军在诺曼底登陆时，补充兵中的一些人还是平民，由于已婚并育有两个以上的孩子而免于应征入伍。然而，大部分补充兵在1943年就已经入伍了。据3营作训参谋布里奇曼中尉所说，一些补充兵并不能胜任他们的新角色。他详细描述了补充兵运送物资上前线的事例："敌人的炮弹很快就开始落下……补充兵像一阵风般四散开来，将他们重新集结起来可得花点时间。"[88] 这样的事发生在该团最有战斗力的营里。在没有与所在部队融合为一体的情况下，绝大部分补充兵都指望不上，很难适应许特根森林的残酷战斗。其他各营的补充兵员也存在类似问题。

每个人都期待着最终突破这片森林，进入能让美军装甲部队、大炮和空中力量充分发挥威力的开阔地带。克利福德·亨利上尉说："还待在森林里，希望明天就能走出去，然后让德国佬好好尝一下我们装甲部队的厉害。"[89]

与第22步兵团对阵的德军

在第22步兵团1营和3营当面，德军第275步兵师和第344步兵师所部一直在坚守大豪林务所和X公路的北部地区。第89步兵师各营和第344步兵师的部分部队部署在了X公路和Y公路之间的地区，抵御第22步兵团2营的进攻。德军的其余部队连同突击炮、坦克和反坦克炮都在大豪村和小豪村待命。[90]

与4天前赶到许特根森林时相比，第344步兵师已大不相同，此时只徒有其名，各连只剩下排级的兵力，各营也只剩下连级规模。第275步兵师已不再作为一个建制单位存在，所辖各部都已经被其他单位合并吸收。11月16—24日，德军在大豪村周边地区有266人被俘。由于第275师和第344师遭到重创的部队几乎得不到兵力补充，指挥官只能从后方挑一些后勤和行政人员，并从包扎所里挑出轻伤员，再把这些人都塞入一线连队之中。随着部队越打人越少，它们就不断与其他单位合并。德军的防线变得一团糟，各营的人混杂在一起，建制只是徒有其名，几乎没有组织管理。兵力锐减的各团通过吸收几乎每天开到的，大杂烩般的部队来增强他们的实力。

许特根森林的战斗是成军不久的第344步兵师从未经历过的，该师没有打丛林战的经验，对这里的地形也完全不熟悉。第1058掷弹兵团某营的军医在被俘后对残酷的战斗做了如下评论：

当我们驻扎在艾费尔地区时（10月28—11月18日），一个拥有250人的营每天只有4人负伤，但是11月18日之后，该营每天平均有40人负伤、7人阵亡、35人被俘。急救站每天还要额外处理30名其他单位的伤兵。伤员中重伤者占了较大比例，超过了诺曼底战役以来的任何时候，即便按照德军的苛刻标准，每天约70名伤员中也有40人，至少在一个月内不适合执行任何任务。[91]

美军正处于冲出森林进入开阔地带的边缘，而第344步兵师根本就无法阻挡美军的前进步伐，因此第7集团军命令此时正在比特堡以西进行重整和执行防御任务的第353步兵师①，立即向大豪村和许特根森林行军。德军打算在11月25至26日晚间，用该师换下第344步兵师，由新近赶到的第942掷弹兵团换下第1057掷弹兵团和第1058掷弹兵团2营的残余部队，用第941掷弹兵团换下第1056掷弹兵团。第1057掷弹兵团接到的命令包括警戒大豪村两翼可能发生的意外情况。第89步兵师有更多的士兵抵达，11月23至24日晚间，第1056掷弹兵团3营从蒙绍赶到了大豪村。[92]

第1056掷弹兵团3营有4个连，每个连大约有30名官兵，它在11月19至24日一直充当第74军的预备队，该营各连被部署到Y公路沿线，一个连在大豪林务所，另两个连在公路以北。Y公路的北边，第3警察营3连替换下了第4警察营2连。这两个连里都是些年纪较大的士兵，这次换防是为了让第2连的士兵有时间把身体弄干。在大豪村一带，还有来自第7集团军武器学校第1连的士兵，他们是11月18日从阿尔韦勒（Ahrweiler）赶来的，此后一直充当预备队。[93]

11月24日俘虏的德军数量不多。从一些第275步兵师的俘虏身上搜到了如下通告：

考虑一下

1. 不要向敌人投降，除非你受了重伤，再也无法开枪射击……

---

① 译注：依照原书内容，该师此时已更名为第353国民掷弹兵师，经译者查证，该师一直未曾更名，一直到战争结束仍使用步兵师番号和建制。

2. 万一被俘虏了，为了你的荣誉，不要成为一名叛国者。

3. 根据国际法规定，除了姓名、军衔、出生地、出生日期和家庭住址，没人能强迫你透露更多的信息。

4. 不回答敌人的任何问题是有益的。即使是最轻微的叛国行为，也会危及你战友的生命。

5. 我们德军会把战俘当作光荣的战士来对待。我们希望敌军也是如此。

6. 每个叛国的行为都会被国内人民所知晓，而且永远不会被忘记。叛国者将永远无家可回。

7. 懦夫和逃兵的家庭要为其付出代价。他们的名字将被列入"黑名单"。[94]

第十章
大豪村：村落之战
（11月25—29日）

"糟糕透了"

11月25日。早晨，天空乌云密布，但午后放晴了，第9战术航空兵司令部为第104步兵师和第1步兵师提供了近距空中支援。第104师推进到了普茨洛恩以东的高地并占据了魏斯韦勒西边的因德河谷。第1步兵师26团[①]与装甲部队协同，取得了较大进展，还切断了魏斯韦勒—朗格韦厄公路。在第4步兵师负责区域，第8步兵团沿着舍芬许特—迪伦公路向前推进了700多米。第22步兵团虽然向大豪村发起了进攻，但是为德军猛烈的反坦克炮、迫击炮和炮兵火力所阻。第8步兵师没有进行重要行动。

——第1集团军作战报告[1]

11月25日，第22步兵团的目标是拿下大豪村。拉纳姆上校计划故技重施，从侧翼打德国守军一个措手不及，从而减少人员伤亡。如果此计不奏效，拉纳姆就只能依靠他的步兵和配属的两个坦克连合力进攻了。与该团在11月16日的初期行动类似，进攻开始前不进行炮火准备，部队从两个方向朝大豪村展开突击。3营将穿过森林，进抵大豪村北部的山脊，然后从那里朝村子发起进攻。与此同时，2营从大豪村西南的森林边缘发起攻击。在大豪村南部的森林边缘，

[①] 译注：此处原文写的是第29步兵团，不过第1步兵师并没有这个团，可能是作者笔误。

配属 2 营的坦克部队将分别攻击大豪村和小豪村的目标。1 营将驻守 3 营原先在大豪村以西的阵地，掩护全团的左后方。进攻发起时间定在 7 点 45 分，日出前 28 分钟。[2]

像往常一样，11 月 24 日整晚德军的大炮和迫击炮一直在对各营阵地进行炮击，不过与前几天相比，火力有所减弱。天还黑蒙蒙的时候，2 营和 3 营的士兵就已经起身，然后缓慢地向出发阵地移动。凌晨 2 点 35 分，3 营副营长托马斯·哈里森上尉致电团部：“3 营已经做好了攻击准备。”[3]

3营

早上 7 点 45 分，K 连和 L 连分列 3 营左右两翼，跃出出发阵地。推进中的美军士兵很快就撞上了几乎同时发动反击的德军，随即双方发生了激烈交火。美军前进的速度很快，在机动中从德军屁股后头开火，一下子就击溃了德军，俘虏了第 344 步兵师 1057 掷弹兵团 1 营的 86 名士兵。这些俘虏大部分来自担任攻击前卫的，由瓦尔特斯（Walters）中尉指挥的第 1057 掷弹兵团 3 连，他的部队在右转时撞上了 K 连的枪口，被 K 连连长伯顿中尉和一小队美军缴了械。起初，只有瓦尔特斯和几名德军士兵投降，但是在 K 连的“武力威胁”下，瓦尔特斯同意让手下的其余士兵全部投降。[4]

I 连的目标是大豪村以西的一处据点，为此该连用 1 个排的步兵和 5 辆坦克及 4 辆坦克歼击车组成了一支特遣队。I 连的其余兵力转移至大豪林务所，沿着狭窄的公路朝东南行军，随后在 K 连和 L 连之间的森林边缘停了下来。

到 8 点 45 分，3 营各连均在面向大豪村的森林边缘就位。所有迹象表明村子里的德军防御很薄弱，于是肯普少校认为只要让步兵和装甲部队协同攻击就能迅速将其拿下，届时森林中的 K 连和 L 连会与所有坦克和坦克歼击车一道发起进攻。美军投入的进攻兵力想必可以压倒德军的防御部队。

遗憾的是，泥泞的道路和雷区将装甲部队拖住了整整 3 个小时。这下给了对手充足的时间重新部署防御。察觉到美军的攻势将从北部发起后，德军调整了防御重心，美军冲出森林后将要面对严阵以待的对手。

进攻在 11 点 45 分开始，比预定计划晚了 3 个小时。原计划 9 辆坦克和 8 辆坦克歼击车与步兵一起从森林边缘发起进攻，此时只有 1 辆坦克歼击车和 3

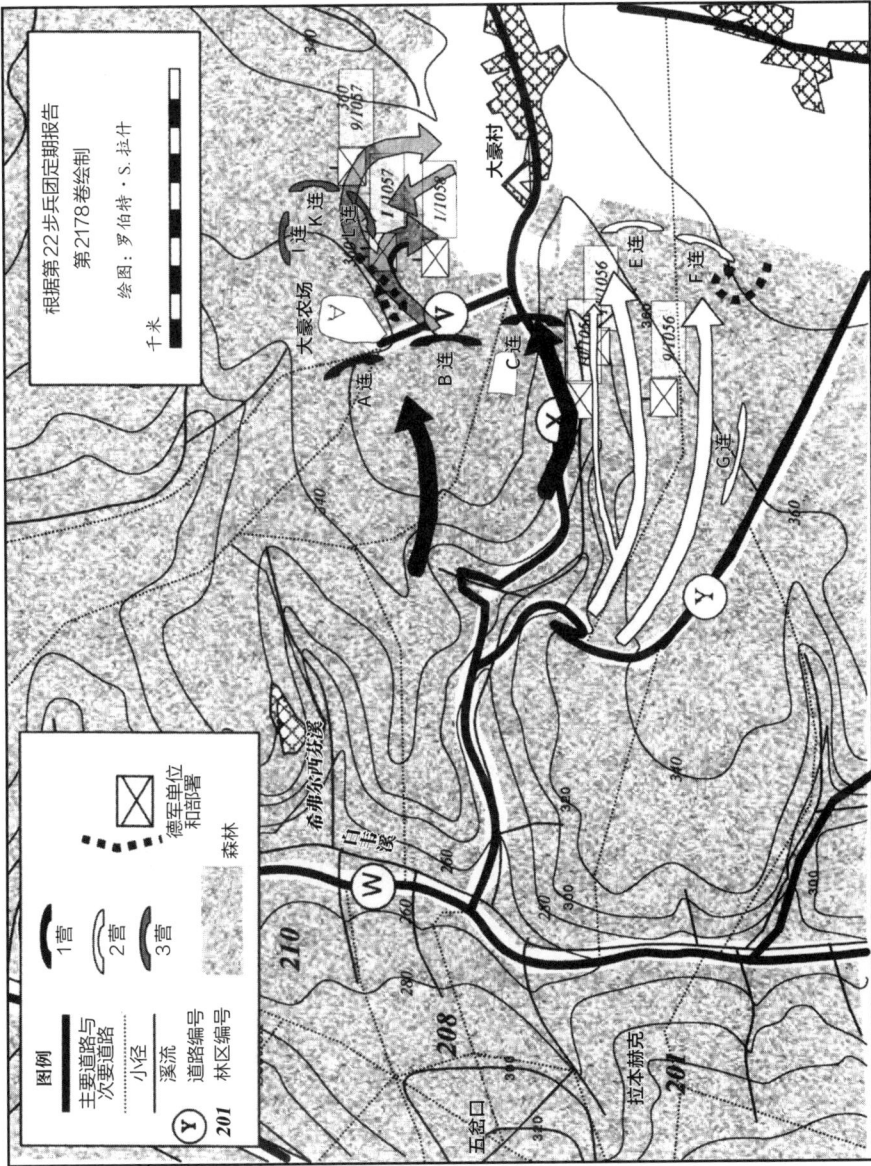

示意图11：大豪村，11月25日

辆坦克参加。它们刚一驶出森林边缘的安全地带，就在几乎同一时刻被德军反坦克炮手摧毁了。率先驶出的坦克只前进了大约 20 米就被打瘫，另两辆坦克连这个距离都没开出来。坦克歼击车车长见势不妙，立即命令驾驶员倒车退回森林中。步兵就没有这么幸运了。L 连和 K 连刚推进到一片开阔地带，猛烈的炮击就从天而降，将他们赶回了森林。在当天，德军隐蔽在大豪村里的反坦克炮还摧毁了 3 辆停在森林中的美军坦克。

在更南边，I 连特遣队与营主力同时从森林边缘发起进攻，最终的结果也几乎与之相同。开路的第一辆坦克被德军反坦克炮命中，虽然立即退回了森林，但却陷入了泥泞之中动弹不得，车组只能弃车。德军炮火将特遣队步兵排的士兵打散，直到临近傍晚他们才重新集结起来。当排长通过步话机报告说准备再做一次突击时，肯普少校命令他原地待命。

接下来的三个小时里，德军炮兵对着无险可守的 3 营倾泻弹雨。猛烈的炮击几乎炸断了这片地区的每一棵树，被弹片削去枝干的树木看起来就像一根根伸向天空的牙签。德军的炮击异常猛烈而且精准，散布在 3 营 1 门反坦克炮周围的 11 个散兵坑中，有 8 个被直接命中，另外 3 个也挨了弹片。散兵坑上方的顶盖对直接命中的炮弹几乎没什么防御力。刚刚被推荐晋升上尉的 I 连连长威廉·李中尉，就在德军的炮击中负了伤，由约翰·科尔维尔（John Colville）中尉接替他指挥 I 连。肯普少校意识到他的 3 营无法攻占大豪村，于是在 15点命令部队停止进攻。为了第二天继续发动攻势，疲惫不堪的各连连长还要整顿自己的部队。

机枪手莫里斯·哈维感觉腿上被什么东西撞了一下，但他认为那只是一枚弹壳。他继续射击，直到感觉有股暖流顺着自己的腿流下来。虽然他的伤势不算太严重，但不走运的是，他的战友中没人知道他们身在何地或是如何回到急救站去。哈维开始向后方徒步撤退，直到遇上了一队向前推进的步兵才找到去急救站的路。[5]

虽然 3 营没有夺下大豪村，但这次进攻还是重创了德军第 1057 掷弹兵团1 营。此外，3 营还夺占了大豪村北面的制高点，从这里可以俯瞰村镇和盖村—大豪村公路。为了拿下这座高地，3 营付出了惨重代价，尤其是在指挥人员方面。在阵亡或因伤后送的 122 人中，有 45 人是指挥人员，其中包括 8 名军官

（2 名"新人"和 6 名"老人"）与 36 名士官（8 名"新人"和 28 名"老人"），他们大部分来自 I 连和 K 连。[6]

2 营

在 X 公路以南，支援 2 营的装甲部队从曙光初现就遇到了麻烦。坦克无法驶上工兵昨日开辟出来的小路，必须找另一条路。有人发现了另一条小路，但是要从那里向前推进，必须使用大型绞盘将坦克一辆辆牵过一个大弹坑，因此耗尽了宝贵的时间。最后，在没有坦克支援的情况下，2 营的步兵只能以 E 连为左翼、F 连为右翼发起进攻。他们希望这些坦克能随后赶上来。

美军士兵在 8 点发起进攻的时候，天气多云且凉爽。由于没有进行炮火准备，美军的推进没有引起德军的注意。森林中部分地区的能见度只有大约 10 米远。

威尔逊中尉指挥 F 连突破 Y 公路以东的德军阵地时，没有遇到太过激烈的抵抗。到了 10 点 30 分，F 连已经朝它的目标——面向小豪村的森林边缘推进了约 1200 米。德军的炮火一反常态地弱，这可能是由于 2 营推进太过迅速，德军的前线炮兵观察员无法及时调整射击诸元，抑或是德军炮火要对 3 营进行打击。最终停止前进时，2 营官兵首次站在了可以俯瞰广阔田野和大豪、小豪两座村庄的地方，眼前不再是过去 9 天中茂密严实的森林了。坦克和坦克歼击车在当天晚些时候赶到，进入了 F 连南边的阵地。

大约在黄昏时分，德军向 F 连暴露的右翼发动了反击。G 连仍然留在原先的阵地上，掩护各连通向森林边缘的补给线，无法支援 F 连。F 连里许多新来的补充兵并未与推进中的德军战斗，而是深深地蜷缩在散兵坑里祈祷硝烟、喧嚣、枪炮声和尖叫声能够消失。威尔逊中尉从 E 连借来 1 个班打击敌军侧翼，这才瓦解了德军的反击。战斗中 F 连有 1 名军官和 3 名士兵阵亡，还有几名士兵负伤。德军反击部队只有 2 人被俘，其余都静静地躺在了森林之中。不久前才拿下的通向森林边缘的公路仍然满是地雷，只有用担架抬着伤兵穿过 Y 公路往回走约 900 米，才能到达急救站。[7]

11 月 24 日晚，唐纳德·福克纳（Donald Faulkner）上尉作为一名补充军官来到 E 连向纽科姆上尉报到。纽科姆上尉是 2 营仅剩的经验丰富的连长，凯南中校也许准备在营里的连级军官再出现伤亡时，就把福克纳上尉从 E 连调出来顶上去。

E 连的任务与 F 连的相似：向东攻击，穿越森林，到达朝向小豪村的森林边缘，然后在那里挖掘工事。2 排和 3 排沿着从 E 连阵地延伸到小豪村的防火道右侧向前推进，而 1 排沿着通向大豪村的溪谷左侧推进。德军的抵抗依然很微弱。在向前推进的过程中，E 连占领了两三个德军掩蔽部，抓到了 8 名俘虏，其中有 2 个大龄士兵，还有 3 个男孩。右翼的两个排离开阵地向前推进不到 200 米就遇上了德军。他们被德军部署在 F 连作战区域内的机枪压制住了，敌人的机枪从其中一条防火道上向下扫射，把 E 连的队伍一分为二。由于从正面穿过防火道无异于自杀，纽科姆上尉派出一个 4 人侦察小队，去搜索并消灭敌人的机枪。侦察小队悄悄地绕到右侧，顺着防火道向前搜索，直到进入 F 连的作战区域。

侦察小队出发后，纽科姆上尉和福克纳上尉向前匍匐前进了一段路，直至能看到侦察小队在防火道另一侧的一举一动。一阵猛烈的枪声响过之后，侦察小队向连队示意道路已经可以安全通过了。2 排和 3 排在穿过道路时混作一团，一些补充兵甚至都弄不清自己和哪个排在一起。纽科姆上尉和其他班排长迅速对两个排进行了整顿，随后继续前进。

1 排向大豪村推进时在溪谷里遭到了德军机枪和迫击炮火力的攻击。就在 1 排开始向敌人阵地发动进攻时，德军向后收缩，在离大豪村更近的地方建立了新阵地。1 排并未乘胜追击，而是向右转移，在森林边缘归建 E 连。谷地里的德军只好等到次日再说了。

16 点，E 连在目标点与 F 连会合，后者在先前的 1200 米推进过中没有人员伤亡，并且还抓了 16 个俘虏。虽然 F 连受到了一些零星炮击，但是炮弹都落在了远处。纽科姆上尉安排好各排阵地后，士兵们马上开始挖掘散兵坑。此时福克纳上尉对士兵们如此迅速地挖掘工事感到很疑惑，因为在推进过程中他们并未遭到猛烈炮击。作为一名初来乍到者，福克纳未曾在森林中经历过德军的密集炮火，没能意识到前方等待他的是什么。

随着夜幕降临，一线各连几乎都已经构筑完了防御工事。E 连在白天抓到的一些俘虏帮着美军一起挖散兵坑，完工后被送回了后方。20 点前后，一处前沿警戒哨听到 200 米开外传来德军巡逻队的声音。哨位中的一名补充兵举起勃朗宁自动步枪朝着敌军巡逻队就打，并没有等他们接近了再开火。枪一响德国人就发射了照明弹，此后发生的事用福克纳上尉的话来说就是"灾难降临"。

一轮又一轮炮弹落到了美军头上，大部分是 105 毫米口径的榴弹，还夹杂着少许大口径炮弹。一等到美军进入德军部署在小豪村的迫击炮和直瞄射击的 88 毫米反坦克炮的射程，它们就开火射击。炮击持续了整整一夜，福克纳上尉现在知道士兵们为何如此迅速地将工事挖得那么深了。可猛烈的炮击还是给美军造成了惨重伤亡。与 3 营阵地的情况相似，2 营实际上也没有抵御炮弹直接命中的防御措施。落下的炮弹太多，直接命中散兵坑的情况难以避免。纽科姆上尉的指挥所就身处弹幕之中，他的重武器排被炸伤了 5 个人，连部则损失了三四个人。

夜间，连里一处警戒哨中的哨兵受惊后跳出哨位，头也不回地向连部跑去。一名士兵刚跑到爱德华·休斯上士的散兵坑附近就被弹片击中身亡，另一名二等兵一头扎进了纽科姆上尉的散兵坑，尖叫着说自己被炸断了一条腿。掩体里的人们赶忙用大衣盖住他，检查他的伤势，其他人则在一旁逗趣，说他在只剩一条腿的情况下还跑得那么快。尽管这个士兵没有负伤，可是同一个散兵坑中的战友却发现他的军靴后跟牢牢地嵌入了一块弹片，另一个伤员的鲜血也溅到了他的身上。

弹幕射击期间，连里的两名医护兵奔走在各个散兵坑之间，救助受伤的士兵。其中一名医护兵在负伤后拒绝后送。他一直坚持到了第二天下午，直到德军停止炮击、其他伤员全部撤离战场之后，他才同意撤下去。一些士兵认为医护兵和他们的努力甚至"比救护本身更能鼓舞士气"。[8]

此外，坦克部队在前往 F 连的途中经过了 G 连阵地。10 点 30 分，2 营副营长埃格尔斯顿（Eggleston）上尉告诉皮萨雷克中尉，他认为 G 连会向前推进，与坦克一起清理南边的公路。然而，G 连一整天都待在阵地上没有动弹。[9]

凯南中校关于派福克纳上尉接替纽科姆上尉的预感被证实是正确的。下午晚些时候，2 营副营长埃格尔斯顿上尉率领的补给运输队被绕过来的德军巡逻队伏击，埃格尔斯顿在战斗中阵亡。原 2 营作训参谋弗洛伊德·丹尼尔斯（Floyd Daniels）上尉被提拔为副营长。11 月 26 日，纽科姆上尉调任营部担任作训参谋，福克纳上尉接任 E 连连长一职。[10]

1营

8点30分，1营A连和B连向前推进，占据了大豪林务所周围3营撤出不久的阵地。凯南中校派C连清理X公路，直到大豪村边缘。A连和B连都以战斗队形向前推进，每个连排成单列纵队以防火道为间隔行军。两个连都遭到了狙击手和迫击炮的攻击，但他们更担心大豪村周围战斗中的跳弹①。白天结束的时候，两个连在大豪村以西不到600米的地方转入防御。[11]

13点，C连出发去清理1营南边的溪谷和通向3营的X公路，这条溪谷就是E连1排早上遭到攻击的地方。C连虽然前进了900多米，但是没能完全清除溪谷和X公路上的德军。德军的火力令C连伤亡了16人，用斯威尼中尉的话说就是"每前行一步都经过了激烈战斗"。C连医护兵威廉·里德（William Reed）一等兵的钢盔被弹片击中，但他坚称自己没有受伤，抬着担架又走了2000米路。在里德最后一次抬着担架返回后，营急救站里有人给他检查了伤势，发现他的颅骨骨折了。到达村庄西边X公路和V公路的交叉路口后，C连就在那里挖掘工事过夜。[12]

那天晚上，团部向师部人事科长（G1）报告全团伤亡了235人，其中大部分来自3营。25日这天损失的指挥人员比这场战役中的任何一天更多。实际伤亡是11名军官、57名士官和161名士兵，其中新到的补充人员伤亡了55人。在一天之内，德军就将3营的兵力削弱到了与1营和2营相同的水平，全团原有的官兵已经所剩无几。到了这个时候，各班里几乎没有几个士兵曾在一起长期相处过。尽管如此，推进仍要继续。

当第4步兵师师部下达了第二天继续进攻的命令时，拉纳姆上校对师作训科长约翰·德莱尼（John Delaney）中校说，他要等巴顿将军的直接命令。亨利写道："士兵们又累又困，神经紧张得快要崩溃，已经超出了承受的极限。"[13]在从1营营长那里听到了大致相同的话语后，拉纳姆表示赞同并说道："巴顿将军对此一清二楚，却无能为力。将军已尽力在同上级斡旋，但现在的局势就是你死我活……除非击败德军，否则我们无法摆脱困境。"[14]在给师部的夜间

---

①译注：跳弹指子弹或炮弹着地后再次发生跳飞的现象，炮弹跳飞后会在空中爆炸，弹片分布面积更大，对人员的杀伤力倍增。

报告中，拉纳姆将该团的战斗力评估从"非常好"降低到了"良好"，原因是全团不断有指挥人员伤亡。当晚该团接收了 307 名补充兵，让蒙受惨重伤亡的部队得到了兵力补充。[15]

鉴于第 22 步兵团的虚弱现状，巴顿将军在 21 点 30 分通知拉纳姆上校，26 日不必向大豪村发动进攻。他还告诉拉纳姆，开始着手考虑通过夜袭攻占村庄的计划。为此他调集了 9 个炮兵营，108 门 105 毫米至 240 毫米口径的火炮，在迫击炮的配合下，炮击了大豪村的德军。巴顿想改善第 22 步兵团的境况，因此决定先等第 12 步兵团和第 5 军所属的第 5 装甲师赶到南边的战线，然后再发起下一轮进攻。[16]

与第 22 步兵团对阵的德军

11 月 25 日，德军第 344 步兵师已经成了强弩之末，位于一线的第 1056 和第 1057 掷弹兵团根本无力守住大豪村的前沿防线。计划在 11 月 27 日换防的第 353 步兵师开始向防区移动。从卢森堡赶来的第 942 掷弹兵团中混杂着不同年龄层的士兵，其中有些连队由只接受了三个月步兵训练的 18 岁新兵组成，其余连队的士兵平均年龄在 30 ~ 40 岁之间。[17]

第 7 集团军指挥部认识到，无论是第 344 步兵师还是第 353 步兵师都无法在许特根森林的激烈战斗中发挥太大作用，但它们是仅有的没被投入即将发动的阿登反击战的单位。此外，随着战斗的持续，第 74 军最南边的各师为了让第 344 步兵师收缩防线，都扩大了自己的防区。[18]

11 月 24 日晚间，第 1057 掷弹兵团 1 营 3 连连长瓦尔特中尉率领约 30 名士兵在大豪村担任营预备队。当晚，瓦尔特斯中尉接收了 1 连、2 连和 4 连的残兵，并接到了要在第二天穿过 X 公路以北的森林向西发动反击的命令。这次反击没有安排大炮或迫击炮进行火力支援，反击时间几乎与美军发动进攻的时间相同。瓦尔特中尉率领的大约 100 名士兵组成的战斗群有 63 人被俘①，其

---

① 译注：原文中，此处和前文有矛盾之处。首先，前文说德军第 1057 掷弹兵团 1 营 3 连连长是瓦尔特斯（Walters）中尉，但此处写的却是瓦尔特（Walter）中尉，不知道是否是作者笔误；其次，关于第 1057 掷弹兵团 1 营的被俘人数，前文写的是 86 人，此处写的是 63 人，当然人数不同也许与战后的统计口径误差有关，译者也无从考证鉴别。

余的人要么被打死要么被打散，第 1057 掷弹兵团 1 营的残部被彻底歼灭。[19]

一名德军士兵在日记中描述了 11 月 25 日大豪村附近的战况：

> 时光缓慢流逝，我从散兵坑中向外望去，东方已经隐隐露出了一丝曙光。我们预计美国佬会在 7 点 30 分发动进攻，那将是决定我们命运的时刻……黎明时分，我军部署在森林边缘的部队遭到了一轮弹幕射击。大地在颤抖，震荡令我们喘不过气来。两名伤员被送进了我的散兵坑，其中一人被炸断了整条手臂，另一人的双手被炸飞。我在考虑是否要将手臂的剩余部分切除，我还是没有动手。这两个人多么勇敢啊！我向上帝祈祷，希望这一切不会白费。
>
> 我们左侧的几挺机枪开始不停地打出长点射来迎击进攻的敌人。你可以看到大批美军潮水般涌过田野，他们周围的坦克开始猛烈开火。此时美军停止了炮击，坦克仍在疯狂开火。我根本就没法把头探出散兵坑——最终，部署在这里的 3 门突击炮开火了。几轮射击后，我们看到几辆坦克燃烧起来，一缕缕长长的烟柱直冲云霄。步兵四处隐蔽，进攻的势头放缓了——停止了！……
>
> 再次进攻时，美军找到了突破口。我相信我们已经守不住了，许多年轻的士兵刚刚逃得无影无踪，我们只能以少量兵力顶住美军的进攻。但我们还是要继续战斗！[20]

"炮火比我想象的还要糟糕"

11 月 26 日。为了支援第 104 步兵师、第 1 步兵师和第 8 步兵师，第 9 战术航空兵司令部轰炸了魏斯韦勒、弗伦茨、拉默斯多夫、因登，朗格韦厄和盖希（Geich）。第 104 步兵师占领了弗伦茨并肃清了魏斯韦勒的德军。第 1 步兵师的理查森特遣队占领了弗伦茨南边的一处防御据点。在第 4 步兵师负责区域，第 8 步兵团从舍芬许特—迪伦公路向南扫荡德军，第 22 步兵团则以更强大的兵力推进到了森林边缘。第 8 步兵师 121 团朝着许特根村推进了一点距离，同时第 13 步兵团所属的步兵营经过第 12 步兵团的防区，抵达了面向许特根村的森林边缘。

——第 1 集团军作战报告[21]

11月26日，第22步兵团各营呈U字形部署，开口朝向大豪村：3营在北边，1营在西边，2营则在南边。尽管上级已经同意全团当天暂停进攻，可拉纳姆上校还是想要封闭3营和2营在U字形底部不到500米宽的缺口，前一天负责清理公路的斯威尼中尉的C连接到了执行这项任务的命令。

冰冷的细雨，还有似乎没完没了的火炮和反坦克炮的轰鸣——尤其是近旁有美军坦克或坦克歼击车的时候——将士兵们从睡梦中惊醒。一旦装甲部队与步兵合兵一处，德军火炮、迫击炮和反坦克炮就会将美军坦克找出来。德军炮兵的射击非常精准，从夜间到清晨，他们共击毁了4辆美军坦克和2辆坦克歼击车。在短短的24小时之内，配属第22步兵团的装甲部队就损失了10辆坦克和4辆坦克歼击车。为了保存坦克并减少炮击对步兵的影响，拉纳姆上校同意坦克和坦克歼击车的指挥官将部队撤回团部附近的集结区域，步兵再次落了单。[22]

1营

11月26日临近中午的时候，C连只剩下1名资深军官和不到6名士官。他们率领的连队此时有半数是补充兵，正沿着X公路的两侧向前推进。他们的目标是大豪村西侧边缘的一小片灌木丛，森林和灌木丛之间是一片约140米宽的开阔地。C连面对的德军是第89步兵师1056掷弹兵团3营的残部，斯威尼中尉的部下在前一天的战斗中俘虏了该营的4名士兵。在审讯过程中，战俘供出了第1056掷弹兵团3营阵地的确切位置。[23]

由于C连出发阵地不断遭到德军炮击，进攻发起时间一直推迟到了11点。斯威尼中尉让3排进行火力掩护，对着开阔地远端的森林边缘射击，与此同时另两个排由1排打头阵，以班为单位呈纵队穿过开阔地向前推进。德军的拦截炮火将暴露在开阔地上的美军进攻队形打散，士兵们四散隐蔽，或紧紧趴在地面上，或朝着安全区域狂奔。

二等兵厄尔·海特（Earl Haydt）在战场中间的交通壕里无意中撞上了两名手持自动武器的德军士兵。双方互相凝视，直到海特急中生智端起尚未装填弹药的火箭筒对准两名敌军并用德语命令他们投降。他的虚张声势奏效了，德军乖乖地放下武器当了俘虏。[24]

　　海特的遭遇反映了 C 连穿过战场时德军步兵的抵抗程度，但是德军的炮击则是另一码事了。连里的补充兵，二等兵福里斯特·卡斯蒂尔 (Forrest Casteel) 这样描述当时的情景：

　　这有点难以理解，因为如果敌军愿意的话，他们本可以把我们全歼。他们不停地从散兵坑里探出身来，似乎在我们进入森林之前他们都不太想战斗。我们穿过的这片地面非常松软，几乎就像流沙一样，但是那里似乎有很多弹坑，足以让每个人在推进过程中找到一些掩护。行至中途，有些人已非常疲惫，连长让我们扔掉背包，轻装上阵就能走得更快一些。炮火比我想象的还要糟糕，一枚炮弹在我的散兵坑前方半米多远的地方爆炸，弹片打碎了我的步枪枪托，割断了子弹带。我看到很多战友没有我这么走运，这是我们中的大多数人首次体验到战争的滋味，我想这一整天的经历就抵得上整个基础训练了。[25]

　　尽管有卡斯蒂尔的评价，可是补充兵在美国接受的训练并不足以让他们应付许特根森林中地狱般的遭遇。

　　到达开阔地的另一头时，C 连已经建制混乱、损失惨重。尽管如此，各排进入远处的森林后仍然出人意料地占领了一处有 50 名德军据守的阵地，俘虏了其中 30 人，打死了另外 20 人。其余德军撤出了森林，斯威尼中尉派部下到森林中搜索残敌。

　　当斯威尼开始整顿部队时，德军机枪突然从右后方的溪谷朝他们射出成串的子弹，其所在位置正是 E 连前天未能拿下的阵地。斯威尼让右翼的部队退后，这样连里就有部分部队可以面向德军的机枪。接着他派出侦察小组，对德军机枪阵地进行两翼包抄。罗伯特·麦卡蒂（Robert McAtee）二等兵带领的小组从左翼进攻，他拽着一挺 D 连的水冷式重机枪匍匐前进，一直爬到了德军机枪巢后方。麦卡蒂用机枪从敌人后方猛射，击毙了 4 名德军，缴获 3 挺机枪，还俘虏了 2 人。

　　C 连右前方的另一处德军机枪阵地向 C 连的前沿部队开火射击，理查德·皮尔斯（Richard Pierce）上士、查尔斯·门罗（Charles Monroe）、路易斯·平加托（Louis Pingatore）、伯拉·奇尔德斯、安东尼·梅诺（Anthony Meno）三级技术兵，以及詹姆斯·琼斯一等兵纷纷带着武器向德军机枪巢匍匐而去。士兵们交替掩护，几个人开枪压制敌人的同时，另一两人就继续向前爬。当最前方的美军爬到离德军阵地只有 1 米远时，7 名德国士兵放弃了抵抗。交火过程中，门罗中士负了伤。

当森林中的光线逐渐变得昏暗时，C 连再次遭到炮击和机枪扫射，看来有更多的德军机枪手渗入了 C 连后方。隐藏在大豪村边缘一栋建筑中的德军 IV 号坦克对着 70 米外的 C 连阵地开火，与那些机枪手形成了交叉火力。投入反击的德军步兵开始包抄 C 连的两翼，就在他们即将占领阵地时，美军匆忙穿过开阔地向后撤退。斯威尼中尉和炮兵观察员走在撤退队伍的最后方，背负着两名他们认为还能救活的伤员。由于撤退的场面一片混乱，并非每个人都收到了撤退的命令。在德军的反击过程中，C 连的医护兵厄尔·毕晓普（Earl Bishop）三级技术兵与一名伤员在散兵坑中隐蔽。他们并没有意识到 C 连已经撤退了，当森林陷入死寂时，两人在黑暗中睡着了。当天结束的时候，C 连重新回到了原先的出发阵地，此时全连只剩下大约 20 名官兵，黑夜中其他人在森林里掉了队。[26]

2 营

德军的炮击炸伤了丹尼尔上尉，他担任 2 营副营长才一天时间。纽科姆上尉只好又为自己挑选了新的副手，这已是 2 营 10 天来更换的第四任副营长了。

黎明时分，E 连的士兵在森林里一个阵地一个阵地地搜寻、医治并后送伤员。前天晚上被炮击过的森林中，无数被炸断掉落的树木交错纠缠在一起，使得整个 2 营的防区俨然一座迷宫。这天早晨，第 709 坦克营 C 连的坦克赶到了前线，然后向小豪村开炮射击。坦克犹如磁铁般将德军大炮和反坦克炮的火力吸引了过来，很快就有 2 辆坦克被击毁，剩余的坦克匆忙后撤。自那以后德军炮火有所减弱，E 连就此渡过了相对轻松的一天，伤亡人数不多，晚上也很平静。[27]

天刚亮，配属 F 连的重机枪班就被德军炮弹直接命中。诺曼·安克尔（Norman Anker）中士当场被炸死，他的副射手威廉·库克一等兵被炸伤。其他机枪阵地也陆续沦为德军炮火的牺牲品，2 营重武器连有超过 10 名机枪手非死即伤。[28]

G连赶了上来，紧靠在F连的右侧。向前推进时，G连遭到了德军炮火拦截，3排被炸得只剩9个人。在森林边缘，美军士兵可以听到敌军坦克在小豪村里开动的声音，还能观察到德军士兵在建筑物之间移动。美军还发现，德军在小豪村前方预先挖掘的堑壕里并没有兵力驻守。[29]

3营

经历了25日的惨败之后，3营对部队进行了整编并巩固了阵地。随后，拉纳姆上校命令肯普少校派侦察兵进入大豪村，确认德军是否完全撤离了，就像南边1800米处的许特根村那样。侦察兵虽然隐身于黑暗之中，但是在接近村子之前仍被德军的炮火封锁给压制住了。炮击一停止，美军侦察兵立即匍匐到了大豪村西北区域，他们在那里听到了德军挖掘战壕和坦克变更位置时发出的声音，随后他们就静悄悄地爬了回去。大豪村仍然牢牢地掌握在德军手中。[30]

26日白天，团部前移至2营防区内的X公路以南某处。拉纳姆上校与巴顿将军从早到晚都在讨论下一轮的进攻计划，巴顿告诉他第22步兵团的目标是大豪村东北部不到400米处的一座山头。拉纳姆解释说这样会把第22步兵团的正面拉长到2700米，并且划出了南端的分界线。巴顿则保证第12步兵团的两个营和第8步兵团的一个营，在得到装甲部队加强后会填补南翼的缺口。C连撤退的消息传来后，拉纳姆告诉巴顿必须更改第二天的进攻计划，因为在进攻那座高地之前，必须先肃清大豪村附近那片小树林里的德军。[31]

当天深夜，团部获悉师属炮兵计划从设置在团指挥所附近的发射阵地发射火箭弹。拉纳姆上校致电巴顿将军，请求转移火箭炮发射阵地，因为一旦开火，发射阵地很容易暴露，附近的部队必将成为德军反炮兵火力的炮击目标。这些火箭炮虽然都转移了，但是仍然部署在第22步兵团的控制区内。拉纳姆下令让火箭炮回到团部附近，如果有人要处于危险的境地，他宁可是自己的指挥所，而不是手下的各营。随后，拉纳姆告诉指挥部里的人员，火箭炮开始发射时，每个人都要躲进散兵坑中掩蔽。[32]

团部向师部的人事科长（G1）汇报了当天损失情况，阵亡、负伤或失踪共135人。实际伤亡数字是153人，其中包括9名军官和28名士官。人员损失中有29人是因为患了战壕足和战斗疲劳症，其中6人是士官。全团各连共得到了 346 名补充兵。[33]

与第 22 步兵团对阵的德军

当天的行动主要集中在大豪村以西的小树林里。对德军来说，失去这片树林意味着除了大豪村之外，就再也没有其他退路了，同时也意味着失去大豪村以西的最后一片森林。到了下午，德军丢掉了这片林子。大豪村的德军指挥官立即让第 344 野战补充营 1 连在两门突击炮的支援下进行反击，夺回先前失去的阵地。[34]

经历了 5 天的激烈战斗之后，第 344 步兵师各团建制残缺，急需整编。然而，当师部和支援部队准备撤离的时候，第 275 步兵师和第 344 步兵师的战斗部队及兵力却被编入了新近抵达的第 353 步兵师。美军在大豪村和许特根村周边恢复进攻时将面对德军 4 个师的部分部队：第 89 步兵师和第 275 步兵师的一小部分部队，第 344 步兵师的剩余部队，还有刚刚抵达的第 353 步兵师。

第 353 步兵师在夜间开始接管第 344 步兵师的阵地。一些被打残的部队脱离了前线，留在后方作为小规模的预备队，而其余部队仍留在一线掩护第 353 步兵师的阵地前沿。第 89、第 275 和第 344 步兵师各团兵力严重不足，各级部队只能合并，团缩编成营，营缩编成连。这些由番号众多的建制单位合并而成的小战斗群，通常以它们指挥官的名字来命名。一些被调入第 353 步兵师的德国士兵可能从该师在 9 月撤出前线进行重建之前，就与一支新编的单位一起留在森林中。有些被俘房的德军士兵都弄不清自己隶属哪支部队，"他们所做的就是挖掘战壕"。[35]

11 月 25 日的反击失败之后，第 1057 掷弹兵团 1 营残存的 40 至 45 名士兵，被编入了第 1058 掷弹兵团。第 1056 掷弹兵团 3 营的情况稍微好点，该营有两个连只有十多人的兵力，而第 9 连的兵力也不会超过这个规模。[36]

德军各部陆陆续续补充了一些兵力。在大豪村西北偏西大约 6 千米的克罗伊茨奥（Kreuzau），180 名士兵向第 983 掷弹兵团报到，他们来自一个拥有 3000 名补充兵的补充营，这个营的其余士兵被补入了在荷兰的德军部队。第 275 步兵师最初是在萨克森的第四军区组建的，而这批补充兵是该师在 11 月份从军区得到的为数不多的几批补充兵之一。[37]

第985掷弹兵团2营6连（前身是第20空军要塞营2连）的一名排长率领部下从白韦溪畔被孤立的阵地撤回大豪村时，并没有意识到美军已经占领了村子周围的地区，结果他和两名士兵一起被俘虏，其他人要么阵亡要么失踪。为了避免手下的士兵逃跑或投降，德军连长不断告诫他们如果被俘将被送到西伯利亚去服苦役，或威胁说他们的家庭配给卡将被没收。德军士气低落，而且持续不断的炮击迫使士兵一直躲在散兵坑中，进一步恶化了这种低落的情绪。[38]

森林里的通信状况糟透了。无线电设备几乎无法使用，而电话线又经常被炮火炸断。有时需要几天时间才能与上级指挥部重新取得联系，一些指挥官在发现其他德军部队时，会转而依赖前沿哨所的报告。为了压制美军的反击炮火，配属第7集团军的迫击炮营在傍晚和黎明时分，继续向大豪村北面的森林开火。起初，迫击炮营还能利用前沿观察员指示目标，但很快这些炮兵观察员就损失殆尽，于是迫击炮只能按照地图坐标开火射击。[39]另一篇德国士兵的日记描述了他在大豪村的惊险经历：

我像死人一般沉沉睡去。8点30分，美军再次发动了进攻。和往常一样，先是进行弹幕射击，随后是进攻前的宁静——暴风雨来临前异样的沉寂……此时美军真正开始动用重武器向我们倾泻火力——每次爆炸似乎都要将我们的散兵坑给炸塌。但如果我们被命中，那就惨了。伤员又来了……下午，美军的弹幕射击变得更加猛烈，暴风骤雨般的炮击一直持续到晚上。[40]

"这活可不轻松"

11月27日。在第104步兵师战区，德军猛烈的炮火封锁和迫击炮轰击挡住了第413步兵团白天发动的进攻，天黑后该团通过夜袭夺回了进攻出发阵地。在第1步兵师的战区，第47团支队换下了理查森特遣队，并且占领了梅贝里希庄园（Gut Meberich）和203高地。第1步兵师18团进入了朗格韦厄，第26步兵团的一个营进入了远离森林边缘的云格斯多夫（Jungersdorf）。第4步兵师各部进展甚微。第12步兵团与第8步兵师各部换防后，到集结区域内集结以便重新部署。第8步兵师121团的部队进入许特根村，向村内的教堂攻击前进。

——第1集团军作战报告[41]

27 日，拉纳姆上校再次命令 1 营封闭 2 营和 3 营之间的缺口。与前天的情况完全一样，缺口处只放得下一个连，这次迪肯森中尉的 B 连接到了这项任务。

1 营

B 连的进攻没能真正开始。德军机枪的交叉火力和炮击，将 B 连死死地压制在昨日 C 连轻松穿越的那片开阔上。当天，这片开阔地仿佛成了炼狱。率部进攻的迪肯森中尉和另外两名军官负了伤，B 连仅剩的两名军官中，托尼·比扎罗中尉接过了指挥权。在经过这片致命的开阔地时，1 排的 18 名士兵中伤亡了 17 人。3 排试图穿过同一地域时遭到了几乎同样的打击，只有 12 名士兵撤了回来。[42]

当德军派人将前一天战斗中负伤的美军士兵送回美军战线时，这场杀戮才停了下来。负责协助德军医护兵将伤员送回来的是 C 连的毕晓普三级技术兵，早上醒来后他发现自己的周围全是德国人。他被派去照顾美军伤员，当 B 连的进攻陷入僵局、两名医护兵将 5 名伤员送入美军阵地时，双方都停止了射击。之后，进攻重新开始。[43]

此时，B 连只剩下大约 30 人还有战斗力。2 排试图以班为单位悄悄地穿过这片地域，10 名士兵离开森林向前推进了不到 20 米，就被一挺机枪的火力给压制住了。查尔斯·爱德华兹一等兵匍匐向前，试图摧毁机枪阵地，但是他刚爬出去 4 米左右，就被机枪子弹给打死了。托马斯·迪埃斯（Thomas Dyess）上士随后再次做出尝试，但他在穿过森林爬向敌人机枪阵地左翼时也被机枪打伤了。[44]

在接下来的片刻时间内发生的事，为第 22 步兵团赢得了二战期间全团仅有的一枚荣誉勋章。马卡里奥·加西亚（Marcario Garcia）一等兵——前文提到他时他还是 B 连的侦察兵，此时已经担任班长——匍匐进了森林。"他用力投出几枚手榴弹后，勇敢地冲向敌人阵地，摧毁了那挺机枪，并用自己的步枪击毙了三名试图逃跑的德军士兵。"比扎罗还记得加西亚走出森林时说道："该死的，我干掉了三个德国兵，让那挺机枪报销了。"让我们继续引用战时文献：

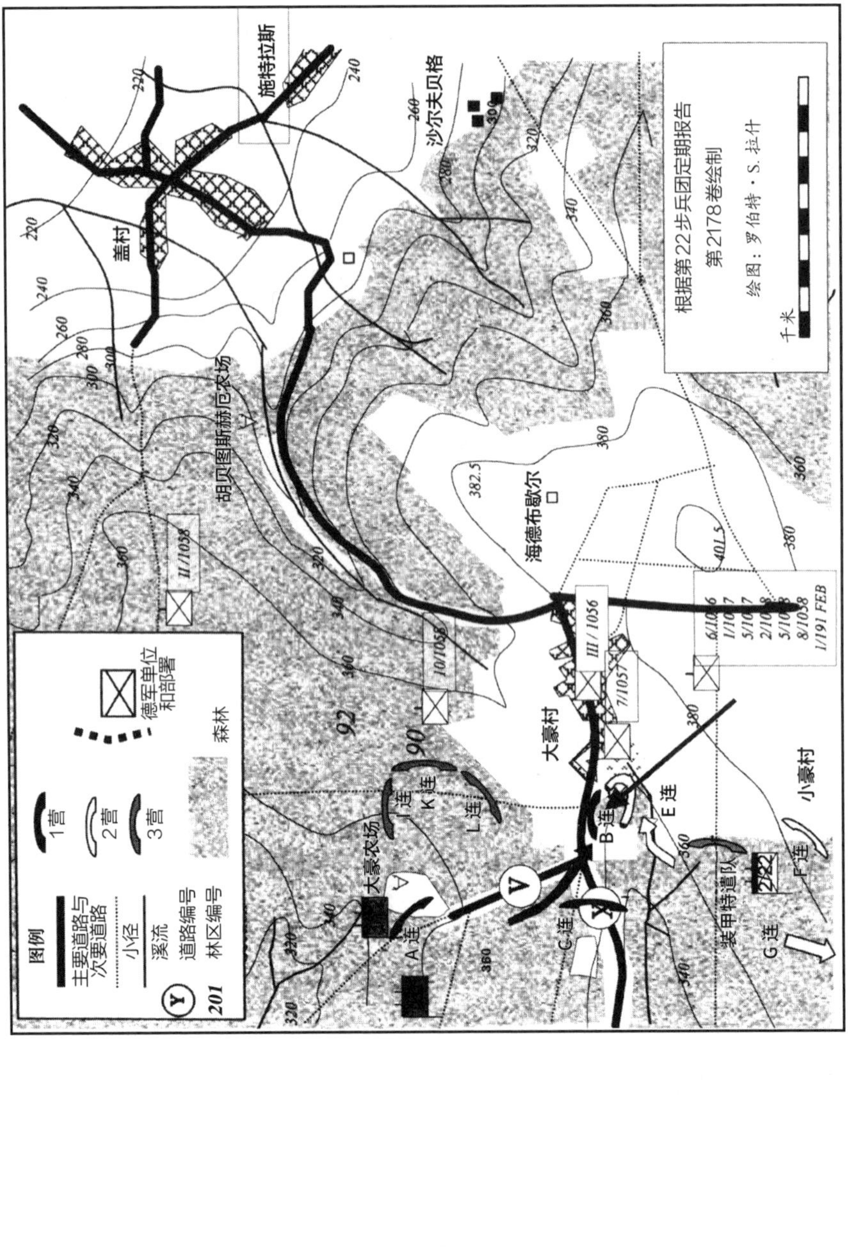

示意图12：大豪村，11月27日

他重返 B 连时，德军的第二挺机枪开火了，勇猛的加西亚全然不顾自己的安危，再次向前冲去。他突进敌人的阵地，摧毁了机枪，又击毙了 3 名德国兵，还抓获了 4 名俘虏。他与战友继续战斗直到夺取目标，这才同意被送去接受医疗护理。[45]

比扎罗中尉率领 B 连剩余的兵力进入了那片树林，随后命令连队在此处挖掘掩体。

2 营

当比扎罗的 B 连在为生存而战时，拉纳姆上校命令 2 营向北边进攻阻挡 B 连前进的德军防御部队侧翼。凯南中校命令位于 B 连南侧 400 米处的 E 连，赶去支援陷入困境的 B 连。E 连新任连长福克纳上尉让梅森中尉留守连部，指挥重武器排防御 E 连原来的阵地，而他则带着其余的三个步兵排，总计 3 名军官和 45 名士兵，向北面的公路跑去。[46]福克纳在日记中记载道：

我们跑步出发并进入了一条溪谷。当时我就想"这里是一处迫击炮集火轰击的天然场所"，或许是德军与我的想法一致，抑或是他们的炮兵观察员太出色，密集的迫击炮弹立刻嗖嗖地砸进了这片林子，恰好落在指挥小组的上方。我身旁的传令兵被炸伤，查尔斯·彼得斯就在我身旁被炸死。我们继续前进，跑着跑着就看到了一幅真实的大屠杀场面——武器、装备、德军和美军的尸体及伤员在森林里躺得到处都是。炸断的树木、遍地的弹坑、轻武器和迫击炮弹制造的刺鼻气味及硝烟，令本就可怕的场面变得更加恐怖，简直就是人间地狱。

在山坡上的一个洞穴中，我们找到了 B 连代理连长比扎罗中尉。这个年轻人见到我们非常高兴。在德军狙击手的射击下，我们继续前进，做了一次快速侦察……我们看到大豪村就在森林边缘以东几百米处。我们立即就地挖掘工事。B 连的残兵——2 名中尉和 15 ~ 20 名士兵……这活可不轻松。[47]

进攻结束时，E 连和 B 连合计约有 70 人，还不到两个满编排的兵力。虽然兵力严重不足，但他们仍在继续战斗。

　　B 连和 E 连预计，德军即将发动的反击会与前一天对 C 连的攻击类似。德军在大豪村和小豪村之间施放了一层烟幕，2 营报告称听到敌军坦克向北行驶的声音。师部的情报军官报告 15 辆德军坦克出现在大豪村东北方不到 3000 米的地方。拉纳姆下令不惜一切代价守住刚刚占领的阵地，并将 E 连配属给 1 营，缓解其兵力不足、难以控制阵地的困难。

　　虽然团部和营部都在想方设法将坦克和坦克歼击车调往 E 连阵地，但是坦克和坦克歼击车的车组认为公路上的地雷没有彻底扫清，都不愿意向前推进。为了证明公路已经安全，团属反坦克炮连的威廉·乔丹（William Jourdan）中尉驾驶着一辆拖曳着反坦克炮的半履带车驶上了公路。炮手们徒步跟在后面，并在森林北部边缘构筑炮位掩体，紧邻 E 连的步兵阵地。[48] 乔丹中尉的英勇行为令其他人感到羞愧难堪，两辆坦克和两辆坦克歼击车也紧随其后驶上公路并在森林中就位。在森林中奋战了 11 天之后，第 22 步兵团终于在面向大豪村的森林边缘构筑了一条连续的战线，这个村落就是该团次日的进攻目标。[49]

　　第 22 步兵团得到两个坦克连和一个坦克歼击车连的支援。为了更易于协调和指挥，拉纳姆上校将这三个连编成一支特遣队，由第 70 坦克营副营长罗伯特·麦克里彻（Robert McKericher）少校指挥。11 月 27 日清晨，除去支援 E 连的少数坦克和坦克歼击车外，特遣队机动到了大豪村西南 F 连和 G 连之间的射击阵地。[50]

3 营

　　那天晚上，拉纳姆上校再次命令肯普少校派遣 3 营的侦察队去侦察大豪村，以及村东和村北部的交叉路口。然而，德军猛烈的迫击炮火和轻武器射击封锁了侦察队前往交叉路口的路线，他们只能掉头返回。侦察大豪村的小队听到一辆运送牛奶的马车在街道上行驶的声音，推测德军依然在村里。

　　因为 3 营侦察了大豪村的北部和东部，所以 1 营就派人侦察村西，他们得到的指示是如果德军已经撤离，就留在原地待命。显然，拉纳姆不想再次强攻大豪村，并希望以尽可能小的代价拿下它。[51]

　　虽然 11 月 26 日和 27 日负责主攻的是 1 营，但是其他两个营仍因德军炮击蒙受了重大伤亡，尤其是位于北部的 3 营。27 日这天，第 7 军重新调整了第 4 步兵师的分界线，缩小了该师三个受到重创的步兵团的防区。当第 12 步兵团从第4步兵师最南端的阵地，转移到第8步兵团和第22步兵团之间时，第22步兵团的战线缩短至大约1100米。[52]

就取得的战果而论，第22步兵团的伤亡还是过与惨重。11月27日，该团报告的伤亡、失踪或非战斗减员人数是142人。当晚，师部人事科长（G1）向该团派来了129名补充兵，他们中的绝大多数都是刚从美国本土来的二等兵。E连首次报告称，接收的补充兵员没有出现任何伤亡。不过1营的其他各连就没有这么幸运了，他们报告说当天派上前线的补充兵几乎伤亡了半数。A连连长萨拉特上尉被1枚落在其散兵坑旁边的120毫米迫击炮弹炸伤，送到后方去了，小唐纳德·沃纳中尉接手指挥A连。26日和27日全团的实际伤亡数字是18名军官、53名士官和224名士兵，相当于当时在森林中作战的三个步兵连的兵力。截至11月27日，第22步兵团已经损失了1823人，超过编制兵力的半数。事实上，此时该团所有步兵连的全部兵力（1737人）中大部分是新近抵达的补充兵（1601人）。[53]

部队蒙受了如此惨重的伤亡，着实令拉纳姆感到非常揪心。27日，第7军军长柯林斯将军视察第22步兵团团部，他询问拉纳姆全团还能坚持战斗几天，拉纳姆的回答是"大概3天，如果每天都非常艰难的话"。[54]当天晚些时候，在与第12步兵团团长钱斯上校的交谈中，拉纳姆对他的团进攻大豪村的成功概率持保留意见："我们没有足够的兵力拿下90高地……我们就在大豪村的边上……但德军正从四面八方死死盯着我们，不知道我们还能推进多远。"[55]在巴顿将军提及进攻大豪村的话题时，拉纳姆对他说的话也如出一辙："3营的损失相当严重……（我）相信再经过一个半小时的猛烈炮击，3营将会完全失去战力——这个村落毫无意义。我们会为了夺取这座村子伤亡殆尽。"[56]拉纳姆显然是想放弃对大豪村的直接攻击。

与第22步兵团对阵的德军

随着各师在南部和中部防区的边界不断伸展，第89步兵师有更多的部队赶到了大豪村地区。德军指挥官们让他们的部队集结在森林的两个出口周边，一个出口通向大豪村，另一个通向小豪村。来自南方的部队增强了第275步兵师和第344步兵师剩余部队的兵力，这些单位现在都归第353步兵师指挥。

德军在通向小豪村的森林出口部署了三个营级规模的战斗群残部。第1057 掷弹兵团 3 营被并入了由盖斯勒（Geisler）中尉指挥的战斗群，估计兵力大约有 30 ～ 40 人；第 1056 掷弹兵团 3 营的兵力大约是 50 人；克勒（Koehler）营（前身是第 985 掷弹兵团 2 营）大约有 100 人，其中包括总计约 35 人的狄塞尔霍斯特（Dieselhorst）战斗群和夸斯特（Quast）战斗群、约 20 人的第191 燧发枪兵连、第 985 掷弹兵团团属工兵排，还有第 985 掷弹兵团 8 连的几门迫击炮，以及 1 门反坦克炮。[57] 11 月 26 日夜间，第 1056 掷弹兵团 2 营 6 连从蒙绍赶到，加入了小豪村出口的防御部队。[58]

除了上述三个营之外，其余部队警戒着通向大豪村的森林出口。六个连的部队，每个连大约有 15 ～ 20 人，在大豪村东边的灌木林中布防。与此同时，第 1058 掷弹兵团 3 营 10 连则在村子北边直面美军的威胁。在过去的两天中，该连因遭到己方炮兵和迫击炮的误射而伤亡惨重。因为损失太大，第 7 集团军军属迫击炮营 1 连和 2 连合二为一，估计合并后的兵力约为 20 人。其他打成空架子的部队则留在了大豪村里。[59]

德军士兵在日记中继续写道：

那天晚上真是糟糕透了。我们几乎没有合眼。清晨，美军的炮击比以往更加猛烈，几乎无法忍受，接着飞机又来轰炸。随后，又是如同暴风雨来临前般的寂静……成群的美军从森林中冲了出来，迎接他们的是一轮轮致命的射击，但他们甚至不隐蔽起来。我们一直打到枪管通红，最后这些美军再次停了下来。我们很高兴，认为最糟糕的情况已经过去了，这时美军却突然在我们的左翼突了进来。虽然向他们投掷了手榴弹，但我们已经守不住了，我们只剩下为数不多的几个人。美军再次发起了进攻，我们就剩下 5 个人，不得不撤退，透过树林已经能看见美军的人影了。当他们冲到 70 步内时，我扭头就跑。当时我的心里非常平静，双手还插在口袋里。他们甚至没有向我开枪射击，可能是因为我衣服背后的红十字标记……但是不管怎么样美军都不会趁着这个战果继续进攻下去，他们太懦弱了，不敢那么干。也许我能活着离开这里，如果能做到的话，我就可以述说自己的经历。但是如果我葬身于这片支离破碎的森林中，也许以后某个战友会发现这本日记，并把它交给我的妻子。[60]

大豪村附近战壕里的德军士兵

"不同寻常的炮击"

11 月 28 日。第 104 步兵师 413 团在 4 点 30 分发起进攻，并在德军的顽强抵抗下推进了近 2000 米，攻进了因登镇和拉默斯多夫（Lamersdorf）镇，还完好无损地夺取了一座因德河上的桥梁。第 1 步兵师几乎没有进展。2 点至 3 点间，德军在坦克支援下向朗格韦厄和云格斯多夫发起的反击被击退。第 4 步兵师将第 12 步兵团部署到第 8 步兵团和第 22 步兵团之间，第 12 步兵团还攻占了 90 高地。第 5 装甲师 A 战斗群和第 8 步兵师 121 团经过激烈战斗，占领了许特根村。第 13 步兵团的一个营切断了大豪村—小豪村外围边缘的小豪村—勃兰登贝格公路，还挡住了德军从小豪村发起的反击。

　　　　　　　　　　　　　　　　　　　　　　——第 1 集团军作战报告[61]

此时，配属 1 营的 E 连派出一支侦察队潜入大豪村，确认德军是否已经撤退。由于进入大豪村的 X 公路被德军布了雷，安德鲁·拉森中尉带着侦察队从北边绕进镇子，然后从主街道旁的房屋后院穿过。侦察队在经过第二栋房子的时候发现前院有德军。德国人也同时看见了他们，机枪马上从街道两侧朝美军开火。拉森中尉顺着街道向东望去，发现有一大群德军正向他们冲过来，急忙命令侦察队退回到街道两侧。侦察队逃出生天后向连部报告了他们的遭遇，戈福斯少校将向拉纳姆上校汇报说，情况与预计的相反，大豪村的德军尚未撤离。[62]

11 月 27 日晚间早些时候，钱斯上校告诉拉纳姆，一旦第 4 步兵师调整后的分界线生效，他的第 12 步兵团就将占领 90 高地。第 22 步兵团 3 营营长肯普少校也有同样的想法，按照肯普少校的作训参谋布里奇曼中尉的说法就是，"他（肯普）不希望德国佬能从他的右侧看到左肩"。肯普少校知道他的 3 营最终会领受占领大豪村或村东森林的命令，因此组建了一支特遣队，与第 12 步兵团一起拿下 90 高地。

3 营

I 连和 K 连各自抽出 1 个排和 1 个机枪组，组成 3 营的特遣队执行攻击任务。他们在 10 点出发，沿着一条小路向北前进，然后转向东边，进攻山头上的德军。特遣队的士兵们发现与他们先前的经历相比，敌人的抵抗非常轻微，13 点 30

分他们就拿下了山头。虽然他们在推进过程中遭到轻武器的零星骚扰，但是团部的定期报告指出，"惯常的炮击和迫击炮火力"没有出现。

3 营的特遣队在 90 高地俘虏了 23 名德军，其中大多数人来自迪伦的一个警察连，早先作为第 275 步兵师的一部分投入森林。特遣队还从德军手中夺取了一处炮兵观测哨和一门掩体中的火炮，他们把炮口转向了德军。与乌合之众般的警察不同的是，有两名被俘的德军身穿迷彩服，看起来有点身份。两人没透露什么口风。拉纳姆决定先让他们"按惯例挖坑"，之后他们可能会比较健谈。这是美军的诡计，即让挑选出来的俘虏以为在给自己挖坟，从心理上压垮对方，让他们供出更多的情报。

特遣队占领了山顶之后，肯普少校立即命令 K 连连长伯顿中尉延长防线，守住新占领的阵地。派去防守小山的 K 连士兵爬上山顶时，遇见了从另一边上来的第 12 步兵团 1 营 A 连的官兵。[63]

1营

1 营仍在阵地上为进攻大豪村做准备。E 连在两辆坦克和两辆坦克歼击车的支援下留在原地防守。与此同时，B 连在 18 点 30 分撤回了集结区域，在那里整顿建制并接收了大约 70 名补充兵，这些补充兵先前就已经赶到，正好用来补充前线部队。A 连向前移动，接防了 K 连离开后空出的阵地。

1 营的阵地距离德军战线非常近，美德双方可以就交换伤员事宜讨价还价。由于双方实在太过接近，任何动静都会让 E 连遭到德军大炮和迫击炮的轰击。位于大豪村东侧 380.5 高地上的德军，密切注视着美军的一举一动，只要看见美军士兵，他们就用坦克、反坦克炮，以及隐蔽在高地反斜面掩体中的迫击炮开火。美军虽然用坦克进行回击，却对高地反斜面上的德军无可奈何。

在与拉纳姆上校的一次谈话中，戈福斯少校坚称"村里的德军奉命战斗至最后一人"。戈福斯少校是如何知道这点的，没人能够猜到。但是德军仍然顽强据守着大豪村，粉碎了美军的所有进攻。1 营各连的兵力皆不足三分之一："B 连剩下大约 38 名士兵和 3 名军官，E 连也一样，C 连还剩 56 人。"一个营的战斗兵力仅剩 156 人，也就是还不到一个满编制的步兵连。拉纳姆告诉戈福斯，团预备队只有 25 名步兵，他们是各步兵连中唯一未曾与德军交过手的。

烟雾弥漫的环境和茂密的森林，很容易使人陷入混乱。五名沿 X 公路全神贯注清理地雷的工兵在不知不觉中走进了大豪村，随后团属反坦克连的三名士兵冲入村内将他们带了出来。[64]

美军 155 毫米和 240 毫米榴弹炮发射的炮弹虽然摧毁了大豪村里的许多建筑，但杀伤的德军数量却不大，因为德国守军都藏身于村中的钢筋混凝土地窖中。P–47 战斗轰炸机也进行了对地攻击，并且留下了摧毁三处德军重炮阵地的记录。被俘德军供称，德军唯有在夜间出来活动时才会蒙受伤亡，即便美军得到了炮兵和航空兵的有力支援。[65] 因此，空袭和炮击虽然会在视觉上给人留下深刻印象，但却没有什么实际效用。只有步兵上去才能解决所有问题。

第 22 步兵团的官兵已经在森林中待了 12 天。他们的悲惨境遇包括：雨水淅淅沥沥滴个不停，泥泞没完没了，衣服湿漉漉的，身子从未暖和过，没有热食，没有足够的睡眠，晚上还要裹着雨衣蜷缩在满是冰冷雨水的散兵坑中，冷得直打战，整夜无法入睡。当然，威胁还有想要干掉他们的德军。很显然，从胡子的长度就能看出哪个美国大兵在森林中待的时间最长。由于缺乏睡眠，士兵们眼窝深陷，眼睛里布满血丝，脸上和手上被厚厚的污泥弄得肮脏不堪，手指因为寒冷失去血色、变得肿胀，指尖因为感染而裂开一道道口子。黏着厚厚泥巴的军服和吸饱了水分的毛呢大衣都比平时重了两倍。连续数日，持续不断的炮击令士兵们只能隐蔽在满是泥水的散兵坑内外。即使敌军没有试图歼灭他们，恶劣的环境也令美国大兵身心疲惫、患上疾病、虚弱不堪，或是对战事漠不关心。战壕足风行，尤其是 2 营，用营长的话来说，患上战壕足的士兵的"比例已经高得非常严重了"。[66]

11 月 28 日，该团上报的伤亡数字是 117 人，与过去几天相比有所减少。实际战斗伤亡是 64 人，其中有 16 人是士官。此外，该团得到了 9 名补充兵。考虑到步兵长期缺编，拉纳姆要求副团长约翰·拉格尔斯中校清点每个连的厨师、帮厨和后勤人员数量。11 月 28 日上午，巴顿少将授权拉纳姆可以将表现出色的士官"火线提拔为军官"，但问题是此时可以提拔的士官已经所剩无几了。[67]

拉纳姆上校得知他的团在 29 日发动的进攻会得到更多的支援，在小豪村附近推进的第 5 装甲师 A 战斗群（CCA）会加强此次攻势。拉纳姆希望这些从南边进攻的坦克部队，能够将德军原本为第 22 步兵团预备的炮兵火力吸引走一部分。

拉纳姆的意图是让3营绕过大豪村北部，1营紧随其后。兵力严重不足的2营在坦克和坦克歼击车的加强下，坚守全团右翼，从西边盯住大豪村。这一策略在孤立大豪村的同时，还让该团离下一个进攻目标——盖村——更近了。拉纳姆希望大豪村的德军在意识到美军将切断其与盖村和小豪村的联系时，能在未受攻击的情况下主动弃守或投降。[68]

当晚，肯普少校派3营侦察突击排的一队侦察兵去大豪村和盖村之间的公路上埋设地雷。他们于23点10分出发，潜入了这条从山腰上穿过的公路，这座山丘的一侧是深入峡谷的陡坡，另一侧是陡峭的悬崖，唯有这条公路能够通行。侦察兵在公路上布设了8枚反坦克地雷，于凌晨2点30分安全返回3营阵地。[69]

与第22步兵团对阵的德军

第353步兵师沿着森林的东部边缘和盖村周边，建立了鲁尔河防线。其前方是第89步兵师、第275步兵师和第344步兵师剩下的部队。第344步兵师接到了要尽可能久地守住防线的命令，即便无力阻挡盟军进攻，在沿着大豪村—盖村公路撤向盖村时，也要发起后卫战斗。

由于大豪村外围的森林都落入了美军手中，村落本身成了德军防御的重点。虽然大豪村不断遭到炮击和迫击炮轰击，天气晴好时还会遭到飞机轰炸，但只要德军士兵隐蔽在村中的坚固地窖中，他们的伤亡人数就非常少。

成立于1944年10月的第7集团军武器学校，派出一个大约有80名士兵的连队加入了大豪村的防御，此前大豪村的德军防御部队是一个辖有两个连的营，由第89、275和第344步兵师的部队混编而成。[70]

由一些45岁至60岁的士兵组成的第3警察营3连，进入了珀尔施曼（Pörschmann）战斗群的右翼阵地，刚好在大豪村以北的92号林区，其右翼是西多（Siedow）突击连。在盖村以西大约2千米处，德军指挥官用来自第275步兵师和第344步兵师各团的士兵编成了另一个战斗群，由前第985掷弹兵团2营营长拉姆拉德（Ramrad）少校指挥。该战斗群的内贝（Nebe）连和阿贝拉（Abela）连，各有大约30名士兵。[71]

德军在小豪村周边部署了大量反坦克武器，小豪村东边的森林里有7门突击炮，它们每天都会朝大豪村和小豪村周围的高地开炮射击。配备8门75毫米反坦克炮的第275步兵师师属反坦克连被分散部署在整个战区内，可是这些炮却无法机动，当第275师的主力部队向石勒苏益格－荷尔斯泰因州（Schleswig-Holstein）的弗伦斯堡（Flensburg）转移时，他们带走了反坦克连的12辆重型拖车。在小豪村和大豪村之间区域的第7集团军直属迫击炮营的全部四个连被合在一处，此时该营还有大约有100人和7～8门迫击炮。[72]

"无论如何你都要继续进攻，明白了吗？"

11月29日。虽然第104步兵师在夜间于拉默斯多夫和因登成功击退了德军的反攻，但是德军夺回了因德河上的桥梁。在第1步兵师负责区域，第16步兵团的一个营截断了朗格韦厄以东的公路，与此同时，第26步兵团进入了默罗德。第4骑兵群的一个中队负责填补第26步兵团和第8步兵团之间的缺口。第4步兵师8团沿着舍芬许特—迪伦公路向前推进了900米，第22步兵团攻占了大豪村并切断了大豪村—盖村公路。第5装甲师A战斗群和第121步兵团攻占了小豪村，并且报告称夺取了401高地。在许特根村的东边，德军被迫后撤了大约900米。

——第1集团军作战报告[73]

11月29日，士兵们被雨水浇醒，天空灰蒙蒙的，空中支援化为泡影。第22步兵团在第5装甲师对小豪村发起攻击3小时45分钟后，也按计划投入进攻。进攻即将开始前，巴顿少将在电话中宣布"今天整条战线都会发动进攻，第22步兵团将不再孤军奋战"。他说得一点没错。

3营

到了10点30分，美德双方的炮兵火力都在逐渐增强。3营的士兵发现他们被炮击压制在散兵坑里无法动弹，进攻时间因此推迟了1个小时。12点，3营终于开始推进，K连、I连和L连呈纵队朝东北方向进入了通往盖村的溪谷。[74]伯顿中尉的K连正好撞上一拨同一时间发动进攻的德军，这可能正是德军加强炮击的原因。遭遇战中美军占了上风，他们将德军赶回了刚刚离开的防御阵地，然后趁乱打垮了敌军。伯顿中尉立即让他的部下进入德军阵地，等待必然出现的敌军反扑。

跟随在K连后面的I连纵队遭到了德军一个步兵班和两挺机枪的攻击，这些德军此前被推进中的K连绕开了。I连连长约翰·科尔维尔中尉先是派查尔斯·卡尔森（Charles Carlson）中士带领2排（实际上只有卡尔森和他当天早上挑选出来的一些补充兵），去帮被压制住的3排解围。卡尔森失足从山上滑落，掉入一队德军士兵之中，除一人外其余人都举起了手，那人对着卡尔森连续射击，卡尔森成功逃脱并回到了急救站。随后，科尔维尔中尉带着2排沿大豪村—盖村公路向右迂回，从侧翼包抄德军据点。虽然在随后的交火中科尔维尔中尉不幸阵亡，但是2排的士兵仍奋力向前，攻占了德军阵地。奥斯卡·坎特雷尔中尉接任I连连长，他带着全连转移到了K连的右翼。

除了来自一线的德军火力之外，第12步兵团防区所在的92高地上也有轻武器在猛烈射击。起初有人认为这只是友军的误射，但事实上高地的部分地区仍在德军手中，他们让第12步兵团付出了不小的代价。到16点，3营正好位于大豪村—盖村公路以北，K连朝北对着92高地，I连和L连分别面向东边和南边。拉纳姆上校不希望3营就此停止进攻，他一再敦促肯普少校让他的部队继续朝着大豪村—盖村公路转弯处南侧的382.5高地推进。整个作战计划正在瓦解，除非3营推进至382.5高地，否则大豪村就不可能被孤立。

傍晚时分，I连和L连朝着东南方的森林边缘重新展开进攻，只要突入大豪村—盖村公路另一侧的森林，这两个连就会向南直扑关键性的高地。18点，森林中已是漆黑一片，林中的战斗非常混乱。由于完全陷入了"两眼一抹黑"的境地，两个连的进攻只能依靠指北针，如果遭遇德军就将他们歼灭。在随后的战斗中，肯普少校的3营切断了大豪村—盖村公路，突破了德军三条防线，抵达了大豪村东北部的开阔高地。考虑到那里的地形、黑暗的环境和整天都在遭受炮击及射击的部队状况，能取得这样的战果堪称极其成功。

I连冲上了高地，接着坎特雷尔中尉安排该连面向南边和东边建立防御阵地。当晚，坎特雷尔出去查看连队防线时失踪了。3天后，一支巡逻队在离美军阵地大约750米远的地方发现了他的尸体。没有人知道他遇到了什么事情，

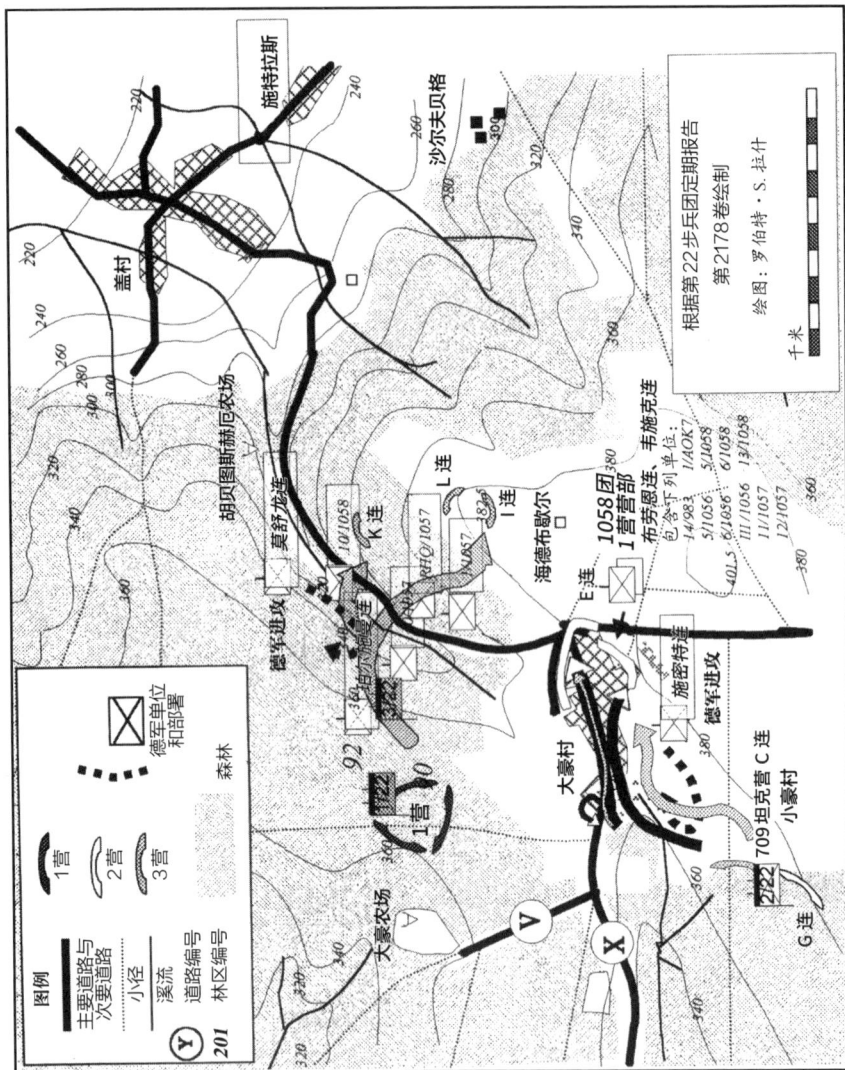

示意图13：大豪村，11月29日

以及为什么会死在那里，不过据推测他可能是在被德军俘虏后遭枪杀。L 连在 I 连的左翼，面向东边和北边布防，与此同时 K 连负责警戒大豪村—盖村公路。20 点 50 分，3 营拿下了目标高地。[75]

就在 3 营发动进攻之前，第 4 步兵师作训科长德莱尼中校致电拉纳姆，告诉他巴顿少将想要立即拿下大豪村。巴顿是迫于军长柯林斯少将的压力让部队继续发动进攻的，而大豪村正是这片战区的关键所在。由于包围大豪村的计划无法确保拿下该村，拉纳姆现在命令部队直接发起突击。然而，能够立即发起进攻的部队唯有已被重创的 2 营，而且该营能用来执行命令的也仅有一个连。[76]

2营

11 点 06 分，团作训股长爱德华兹中校通知凯南中校，他认为 2 营在 29 日不用向前推进，但在大豪村被包围后，需要派一名能说德语的翻译举着白旗进入村内。仅仅过了 14 分钟，爱德华兹又通知凯南，让他派 E 连及配属的坦克和坦克歼击车去占领大豪村。

从德莱尼中校下达命令到 E 连投入进攻，期间只间隔了 90 分钟。E 连开始进攻时大约有 70 人。前一天晚上梅森中尉带着 E 连的剩余部队和大约 40 名补充兵赶到，此时整个 E 连的士兵几乎都是在许特根森林战役期间抵达战场的。[77]

在进攻开始前的 15 分钟内，第 44 野战炮兵营向大豪村发射了 300 发 105 毫米炮弹。炮击结束后，步兵向前运动。福克纳上尉首先派 3 排从北边绕过左翼——与拉森中尉的侦察小队昨夜走过的路线完全相同。当 3 排踏上公路另一侧的开阔地时，德军机枪和步枪就朝着他们猛烈开火，那些没有当场阵亡或受伤的人设法退回到森林里。接着，福克纳又派 2 排直接向村子边缘的一间老旧谷仓发起进攻。在德军机枪的交叉火力压制下，2 排未能夺取谷仓。随后，福克纳让 1 排绕到村子的右边。抵达离最近的建筑物大约 40 米远的一条灌木篱墙时，他们遭到德军轻武器和迫击炮火力的攻击，无法再向前推进一步。于是，福克纳派此时已经调整好队伍的 3 排去增援 2 排，突破敌军的火力封锁。但 3 排却和 2 排一样，都被隐蔽在谷仓里的德军用火力压制住了。此时，整个 E 连都无法动弹，暴露在开阔地上。[78]

E连不仅遭到德军轻武器的猛烈射击，还面临着反坦克炮的直接开火。一枚炮弹落在距福克纳上尉和他的话务员莫里斯·萨斯曼（Morris Sussman）二等兵大约1米远的地方，爆炸掀起的泥土将两人都盖住了。弹片将连部与各排联络的SCR 536型无线电步话机给击毁了，福克纳只好通过传令兵来传递命令。SCR 610型炮兵专用无线电台也失去了信号，福克纳和连里的几名中尉试图通过营部的指挥频率来调整炮兵的射击目标，他们还试图动用重武器连菲茨杰拉德（Fitzgerald）中尉的迫击炮，后者正在进行观测。然而，由于观测条件不佳，发射出去的炮弹既可能落到德军身上，也可能落到E连头上。拉森中尉还试图通过隐蔽在各个弹坑里的士兵传递弹着点参数，以此调整炮击方位，但是没人能把头探出弹坑边缘观察弹着点。无论怎么努力，迫击炮和炮兵火力都无法调整到需要它们提供支援的地方。

福克纳打电话向凯南中校请求提供坦克支援，其防区内有两辆坦克和坦克歼击车，但是它们并未加入E连的进攻。萨斯曼目睹福克纳怒火万丈地对着话筒吼道："我们只能做力所能及的事情。"不久后，两辆坦克和坦克歼击车赶到了福克纳的阵地，但是由于担心压上地雷，坦克车长拒绝把他的坦克开上任何一条道路。在福克纳的恳求下，坦克车长才松口说"我们出发吧"。[79]

领头的坦克一驶出森林就被德军的反坦克炮弹击中，捆绑在炮塔周围的铺盖卷烧了起来。坦克车长爬出舱口，将燃烧的铺盖卷割断。随着浓烟从炮塔内喷涌而出，受损的坦克退回森林中，让炮塔通风换气。其他坦克也停了下来，没有发挥太大的作用。

在福克纳等待支援期间，E连的步兵仍然被德军的凶猛火力压制在原地无法动弹。他们已经在地上趴了4个小时，几乎没有移动的机会。能够撤退的伤员自己回到了森林和急救站，而那些无法撤退的伤兵只能强忍伤痛，带着不断流血的伤口留在开阔地上。[80]

福克纳上尉描述了接下来发生的事情：

我用SCR-300型无线电台向营部报告了我们的情况。过了一会儿，他们回复："无论如何你都要继续进攻，明白了吗？注意来自南方的装甲部队""收到。"我答道。

最后我们的阵地上又来了 4 辆坦克，我大声命令部队跟着这些坦克推进，结果先头坦克的大炮突然哑火了。坦克指挥官约曼（Yeoman）中尉命令停车，冷静地带着推弹杆钻出了炮塔，去退出有问题的炮弹。德军用更猛烈的迫击炮火轰击我们，我们无法在这样暴露的阵地中多待一分钟。我在开阔地上继续前进，挥手示意第二辆坦克跟上来，并让士兵们加快前进速度。艾维（Ivie）中士跳上了先头坦克的顶部，识别出村子左侧的一处德军据点。（我）挥手让一辆带推土铲的坦克和两辆坦克歼击车驶到村子的左边，雷尔顿中尉带着 1 排跟在后面。两辆坦克驶上了街道中央，拉森中尉和 2 排在街道左侧伴随，3 排（欠 1 个班）在理查森中士指挥下在街道右侧行进。

为了掩护我们右翼的后方，我派了一个班去村子的右侧。此时 4 排的主要任务是充当预备队。[81]

福克纳申请得到更多坦克支援的要求也被批准了。下午晚些时候，麦克里彻少校的装甲特遣队向大豪村发动攻击。由于村子东边有一片泥沼，西边又有一片雷区，这些坦克就停在了雷区边缘，然后向村中的建筑物和疑似德军炮兵阵地的地方发起近距离平射。[82]

福克纳接着描述了当时的情况：

我们一边推进一边开火射击，坦克群驶过开阔地从南边赶来。这批坦克有 12 辆——现在只有 11 辆了，因为有辆坦克被地雷炸瘫痪了，我亲眼看见车组人员逃了出来。

不错，就是这样。坦克用高爆榴弹和曳光弹瞬间摧毁了一栋房屋，机枪扫射犹如秋风扫落叶，都是电影里常见的东西——噪音、火焰、浓烟、运动、混乱。

我们的士兵透过房屋窗口向里面扔手榴弹，然后冲进去干掉德国佬。从第一栋房子里涌出来大约 20 个德国兵。16 点 30 分，我们跟在开道的坦克后面踏上村内的街道……我们于 18 点 30 分到达村子的东端，并用无线电将情况向 2 营营部做了汇报。得到的回复是'干得漂亮'……E 连伤亡了大约 90 人，进攻开始时有 170 人，到结束时还剩 82 人。[83]

虽然 F 连也派了 1 个排加入 E 连的进攻，但德军的反扑打击了该排的右翼，该部还未真正投入进攻就被挡住了去路。随后，凯南中校命令威尔逊中尉带着 F 连攻入大豪村，配合 E 连拿下这座村子。F 连入夜后才抵达，并且占据了村子的南边。位于右翼的 G 连爬上一片空旷的山坡，推进到了小豪村公路东侧。[84]

就在大豪村失守之前，德军远程引爆了村子西边的雷区。不过，当时美军坦克已经撤出阵地前去加油，因此这场大爆炸并未伤到任何人。在补充了弹药和燃料之后，坦克和坦克歼击车又驶回了大豪村，协助步兵拿下了村子。最终，大豪村出人意料地被美军轻易夺取了。[85] 当美军的攻击逼近时，德军的抵抗就瓦解了，伴随 E 连步兵的坦克一次炮轰就能摧毁村中的一栋房屋。虽然 E 连在突入村子的过程中蒙受了重大伤亡，但在进入巷战阶段后伤亡就相对少了很多。[86]

战斗一平息，肖特上尉的工兵就开始在各条街道上清除地雷，以便为位置突出的 3 营运送补给。反坦克炮被推了上来，伤员则被后送至医疗后送站。[87]

E 连之所以能成功夺取大豪村，很大程度上是因为拉纳姆上校包围村子的计划。美军攻下大豪村时它已经被包围：3 营切断了其通向盖村的公路；第 5 装甲师 R 战斗群已经完成了清理小豪村守敌的任务并报告称夺取了 401.5 高地。然而，即便大豪村已经被包围，村内的德军仍然在继续战斗。

1营

3 营出发后，戈福斯少校的 1 营进驻前者留下的阵地。E 连接到进攻大豪村的命令时，拉纳姆上校告诉戈福斯，他的 1 营要尽可能为 E 连的进攻提供支援。15 点 57 分，拉纳姆还无法确定 E 连是否能够夺下大豪村。他以警告的方式命令 1 营营长戈福斯少校，"如果 E 连没有任何进展，就做好计划，今晚从北边拿下大豪村"。拉纳姆还提醒戈福斯："我不希望你们抓一大群俘虏。如果他们顽抗到底，那就送他们下地狱。"1 营副营长亨利上尉当天深夜评论说，"如果守军想要为希特勒献身，我们就成全他们"。[88] 他们对大豪村德国守军的怨恨，也许反映了战斗的紧张程度，更反映出前后几任军官的情绪，他们目睹了自己的攻击部队被强大的守军屠杀的场面。

不过，许多德军战俘并未被杀，而是源源不断地被送入团里的战俘营，当晚共收容了155名德军战俘。在审讯这些战俘的过程中，布莱泽德少校几乎没有获得任何新的情报，他在这座村子大杂烩般的德国守军中连一个正经的班级单位都找不到。[89]

拉纳姆上校以非常平静的心态，向巴顿少将报告第22步兵团攻占了大豪村。巴顿鼓励拉纳姆说："我们正在完成来到这里的使命。我们正在痛打那些德国佬——我们为此付出了代价，但我们正在用鞭子抽他们。"尽管如此，拉纳姆还是为他的团遭受的惨重伤亡感到沮丧。他对3营副营长托马斯·哈里森上尉表示，"部队伤亡太惨重了，这令我非常沮丧，我不敢相信在被240毫米重炮、白磷燃烧弹等炮弹'洗地'之后，村里竟然还有超过100名的德军"。[90]如果拉纳姆知道最后在大豪村和周边地区俘虏了250名德军的话，他会更惊讶。

整个晚上，美军部队在大豪村周边的部署显得有些混乱。4支美军团级部队之间彼此相距约1400米：第8步兵师121团和第5装甲师R战斗群在南边；第22步兵团在中间，同一个师的兄弟部队第12步兵团在北边。夜里，F连的士兵似乎看到有一个营的德军穿着军大衣在401.5高地上扎营，而第5装甲师R战斗群当天早就报告说已经占领了这座高地了。难道高地又被德军夺回去了？

威尔逊中尉派一队人马去查明情况。团情报股长布莱泽德少校还是拒绝向山脊进行炮击，因为他认为高地上的部队属于正在那里进行侦察的第46装甲步兵营。布莱泽德还注意到一大早的报告称，第5装甲师R战斗群已经占领了小豪村和401.5高地，威尔逊中尉和F连被告知"去睡觉吧，甭管它了"。[91]如果R战斗群的部队曾经夺取过这个高地的话，那他们一定没有在上面留守，导致当晚德军又重新占领了它。

全团报告伤亡162人，实际伤亡144人，不过还有许多留在森林里的人情况不明。E连、I连和K连的人员伤亡最为惨重。师部的人事军官只给该团补充了13人：5名新兵，8名老兵，后者是在早先的战斗中负伤的士兵。为了弥补步兵连的兵力缺口，2营再次从营部单位和重武器连中抽调人员充当步兵。[92]

11月25日至29日间，第22步兵团共伤亡762人，补充兵力837人，其中绝大部分人都被分入步兵连。到目前为止，在为期14天的战斗中，第22步兵团阵亡、失踪、负伤或非战斗减员计总 2064 人，补充 1636 人。虽然伤亡惨重，但该团实际兵力和编制兵力的百分比始终保持在 86% 左右。然而，由于指挥人员和经验丰富的老兵损失太多，该团的战斗力已大不如前。[93]

巴顿少将通知拉纳姆上校，11 月 30 日要继续进攻，并将新到的第 46 装甲步兵营配属给第 22 步兵团，用以肃清大豪村—小豪村一线高地上的德军残余部队，为第 5 装甲师 A 战斗群在随后的进攻中开辟出发阵地。拉纳姆将这道命令转达给了各营营长，告诉他们战斗尚未结束。亨利上尉在日记中说，《科利尔周刊》（Collier's, The National Weekly）的欧内斯特·海明威和《生活》杂志的摄影师比尔·沃尔顿曾来他的战地指挥部采访。海明威向每个人保证"战争会在圣诞节前结束"，不过海明威并非一名步兵，而亨利是。他在日记中写道："这似乎是一厢情愿。"[94]

与第 22 步兵团对阵的德军

11 月 28 日许特根村失守。因为美军在小豪村南部展开，截断了小豪村—勃兰登贝格公路，所以德军防御部队正在从南部收缩。此时，对小豪村和大豪村的守军进行再补给及支援，只能依靠大豪村—盖村公路和从小豪村通向沙尔夫贝格（Scharfberg）的一条未经加固的道路。大豪村失守后，盖村和施特拉斯（Strass）这两座村子成了抵挡美军装甲部队进入鲁尔平原的最后关卡。

11 月 29 日夜间，第 3 伞兵师第 8 伞兵团 1 营赶到盖村加强防御。第 353 步兵师 941 掷弹兵团 2 营到达大豪村以东的林区，该营 7 连在 401.5 高地上构筑防御工事以掩护小豪村和沙尔夫贝格之间那条未经加固的道路，5 连在 382.5 高地以东的林子里驻扎，而 6 连在这两个连之间挖掘战壕。这些增援部队从比特堡出发花了 3 天时间赶来，最后从克罗伊茨奥行军抵达盖村，然后穿过森林进入各自的阵地。[95]

尽管小豪村守军并未被完全消灭，可大豪村和小豪村在 29 日仍失守了。德军各单位混杂在一起，11 月 29 日，美军在包括大豪村及其北部和东部区域的 1 平方千米范围内俘获了 133 名德国士兵，这些人来自 15 个不同连队，分属 6 个团，4 个师。[96]

大豪村里的两个战斗群拥有大约 180 名士兵，其中布劳恩（Braun）连防守离村子边缘最近的森林，韦施克（Werschke）连防御村东头。在战斗中，两个战斗群约有 40 人阵亡，至少 100 人被俘，其中包括两名连长。这些被俘的德军官兵大都满身虱子，肮脏不堪，散发着难闻的气味。[97]

北边，在大豪村—盖村公路西边布防的莫舒龙（Moschurung）连被美军的进攻打得落花流水，侥幸生还的官兵朝着东北方的盖村撤退。[98] 第 89 步兵师、第 275 步兵师和第 344 步兵师的剩余部队大多只剩下排级单位，分散在战场各处。

第十一章
进攻盖村：向森林边缘推进
（11月30日—12月4日）

"最佳的进攻时机"

11月30日。在第104步兵师作战区域，我军与德军在因登镇展开了激烈战斗，摧毁了一些德军坦克。拉默斯多夫的德军被彻底肃清。第26步兵团的两个连在默罗德被切断了后路，第1步兵师各单位在试图援救时也与德军展开激战。坚守朗格韦厄和云格斯多夫的我军部队遭到了德军的猛烈反击。第47团支队不再配属第1步兵师。第4步兵师8团沿着舍芬许特—迪伦公路推进，第12步兵团穿过森林朝盖村推进。配属第22步兵团的第46装甲步兵营清理了小豪村的北部区域。第8步兵师121团与第5装甲师A战斗群穿过许特根村南部的森林向东推进。

——第1集团军作战报告[1]

第22步兵团的下一个进攻目标是大豪村和盖村之间的林区。这是进入开阔的鲁尔平原前许特根森林中的最后一片林地。拉纳姆上校命令2营和3营向东北方向进攻，推进到面向盖村的森林边缘，其中3营在大豪村—盖村公路以南穿过森林，而2营则穿过大豪村东边的开阔地。3营出发后，1营作为团预备队进驻3营原先的阵地。

由威廉·伯顿（William Burton）少校指挥的第46装甲步兵营原属第5装甲师，现配属第22步兵团投入进攻。该营在整个11月中没有任何人员伤亡，休整充分，齐装满员。第46装甲步兵营的任务是从E连原阵地附近的森林边缘出发，沿着小豪村—沙尔夫贝格公路向东攻击前进，肃清公路北边树林里的敌军，在那里为（第5装甲师）A战斗群次日向迪伦的进攻建立出发阵地。这应该是一项很轻松的任务。

由于得到报告称小豪村和401.5高地都已被友军占领，第46装甲步兵营就沿着401.5高地建立进攻出发阵地。巴顿将军提议11点开始进攻，最初拉纳姆表示反对，因为他的部队尚未从昨日的战斗中缓过劲来，仍需整顿。拉纳姆在给各营营长下达指令时告诉他们，第5装甲师R战斗群已经攻占了小豪村和401.5高地，因此他相信各营不会遇到太大困难。[2]

11月29日至30日晚，美军在成功占领大豪村的过程中，遭遇了密集的炮火，却鲜与德军步兵发生接触。美国大兵们在大豪村里抓到的都是掉队的德军散兵游勇。情报人员通过审讯战俘，确定德军又调来了一支与第22步兵团对阵的新部队——第353步兵师941掷弹兵团。情报人员还注意到，德军部队

1944年11月30日的大豪村，完全成了一片废墟（美国陆军通信部队拍摄）

的士气取决于士兵的年龄。那些年纪较大的士兵曾经目睹过德国国防军昔日的辉煌，吃了败仗后仍然继续战斗只是因为别无选择。而那些年轻的士兵对战斗还有着天真的幻想，并且不愿接受德国战败的事实，决心战斗到底。[3]

11月30日上午，阳光明媚，在各条公路上空，美军的P-47战斗轰炸机上下飞掠，用机枪疯狂扫射任何移动的物体。各突击连队的美军士兵小心翼翼地朝他们的进攻出发阵地移动，为进攻做着准备，但这场进攻却显得有些虎头蛇尾。

第46装甲步兵营

第46装甲步兵营的进攻一无所获。9点，伯顿少校的部队以排为单位呈纵队依次出发，C连在北，A连在南，这是一种部队展开推进至进攻发起线的惯常队形。然而，进攻发起线并没有被美军控制。士兵们一走出大豪村西边的森林就遭到了德军机枪、步枪、迫击炮和火炮的火力攻击。德军的大部分直瞄火力来自前夜F连曾报告已落入敌手的那座高地，奇怪的是此前没有人在意这一点。结果，401.5高地不是进攻出发阵地，反而成了美军的进攻目标，他们必须要拿下高地。

由于第46装甲步兵营同时遭到来自401.5高地和小豪村地区的德军火力的夹击，伯顿少校命令C连夺取高地，A连去肃清村子里的狙击手。美军在穿过大豪村和小豪村之间的开阔地时遭到了德军攻击，在几乎无法隐蔽的区域内，士兵们一再被德军火力死死压制无法动弹。A连伤亡惨重，进攻高地的C连也停了下来。

美军伤亡人数又不断增加，无线电台的电池也耗尽了电量，前线部队与后方指挥所及支援部队之间失去了通信联络。没过多久，各部队之间的联系就只能靠传令兵了。虽然第44野战炮兵营在提供支援，但是在一名炮兵前进观察员阵亡、另一名观察员的无线电听筒损坏、电台电池耗尽电量后，第46装甲步兵营就失去了炮火支援。步兵再次陷入了孤军奋战的境地。

拉纳姆上校再三敦促伯顿少校重新组织部队继续进攻，第46装甲步兵营要在天黑前拿下目标。B连顶着炮火超越A连打开通道，继续发动进攻。大约30分钟后，C连占领了高地，俘虏了50名德军，缴获了6挺机枪。日落时，

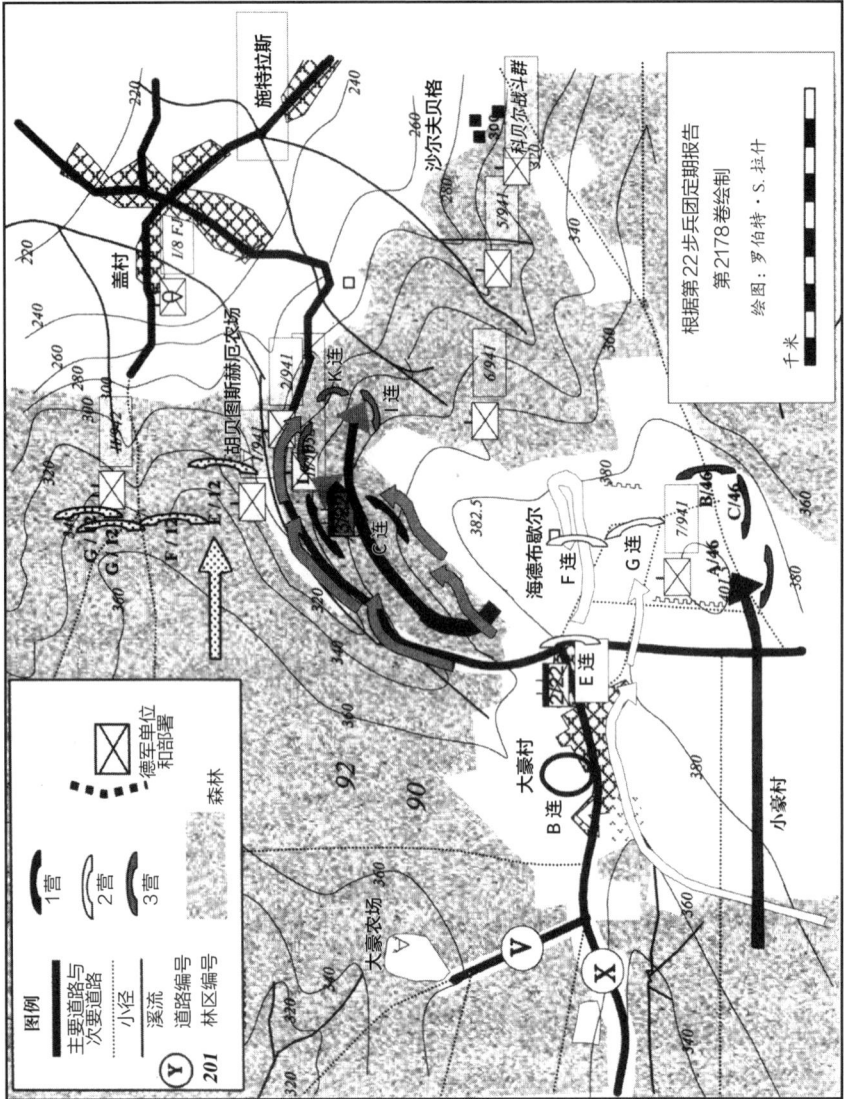

示意图14：盖村，11月30日

伯顿的部队推到了 401.5 高地以东的森林边缘。他们为此付出了高昂代价：在通往 401.5 高地和小豪村的血战中，全营伤亡了 157 人，这个数字创造了许特根森林战役中美军营级部队的单日伤亡纪录。

当晚，伯顿少校来到第 22 步兵团团部，报告说他的营刚离开森林就遭到了来自 401.5 高地和小豪村的德军火力的夹击。伯顿还报告说小豪村以东的森林里有大批德军，而且村子里充斥着狙击手。在村子北部的房屋间穿行时，他发现那里的第 5 装甲师士兵对敌军狙击手无动于衷。当拉纳姆向第 5 装甲师转发相关报告时，后者仍旧坚持认为小豪村和 401.5 高地上的德军已经被全部肃清了。[4]

2 营

当第 46 装甲步兵营不得不朝着其预定进攻出发阵地攻击前进时，2 营官兵也做好了出发准备。F 连和 G 连要在一片芜菁地里向前推进 700 多米，抵达大豪村以东的森林，接着向盖村发起进攻。E 连将留在村里重整建制。在意识到奋力突破德军的防御才能抵达森林边缘后，F 连连长威尔逊中尉和 G 连连长皮萨雷克中尉将进攻发起阵地从森林边缘调整到了贯穿大豪村南北的公路附近。

一大早，皮萨雷克中尉就已经率领 G 连进入了大豪村东南部。抵达那条南北走向的公路之前，他的部下在一些之前尚未清理的房屋中俘虏了 30 名德国兵，并且在十字路口摧毁了敌人的一处机枪阵地。随后，在前方开路的尖兵转错了方向，带着 G 连向北朝着 3 营防区的森林走去。皮萨雷克中尉很快就发现了这个错误并率领 G 连回到了 F 连的南边。[5]

G 连的两个排排成两路纵队向山脊顶部推进。在他们的右侧，大约 200 名德军已经在大豪村以东的高地上挖壕固守，他们就是 F 连前一天晚上报告发现的那批德军。德军在夜间构筑的阵地很浅，只有约 0.4 ~ 0.6 米深，而此时他们已经拥有了类似于第一次世界大战时期的堑壕线。当 G 连跨过山脊时，美国大兵们遭到了来自森林中的直瞄火力攻击，包括两门 88 毫米反坦克炮以及从 401.5 高地居高临下射击的机枪。

G 连在许特根森林战役期间第二次损失了所有军官。皮萨雷克中尉阵亡，接替他指挥的默温·托尔斯（Merwin Tolles）中尉当天晚些时候就负了伤，其余军官也全都挂彩。此后从 F 连赶来的威廉·格林利（William Greenlee）中尉接过了 G 连的指挥权。G 连继续进攻，将德军逼回到森林中。之后，G 连幸存下来的不到 40 人就地掘壕过夜。他们依托德军放弃的钢筋混凝土和钢铁结构的高炮阵地组织防御，中央有座大碉堡。哨兵发现森林边缘有一门德军的 88 毫米反坦克炮，1 排还注意到在 401.5 高地以东的开阔地带和林区南边有 5 辆敌军坦克。[6]

F 连和 G 连一样时运不济。起初进展还算顺利，新来的内格尔（Nagel）二级军士长抓到了 6 名俘虏，这些德国兵挥舞着白色的手帕从掩体中走出来投降。他们认为白天投降成功的可能性更大，因此晚上就一直躲在 F 连的外围。[7]

F 连连长威尔逊中尉也让两个排并肩推进，穿过开阔地带，爬上山坡。最初的近 300 米路程让威尔逊想起了在美国进行的演习。虽然没有炮火拦截，但是隐蔽在开阔地北部森林里的德军机枪不断朝推进中的美军散兵线扫射。美军士兵迅速向前冲去，伤亡轻微。他们爬上山脊后，用威尔逊中尉的话来说，就是"天要塌了，我们将堕入地狱"。在美军穿过开阔地的时候，德军从正面和两翼将 F 连及其南侧的 G 连的行动观察得一清二楚。德军机枪、88 毫米炮、空爆弹和大口径火炮编织成的火网，猛烈而又准确地覆盖了推进中的美军。[8]德军的炮击在松软的地面上炸出了一个个巨大的弹坑，美军步兵就从一个弹坑跳到另一个弹坑，以这种方式向前推进。德军的无后坐力炮发射了大量炮弹，这些炮弹在飞行过程中呼啸声很小，飞行速度也很慢，美军士兵甚至可以观察到飞行中的炮弹的轨迹。[9]

除了直瞄火力发射的炮弹不断在地面上爆炸，F 连和 G 连上空也充满了空爆弹制造的致命黑色硝烟，这些空爆弹将灼热的锯齿状弹片雨点般洒向下方的士兵。与 E 连一起留在大豪村的梅森中尉认为，德军的定时射击（Time fire）是他所见过的最为完美的，炮弹在离地 9 ~ 12 米的高度爆炸。[10]在开阔地带根本就无处藏身，置身其中时只能奋力向前冲锋，否则就会被当场炸死。

当 3 营开始肃清北面森林中的敌军时，隐藏其中的德军机枪都停止射击，F 连的压力这才有所缓解。威尔逊中尉率领 F 连奋力冲上山坡，捣毁了德军的另一处机枪阵地。一名德军狙击手隐蔽在海德布歇尔农舍的废墟里，这是一座美军早先经过的两层旧农舍，他在被击毙前射杀了大约 12 名 F 连的士兵。他在瓦砾堆中藏得非常隐蔽，即便美军专门派人寻找，也花了很长时间才发现他的位置。一名充当副排长的一等兵跑去询问威尔逊中尉，农舍里是否有友军。得到否定的答复后，他返回自己的排里，命令士兵们朝着农舍射击。他抵达自己藏身的弹坑时被狙击手一枪爆头。这名狙击手最终被美军士兵从窗户打进去的火箭弹炸死。[11]

F 连的 4 名军官中有 2 人因弹震症和受伤撤离了战场，而格林利中尉被派去指挥 G 连。杰克·米森海默（Jack Misenheimer）上士率领一个排上了高地，阵亡前他一直在催促其他排赶快向前推进。当 F 连冲到离森林边缘不到 70 米的地方时，德军炸毁了两门反坦克炮，破坏了机枪，扭头跑了。冲上高地顶部后，威尔逊中尉觉得仅凭手下的 50 名士兵不足以守住这里，于是他让连里剩余的人马都后撤大约 300 米，凭借一条德军留下的战壕防御。撤退后，F 连当天推进的净距离只有大约 450 米，相当于每前进 6 米就要倒下 1 人。进攻开始时，全连有 125 人，结束时只剩下 49 人。[12]

在 2 营营部，凯南中校目睹了各连爬上山脊，随后被德军凶猛的火力给压制住。到 13 点 35 分，他意识到如果没有其他部队的支援，他的营就无法完成进攻任务。凯南请求坦克部队支援，很快就有 4 辆坦克和 2 辆坦克歼击车驶上前线支援 2 营各连，但是德军反坦克炮一下就打掉了 1 辆坦克。

16 点 07 分，凯南告诉拉纳姆上校，他的部队再也无法向前推进了。拉纳姆问他：2 营距离森林边缘还有多远？凯南回答说还有大概 200 米。拉纳姆想让凯南的部下搭乘坦克冲进森林，因为他知道明天美军要夺取同一地区将会非常困难。遗憾的是，此时威尔逊中尉已经率部退到了德军战壕中，坦克和坦克歼击车也撤回了大豪村。获悉装甲部队撤退后，拉纳姆立即向作训股长下达了一道命令，要求坦克和坦克歼击车返回 2 营。可是为时已晚，随着时间的推移，2 营各连都暴露在开阔地带，遭受着愈加凶猛的炮火轰击。[13]

3 营

位于更北边的 3 营，发动进攻时情况要好些。从 12 点开始，3 营朝着公路和俯瞰盖村的高地推进。肯普少校将 L 连部署在左翼，I 连在右翼，他手里还有 14 辆坦克和坦克歼击车作为支援，其中的 8 辆部署在右翼，6 辆部署在左翼。随后，两翼的装甲部队与推进中的步兵形成了交叉火力。3营作训参谋布里奇曼中尉回忆说，这是一种"相当棘手的机动方式——让两翼的坦克与步兵并驾齐驱"，"值得注意的是，有辆坦克有一瞬稍微落后，它就误伤了我们的4个人"。[14]

德军以猛烈的炮击压制美军的进攻，但是这次炮击的目标不是步兵，而是伴随的装甲部队。当L连的士兵从森林边缘向目标推进时，右翼的坦克突然停了下来为其提供支援。左翼的坦克撤回了大豪村东北的森林，随后有几辆坦克被派去支援2营。盖村德军的机枪火力越来越密集，L连不得不停在山坡上挖掘散兵坑过夜。

由于坎特雷尔中尉失踪，本·麦克勒姆（Ben McCollum）少尉被指定为I连连长。拿下了第一个目标后，肯普少校让I连继续向东推进，在离盖村只有700米的地方构筑工事。3营占据了盖村公路东西方向上的有利位置，以此控制着盖村南部的空旷地带。可是，离盖村越近，德军步兵就越多。13点32分，2营和3营似乎将要抵达各自的目标时，拉纳姆希望3营派一支强大的战斗巡逻队进入盖村，看看德军是否还在里面。如果德军放弃了盖村，他想让1营和3营去占领它。但是当肯普少校报告说德军的抵抗正在不断加强后，拉纳姆取消了派出巡逻队的计划。

3营停下来过夜时，肯普少校向拉纳姆上校汇报了3营的情况。在肯普报告了3营各部的位置后，拉纳姆担心3营过于突前，很容易遭到德军反击。拉纳姆原本情绪高涨，以为派一支巡逻队就可能拿下盖村，由于2营陷入激战，这种情绪转瞬即逝，他转而担心3营孤军深入。肯普被拉纳姆的担忧弄得不知所措，他认为自己的部队正处于有利位置。[15]

1营

1营占据了3营原先的阵地，B连进入了大豪村。当2营在芜菁地里经受磨难的时候，戈福斯少校也向拉纳姆报告说，大豪村里的德军狙击手正在攻击B连。德军持续不断的抵抗令拉纳姆非常沮丧和愤怒，他命令戈福斯"不要再从大豪村里抓俘虏了"。不过，俘虏仍然在抓，尽管数量可能没以前那么多了。3营的攻势一停下来，A连和C连就穿过硬质路面的公路，与L连和K连建立了联系。恶劣天气和德军炮火令戈福斯所部的无线电设备完全无法使用，他只能依靠有线电话和通信兵来保持联络。[16]

除了要与德军和恶劣天气斗争，步兵连的士兵还要面对饮用水短缺的困境。战役初期，士兵们还能从白韦溪里打水，现在美军搜索队四处寻找小溪作为水源，再把水运送到一线部队。然而，远水解不了近渴，水永远不够。弗恩·L. 哈特曼（Fern L. Hartman）一等兵在回忆当年的缺水干渴和士兵们如何获取饮用水时说道："我们有大量口粮、食物和弹药，但水总是不够。我们将雨衣覆盖在散兵坑上面，试着收集一些雨水和雪，但是炮弹总在附近爆炸，将地上的污泥溅入我们辛辛苦苦收集来的水中。"[17] 当部队原地驻留时，利用雨衣来收集水的方法确实不错。还有些人一棵树一棵树地摇晃树干，然后用水壶盖子接盛从树枝上落下的珍贵水珠。到了晚上，他们收集的水常常在水壶里结成冰块。他们只好点燃装口粮的硬纸盒将冰块融化，或是用刺刀将冰块从水壶口抠下来。[18]

11 月 30 日，第 22 步兵团的伤亡非常惨重。各营向团部报告的伤亡汇总是 178 人，其中大部分伤亡是 F 连和 G 连穿过开阔地发起进攻时发生的。实际兵力伤亡是 206 人，其中包括 8 名军官和 24 名士官，各步兵连的指挥人员数量进一步减少。当天接收了 252 名补充兵，绝大部分是入伍不久的二等兵，稍有资历的老兵仅有 6 人。由于一线各连步兵数量不足，拉纳姆将全团的战斗力评估从"良好"下调到了"一般"。因为军官持续短缺，拉纳姆告诉手下的指挥官们，他会将他们推荐的优秀士兵提拔为军官。此时，各营营长下达的命令必须更加详细，因为许多新任指挥官在很多方面毫无经验。[19] 营长们开始指挥各个遭重创后只有排级规模的步兵连，而幸存下来的老兵则在一线率领补充兵。这就在无形中提高了他们阵亡或负伤的风险，在下一次攻击中取得成功的机会则更多地留给了后来的补充兵。

傍晚时分，巴顿少将来到团部，同拉纳姆上校讨论了当前战况。巴顿说，在这样艰难的情况下，第 22 步兵团还能以最佳的状态去战斗，其表现让第 7 军军长柯林斯少将感到非常惊讶。[20] 相比这些鼓励的话语，拉纳姆肯定更希望得到更多的兵力补充，如果能让所有躺在医院或战地停尸所的官兵都回到部队，那就更好了。

拉纳姆清楚他的团已经到了崩溃的边缘，再承受一次猛烈打击就可能被打垮。德军可能会对位置突出的 3 营发动反击，因此他提醒该部要密切注意盖村德军的动向，以及德军从盖村发起的炮击。他还下令整晚都对 2 营阵地当面森林边缘的德军进行骚扰式炮击，各营都要警惕德军可能于次日清晨发动的反击。[21]

由于 2 营已经无法向前推进与 3 营建立联系，第 22 步兵团发现自己要面向不同方向布防，3 营朝北，2 营朝东，两个营之间的缺口宽达 900 多米。1营虽然面向着这个缺口，但此时还留在原先 3 营的阵地上，距离缺口有近 500米远。拉纳姆上校命令 1 营前推填补缺口，与 3 营右翼建立联系。与此同时，2 营要推进到 F 连当天早些时候推进至的森林边缘。[22]

1 营在 12 月 1 日要执行一项双重任务。首先，穿过开阔地带朝东南方进攻，然后穿过森林从侧翼包抄阻击 2 营和友邻第 46 装甲步兵营的德军。第一阶段的任务完成之后，1 营将向左转，朝东北方向进攻，直到与 3 营拉平战线。戈福斯告诉拉纳姆，他担心没有任何支援的 1 营在穿过开阔地时会受到阻碍。拉纳姆表示同意并调了 5 辆坦克为 1 营提供支援。当天深夜，亨利上尉部署好了1 营、2 营的 81 毫米迫击炮和第 87 化学迫击炮营 D 连（的化学迫击炮），准备在开阔地带制造一道烟幕屏障。[23] 作战计划已经准备就绪，无论如何，美军必须突破这片危机四伏的开阔地。

与第22步兵团对阵的德军

第 7 集团军指挥官布兰登贝格尔装甲兵上将很清楚盖村的重要性，将它视作德军防线上的重要支撑点。如果美军突破德军防御突入鲁尔平原，德军就很难对抗美军占优势的炮兵和装甲部队。第 353 步兵师各团已经在盖村一带设防，而且第 7 集团军已经得到批准，可调用第 272 国民掷弹兵师的部分部队进驻盖村—迪伦防区，该师原计划要投入即将开始的阿登战役。B 集团军群也从新近重建的第 3 伞兵师中抽调了一个战斗群，赶来支援第 353 步兵师。[24]

11 月 30 日，第 353 步兵师师长马尔曼中将已将各团部署到位：第 942 掷弹兵团在盖村西部和西北部的森林布防；第 941 掷弹兵团的任务是坚守从盖村和沙尔夫贝格通向鲁尔平原的高速出口通道；第 943 掷弹兵团正从上毛巴赫（Obermaubach）赶往第 941 掷弹兵团以南的森林，以便进驻小豪村以东约 4 千米处的防御阵地。第 89、第 344 和第 275 步兵师的残余部队会协助第 353 步兵师各团进行防御。

在大豪村和小豪村被美军攻陷后，位于防线中央的第 941 掷弹兵团将防御重点放在了南边的 401.5 高地，以及盖村—大豪村公路两边的高地。11 月 29 日晚间，第 941 掷弹兵团 2 营抵达 401.5 高地和沙尔夫贝格附近，当晚该团 1 营也被伞兵引导进入了盖村—大豪村公路两侧的阵地。以被打垮的部队编制而成的克勒贝尔（Kröber）战斗群有大约 60 人，他们从德罗韦（Drove）赶来，进入了沙尔夫贝格附近的阵地。

第 941 掷弹兵团 1 营 1 连在盖村—大豪村公路南侧，2 连在北侧，3 连充当预备队。在南部，2 营 6 连部署在大豪村以东的森林，7 连部署在 401.5 高地周边，5 连充当预备队。当美军开始进攻后，这两个充当预备队的连队都要抽调士兵参加战斗。每个连有 2 个步兵排和 1 个支援排，兵力从 80 人到 100 人不等。不仅仅是第 353 步兵师伤亡惨重，那些留在许特根森林中的独立单位同样如此，现在其所属部队已经撤走重建，他们只和新来部队的指挥部勉强保持联系，因此其伤亡详情永远无法知晓了。

在第 941 掷弹兵团防区，拥有 80 ~ 90 人的第 7 连被美军俘虏了 45 人，充其量只剩下一个排的兵力。第 6 连有 13 人被俘，伤亡大约 20 人，最后还剩下 60 人左右。虽然 401.5 高地失守，但是森林还掌控在德军手中。

在北边，美军步兵和坦克没有将第 941 掷弹兵团 1 营 1 连的防御当回事，该连有 10 人被俘，伤亡了大约 20 人。盖村—大豪村公路南侧落入了美军的掌控之中，公路北边的部队也被迫撤回了盖村。由于俯瞰鲁尔河的制高点易手，德军防御部队现在处于美军的观察和炮击之下了。[25]

"每迈出一步，都会有一枚炮弹落在你旁边"

12 月 1 日。天气晴朗，第 9 战术航空兵司令部出动战斗轰炸机支援第 104 步兵师和第 1 步兵师的进攻。在第 104 步兵师负责区域，因登镇里的巷战仍在继续。第 1 步兵师虽然在云格斯多夫以南的森林里有所突破，但未能为被围困在默罗德的第 26 步兵团的两个连解围。第 4 步兵师在德军的主防线上进展缓慢，但推进到了能俯瞰盖村的位置。在第 8 步兵师负责区域，部队在勃兰登贝格西北部和福瑟纳克西北的迪芬溪（Tiefen Brook）山坡上略有进展。

——第 1 集团军作战报告[26]

11 月 30 日一整晚，战况相对来说还算平静，德军火炮和迫击炮的射击比平常减弱了很多。第 22 步兵团整晚都在做进攻准备，虽然全团由 1 营担任主攻，但 3 营正准备向前推进并巩固其现有阵地，而第 46 装甲步兵营最终还是定下了肃清该地区森林的计划。士兵们在寒冷而晴朗的早晨醒来，看到战机从空中掠过，被炸毁的车辆熊熊燃烧，喷出的油烟冲上天际。

3营

肯普少校的 3 营必须肃清盖村西南部森林中的敌军。8 点 35 分，3 营的进攻遭到了德军尚算激烈的抵抗，不过他们仍于 10 点 10 分抵达了目的地。I 连派一支巡逻队去占领那片灌木林，3 营面向盖村建起一道防御阵地。11 月 29 日刚刚接任 I 连连长的麦克勒姆中尉被炮弹炸伤，送离了战场。从 M 连赶来的威廉·麦卡希尔（William McCahill）中尉接替了麦克勒姆，成为 I 连 15 天来的第六任连长。

3 营的巡逻队穿过公路向北走了大约 300 米，遇到了第 12 步兵团 E 连。此时，3 营的士兵可以观察到盖村内部和周围山谷的情况并呼叫炮兵朝他们看到的任何东西开火。I 连要求炮兵炮击他们发现的正在向西穿过开阔地的德军步兵连。正在盖村内机动的德军坦克和自行高射炮也遭到了炮击。作为回应，德军用更多的大炮、坦克和机枪向 3 营阵地还击。[27]

第46装甲步兵营

在第 22 步兵团南部的分界线上，第 46 装甲步兵营连夜将伤员撤离，并派了一个步兵排去加强 401.5 高地的防御。当晚，拉纳姆上校将第 46 装甲步兵营的进攻时间调整到了 12 月 1 日上午 9 点，与第 22 步兵团 1 营的进攻同步。第 46 装甲步兵营的任务与前天一样：朝东北方向进攻，占领施特拉斯西南部的森林边缘。

1 日上午 9 点，第 46 装甲步兵营准时发动进攻，B 连在右，C 连在左，A 连作为二梯队在右后方。不到 10 分钟，该营就与德国守军接上了火。与前天的情况类似，伯顿少校的部下遭到了火炮和迫击炮的猛烈炮击，被压制在开阔的田野中无法动弹，而那些成功冲进森林的士兵，此时再次重温了炮弹在树梢高度爆炸的噩梦。前夜在前线和后方之间铺设的电话线路，只维持了一个小时就被炮击切断了，部队间的通信联络只能再次依靠传令兵。几个小时后，另一台无线电台被送到前线，通信这才得以恢复。

森林中的能见度还不到 5 米。先头连穿过茂密的森林时，德军狙击手、机枪和大炮的攻击已令其兵力锐减。伯顿少校让营部前移，但是没过多久就因为敌军炮火太过猛烈退了回去，不过他自己仍然留在了突击连中。到 11 点，他的营已经在森林中推进了近 500 米，由于伤亡非常惨重，伯顿少校只得把反坦克排的士兵调上前线充当步兵。

获悉第 46 装甲步兵营被德军压制住无法推进之后，拉纳姆上校让伯顿把他的部队撤回出发阵地，等待 1 营发起进攻来缓解他们的压力。但是敌前撤退说起来容易做起来难。由于伤员太多，大部分身体健全的士兵都要抬着伤员撤退，只能留下一支小分队掩护撤退。德军坦克和突击炮从小豪村以东的森林边缘朝他们开炮，拉纳姆上校随即集中所有炮火优先掩护伯顿少校的部队撤退。下午晚些时候，伯顿的副营长告诉拉纳姆全营状况非常糟糕，拉纳姆则告诉他 2 营正在向南推进以缓解他们的压力。[28]

第 46 装甲步兵营没能协助第 22 步兵团向前推进，反而让 2 营 G 连不得不右转以协助其后撤。这两支部队混在了一起，G 连 2 排留在了第 46 装甲步兵营防区，加入了该营的一个连，一直到 12 月 3 日。当晚，第 46 装甲步兵营脱离了第 22 步兵团的指挥，第二天它又在第 5 装甲师指挥下战斗了一天才后撤。第 46 装甲步兵营在小豪村和大豪村周边打了 3 天，每天的平均伤亡达到了 77 人，与之前相比兵力大为削弱。[29]

1营

戈福斯少校的 1 营在 3 营的南边，承担全团的主攻任务，结果因为"必须向新来的军官介绍情况"而耽误了进攻。戈福斯计划各连呈纵队展开进攻，

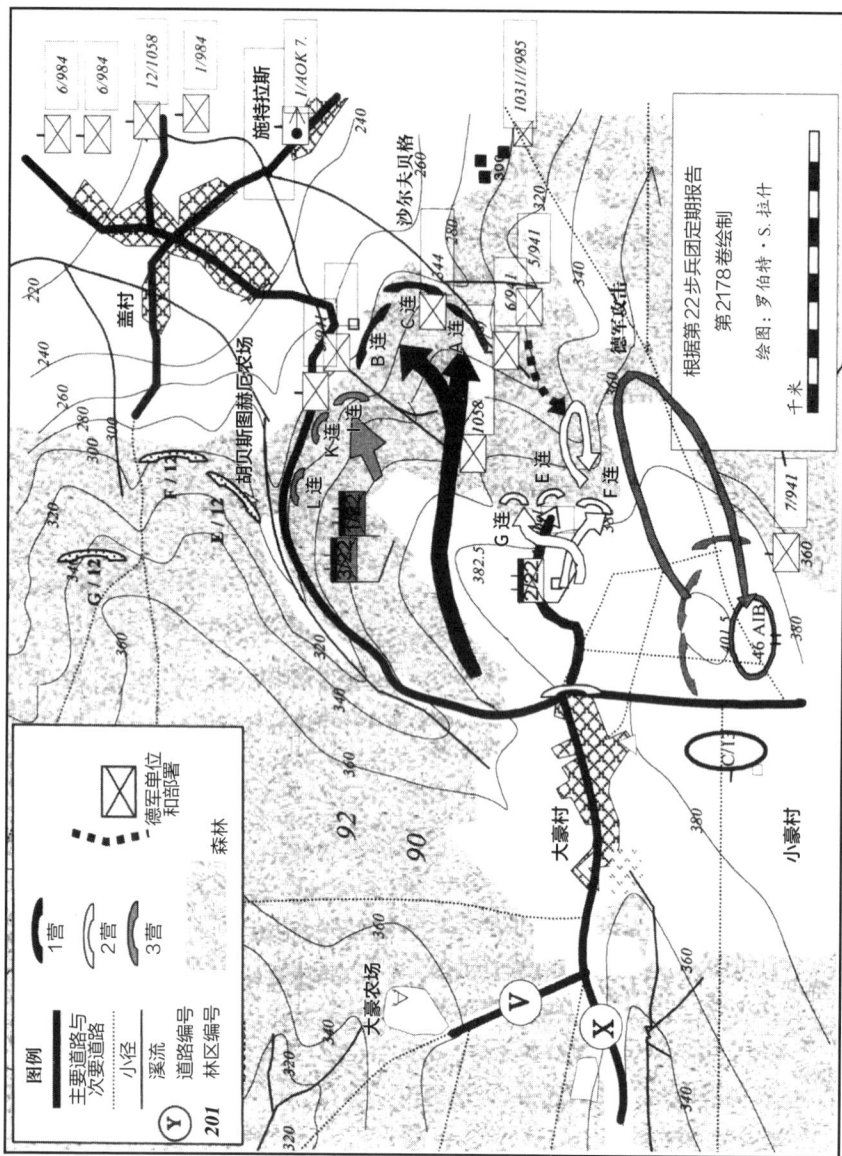

图例

主要道路与次要道路
小径
溪流
道路编号
Y　林区编号
201

1营
2营
3营

德军单位和部署
森林

施特拉斯
I/AOK 7.
6/984
6/984
12/1058
1/984
1031/1/985
沙尔夫贝格
260
5/941
6/941
德军阵地
7/941
蓋村
B连　G连　I连
K连
372 I/22
382.5
G连　E连　F连
1058
2/22
101.5
46 AIB
C/YE
92
90
大豪村
小豪村
大豪农场

根据第22步兵团定期报告
第2178卷绘制
绘图：罗伯特·S. 拉什
千米

C 连打头阵，A 连和 B 连依次跟上。11 月 26 日进攻结束之后，摩根·斯坦福（Morgan Stanford）上尉接替斯威尼中尉成为 C 连连长。C 连将在第 70 坦克营 C 连 5 辆坦克的支援下，释放烟幕穿过开阔地，冲入开阔地东北方的森林。斯坦福上尉的 C 连一占领开阔地远端，沃纳中尉的 A 连就要跟上去并转向东南边，肃清阻击 2 营推进的德军。随后，比扎罗中尉的 B 连会转至 C 连的左翼，两个连一起朝着东北方的盖村进攻。[30]

8 点 30 分，美军的 81 毫米迫击炮、107 毫米化学迫击炮、加农炮和榴弹炮开始向 1 营的目标及开阔地东北方的森林发射烟幕弹，将德军的注意力吸引到被烟雾遮蔽的地区。德军加强了对前沿的炮击，尤其是在 3 营的作战区域。从 9 点 55 分开始，2 营和 3 营的迫击炮排也向同一地区发射了 15 分钟的烟幕弹。[31]

10 点，C 连跃出阵地投入进攻。有利的风向正好将一些烟雾吹过开阔地，将行进的 C 连官兵笼罩其中。弥漫的烟雾掩盖了斯坦福上尉的连队，在穿越开阔地的过程中美军只有 1 人中弹。坦克排虽然与步兵一起穿过了开阔地，但却无法驶入茂密的森林。

1 营的侧翼攻击显然打了德军一个措手不及。一进入森林，斯坦福上尉的部下就端掉了德军第 353 炮兵团的一个炮兵观察哨，接着又干掉了第 353 步兵师 941 掷弹兵团 1 营营部的部分人员。美军穿过一条溪谷，转向东北方，将溪谷周边的残敌清理干净，那里能够俯瞰通往盖村的开阔地。美军发现虽然德军步兵的抵抗更加坚决，但是炮击和迫击炮轰击的猛烈程度，相比攻占大豪村之前在森林里遭受的减弱了不少。在这段 700 多米的推进当中，C 连只伤亡了 19 人，除数人被俘虏外，其余德军全部被歼。[32]

沃纳中尉的 A 连跟在 C 连后面，他们就没那么幸运了。轮到 A 连穿过开阔地时，之前施放的烟幕已经被风吹散了。这片开阔地宽约 450 米，沃纳中尉让 1 排和 3 排的士兵排成散兵线肩并肩穿过去，2 排在后方进行掩护。三辆坦克歼击车从 A 连出击的位置为其提供火力支援。

此时，位于盖村周边地区和 A 连当面森林中的德军，能够清楚地观察到 A 连的行动。德军的迫击炮、火炮和机枪随即对着正在穿越开阔地的美军劈头盖脸地倾泻火力，A 连在 12 月 1 日遭受的伤亡大部分是在穿过这片开阔地的过程中产生的。一门88毫米反坦克炮对着沃纳的部队进行直瞄射击，德军部署在东北方森林边缘的迫击炮和机枪也朝他们开火。阿瑟·A·博纳尔多（Arthur A.Bonaldo）一等兵回忆说："每迈出一步，都会有一枚炮弹落在你旁边。"

A连重武器排在之前的战斗中已全军覆没，因此这次推进得不到迫击炮和机枪的支援。自动步枪部署到了队伍两翼，但是全连主要还是依靠普遍装备的M1步枪。一条令人联想到美国内战时期攻击方式的散兵线在旷野中突进，炮击和机枪扫射在队列中打出一个个缺口，但士兵们相互靠拢，向森林边缘冲锋。一冲进林中，沃纳中尉先带人向德军机枪阵地和88毫米反坦克炮阵地发起攻击，然后带领A连转向东南方去扫荡2营当面的德军。但是任务还没有全部完成他们就被迫停了下来。沃纳中尉说："很显然，C连在突破这片森林时没遇到什么麻烦，但是他们引起了德军的注意，所有的罪都由我们来受了。"

A连在此次进攻中的伤亡率达到了65%（其中阵亡率是20%）。入夜后，A连只剩下35人在构筑工事，这些天来在森林中起到凝聚全连作用的8名士官都死在了那片开阔地上。由于德军的炮火非常猛烈，阵亡士兵的尸体直到天黑之后才被抬回来。在缺乏军官和士官的情况下，沃纳只好将两个排的指挥权交给刚刚来到连里几天的士兵。[33]

B连跟在C连和A连后面发起进攻。与A连一样，B连也是以两个排肩并肩向前推进，另一个排殿后支援。目睹了德军炮火对A连的摧残后，比扎罗中尉认为B连出发后同样难逃厄运，不过部队伤亡并没有他预料的那么严重。很显然，先出发的两个连队已经将德军的注意力从开阔地上吸引开了，B连穿过空地冲进森林的过程中只损失了5人就是明证。尽管盖村和施特拉斯村的德军坦克对着B连开火，可在穿过森林的过程中，美军就没遇到几个德国兵。比扎罗中尉让全连在盖村通向大豪村的公路南边约200米处，能够俯瞰盖村的地方挖掘工事。戈福斯少校昨天晚上向新任军官们详细解释计划的举动已经收到成效，各连的进攻配合得很好，1营的目标达成了。13点45分，戈福斯少校汇报说森林中的德军已被消灭。1营在3营右翼扎营并建立了一道不大的面向北、东、南边的半圆形防线。[34]

此时，1营的总体战斗力还不如11月16日时营里的任何一个连，下属各连的现有兵力甚至都填不满一个排的建制。A连满打满算还有40人，还是全营兵力最多的连队，B 连还有 35 人，而 C 连的兵力更少。如果要继续进攻，1 营各连必须合并才能完成任务。[35]

回到 1 营后方的营部，亨利上尉看到空中有架 P–51 "野马" 战斗机被德军击落。飞行员跳伞逃生，"这可怜的家伙" 慢悠悠地飘进了德军防线。亨利还记录道，德军的一轮炮击过后，6 名正被押送到后方接受讯问的德军战俘被炸死了，"少了 6 张要吃饭的嘴"。[36]

2营

一大早，凯南中校的 2 营就在巩固阵地。按计划该营要在 1 营成功瓦解德军的防御之后朝东北方发动进攻。接到 1 营已经穿过开阔地的消息后，2 营出发了。12 点 20 分，2 营到达森林边缘并继续向前推进以清剿森林里的德军，然后与 A 连取得联系。

凯南中校计划让 F 连在北、G 连在南发动进攻，E 连留在大豪村担任预备队。该营要穿过阵地前方一片不到 400 米宽的区域——包括近 100 米宽的开阔地和近 300 米宽的林区。2 营在之前的战斗中已蒙受了惨重伤亡，即便是简单的任务也很难顺利完成。此外，补充兵屡屡犯错令部队伤亡率不断攀升，这进一步加剧了该营战斗力的下降。

到 12 月 1 日，2 营中幸存的有经验的步兵排长已寥寥无几，合格的士官也少之又少。团内其他岗位上的军官和新到的补充军官，都在尽力填补各连指挥层的空缺。不幸的是，这些新上任的指挥官在率部投入进攻之前几乎没有时间整顿部队，甚至连了解部队情况的时间都没有，有些人连部下的名字都不知道。

G 连的凯尼恩二级军士长看到一名美军医护兵和两名看上去只有 13 岁的年轻德国士兵，抬着一名受伤的德军士兵走在通向营部的道路上。随后到来的营部情报参谋成了格林利中尉的副连长。11 点刚过，格林利就接到上级命令，让他的 G 连进入森林。虽然预计会遭到抵抗，但是部队只遇到了一些零星的射击。格林利报告说在开阔地东南方向有 3 辆德军坦克和 2 辆半履带车。美军坦克歼击车很快就进入 G 连阵地，迎击敌军装甲部队，但是德军坦克并没有向前推进。就在 G 连进入森林之前，凯南中校突然喊停，让部队在森林边缘就地挖掘工事。一整夜, 德军对 G 连阵地的炮击和迫击炮轰击几乎就没有停过。[37]

在 G 连北边, F 连连长威尔逊中尉报告说他们只有 50 人可以投入 12 月 1 日的进攻。每个班只有 3 ~ 5 名士兵。军官除了威尔逊中尉之外, 还有从 H 连暂调来的菲茨杰拉德中尉, 两天前他参与了 E 连对大豪村的攻击。连里一名能指挥步兵的士官都没有了。[38] 由于接到进攻命令时 F 连正遭受德军炮击, 威尔逊中尉无法将命令传达下去, 于是他让菲茨杰拉德中尉率领连里所有的步兵, 向前推进 100 米抵达森林边缘, 就地坚守。

菲茨杰拉德站起身来, 大声喊道: "全体步兵跟我来, 我们上! " 随后约有 30 人跟着他冲了出去。这批缺乏组织的士兵虽然毫无阻碍地冲到了森林边缘, 但是没有原地坚守, 而是一头扎进了林子里, 很快就迷失了方向并转向了南边。在 2 营防区外的一条溪谷里, 菲茨杰拉德中尉让这队士兵停止前进, 就地构筑工事。就在他们挖工事的时候, 德军的反击来临了。最终只有 4 个人回到了连里, 其他人要么伤亡, 要么被俘。威尔逊中尉只能让 F 连的剩余人马在原地掘壕固守。[39]

16 点 48 分, 2 营向团部报告说, F 连正遭到德军自东南方溪谷发起的反击, 那里是 G 连之前绕过的地区。凯南中校紧随 G 连之后, 赶到了 F 连连部。他向拉纳姆报告说, "目前 F 连仅剩 2 名军官和 12 名士兵, 其余人员或是负伤或是失踪……F 连左翼的 G 连现在还有 50 人……E 连还有 60 人"。[40] 2 营的战斗兵力仅剩 124 人, 只相当于一个满编的步兵连的 64%。

随后, 凯南中校打电话命令福克纳上尉的 E 连从预备阵地向前推进。他们要守住 2 营在森林边缘建立起来的战线, 那里离该营的目标还有几百米远。要从 G 连绕过的地区向林中开火, E 连就不得不在 1 营后方向北迂回。拉纳姆上校告诉 2 营副营长纽科姆上尉, E 连无法绕过实施抵抗的德军然后守住阵地。[41] 对 E 连的进攻, 福克纳上尉是这样描述的:

临近傍晚时分, 我们接到紧急命令, 要去支援遭到德军猛烈反击、情况有点不妙的 F 连。我派了 1 排 (1 名中士率领 14 名士兵) 单独穿过开阔地。我看见他们被德军在右翼高地上的值班火力、迫击炮和机枪给压制住了。真希望我们有烟幕掩护 (有 9 名士兵成功穿了过去)。

我又接到了更多F连遭到德军攻击的消息，而且情况非常糟糕。此时天已经黑了，我让全连走了一倍远的路穿过森林和空旷地带。沿途歼灭了一些德军，然后将俘房押送了回去。真想知道那些战俘的归宿是哪里。

最终我和梅森中尉带着侦察兵到了那里，找到了F连，150名官兵中只剩下威尔逊中尉和其他15个人。他们说菲茨杰拉德中尉是今天的战斗英雄。午夜，F连撤回了后方。[42]

福克纳上尉和他的副连长之所以要充当侦察兵率领E连投入战斗，是因为连里的大部分士兵都属于没有战斗经验的补充兵，他们缺乏完成此次任务所需的作战技能。作为新近调来的补充兵，萨斯曼二等兵证实说，之所以有那么多老资格的官兵——经验丰富的军官和士官——伤亡，是因为他们指挥着诸多像他这样缺乏实战经验的士兵，这些人在战斗中不知道该做什么。例如在这次任务中被派上前线的侦察小队里就有2人本身不是侦察兵，因为军官和士官不能让新人来充当侦察兵。他们（军官和士官）必须走在各排最前方，亲自进行侦察。[43]

当E连在构筑工事时，一名补充兵为了警告别人有棵树倒了，高喊了一声"小心树"。附近的德军听到了叫喊声，福克纳上尉回忆说，"因为这一嗓子，我们遭到了迫击炮轰击，出现了更多的伤亡"。[44]当时E连寥寥无几的"老兵"之一科恩一等兵说："一天夜里，我们在向前推进时遭到了德军炮击。我们拼命挖掩体，但是每次挖出一铲泥，坑里就会被水和更多的泥浆填满。为了躲避炮弹，我们嘴里嘀咕着去他的，就算是烂泥浆也得躺进去。"[45]

凯南中校向拉纳姆上校建议，增援大豪村的部队。虽然他的营已经打退了德军的一轮反击，但他更担心后续的战况发展，部队可能会遭到更多的反击。拉纳姆向凯南保证，会有坦克去加强他的2营。[46]

身处团部的拉纳姆上校意识到自己的团实力已经大不如前，部队危在旦夕，随时可能崩溃。现在团里的绝大多数士兵都是战斗期间补充进来的，配属的两个坦克连和一个坦克歼击车连，原有34辆坦克和12辆坦克歼击车，现在仅剩11辆坦克和5辆坦克歼击车可以继续投入战斗。当天，全团损失了184人，接收了49名补充兵。F连的溃败从另一个侧面显示出了该团的现状。

　　F 连俘虏了几名进攻他们的德军，战俘供述称德军也俘虏了两名美国兵。拉纳姆担心德军审讯这两名美军战俘后会摸清第 22 步兵团的凄惨状况，还担心德军会因此发起一轮规模更大的反击，从而将该团用鲜血换来的战果悉数夺回。为了以防万一，拉纳姆让第 44 野战炮兵营对大豪村周边进行火力覆盖。[47]

　　在与第 4 步兵师师长和第 5 装甲师师长商讨时，拉纳姆提议推迟原定于 12 月 2 日的进攻，但两位师长却意见相左。第 5 装甲师师长伦斯福德·埃里特·奥利弗（Lunsford Errett Oliver）少将希望执行原定计划，因为"明天与其留在原地并遭受损失，不如继续进攻"。虽然没有记录在案，但第 4 步兵师师长巴顿少将显然同意试着让军长推迟进攻。[48]

　　当天深夜，拉纳姆上校打电话给巴顿将军，询问第 7 军军长柯林斯少将是否决定继续进攻。巴顿表示他正等待答复，但是他命令拉纳姆继续执行进攻计划，直到接到新的命令。将军最后表示，"他相信拉纳姆会尽责的，因为他已经完成了不可能完成的任务"。一个小时后拉纳姆向巴顿表态，"为了能在明天继续战斗，他已倾尽全力"。巴顿的答复是，"第 22 步兵团自 D 日以来一直表现出色"，"柯林斯将军告诉他，第 22 步兵团在严峻的不利形势下打了一场非常漂亮的仗"。[49]拉纳姆虽然得到了上级的嘉许，但是在 21 点 50 分接到了让人心情沉重的消息："按计划继续进攻，执行命令。"[50]

　　拉纳姆试图让他的上级理解第 22 步兵团当前困境，于此同时，他的下属也在尽力让他了解他们的现状。参谋日志中有这样一条记录，戈福斯少校打来电话，向拉纳姆汇报 1 营的糟糕情况：

　　1 营今天出色地完成了任务，他（戈福斯少校）知道他们的状况很严重。拉纳姆说 2 营的状况更糟，右翼的第 46 装甲步兵营的情况同样不妙。拉纳姆说我们是军人，我们都有自己的使命，所以我们要竭尽全力。拉纳姆还说，我们有 24 ~ 48 小时来完成一项任务，现在这项任务即将完成。[51]

　　拉纳姆用这句话来激励 1 营营长，并解释说现在各营的状况都不容乐观。他要求戈福斯少校务必坚持到底。

　　由于没有更多的步兵可用，拉纳姆用后勤连、反坦克连和团部连的士兵组成了一支团属预备队，并将加农炮连前移到大豪村。团作训股长爱德华兹中校整个通宵都在忙于从各独立连队中挑选士兵，编入预备队。12月1日23点，拉纳姆将以下情况向巴顿将军做了汇报：

第22团支队正在组建如下单位：

1. 从反坦克连抽调60名士兵充作2营预备队。反坦克连只留下操纵火炮的必要人手。

2. 从后勤连抽调20人，再从团属情报和侦察排（12人）及警卫排的剩余兵力中抽调人手，组建团预备队。总兵力估计有40～50人。这支团属预备队将在大豪村附近待命。[52]

如果说步兵作为步兵团的命脉，本来可以用类似输血的方式很容易地进行补充，那么拉纳姆动用骨干力量组建预备队的做法，无疑会伤及团的根本，必须进行"大手术"才能复原。傍晚时分，军官们做好了第二天肃清1营东部和南部森林中敌军的进攻计划。1营A连和C连合并后，负责扫荡2营南部森林到进攻出发阵地间的区域；同时，3营K连将以仅剩的大约50人支援1营的进攻。[53]

与第22步兵团对阵的德军

美军切入德军防线侧翼，穿过战场的攻击方式，打了德军指挥机构、炮兵部队和未做好战斗准备的预备队一个措手不及，还摧毁了德军可直瞄射击、威力巨大的75毫米和88毫米火炮。在美军的攻击过程中，负责防御第941掷弹兵团1营和2营结合部的第1057掷弹兵团和第1058掷弹兵团的残部，不是被俘虏就是被击毙，能撤回盖村的人寥寥无几。

虽然德军防线被打出了1000米宽的缺口，但是通往盖村的主要通道仍然掌控在他们手中。部署在南边的第941掷弹兵团2营大约有150人，其中5连有75人，6连有50人，而7连的兵力则不足1个排。尽管如此，德军依旧发动反击，将美军从小豪村—沙尔夫贝格公路沿线东南部的森林赶了出去。整个下午，5连和6连都在攻击美军并逐步将其击退，双方都付出了惨重的代价。

答应调给 5 连的营预备队——新近重组的第 344 燧发枪兵连抵达一线。可是这个连一共才有 50 人，有 10 人要操作连里的迫击炮，20 人在开赴前线的途中因为炮击而失踪，还有 10 人在 12 月 1 日的战斗中被美军俘虏。

与之前的其他师一样，第 353 步兵师的补充兵都是从后方人员和散兵游勇中挑选的。11 月 29 日，该营的兵力达到了 60 人，于是他们行军至许特根森林，打散后分配给了第 942 掷弹兵团 5 连和 7 连。

第 353 步兵师急救站中的伤兵有半数是被轻武器射伤的，三成是被炮火击伤的，还有两成是被机枪射伤的。那些负了轻伤但还能继续战斗的士兵仍然留在各自的部队里。阵亡后被抬出森林的人少之又少，如果尸体被人发现了，最多原地掩埋。连后送伤员的交通工具都不够用，遑论运送死者了。[54]

"我们要不惜一切代价守住现有阵地"

12 月 2 日。第 104 步兵师 413 团肃清了因登镇的德军，并于 12 月 2 日晚间渡过因德河发动夜袭。第 1 步兵师在巩固防区的同时，向前线派出侦察小队与德军保持接触。德军向第 4 步兵师 8 团和 22 团阵地发动了两次反击。虽然德军一度渗透进第 22 步兵团防区 500 多米，但是该团当天就恢复了战线。第 1 集团军命令，从 12 月 2 日开始，第 83 步兵师与第 4 步兵师换防。

——第 1 集团军作战报告[55]

12 月 2 日凌晨 3 点 40 分，从团属反坦克连抽调的 60 人赶到了大豪村，充当 2 营的预备队。12 月 1 日一整夜，各营报告他们只遭到了德军不痛不痒的几次迫击炮和火炮轰击，没有发现敌军侦察小队的踪迹。[56]

3 营

第二天清晨 6 点左右，德军投入一个新的营，从施特拉斯附近山坡的反斜面向西发动反击，通过一条溪谷杀入了 I 连阵地。德军的攻击一开始就打掉了 I 连的前哨，它被部署在森林边缘和盖村之间的树林里。I 连连长麦卡希尔中尉致电 3 营作训参谋布里奇曼中尉，在电话中报告说 I 连的前沿哨所已被德军攻占。话刚说出口，他又喊道："连部被德军包围了。"

大约有 250 名德军穿过溪谷摸到了 I 连右翼，随后从 I 连一线各排后方突然杀出。麦卡希尔中尉将电话扔给了报务员，转身就去指挥部队进行抵抗。布里奇曼告诉报务员，他希望麦卡希尔和 I 连能尽可能久地坚持下去，让营部有时间从其他连队抽调部队堵上被德军撕开的突破口。[57] 然后电话就突然断了。麦卡希尔中尉和 27 名士兵被德军俘虏。德军继续向前推进。

支援 3 营的坦克歼击车也遭到了攻击。第 803 坦克歼击营 C 连的一个排在敌人进攻前就发现了推进中的德军，撤回了 382.5 高地附近的山头。C 连的另一个排发现自己的车辆周围全是德军，不得不从包围圈中杀出一条血路。由于双方纠缠在一起，坦克歼击车的 76.2 毫米火炮根本无法开火，美军只能使用炮塔后部的 12.7 毫米重机枪射击。[58]

伯顿中尉的 K 连接到命令，要抽一个排去与 L 连会合，并在 I 连后方组成 3 营的一道新战线。然而，一个只有大约 15 人的排根本不足以挡住来势汹汹的德军。为了策应最先派出去的那个排，伯顿让 K 连的另一个排也向右翼运动。除了命令 K 连赶去支援外，肯普少校还请求了坦克支援，并将 3 营的情况向拉纳姆做了汇报。[59]

团部是在 6 点 50 分接到 3 营被攻击的消息的。起初，拉纳姆和他的作训股长认为，德军的反击预示着该团的另两个营也会遭到攻击。拉纳姆提醒 2 营做好支援 3 营的准备，并将被德军突破的情况向巴顿将军做了汇报。巴顿随即表示会通知第 12 步兵团团长钱斯上校，让他派一个营到大豪村以西集结。当被问及德军突破的具体情况时，拉纳姆告诉巴顿，"德军投入反击的兵力大约有 250 人，I 连已经被击溃，坦克部队和 K 连已经赶去支援"。"巴顿询问我部在一线还有多少兵力，拉纳姆说兵力很薄弱。"[60]

接下来的 3 个小时里，为了遏制德军的突破，该团进行了奋力抵抗。德军已经重新夺回了大豪村东北方的 382.5 高地，而且 8 点 15 分时，戈福斯少校和肯普少校都向团部报告说，德军正在逼近他们的指挥所。拉纳姆告诉他们要坚决顶住，援军正在赶来。[61]

无论是拉纳姆，还是他手下的几个营长都没有考虑过撤退。肯普少校命令将所有可以战斗的士兵都派到前沿指挥所。前一天晚上配属 2 营的、用反坦克连的兵力组建的预备队，迅速前出支援 3 营。3 营副营长哈里森上尉召集了

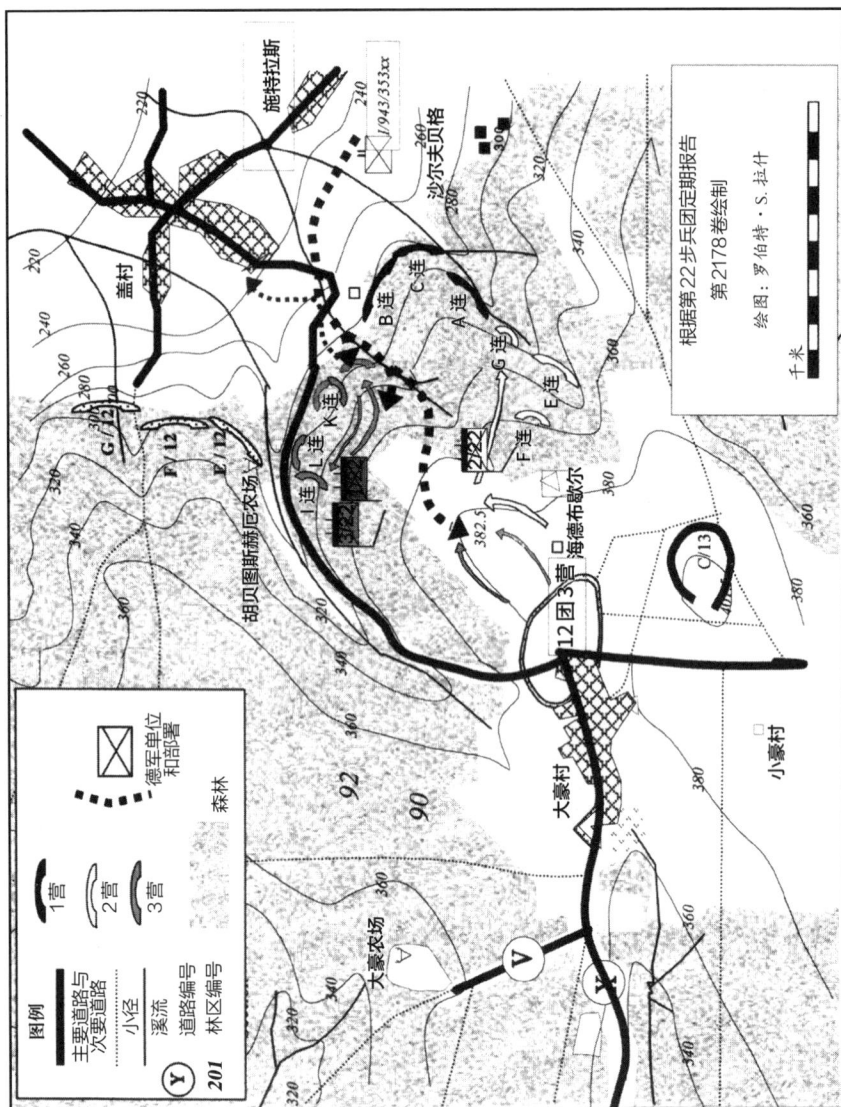

示意图16：盖村，12月2日

35 名补充兵，匆忙杀奔枪声响起的方向。前一天晚上从团部和各后勤连队抽
调的 80 人，也赶到了大豪村，他们得到的命令是作为团属预备队守住该村。

7 点 30 分，第 70 坦克营 C 连的坦克离开集结地赶去支援，30 分钟后它
们撞上了推进中的德军。在昏暗的光线下，坦克车组难辨敌我，并遭到 382.5
高地上的德军反坦克火箭筒的攻击，因而蒙受了损失。一辆坦克被火箭弹击中，
起火烧毁，另一辆坦克也失去了战斗力。[62]

在拉纳姆的命令下，凯南中校派 2 营 G 连向北转移到大豪村东北的开阔
地边缘。8 分钟后，格林利中尉带着 G 连开始运动。3 营很快就占得上风，让
德军被迫转入守势。3 营营长肯普中校请求准备就绪的炮兵部队，对盖村和森
林边缘之间进行集火射击，封锁德军增援和后撤的线路。大量美军炮兵部队一
整天都在对盖村和森林边缘间的开阔地带狂轰滥炸，在反击的最初 30 分钟里，
仅戴维·詹姆斯（David James）中尉 M 连的迫击炮排（6 门 81 毫米迫击炮）
就发射了 1100 发炮弹。

德军刚从 L 连旁边插入，L 连连长就让连部和 3 排朝向后方，1 排和 2 排
朝向前方。K 连的 2 个排和哈里森上尉率领的补充兵，穿过森林向德军发动进
攻，将一群德军逼入了 K 连和 L 连之间的包围圈中。为了避免子弹穿过包围
圈时误伤自己人，这两个连的美军使用手榴弹、枪榴弹和火箭筒来对付被逼上
绝路的敌人。在接下来的混战中，有 18 名德军被杀，42 人被俘虏。俘虏里只
有 3 人没有挂彩。[63]

10 点 25 分，第 70 坦克营 C 连与 G 连的部分兵力、3 营的情报和侦察排，
以及从反坦克连抽调的步兵，一路扫荡 382.5 高地和森林中的德军，朝着东边
的 K 连和 L 连推进。在最初的反击过程中，有 38 名德军成功登上高地。压上
高地的美军坦克和步兵击毙了其中的 20 人，幸存者撤进了一片洼地寻找隐蔽
处。每次他们从洼地中探出头来，美军士兵都会狙杀他们。令被困的德国人更
痛苦的是，有门朝着 2 营炮击的德军火炮，把炮弹都打进了他们藏身的洼地里。
当天晚些时候，伯顿中尉派出 K 连的一支巡逻队进入洼地，将残存的德军都
俘虏了。

随后，伯顿亲率一支巡逻队去搜寻逃脱德军围捕的 I 连士兵。当巡逻队接
近一座改造成碉堡的小型发电站时，伯顿中尉听到里面有人在说德语。伯顿没

有向里面扔手榴弹，而是叫来一名会说德语的士兵，让他朝发电站里的德军喊话，叫他们出来投降。经过一轮劝说，4 名德军士兵和 12 名被俘美军走了出来，其中就包括 I 连连长麦卡希尔中尉和第 44 野战炮兵营的一名前进观察员。

与总共约 20 名 I 连官兵一起，伯顿中尉的 K 连夺回了 I 连的阵地。当晚，肯普少校将手头的补充兵都分给了麦卡希尔中尉，让他在第二天重建 I 连。德军这个投入反击的营逐渐撤回了盖村，兵力比之前大为削弱。[64]

1 营

1 营位于 3 营的右翼，进攻的德军差点就占领了其前沿指挥所，但除此之外，1 营并未受到德军反击的影响。戈福斯少校为了击退德军的进攻，将营部的厨师、帮厨和后勤人员充作步兵派上一线，但是激战并未爆发。后来，1 营的士兵俘虏了一名身穿德军制服的妇女。[65]在 A 连阵地上，2 排的散兵坑接连遭到德军迫击炮的轰击，沃纳中尉几乎损失了整个 2 排。A 连的一名军官说："这次迫击炮轰击与以往大不相同，不仅落点接近我方阵地，而且炮弹沿着我们的战线，以不可思议的精度每隔 9 米落下，准确命中 2 排战友的散兵坑。"[66]2 排幸存的一两名士兵被编入了 3 排。

2 营

7 点 22 分，2 营接到 I 连遭到德军反击的消息，当时凯南中校奉命要不惜一切代价守住 382.5 高地。凯南中校让 E 连留守南边的阵地，G 连向北转移，清剿渗入 3 营后方的德军。他还将自己的营部连作为大豪村的最后一支预备队。[67]

G 连向北转移后接收了 K 连的 1 名军官和 10 个士兵。这些人都被分派到几乎打光了的（G 连）1 排。当天晚些时候，格林利中尉接到命令，G 连向东转移与 A 连在溪谷建立联系。所有人都预计德军会在当晚再次发动反击。

这一整天，E 连都留守在全团南翼的阵地上。在第 5 装甲师 A 战斗群防区，第 46 装甲步兵营遭到德军猛烈反击，被迫撤回了小豪村，这导致战线南翼再次被打开一个缺口。劳埃德中尉返回营部以接受下一步的命令时，他得到的指示非常简单："我们要不惜一切代价守住现有阵地。"[68]

凯南中校接到将其营部撤回大豪村的命令，因为他的位置过于暴露了。

为了与各连保持密切联系，他反而将营部搬进了海德布歇尔农舍废墟里，两天前此地曾给他的营带来极大痛楚。

拉纳姆上校担心，第 46 装甲步兵营撤退之后，401.5 高地可能会重新落入德军之手。拉纳姆希望 2 营三个连那不足 100 人的兵力做好随时投入反击的准备，如果 401.5 高地易手，他们就要重新夺回这处要地。虽然第 70 坦克营 C 连能提供支援部队，但此时该连只有 3 辆坦克可以投入战斗。这个坦克连本该调离第 7 军，但计划因为德军的反击而延迟了。[69]

在击退德军这次猛烈反击的过程中，拉纳姆最担心的事情——遭受一次猛烈进攻——似乎正悄然而至。配属第 4 步兵师的一支坦克歼击车部队截获了德军的一条通信，报告说一个德军装甲师正在向西朝着拉纳姆的防区开来。拉纳姆立即下令，在通向该团防区的各条公路和坦克通道上埋设地雷，并将反坦克炮前出布置。[70] 虽然德军装甲师并没有出现，但这支虚构的部队还是增加了拉纳姆的指挥负担。

巴顿少将也认识到了第 22 步兵团的困境，他将该团防区遭到德军反击的战况向柯林斯少将做了汇报，并建议马上派第 83 步兵师的部队与第 22 步兵团换防。换防最初计划于 11 月 30 日实施，后来由于第 4 步兵师再次试图突破德军防线而暂缓。[71] 9 点 45 分，巴顿将军向军长进一步阐述了他之前的观点：

鉴于第 22 步兵团中士兵的状态和补充兵的数量，该团已经没有进一步进攻的能力了。经过长时间的战斗，团里的士官和基层军官完全被榨干了，他们一直进攻到无以为继。补充兵员并不缺乏"胆识"，而是没有接受过我们以前那样的训练。

简而言之，第 22 步兵团由于没有经验丰富的基层指挥人员，已经无力继续进攻。虽然该团的实际兵力始终保持在编制兵力的 75% 以上，但是巴顿知道这个团的核心和灵魂已经荡然无存。步兵班里只有少数士兵愿意不顾个人安危去完成团里的任务，其他人基本已经累得跑都跑不动了。事实上，正是因为为数不多的几名经验丰富的指挥官，该团各个充斥着补充兵的单位才没有向后方溃散。[72]

　　和巴顿讨论时，拉纳姆并未意识到上级已经决定要把第 22 步兵团换下去。拉纳姆向巴顿汇报了团里的情况后，巴顿表示"会处理好的"。下午 3 点左右，拉纳姆接到了一条非常简短的通知："你部明天将会换防……你部将进入集结地域，然后……到南边接收新阵地。" [73]

　　但那都是明天的事情，今天的战斗仍在继续。下午，2 营在发现德军撤退后进抵自己的目标，拉平了与 1 营之间的战线。第 22 步兵团当日报告伤亡 149 人，大部分集中在 2 营和 3 营。实际的伤亡为 132 人，不包括失踪人员。师部人事科长（G1）只下拨了 20 名补充兵。 [74]

　　拉纳姆上校仍然担心该团暴露的南翼。他命令凯南中校派一支巡逻队去 401.5 高地，核查一下那边的防御情况。第一支巡逻队报告说那里空无一人。由于第 8 步兵师传信说这座高地已被完全占领，这支巡逻队又去寻找设置在高地上的前沿哨所。这次，带队的中尉在高地上找到了一名掉队的美军士兵，他说他的连队负责守卫某处的一座飞机场。正当布莱泽德少校准备派出另一支巡逻队时，第 4 步兵师参谋长理查德·马尔（Richard S. Marr）上校打来电话，命令他停止巡逻。 [75]

　　拉纳姆上校不希望在转移的时候抛下团里的任何人，无论是死者还是生者。各营都组织了搜救队伍，在开阔地带和森林中搜寻阵亡或负伤的战友。搜救行动迫在眉睫，因为大家都预计明天德军会再次发动反击。当巴顿少将打来电话说他想让第 4 步兵师各部在（12 月 3 日）6 点 45 分进入戒备状态时，团作训股长爱德华兹中校表达了不同意见："德军可能在 6 点就'提醒'我们该进入戒备状态了。" [76] 为了避免再次度过倒霉的一天，1 营再三打电话要求找出是哪个美军炮兵或迫击炮单位将炮弹误射到了他们的阵地上。虽然没有人受伤，但是这些原本用来消灭德军的炮弹却刚好落在美军散兵坑外面，这也从另一方面说明了步兵是多么孤立和脆弱。 [77]

与第 22 步兵团对阵的德军

　　德军正面临着美军即将突破防御进入鲁尔平原的态势，最具威胁的出口就是盖村—大豪村公路区域。如果德军能够夺下并坚守 382.5 高地，那么他们就可以控制这个出口，还能俯瞰大豪村和周边地区，现在德军的炮兵观察员可看不到这些地方。

12 月 2 日凌晨，第 983 掷弹兵团 1 营的三个连就穿过沙尔夫贝格和施特拉斯之间山坡后方的森林，攻入了一条通向大豪村附近空旷地域的溪谷。他们沿着溪谷一路推进到美军阵地后方，很快就击溃了驻守的美军连队，还俘虏了大约 20 人。德军主力继续向主要目标 382.5 高地推进，并在清晨的薄雾中击退了当地的美军步兵和装甲部队。不走运的是，德军没有后续部队来巩固战果，也无法为眼下陷入困境的进攻部队提供坦克和炮火支援，那些没有阵亡或被俘的官兵逐渐撤回了盖村。在这次失败的反击中，原本由大约 250 名平均年龄 24 岁的士兵新编成的步兵营，被打得落花流水、溃不成军，仅剩下不足百人。三个连有 61 人被美军俘虏，许多人战死沙场。

在 1 营发动进攻的同时，2 营坚守着面向大豪村西侧高地的阵地。第 89、第 275 和第 344 步兵师的一些官兵仍在与美军交战，尽管这些部队中的大多数人已经被消灭。第 1057 掷弹兵团 3 营的残部被并入了第 1058 掷弹兵团 9 连。由 11 月初遭受严重打击的韦格林战斗群的成员组成的尚茨（Schantz）连，当时正在盖村附近挖掘散兵坑。

2 日晚间，第 272 国民掷弹兵师 981 掷弹兵团 1 营和 2 营从盖村北边的集结区赶到盖村。这两个营中每个连的兵力大概有 80 ~ 100 人，为了弥补机枪数量的不足，许多士兵都配备了冲锋枪。[78]

"你，你，还有你，跟我来"

12 月 3 日。13 点 30 分至 14 点 45 分之间，德军出动了约 60 架 Me 109 战斗机和 Fw 190 战斗机，对第 7 军的阵地进行了轰炸和扫射，但是造成的伤亡不大。第 9 战术航空兵司令部派出了 4 个中队支援第 1 步兵师和第 104 步兵师，还有 1 个中队支援第 4 步兵师。第 104 步兵师的部队发动了另一场夜袭，成功占领了卢赫贝格（Lucherberg）。第 1 步兵师 16 团肃清了卢赫姆（Luchem）村的敌军，同时该师其余部队进行了整顿，并放弃了营救被困在默罗德镇的两个连的尝试。第 4 步兵师 8 团继续进攻，但是遭到了德军反击。德军对这个师防区的中部和右翼施加了巨大压力。19 点，第 83 步兵师 330 步兵团与第 22 步兵团换防。第 8 步兵师 121 团的一个营向勃兰登贝格外围推进了约 900 米，同

时第 28 步兵团的部队也向与贝格施泰因相邻的空旷地带西侧边缘推进了 700
米左右。配属第 8 步兵师的第 5 装甲师 R 战斗群攻占了勃兰登贝格。

——第 1 集团军作战报告[79]

在许特根森林度过的最后一晚, 第 22 步兵团团部规划了次日换防和转移
到新阵地的行动。拉纳姆仍然担心在换防部队赶到前会有事情发生, 他指示亨
利上尉留在团部, 而不是和先遣队一起去该团的新防区。团部日志中记载道:"他
(拉纳姆)认为亨利上尉是全团的幸运星, 而我们还有 20 个小时的艰难日子要
渡过。"[80]

在许特根森林的最后一天, 士兵们清晨醒来的时候天上又下起了冰冷的
雨。2 日晚间, 德军火炮和迫击炮的轰击并不是很猛烈, 除了巡逻队在 401.5
高地附近遇上第 8 步兵师的部队之外, 没有关于步兵活动的报告。天亮后不久,
第 330 步兵团就开始与第 22 步兵团换防, 3 营所部也开始慢慢撤回后方。随后,
德军发动了进攻。

1营

7 点刚过, 1 营的一处前沿哨所就发现德军正在穿过开阔地, 于是朝他们
开火。第 44 野战炮兵营当即对着这片区域猛轰, 德军四散隐蔽。7 点 30 分,
第 70 坦克营 C 连的 6 辆坦克开上了 382.5 高地, 准备抵抗德军的反击。[81] 人
人都感到心里发毛, 很是不安。美军恭候多时的德军反击终于在 8 点 30 分左
右如期而至, 他们向戈福斯少校的 1 营发起了进攻。15 分钟后, 戈福斯向团
部报告说, B 连遭到德军猛烈攻击。

天亮之后, 德军的大炮和重型迫击炮就集中火力对着森林边缘的一栋房
子周围猛轰, 他们还炮击了这栋房子东南方延伸大约 100 米的 B 连散兵坑阵
地。接着, 大约 150 名德军步兵冲了出来。虽然德军没有投入装甲部队, 但是
他们得到了近距空中支援: 当德军步兵进攻 B 连左翼时, 15 架德军战斗机和
战斗轰炸机轰炸并扫射了美军阵地。斯坦福上尉的 C 连在 B 连右翼向东南延伸,
沃纳中尉的 A 连则向 1 营侧翼的西南和西部延伸。在 B 连左翼, 伯顿中尉的
K 连阵地朝西北方向延伸, 直至昨日德军突破 I 连阵地的地方。

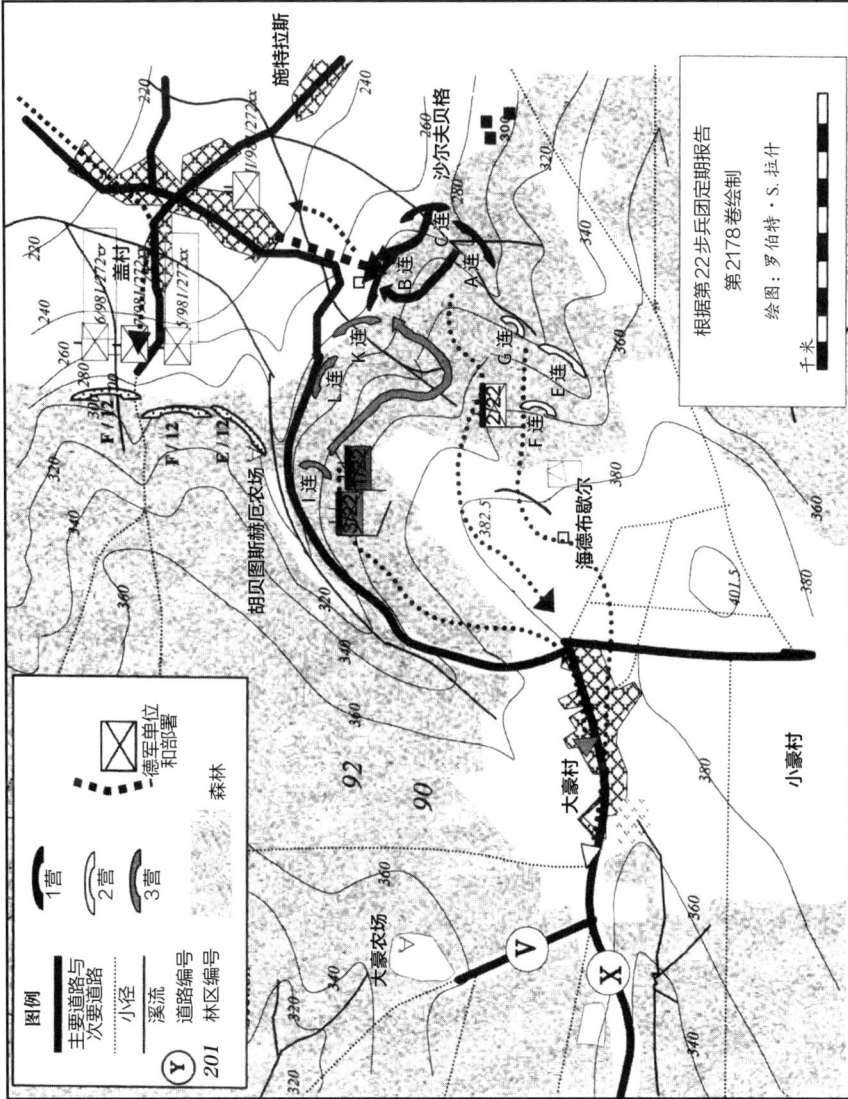

德军从盖村出发，沿着公路直扑 B 连阵地。担任前卫的大约 25 名德军突破了 B 连防线，其余德军穿过开阔地进行渗透。斯坦顿·斯韦莱因（Stanton Swerlein）中士和威廉·霍尔（William Hall）二等兵的密集火力，还有炮兵对开阔地的炮击，阻止了德军主力增援已经突入美军战线的前卫部队的企图。

B 连的机枪手詹姆斯·汤森（James Townsend）一等兵，操纵一挺 D 连的 7.62 毫米口径水冷式机枪，与梅尔文·麦克纳米（Melvin McNamee）二等兵一起驻守在房屋拐角处。麦克纳米在旁边用 M1 步枪进行掩护，汤森则用机枪扫射，直到德军用手榴弹将机枪炸毁。然后，汤森随手从旁边的废墟里捡起一把冲锋枪继续开火，直到双手被子弹打穿。由于寡不敌众，他和麦克纳米双双被德军俘虏。

随后，德军步兵开始攻击由罗伯特·阿德金斯（Robert Adkins）下士、杰伊·卡斯基（Jay Caskey）一等兵和小约翰·科伊尔（John Coyle Jr.）一等兵驻守的机枪阵地，B 连的步兵哈里·格思里（Harry Guthrie）在一旁掩护。德军士兵先用步枪压制美军的火力，再派人悄悄接近机枪阵地，朝里面扔了几颗手榴弹。先是两颗手榴弹爆炸，接着一枚火箭弹轰进了工事里，格思里被当场炸死，其他人都被震晕了。晕厥过去的几名美军很快就被德军俘虏并拖回后方。

阿德金斯下士的机枪阵地被德军攻占后，在其右后方的 D 连机枪组组长柯蒂斯·埃文斯（Curtis Evans）中士和 B 连班长托马斯·沃德（Thomas Ward）中士试图挡住德军的突击，但是他们都被德军猛烈的火力压制住了，德国人很快就包围了他们的散兵坑。雷米（Ramey）中尉、第 44 野战炮兵营观察员约兹维亚克中士（Jozwiak）、3 排副排长威廉·斯帕克斯（William Sparks）上士、尼古拉斯·J. 瓦里亚诺技术军士长、梅尔文·布伦森（Melvin Brunson）二等兵和威廉·默里（William Murray）中尉都在 9 米外的另一处阵地上，他们同样受到了德军的猛烈射击。布伦森的头部和步枪枪托被两颗子弹击中。他躺在那里，血流不止，奄奄一息，但仍然对着天空射击，还问身边的战友：“我打得准吗？”[82]

由于德军包围了埃文斯和沃德，瓦里亚诺军士长迅速穿过敌人的火力网，跑去通知连长比扎罗中尉，B 连要被打垮了。比扎罗马上用报务员、厨师和连部其他人员组成了一个 16 人的连部排，让刚上任的副连长罗伯特·韦斯曼

（Robert Wessmann）少尉指挥，马上投入战斗。[83]

这支人员五花八门的队伍堵住了缺口。B 连报务员奥尔顿·拜尔利（Alton Byerly）二等兵回忆道：

> 我们冲向战斗最激烈的地方，沿途在每处防御工事里都会留下几个人，为了给前进的步兵提供火力掩护，我们还架起了一挺重机枪……斯帕克斯上士是我所见过的最冷静的人。他卧在一段树桩后面，将冲过来的德军一个接一个撂倒。"很好，我认为干掉了一个，"斯帕克斯一边射击一边说道，然后举起 M1 步枪又打了一枪，"这枪肯定能干掉一个。"[84]

A 连和 C 连的援兵到了。A 连连长沃纳中尉率领 15 名士兵和 1 挺从附近被打坏的半履带车上拆下来的机枪，赶来阻击德军，防止突破口扩大。C 连的平加托（Pingatore）上士嘴里喊着"你，你，还有你，跟我来"，从每个排里选出两三个人。他叫不出这些人的名字，因为他们都是新来的补充兵。随后他就向一栋房子里的德军发起了攻击。平加托挑选出的士兵中，有人在早先曾向他和斯坦福上尉透露说自己非常害怕，不敢面对战斗。在攻击最激烈的时候，这名士兵对平加托说："上士，我再也不害怕了。我要把这些混蛋都杀光。"

当平加托和他的小队被德军机枪压制住时，他喊了句士兵们非常熟悉的，自希腊大军攻至特洛伊城墙前以来，士官们常喊的老话："勇士们，我们不能他妈的坐以待毙。"接到这道略显粗野的命令后，美军士兵都愤然而起，继续投入进攻。[85]

D 连机枪排副排长约翰·斯特劳布（John Straub）技术军士长，率领重机枪班跟着 A 连和 C 连的援兵去增援 B 连。斯特劳布军士长带着机枪手向前推进，并在沿途的弹坑和散兵坑里布置火力，在被德军攻占之前及时赶到了埃文斯中士和沃德一等兵的阵地。当欧内斯特·弗赖伊（Ernest Frye）下士把重机枪架在阵地上时，埃文斯心中的千言万语就汇成了一句话："见到你很高兴。"

德军对 B 连的进攻，被连部的快速反应和 A 连、C 连的援军以及 D 连的重机枪手们给挡住了。在弗赖伊下士的机枪火力掩护下，韦斯曼中尉的连部派 5 名士兵冲向了在一个弹坑中开火的德军，那里曾是阿德金斯下士的机枪巢。

他们在那里发现了 8 具德军尸体和 1 名负伤的德国兵，在阵地外围 20 米范围内还散布着 30 具德军尸体，其中大部分人是在阿德金斯下士的机枪被摧毁前被打死的。现在，德军的反击瓦解了。

森林边缘的房子很快被夺了回来，三四名被俘的美军士兵也获救了。大约 12 个德国兵穿过开阔地逃回了盖村，而美军只俘虏了 3 名德军士兵，这充分说明他们在刚才的残酷战斗中毫不手软。到 9 点 30 分，虽然德军的反击仍在继续，但是美军认为局面已经控制住了。3 个小时后，1 营恢复了被德军占领的阵地。此时，被期待已久的第 330 步兵团 1 营终于赶来与第 22 步兵团 1 营换防了。

2 营

虽然 2 营各连没有被卷入德军对 B 连的反击，但是他们经历了凯尼恩二级军士长口中的"地狱般的炮击"。2 营各连穿过开阔地撤退时，凯南中校要求制造一道烟幕作为掩护。第 330 步兵团 2 营于 15 点左右开始换防。由于德军炮兵、迫击炮和轻武器的火力非常猛烈，两支部队的交接相当困难。凯南的部队以排为单位梯次换防，因此进展非常缓慢。凯南询问拉纳姆天黑后怎么办，拉纳姆回复说，如果必要的话，天黑后继续换防。在夜间换防当中，排成人链是一种可取的方式，士兵一个跟着一个地走。[86]

与 G 连换防的新部队，兵力是格林利中尉那个被重创的连队的 3 ~ 4 倍，这就意味着没有足够的散兵坑留给换防部队。新来的连队中，有些士兵甚至还没有挖好工事就患上了战斗疲劳症。G 连最终穿过开阔地撤出了战场，而直到最后，德军炮火仍在追着他们炸。[87]

E 连的换防同样以排为单位梯次进行。福克纳上尉试图说服凯南中校让他的连在夜间换防，因为 E 连处境险恶，还处于德军的严密监视之下。尽管凯南没有同意福克纳的计划，可是 E 连连部和 3 排撤离时天已经黑了。其他各排换防结束后天色也已暗淡下来。萨斯曼二等兵描述了部队行军后搭乘卡车的过程：

这是一次快速行军。离开森林五六十米后，我摔进了一个积满水的坑里。天太黑了，没人看见我，而我又不想呼救以免被德军听到。我在四周转了几分钟，然后在炮火的映照下看到了那条我们要通过的道路，接着我就沿着这条路径直走下去。走到大豪村时，我发现自己比福克纳上尉他们先一步到了这里。我们继续前进，穿过村子来到村子西边的森林，那里本该有几辆卡车等着我们。连卡车的影子都没有，因此我们只好一路徒步行军回到了大约 6.5 千米外的勤务连驻地。第二天，我们乘车来到了卢森堡。[88]

B 连遭到德军反击时，肯普少校派经过部分重组的 3 营 I 连经溪谷去找 C 连。当斯坦福上尉的连队不得不转移到 B 连阵地时，I 连就应该接管 C 连的阵地。15 点 30 分，3 营的第一个连队被友军换了下去，1 小时后 3 营返回集结区域，搭乘卡车离开了许特根森林。[89]

德军对 B 连的反击并没有阻碍换防的顺利完成。此外，德军出动了大约 30 架飞机在第 4 步兵师防区上空飞来飞去，用机枪扫射地面，但也没有对换防造成影响。美军伤亡很小，只有一辆半履带车被击毁。为了躲避德军飞机的扫射，第 330 步兵团的士兵跑进了一片野地，其间有 6 人负伤。但非常不走运的是，这片野地里埋了地雷。[90]

晚上 19 点，第 330 步兵团接管了第 22 步兵团的防区。第 22 步兵团报告说，撤退当天损失了 76 人。实际伤亡为 4 名军官、14 名士官和 119 名士兵，其中有 80 人是新来的补充兵。爱德华兹中校从 1940 年起就在团里，几乎认识团里的每个人。当初该团进入许特根森林的时候，他曾站在路边，注视着一卡车一卡车的士兵朝他挥手。现在，他再次站在路边上，但是卡车数量变少了，向他挥手的士兵也没有几个了。"其他人非死即伤。"[91]

12 月 4 日，第 22 步兵团抵达卢森堡的新驻地，虽然士官对各部队进行点名，但还是难以确定失踪的士兵是因伤后送，还是被留在了战场上。根据报告，伤亡名单中又增添了 87 人，大多数被归入阵亡或失踪。已经把失踪人员的名单和医疗后送站的人员名册进行了核对，但仍然和实际情况有出入。那些属于非战斗减员或是因负伤而被列入后送名单的人，后来要是被发现死在战场上，就会被列入阵亡名单。12 月 1 日至 4 日，全团共有 140 人失踪和被俘，其中 114 人的尸体后来在战场上被发现。这些阵亡者大部分来自 F 连和 K 连。[92] 18 天之后，第 22 步兵团在许特根森林的战斗终于画上了句号。

与第22步兵团对阵的德军

当太阳从东方升起时，第272国民掷弹兵师981掷弹兵团出动了两个营，向俯瞰盖村的高地发起进攻。1营沿着盖村—大豪村公路向南进攻，并朝着通向高地的溪谷推进，与此同时，2营从盖村向西进攻。两路攻击都没有取得成功，尽管西边的前沿阵地当天曾几度易手。虽然此次攻势没有得到装甲车辆的支援，但是德国空军出动了大约60架次攻击大豪村—小豪村高地，不过收效甚微。

部队伤亡惨重，大部分连队损失近半。在这一天过去之时，伤亡最惨重的一个连只剩下1名军官和11名士兵。[93] 第981掷弹兵团撤回了盖村并将阵地移交给了第353步兵师。德军最终被逐出了森林。

第十二章
许特根森林之战的余波

　　11月16日，第22步兵团攻入许特根森林。12月3日，该团撤出森林。在18天的战斗中，全团损失官兵2805人，相当于其编制兵力的86%。12月4日点名的时候，大部分连队中从战役开始一直待到结束的士兵不超过10人。[1]

　　指挥人员和老兵蒙受的伤亡比往常更加严重，部分原因是该团在防御炮击方面经验不足，在猛烈的炮击面前，无论是老兵还是新兵，都有可能被炸死炸伤。伤亡率最高的人员是那些伤愈归队的士兵。整场战役中，全团补充兵的伤亡率为55%，而战斗开始时就在团里的官兵伤亡率则达到了71.3%。[2]

　　虽然补充兵的伤亡相比老兵来说还过得去，但他们的能力却根本不及那些损失掉的老兵。新任指挥人员的战术失误，使得本已相当残酷的森林战更加雪上加霜。由于尚未熟悉部队或手下的士兵，新任指挥人员很难掌握士兵的具体情况。在黑暗的森林里，他们时常未能注意到新来的补充兵已经阵亡、失踪或负伤。有些补充兵甚至在知道他们被分配到哪个连之前就已经伤亡了。

　　随着战斗的发展，除了一小部分老兵之外，部队的凝聚力在各连排中基本荡然无存。各营的兵力锐减到连级，各连缩小成排，而班组也仅仅是理论上的存在。许特根森林战役的最后几天，先来的补充兵领导后来的补充兵这种情况在各连中并不少见。[3]

　　那些在战斗中幸存下来的老兵痛苦不堪，大失所望，"受够了这种境遇"。[4]许特根森林之役结束后，团里的凝聚力仍然很薄弱，直到1945年大批此战中的伤病员归队，美军攻入德国本土、一路势如破竹之时，情况才有所好转。然而，第22步兵团此后再也没有恢复许特根森林战役之前的战斗力。

无论如何，第22步兵团还是在此战中与5个德军师进行了战斗，并且击败了对方，这些师的规模从团级到连级不等。虽然除了被俘人数之外，德军确切的伤亡数字无从得知，但考虑到被杀和被俘德军的数量，可以假设德军的伤亡至少与第22步兵团不相上下，甚至更高。德军的连队和第22步兵团所部一样伤亡惨重，但是德军已无力对它们进行补充，这些部队只能在激烈的战斗中消耗殆尽。当德军上下级的联系被切断后，士兵会选择投降而非撤退。战役期间，第22步兵团俘虏了764名德军，而该团只有约37人被德军俘虏。[5]

大部分美军官兵都因他们在许特根森林中的经历感到痛苦，只有曾经在那里战斗过的人才能表达他们所忍受的恐惧。乔治·摩根三级技术兵是名军械员，此战的大部分时间里，他都在森林中搜集阵亡官兵的尸体，用他的话来说：

那座森林对战斗而言是个非常恐怖的地方。如果有人经历了许特根森林之役，还说从未有过一丝恐惧，那他一定是个骗子……你找不到掩护，你看不见，敌人都不在射程之内。炮击过后的森林像是被一把大镰刀砍过一般，一片狼藉，那里几乎无法行走。每个人都又湿又冷，冰冷的雨水夹杂着雪下个不停。部队再次发起了进攻，很快老兵就只剩下几个了。[6]

拉纳姆上校在给欧内斯特·海明威的传记作家卡洛斯·贝克的一封信中写道："此时，我精神上的痛苦简直难以言喻。我过去出色的指挥能力实际上已不复存在……这些官兵创造了奇迹……我对他们的钦佩和尊重非同一般。"[7]

随军牧师博伊斯写道：

也许在后世的研究中，在许特根森林付出的牺牲会被认为是值得的；但是我们不会知道……我们只是在这场战役中战斗的士兵……夜复一夜地睡在烂泥之中……无法爬出散兵坑吃一顿感恩节晚餐，因为比起食物来生命价更高……我们已不完整，一部分已经死在了森林中，我们的部分精神、心灵和灵魂也留在了那里。[8]

E 连连长福克纳上尉在日记中记录了该连在巷战中攻占大豪村的情景："进攻大豪村之前，E 连有 79 名士兵和 6 名军官（在他接任连长时），还接收了大约 160 名补充兵，撤离时我们只剩下 80 多人和 3 名军官。还好这些牺牲是值得的。"⁹ F 连最后一任连长乔治·威尔逊在其所著的《如果你活了下来》(*If You Survive*) 一书中写道："虽然我们离目的地只有 4.5 英里（7200 米），但可怕的是我们花了 18 天才走完。"在列出了第 22 步兵团和 F 连的伤亡表后，他接着写道："这真是一次可怕的打击——为夺取这一地盘付出的代价真是太恐怖了。"¹⁰

最后，曾经与第 22 步兵团一起经历了整场战役的欧内斯特·海明威，根据自己在许特根森林中的大致经历著有名为《过河入林》的小说，其中写道：

> 无论如何，这个团都会与美军其他出现伤亡的团一样，通过兵力补充系统重建……归根结蒂，或者说事实就是，你得一直留在前线，除非你受了重伤，或者被打死，或者因发疯被军队根据条令强制退伍……我们得到了一定数量的补充兵员，但我当时就在想，在下车的地方直接把他们全毙了，肯定要比将他们送到必死之地再费劲把尸体运回来埋葬更简单，也更省事。¹¹

第 22 步兵团的士兵知道他们被当作牺牲品，许多人无法相信为了攻占这片地区付出全团近乎毁灭的代价竟然是值得的。为了一座村庄和 5500 米宽的森林，第 22 步兵团伤亡了 2805 人。黑暗的森林，恶劣的天气和持续不断、避无可避的炮击交织在一起，将这场战役永远铭刻于每个参战官兵的灵魂深处。

鉴于官兵们在许特根森林战役中发挥的作用，第 22 步兵团和配属部队获得了"优异单位嘉奖令"(Distinguished Unit Citation)，该嘉奖令旨在表彰那些表现出非凡的英雄主义行为的集体，其英勇应与授予个人的优异服役十字勋章 ① 达到同等程度，这种英雄般的行为极为引人注目，需要冒着巨大危险英勇

---

① 译注：美军第二高级别勋章。

奋战，从而使该部队有别于参加同一战役的其他部队，原来并未预想到这一荣誉会授予营级以上部队。[12] 授予第 22 步兵团这样的殊荣，是对其在许特根森林战役中组织和指挥能力的表彰，也是向该团全体参战官兵致敬。嘉奖令中写道：

第 22 步兵团及下列配属单位：第 70 坦克营 C 连、第 803 坦克歼击营 C 连、第 4 工兵营 C 连、第 70 坦克营 D 连，以非凡的英雄主义精神和坚决完成任务的决心，粉碎了许特根森林中（敌军）的顽强抵抗，因而特此传令嘉奖……受限于自然条件和敌军的坚固防御，摩托化部队及空中支援无法奏效，因此摧毁敌军防御工事的重任就落在了步兵肩上。正如在夺取大豪村的战斗中，村中每栋房子下面都有一个以钢筋混凝土加固的地下室，反复的炮击和空袭也几乎无法将其摧毁。通过一场以步兵部队同敌军近战搏斗的夜战突袭，该团最终占领了这座村镇……第 22 步兵团及其配属部队全体官兵，在面对异常危险的环境和不利天气时，所展现出的勇气、勇猛和坚韧不拔的精神，始终符合合众国武装部队的崇高传统。[13]

正如本书之前章节所述，这段引用的嘉奖令内容对第 22 步兵团在许特根森林的战斗作出了非常客观和坦诚的评价。

第 22 步兵团从许特根森林撤出后移驻卢森堡。1944 年 12 月 16 日，尚未满员的该团与第 4 步兵师的其他部队，在遏制德军的阿登反攻和防止卢森堡城陷落的战斗中发挥了重要作用。1945 年 2 月，就在 1944 年 9 月 13 日第 22 步兵团突破"齐格弗里德"防线的同一位置，该团再次突入德国境内。经过激战，该团在 2 月份攻占了普吕姆，并在 3 月初夺取了希勒斯海姆（Hillesheim），随后全团终于得以撤离前线休整两周。这是第 22 步兵团参战以来，仅有的一次休养生息机会。4 月份，第 22 步兵团参加了横跨德国的追击行动，在米斯巴赫（Miesbach）渡过了伊萨尔河（Isar River），并在完成占领纽伦堡北部的任务后迎来了战争结束。

在为期 11 个月零 2 天的战斗中，第 22 步兵团战斗伤亡 9359 人，其中阵亡 1705 人，大部分来自步兵排和重武器排，据统计这两类单位阵亡了 1449 人。非战斗减员同样相当高，光是第 4 步兵师报告的非战斗减员就有 13091 人。如果平摊给各步兵团的话,第22步兵团在11个月中的伤亡总数将超过13000人。假如每伤亡1人就有1个补充兵补充进来的话,这就意味着共有超过16000名官兵在第22步兵团里战斗过,其中又有81%的官兵,无论他在团里待了多长时间,都因为这样或那样的原因上了伤亡人员名单。[14]

许特根森林战役的参与者后来都怎么样了呢? 1944年12月27日,第3集团军司令小乔治·S.巴顿(George S. Patton Jr.)中将因为健康原因解除了第4步兵师师长巴顿少将的职务,他说:"现在撤换你绝不是否定你的作战指挥能力,而仅仅是为了让你这样的军人能在今后的战事中继续发挥干劲,因此需要你去接受治疗。"[15] 原师炮兵指挥官哈罗德·惠特尔·布莱克尼(Harold Whittle Blakeney)准将接任师长一职。第22步兵团团长拉纳姆上校晋升准将,升任第104步兵师(该师绰号"森林狼",Timberwolves)副师长。许特根森林战役期间的副团长拉格尔斯中校接任团长,直到第22步兵团在1946年被解散。团作训股长(S3)爱德华兹中校整个战争期间都担任这一职务,直到成为全团花名册上的最后一人,他才将第22步兵团的花名册上交存档。团情报股长(S2)布莱泽德少校在当营长或是回家的抉择面前,选择了后者。11月17日负伤的3营营长蒂格中校,伤愈归队后担任第22步兵团副团长。

战争结束时,第22步兵团的3名营长均出自该团,诺曼底登陆时他们都是上尉。戈福斯少校晋升中校并继续担任1营营长。许特根森林战役期间的2营营长凯南中校在1945年2月调到了团部,亨利上尉晋升少校接任2营营长一职。肯普少校留任3营营长,战争结束时已经是中校了。进入许特根森林时担任E连连长的纽科姆上尉,在塞缪尔少校负伤后成了2营副营长,并在1945年2月指挥F连作战时阵亡。11月17日担任3营副营长的哈里森上尉此后职位未变,战争结束时是少校军衔。[16]

1944年12月中旬被分配到步兵连并接受过采访的40名士兵中,在战争的最后几个月里有18人阵亡或负伤,大部分是倒在进攻普吕姆的过程中。很多在许特根森林战役中表现英勇的官兵都没能活着见到他们的家人。当坦克手拒绝开上公路时毅然驾驶着半履带车增援E连的乔丹中尉,于1944年12月阵亡。最后担任A连排长的一等兵博纳尔多,以及在所有军官伤亡之后指挥G连的二级军士长凯尼恩,都在1945年2月的战斗中阵亡。[17]

　　第22步兵团的士兵们虽然没有放弃，但是在战役最后阶段已经基本丧失了战斗力。随着那些经验丰富的下级指挥官、士官和排级军官不断伤亡，这个团的灵魂已经被打散了。有证据显示，只要该团中还有曾经一起在美国接受过训练或是曾经随团参加过重要战斗的士兵，它就能继续战斗下去。虽然通过不断补充人员，该团的兵力始终维持在编制人数的75%以上，但失去了所有老兵之后，部队的战斗力就会急剧下降。然而，只要还有可以将补充兵凝聚在一起的老兵存在，这个团就可以继续前进。和损失连长、营长比起来，损失这些小部队领导层无疑会带来更严重的后果，对该团攻击力的削弱更加致命。毫无疑问，第22步兵团恪守了其誓言："行动而非空谈。"

　　第74军的将领们又如何了呢？1944年12月，军长施特劳贝步兵上将调任第84军军长，同时第74军军部仍然指挥着德军在迪伦南部作战的各师部队。第74军被逐步击退并作为第15集团军作战序列的第一部分在鲁尔包围圈被歼灭。[18]

　　第275步兵师师长施密特中将继续担任该师师长直到大战结束。12月，该师对指挥团队和骨干部队进行了重组，次年1月至2月对部队进行了整编，在东线的中央集团军群序列下度过了战争的最后岁月。[19]

　　布伦斯少将一直指挥第89步兵师，直到1945年3月中旬住进医院。第89步兵师一直留在施密特地区直到阿登战役结束。由于在莱茵河西岸被切断了退路，该师于1945年3月底撤到了德国南部。[20]

　　第344步兵师师长柯尼希少将被任命为第272国民掷弹兵师师长，直到大战结束。第272国民掷弹兵师参加了12月阿登反击战北肩的战斗，并负责防守鲁尔水坝。雷马根（Remagen）被盟军突破后该师进行了抵抗，最终在鲁尔地区被盟军歼灭。许特根森林战役结束后，第344步兵师仓促间进行了整编，然后调往东线加入了中央集团军群，并在那里战斗到战争结束。[21]

　　马尔曼中将担任第353步兵师师长，直到1945年2月。第353步兵师1945年2月前一直留在迪伦地区，当时该师和整个战线都已经后退到了莱茵河畔的科隆附近。该师参加的最后战斗是保卫科隆和鲁尔包围圈。[22]

　　对在德军各师中作战的步兵来说，战斗中的日子跟美军步兵没什么区别，都只能一直待在前线直到被杀、负伤或被俘。阿登战役失败之后，德国人已是希望破灭，万念俱灰，别无选择了。

第三部

总结

第十三章
双方编制的效力比较

美国陆军和德国陆军在规划师级部队的作战使用方面做法不尽相同。1944年6月30日，美国陆军在欧洲、太平洋和美国本土部署了68个步兵师（不含5个空降师）。德军在整个欧洲有230个步兵师，但其中很大一部分部署在东线战场。由于师的数量比较少，美军必须尽可能让各师维持接近满员的状态。而德军的师比较多，这为统帅部提供了将选定部队撤出前线进行换装和整编的机会。

然而，绝大部分伤亡都来自步兵团，因此师本身反而没有必要轮换。例如，德军宁可让第275步兵师留在原来的防区，而不愿让不熟悉地形或战况的指挥官率领其他步兵师来换防，他们认为这样做反倒可能会减少伤亡。事实证明，第275步兵师在许特根森林战役中之所以表现强悍，原因之一是它从10月以来就在这片森林中作战，熟悉这里的地形。相比之下，接替第275步兵师的第344步兵师，刚来许特根森林打了5天就撤退了。第275步兵师师长施密特中将后来写道："新来的师毫无森林战经验，这必定会对大规模战斗产生不利影响。"[1]

美军和德军师级部队的编制亦不相同，尽管一开始都遵循传统的三三制，可随后出于战场经验以及兵员短缺的原因，两国都对师的编制进行了调整。美军步兵师的基本编制构成是3个步兵团、1个炮兵团、1个工兵营和1个医护营。除了师部和宪兵排之外，还编入了连级的侦察、维修、军需和通信单位。坦克营、坦克歼击营和防空炮营则根据需要配属各师——不过在1944年的西北欧战场上，这些配属部队已经变得不可或缺。

另一方面，当德军的步兵师编制从 3 团 9 营缩编为 2 团 6 营或 3 团 6 营的时候，其作战支援部队仍然相对不变。作战支援部队有 1 个炮兵团、1 个反坦克 / 防空混成营、1 个燧发枪兵营（一些情况下会缩编为连级）、1 个工兵营，还有 1 个规模较小的通信营。此外，德军步兵师还编有师部直属的宪兵排，以及人事连、维修连、兽医连和医护分队。

美德两军在步兵团编制上非常相似，都有团属反坦克连和炮兵连，同时每个营都有 3 个步兵连和 1 个重武器连。起初两军的步兵连编制差不多，各有 3 个步兵排和 1 个重武器排，但后来德军重武器排缩编成了 1 个重机枪组。两军步兵连最大的差异在于，德军的一个步兵连拥有 10 挺轻型和 2 挺中型 MG 42 机枪，而美军的步兵连只有 2 挺轻机枪和 9 支自动步枪。1944 年时，美军步兵连的编制兵力是 193 人，德军是 142 人。

马丁·范·克雷费尔德认为，美国军队之所以缺乏凝聚力和训练，是因为他们招募的士兵不是来自同一地区，而且也没有时间在一起训练，但这种观点根本站不住脚。[2] 在战争动员时，常备军、国民警卫队和陆军预备役师即便不是来自同一个州，也都有固定的兵源地。如第三章所述，1941 年第 22 步兵团的第一批士兵都来自美国东北部。然而，随着整编和抽调骨干组建新部队，一些人被调离了，新补充的人员不免来自美国各地。尽管如此，部队的老班底仍然存在。诺曼底登陆的时候，第 22 步兵团的大多数士兵在团里的服役时间都超过了两年，虽然很多人是应征入伍的士兵，但是无论从哪方面说他们都已经成了一名职业军人。

美军的步兵团在被送到海外投入战场前，至少有一年时间共同训练，而投入欧洲战场的大部分步兵师的合训时间更是在两年以上。第 22 步兵团组建于 1940 年，在诺曼底登陆之前，该团官兵已经在一起训练了 4 年时间。美军对即将展开的战斗进行了有组织且有重点的训练，包括上至师级的军事演习、下至排级的战术评估。可是一旦投入战斗后，接兵部队在战场上就没有时间对补充来的新兵进行同样的训练了。[3]

二战期间，德军进行了 35 轮战争动员，组建了 283 个步兵师，有些师还重建了不止一次。这体现了希特勒对建立新部队，而非补充老部队的偏执喜爱。然而，同一时间内部队数量庞大、士兵数量有限，使得大多数在战斗中被重创的师只能维持其编制兵力的一小部分。这些经验丰富的老部队虽然都久经战阵，但却经不起持久战的消耗。德军在组建新单位的时候让老部队仅仅维持最低限度兵力，这套体系忽视了组织体系所提供的内在力量，因此新兵无法从老部队那里受益。一支部队只有以经历战火而幸存的老兵为骨干，才能百炼成钢，提升战斗力，而且只要这些久经沙场的核心人员周围有源源不断的新兵补充，这些部队就会奋勇向前持续奋战。而数量更多的师不仅达不到这一效果，还意味着需要在指挥机构、后勤和补给单位上投入更多的兵力。

1944 年，德军 1 个满编步兵师下辖 3 个团，每团辖 2 个营。每个营的步兵人数只占编制兵力的 56%，其余 44% 的兵力属于指挥机构和支援部队，当步兵部队完全失去战斗力时，这些单位中的大部分就会撤离，参与重建部队。看来，1944 年秋德军在西线的策略似乎是以遭到重创的部队拼凑成新的师，原部队的指挥官、参谋部、技术人员，以及一小部分骨干军官和士官被调去组建新部队，只留下士兵和新调来的部队一起在散兵坑中苦战。这些士兵正是在前线重建营、连、排、班的基础，而他们却在持续不断的战斗中越打越少，被编入其他部队，并最终因阵亡、负伤或被俘而彻底损失。[4]

第 74 军各部都是在 1943 年年底和 1944 年年初组建的，并且在建造和驻守"大西洋壁垒"的同时进行了力所能及的训练。经历了诺曼底的残酷战斗之后，这些师在 10 月和 11 月撤到"齐格弗里德"防线，靠补充其他军兵种的部队和吸纳各种散兵游勇进行了整编。在许特根森林进行了短短几天的激战之后，这些部队的建制就被彻底打垮。[5]

大部分德军步兵团根本无从享受美军那样长时间的训练。10 万魏玛国防军时代的 20 个常备团在 1939 年之前就被一分为三，成了新部队的种子，而那些在 1939 年之后组建的步兵团通常训练 1 ~ 6 个月就会投入战场。1940 年，在开始向苏联发动大规模攻势前，德国陆军组建新师的方式与美国陆军完全一样，都是从现有的师抽调骨干兵力作为基干。颁布了《1940 年秋关于野战军改编的指示》后，希特勒下令从首批组建的各德军师中抽调 36 万人去组建新的师，他们离开后的空缺由来自预备军的士兵填补。可是在德军入侵苏联后，没法再从那些消耗殆尽的部队中抽调骨干兵力，这种组建新师的方式就此中断了。从那时起，德军大部分部队的补充兵主要由国内的训练基地提供。[6]

　　1944年，美国陆军和德国陆军在师级组织架构内任用军官的方式各不相同。按照比例来看，1944年德国陆军分派到指挥机构和支援单位的军官比例（达到27.9%），超过了美国陆军同类部门中的军官比例（占15.4%）。大部分情况下，如表6所示，一个步兵师中，在步兵团及以下部队服役的美军军官占军官总人数的61.0%，而德军仅占37.2%。

表6：1944年标准步兵师中各部队军官所占的百分比

	美军步兵师，总兵力：14253人		德军步兵师，总兵力：12353人	
	军官人数	百分比	军官人数	百分比
指挥部	47	6.8	34	8.8
通信部队	7	1.0	16	4.1
后勤部队	53	7.6	58	15.0
非战斗部队中的总数	107	15.4	108	27.9
步兵部队	423	61.0	144	37.2
野战炮兵部队	130	18.8	85	22.0
侦察部队	6	0.9	15	3.9
工兵部队	27	3.9	18	4.7
反坦克部队	0	0.0	17	4.4
战斗部队中的总数	586	84.6	279	72.1
总军官数	693	占师总兵力的百分比：4.9	387	占师总兵力的百分比：3.1

资料来源：TOE 7, Infantry Division, 15 June 1943 (Washington, DC: Government Printing Office, 1943); TOE 7–11, Infantry Regiment, 26 February 1944 (Washington, DC: Government Printing Office, 1944); *Handbook on German Military Forces*, 94.

　　两军团级部队中军官人数的差异不是很明显，但也不容忽视。表7将1944年在战场上对阵的美德两军的步兵团进行对比。在美军的步兵团中，有38.3%的军官在步兵连中服役，35.5%在指挥机构和后勤部队，还有26.3%的军官在重武器连、反坦克连和团属炮兵连（战斗支援部队）。二营制的德军步兵团中，有25%的军官在步兵连，50%在指挥机构和后勤部队，还有25%在支援作战的连队。[7] 美军的每个步兵连中有 6 名军官，相比之下德军每个步兵连里只有 2 名军官。

表7：美军和德军步兵团中负有职责岗位的军官比例

	美军军官人数	百分比	德军军官人数	百分比
团部	12	8.5	12	25.0
营部	27	19.1	12	25.0
后勤连	11	7.8	0	0.0
指挥部和后勤连的总数	50	35.5	24	50.0
步兵连	54	38.3	12	25.0
重武器连（作战支援）	24	17.0	6	12.5
反坦克连（作战支援）	7	5.0	3	6.3
火炮连（作战支援）	6	4.3	3	6.3
作战部队的军官总数	91	64.5	24	50.0
全团军官总数	141		48	

备注：以上指挥部内的军官数量包含指挥机构和团部连、营部连等直辖连队中的军官。

资料来源：TOE 7–11, Infantry Regiment, 26 February 1944; *Handbook on German Military Forces*, 111.

表8和表9说明了美国陆军和德国陆军在条令上的差异。以总兵力中军官和士兵所占的比例为例：美军军官在总兵力中占了 4.9%，其中有 33.3% 的军官在步兵连中担任中尉；德军的军官比例比美军低，1944 年平均每个师中的军官比例只有 2.4%，主要是因为军官中只有 9.8% 在步兵排里服役。美军一个步兵师的军官仅有 15.4% 在师级机关和直属单位服役，但是1944年德军步兵师中却有 27.9% 的军官在师级机关和直属单位任职。德国陆军的军官补充制度常导致在连排级带兵的军官捉襟见肘，而美军的军官补充制度使其排长级的军官数量很多，能够稳定地为部队提供有足够实战经验、可以出任连级指挥官的军官。

表8：军官服役的部队及占总军官人数的比例

	美军（编制表人数：693人）		德军（编制表人数：387人）	
师级单位（包括师部、后勤和通信部队）	107	15.4%	108	27.9%
步兵团团部和后勤连	99	14.3%	36	9.3%
步兵营营部	81	11.7%	36	9.3%
步兵连（包括步兵连、重武器连、反坦克连和炮兵连）	42	6.1%	30	7.8%
步兵排（包括步兵排、重武器排、反坦克排和炮兵排）	231	33.3%	38	9.8%

备注：以上表格中的百分比相加并不等于百分之一百。

资料来源：TOE 7, Infantry Division; 7–11, Infantry Regiment; 7–15, Infantry Battalion, 26 February 1944; *Handbook on German Military Forces*, 94, 111, 113, 114, 115.

范·克雷费尔德认为，美国的军事组织培养出的指挥人员存在缺陷，他写道："那些在前线指挥作战的军官，正如官方历史坦率承认的和伤亡数字证实的那样，指挥能力常常非常糟糕。"[8] 如果这一评论针对的是1943年1月美军军官在北非战役中表现出的指挥能力，那可以认为它是正确的。然而，到了1944年11月，这个评论就不完全正确了。美军营级和团级指挥官的指挥能力是完全合格的，指挥能力欠佳的军官根本无法长期待在自己的岗位上。整个战争期间，美国陆军一旦发现部队中有不称职的指挥官，不论出于什么原因，都会毫不留情地将其解职。法国战局期间，我们可以看到很多军官因为其部队的表现未能达到预期而被解职或调离。例如，第22步兵团在法国的最初两个月中就撤换了两名团长。[9] 这是一个艰难而苛刻的过程，但只有这样才可以优胜劣汰，选拔出称职的指挥官。

表9：军官在师总兵力中的百分比

	美军步兵师		德军步兵师	
	军官人数：总兵力	百分比	军官人数：总兵力	百分比
步兵师	693：14,259	4.9	387：12,352	3.1

（续表）

步兵团	141：3,118	4.5	48：2,008	2.4
步兵营	35：871	4.0	15：708	2.1
步兵连	6：193	3.1	2：142	1.4
步兵排	1：40	2.5	*1：99	1

备注：★只有第1排排长是军官。

资料来源：TOE 7, Infantry Division; 7–11, Infantry Regiment; 7–15, Infantry Battalion, 26 February 1944; *Handbook on German Military Forces*, 94, 111, 113, 114, 115.

范·克雷费尔德还认为，美军军官的选拔和任用方式不能保证部队的凝聚力。但是，1944年11月，在第22步兵团庆祝该团组建46个月之时，除了休伯特·德雷克少校之外，所有的营长都是出自本团。[10]阿瑟·蒂格中校在1940年进入第22步兵团，并在同一个营内从中尉一直晋升到中校；格伦·沃克中校、托马斯·凯南中校，以及厄尔·W.爱德华兹中校皆是如此。沃克和凯南在被任命为营长之前，都曾经担任过营级和团级的作训军官。在沃克和蒂格中校负伤后，接任1营和3营营长的戈福斯少校及肯普少校，在诺曼底战役时曾在团里指挥步兵连。[11]

事实上，第22步兵团进入许特根森林时，从团部到连长的每一位军官都是从美国国内训练时期就在团里的。这些军官都是诺曼底战役沙场血战的幸存者，即便不考虑其他战功，光凭能够从恶战中生还这一点，就足以受到士兵的尊敬。虽然团长查尔斯·特鲁曼·拉纳姆上校是为数不多的未曾与本团一起在美国训练的军官之一，但他也曾带领第69步兵师的一个团在密西西比州谢尔比军营（Camp Shelby）进行过训练。[12]

6月6日，第22步兵团中有7名常备军军官，62名编组预备役（OR）军官，其中大部分人的军衔是少校和上尉；还有81名候补军官学校毕业生，均为中尉军衔。每名军官都在1943年或是更早之前就获得了任命，在部队中接受了至少6个月的训练。许多在诺曼底战役中幸存下来的排长，到11月都当上了连长和副连长。[13]许特根森林战役开始之后，担任排长的军官要么伤亡，要么接替负伤的连长得到晋升。11 月 16 日, 第 22 步兵团中有 120 名中尉, 在接下来的 18 天战斗里这批军官伤亡了 91 人。[14]

不幸的是, 接替伤亡的排长的军官大多数是初次上阵, 他们没有时间去熟悉手下的士兵或重新组织部队。普遍的看法是, 大多数补充来的中尉刚从军官训练学校毕业就立即派到了前线。日间报告显示, 1944 年 11 月所有新任命的军官中有 64% 是在 1944 年之前就服役的, 服役时间的中位数为 12 个月, 也就是说他们有 1 年时间学习如何指挥部队。补充来的上尉军官的授衔服役时间中位数是 12 个月 (其中大多数在 1940—1941 年就已授衔), 中尉也是 12 个月 (1941—1942 年授衔), 少尉则是 7 个月 (有 17 人在 1944 年授衔, 10 人在 1942 年和 1943 年)。此外, 所有等级的军官在投入战斗前授衔服役时间的中位数是一年半。[15]

尽管如此, 新上任的军官频频做出战术误判, 从而造成了更多的伤亡。这种误判并非由个人能力不足或缺乏训练造成, 主要原因在于他们投入的这场战役本身就是一场绞肉机似的消耗战。即使有时战术态势允许, 一些补充军官能够先到指挥部或重武器连待一段日子, 然后再去步兵连, 他们也没有时间去熟悉部队的组织结构, 甚至不知道战术层面发生了什么事情, 因为士官伤亡非常惨重, 军官的身旁经常没有可以依赖的士官。许多情况下, 因为新任军官无法确定计划, 攻击不得不延缓实施。有时在进攻开始后, 他们也会由于误解上级指挥官的意图, 让手下的士兵承受不必要的生命危险。在很多情况下, 他们会和其他不熟悉手下士兵的军官一样, 亲自冲锋在前, 带队发起攻击, 从而成为伤亡人员中的一员。很多新补入部队的军官都未能在初次作战中幸存下来。战役期间新分来的 54 名军官中, 有 22 人阵亡或负伤。[16]

与范·克雷费尔德所持观点相反, 美军士官中能被提拔为军官的人并不少, 很多最优秀的士官都在战场上晋升为军官。欧洲战场有不少此类案例, 其中就包括 11 名参与了许特根森林战役的军官, 他们是于 1944 年 8 月至 10 月间在第 22 步兵团得到任命的。整个许特根森林战役期间, 该团就在不断物色适合提拔为军官的士官, B 连的韦斯曼中尉就是在战役过程中获得晋升的。

可是, 仍然有很多士官没有晋升军官, 因为营长和团长担心, 如果自己手下最优秀的士官都被提拔成军官, 他们随后就会按照部队政策被调派到其他

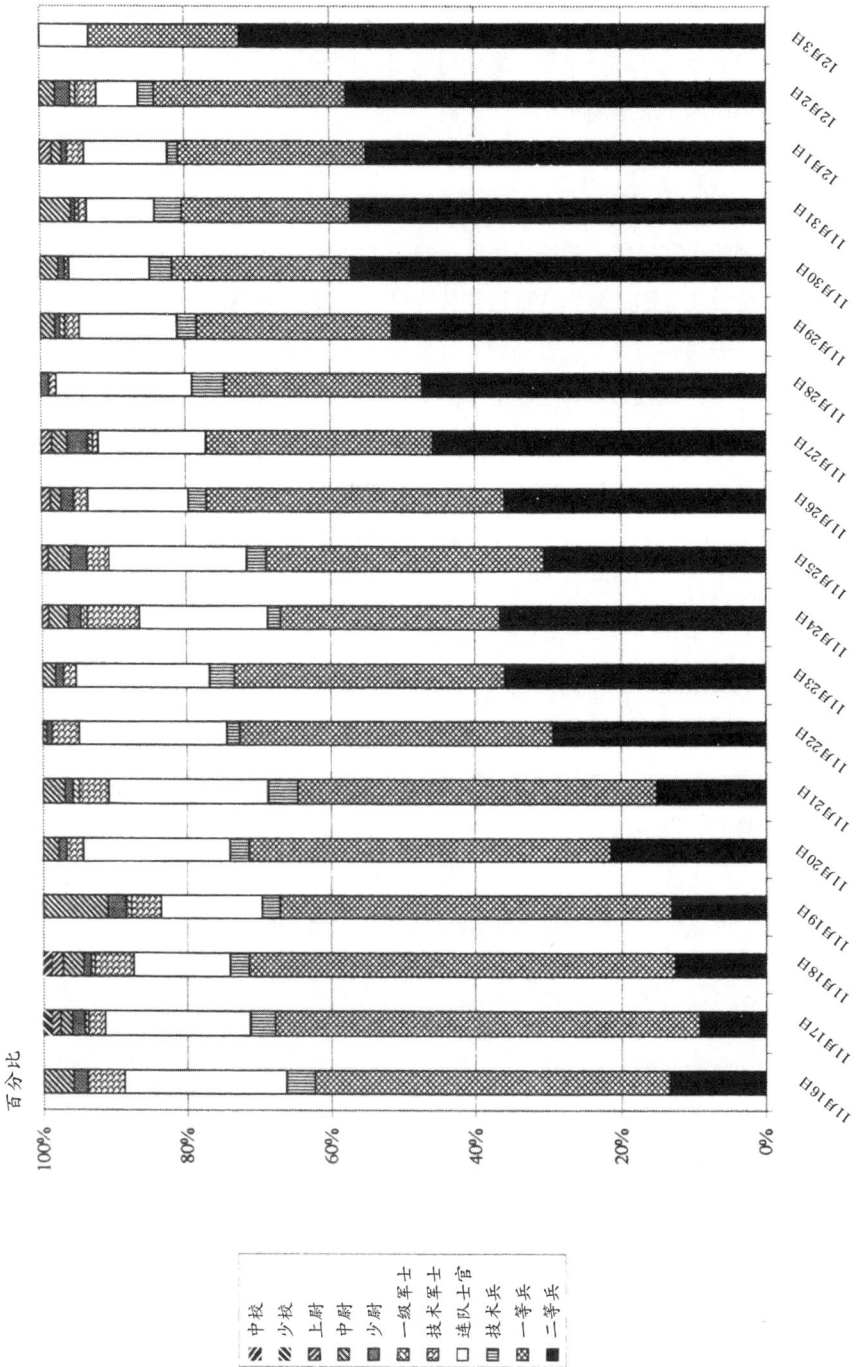

图表13：第22步兵团不同军衔官兵的每日伤亡情况

部队。即便如此，除一人外，第22步兵团火线提拔的军官都是在该团服役的征召兵，其中有些人在同一个连队里先后以士兵和军官的军衔服役。还有一些士官由于各种原因不愿意肩负军官之责。[17]

正如第五章所述，美国没有培训士官指挥能力的学校，他们只能在带兵过程中自学。虽然没有接受过正规的培训，但是在经历了5个月的战斗之后，这些幸存下来的士官已成了精通战场生存的老手，他们知道如何让士兵活下去，以及什么事情会让他们送命。许特根森林战役中的很多班长和副排长在诺曼底登陆时还是二等兵或一等兵，大多数士官都曾是同一连队中的二等兵，很多人从1941年起就进入第22步兵团服役了。[18]

补充给该团的士官数量与士官的伤亡人数相比相去甚远，军官还可以补充，可士官一般来说就没法让外人来替补了。如果新来的士官不是该团的人，可能会引发团里老兵的不满，至少刚开始的时候会这样，因为老兵会认为这些职衔应该是属于他们的。[19] 然而在激烈的战斗中，士兵们根本无暇操心这种琐事。

经验丰富的步兵、侦察兵和布朗宁自动步枪手都是一等兵。11月16日时，全团一等兵的人数比其他任何军衔的人都要多。很多人是在1944年6月和11月初之间来到团里的，还有一些人在D日（6月6日）之前到来。大部分一等兵至少参加过一场战斗。如图表13所示，在许特根森林战役的第一周内，这些有战斗经验的一等兵占战斗伤亡人员总数的50%以上。这些一等兵倒下后，就只能由军官和士官来接替他们充当侦察兵，因为补充兵在前线巡逻侦察任务上毫无经验。但这种指挥人员靠前指挥的方式，进一步加剧了指挥人员的伤亡。到了11月30日，第22步兵团已经不得不让补充兵充当作战主力了。[20]

虽然美军部队的纸面实力很强大，但是作战部队（步兵连和步兵排）实际作战兵力通常只有编制兵力的65%左右。[21]诺曼底登陆时，第22步兵团平均每个步兵连的兵力是219人，或者说是编制兵力193人的113%。如前所述，这样的超编是有意为之，就是为了在兵力补充系统开始生效前，让部队依然保持战斗力。

6月6日—7月31日，步兵连的每日平均可用兵力下降到了100人，相当于编制兵力的54%。[22]许特根森林战役期间，投入战斗的每个连大约有174名官兵，达到编制兵力的90%，其中身处一线的大约有150人。到11月23日，平均每个步兵连只有 85 人左右，有两个营的大部分兵力都是战役期间补入的补充兵。[23] 到战役结束时，每个连平均损失了 8 名军官、44 名士官和 185 名士兵，相当于其作战兵力的 146%。[24]

不论哪个国家，步兵都会蒙受惨重伤亡。二战期间，美国陆军伤亡了 94.6 万人，其中 60.4 万人属于步兵团。在为期 11 个月的战斗中，第 4 步兵师因战斗伤亡和非战斗伤亡共损失了超过 3.5 万名官兵，相当于其全师编制兵力的 254%。占第 4 步兵师 65% 兵力的三个步兵团，平均每个团蒙受了 351% 的伤亡。该师的 27 个步兵连更是伤亡惨重，比例达到了触目惊心的 531%，第 22 步兵团编制内有字母代号的连队（如 A 连、B 连等，不含配属单位），在 1944 年 6 月—1945 年 5 月 3 日间损失了相当于编制表 580% 的兵力。[25]

图表 14 可以证明西线的战斗是残酷的消耗战，只有最顽强的部队才承受得起。这个图表将美军第 1 集团军师级部队每日平均伤亡（1944 年 6—12 月），与 1942 年东线战场的德军各师做了对比。1942 年是东线最为艰苦的一年，德军先后经历了第一场冬季恶战、从莫斯科撤退、夏季攻势和斯大林格勒包围圈的战斗。通过对比可以看出西线战场的战斗有多么残酷。

在遭受如此惨重的损失之后，只有经验丰富的指挥人员才能防止部队分崩离析。一线指挥官伤亡后，其他军衔较低的老兵就接任了这些指挥岗位。当步兵班的凝聚力消失时，对一个士兵来说，能指望的就只剩下连队和步兵团了。第 22 步兵团的戴维·罗特巴特中士，在他的日记中明确指出了这一点：

很显然，一个师要想变得优秀，炮兵、通信兵、重武器小队和其他支援部队的人员流动要减少。此外，步兵连中必须始终有足够数量的经验丰富的士兵，才能发挥其战斗力。对一个师来说，要想发挥战斗力，最重要的也许是营级指挥官的领导能力。[26]

新的部队，即使是训练有素的部队，在初上战场被"教会做人"之前也会遭受惨重伤亡。1944 年 7 月之前，德军在 1939 年波兰战役的日均死亡人数（每个师日均死亡 13.7 人）仅次于 1941 年 7—8 月入侵苏联初期（17 人），而这恰恰是德军训练水平最佳的时候。美军各师同样如此，在参战初期损失惨重，情

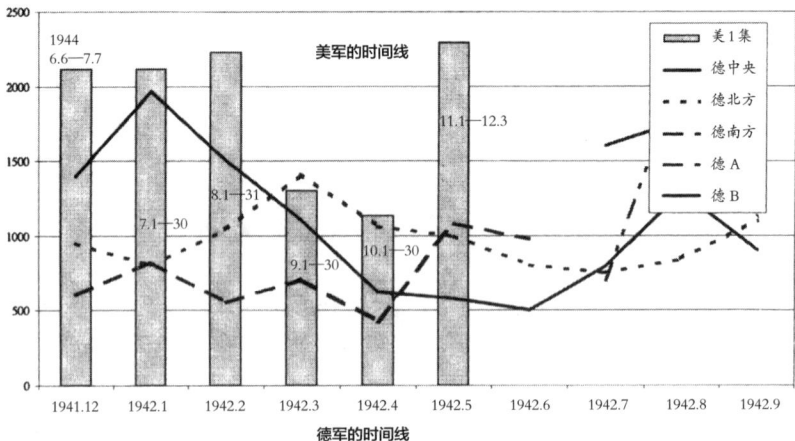

图表 14：伤亡情况对比——1942 年东线德军各师与 1944 年 6—11 月美第 1 集团军各师[27]

况直到在非洲、西西里岛、意大利和欧洲付出沉重代价后才有所好转。诺曼底战役期间美军负伤的位置大部分集中在头部和胸部，亲临一线的指挥官根本不知道何时该隐蔽。[28] 德军也一样，1941 年 6 月 22 日至 11 月 30 日期间阵亡的军官人数超过了二战其他时期，他们同样必须学会隐蔽。

包括补充兵在内，第 22 步兵团的在册人数几乎始终维持在编制兵力的 75% 以上，不过这有时并不能反映出各步兵连的真实情况。11 月 16—24 日，全团有 351 名士兵和军官阵亡或因伤后送，表明在这段时间里，军官或士官的伤亡人数占总伤亡人数的 25% 以上。总之，基层指挥人员的表现超出了预期，而他们也为自己的积极主动付出了惨痛代价。11 月 30 日，当拉纳姆上校将第 22 步兵团的战斗力评估从"良好"下调为"一般"时，全团已经损失了其初始兵力的 64%，只不过由于补充兵力的不断加入，全团兵力才维持在编制数的 85%。起初全团 9 个步兵连共有 378 名军官和士官，到 11 月 30 日包括新补充的军官和士官在内，已有 412 人伤亡。[29]

战役爆发前，拉纳姆上校将第 22 步兵团的战斗力评估为"优秀"，状态比 D 日以来的任何时候都要好。但是在 11 月 17 日失去了三名营长中的两名之后，他将该团的战斗力评估降到了"非常好"，虽然当时全团只损失了 5% 的兵力。11 月 24 日，在兵力损失超过 40% 之后，拉纳姆再次将全团的战斗力评估降低到了"良好"。

美国陆军如何对待这样的兵力损失呢？《美国陆军兵力补充体系》（*The Replacement System in the U.S. Army*）一书写道：

> 面对一个在战斗中被削弱的师，指挥官有两个方法可以补救。他可以通过补充兵来填补空缺、加强这个遭到重创的师，或者把另一个新的师调到战线上。在第二次世界大战中，美国陆军只有 89 个师……必须一直给受损的师补充兵力以保持战斗力，因为没有新的师可用。[30]

然而，绝大多数伤亡都来自步兵团，因此没有必要进行师级部队换防。让一个师继续留在战线上，而不是调来指挥官不熟悉地形或战况的师，反而可以减少伤亡。

许多美军指挥官认为，兵力补充体系虽然对部队整体而言是有利的，但却会给士兵带来过大的压力，并导致伤亡增加。然而正如前文所述，这一观点并不完全正确，尤其是只考虑那些首次参战的补充兵时，实际上许多指挥官并不这么认为。

征召来的补充兵在进入步兵团时军衔通常是列兵，不过视情况也会存在例外。他们都是美国陆军兵力补充体系的"产品"，有些新兵是在 D 日之后才参军的，但大部分人在 1943 年或更早就已经入伍了。大批补充兵登上运输船离开美国，当他们离前线越来越近时，从美国出发、运送士兵前往海外的船队规模却越来越小。[31]

范·克雷费尔德认为，美军的兵力补充体系导致补充兵之间无法产生凝聚力。[32] 不过虽然美国陆军并非有意为之，但在乘船远赴海外的漫长旅途和在各兵站之间调动的过程中，很多士兵都彼此成了好友。在很多时候，这些结成好友的士兵都加入了同一个作战单位。

赫布·福尔二等兵乘船赴海外战场的经历就是众多补充兵中的一个例子。他和三个朋友与大批新兵一起，搭乘"玛丽王后"号离开纽约。到达英国后，一名好友因病住院，没有与他们一起调到法国。在法国上岸后，另一名补充兵加入了这个四人小组。11 月 21 日，他们都被调入第 22 步兵团，其中两人进入同一个连队，另外两人去了另一个连队。在许特根森林战役中，这四人中有一人阵亡，一人身负重伤，一人受了轻伤，第四个人当上了班长。韦斯·特林德尔也有相似的经历，和许多其他补充兵一样被分到了第 22 步兵团。[33] 但这种小团体的友好关系并不能让一支部队强大，只有出色的指挥、良好而艰苦的训练和对部队的荣誉感才可以做到。

惨重的伤亡导致美军部队不得不进行编制调整。由于损失严重，步兵部队兵力一直不足，而其他兵种却常常超额，美国陆军从航空兵地勤、高炮部队、反坦克部队，以及后勤部队（诸如厨师和补给人员）岗位上抽调人员充当步兵并重新训练。10 月和 11 月，许多完成转换训练的步兵作为补充兵力来到了欧洲战场。

由于步兵补充不足，第 12 集团军群人事主任在 11 月初决定，伤病痊愈的士兵只有在原部队出现兵力缺口时才能返回原部队。虽然集团军群有这样的政策，但实际上第 1 集团军在仅有的两次大规模兵员补充时却没有照此办理：一次是许特根森林战役期间，还有一次是阿登战役期间。两次补充中，除了少数例外，大多数伤愈归队的士兵都返回了原建制。考虑到当时第 1 集团军的兵力超过了 30 万人，未能回归原部队的士兵只占总数的 0.33%。1945 年 1 月，由于一线步兵部队对补充兵的需求已经大大减少，集团军群方面最终撤销了这项政策。[34]

虽然美军的兵力补充体系没有充分顾及士兵个人的社会需求和心理需求等方面，但这个体系是有效的。即便是在战况激烈的时候，诸如第 22 步兵团这样的部队始终把兵力维持在编制人数的 75% 左右。而且只要还有作战经验丰富的老兵幸存，补充兵就可以聚集在他们周围，部队就能继续前进和战斗。

一般认为，德国军队在部队凝聚力方面的声誉，很大程度上源于将同一地区出身的士兵编入同一支部队作战。这个结论在 1941 年是正确的，可是，当大战又持续了 4 年之后，正如第四章所述，补充兵会被分配到需要他们的部队，而兵员就不再总是来自同一军区（征募地区）了。1944 年 6 月 6 日之后，欧洲战场上的德军已经远远无法与 1942 年和 1943 年年初地中海战场的前辈相提并论。虽然有些德军部队仍然以久经沙场的老兵为核心，但是补充兵的素质已经降到了最低点。1943 年 9 月和 12 月间，有 27 万年轻士兵从西线调往东线，这造成了巨大的人员动荡，使本就糟糕的训练状况雪上加霜。

根据范·克雷费尔德的观点，德军的兵力补充体系是有人情味的，因为它尽量让战友们在一起，提高了队伍的士气。[35] 就德国陆军不断取得胜利的 1939—1941 年来说这也许是正确的，但它并不适用于 1944 年在许特根森林作战的第 7 集团军。哪里需要补充兵力，德军指挥官就将士兵调派到那里，很少考虑军区的隶属关系。譬如，当第 275 步兵师与第 353 步兵师换防时，前者就接收了后者的所有作战部队。

如前所述，关于即将上前线的美军士兵还不知道自己隶属哪支部队的报道非常多。1944 年德军第 74 军的步兵也有同样的问题。在接受讯问时，很多德军战俘都不知道自己属于哪个团或者自己的连长是谁。正如本书通篇所述，德军编制出现的很多变化都是指挥机构的后撤和部队合并造成的，各单位与其说是一个个成建制的部队，不如说是由一群乌合之众聚集起来的杂牌军。[36]

美军和德军的补充兵力及兵力补充体系

大战期间，为了满足不同战区对士兵训练和素质的要求，美军延长了补充兵的训练时间。1944 年年初，当美国陆军确定需要增加步兵数量时，那些接受过其他兵种科目训练的士兵被派去接受步兵训练。莫里斯·萨斯曼在 1943 年年末被征召入伍，随后接受了炊事兵培训。完成炊事兵训练后，萨斯曼又和许多其他士兵一起接受了为期 17 周的步兵训练，然后作为一名补充兵被送往海外战场。正如前文所述，在许特根森林战斗期间，美军各团营将炊事兵、文职人员和支援连队的人员组织起来充当步兵。虽然来自不同的岗位，但他们所有人首先都接受过步兵训练。[37]

　　德军的训练时间从 1941 年起开始减少，而且到了 1944 年年初，德国陆军预备军就开始把那些明知道训练水平远达不到标准的新兵送上战场了。由于时间紧迫，新兵简短的训练科目仅仅包含了本兵种的基本技能，因此卡车司机、通信兵及后勤人员只来得及掌握本行的基本操作，其他的就顾不上了。当他们被当作步兵补充到部队时，悲剧经常发生。一名德国步兵记述了自己连里一群从后方部队补充进来的可怜人的悲惨遭遇："上级从战线后方的补给和后勤单位抽调来一批劳工及专业技术人员，作为我们的援兵。"随后他又描述了两天后发生的一次进攻："我们的损失很少——只有一队从补给单位来的人闯进了火网。他们中有六人肩并肩倒下，都被一挺机枪打死了。他们的年龄都比较大，很可能都已经结婚了。" [38]

　　当美军士兵因伤撤出所属师的防区时，他们的名字就会被从原属连队的花名册中划去。正如第三章所述，美军作战部队通常可以在请求兵力补充后的 48 小时内得到新兵，因此这些部队即便在最激烈的战斗中，也能保持一定程度的战斗力。6 月 6 日至 12 月 4 日间，第 22 步兵团 A 连伤亡 633 人，补充新兵 376 人，还有 155 人康复归队。在这 6 个月的时间里，A 连兵力的中位数是 157 人，只比其编制兵力少了 36 人。只有非常健全的兵力补充体系才可以让作战连队在遭到如此伤亡的情况下仍然保持这样的兵力。此外，与通行的观点不同的是，伤愈归队的士兵也会返回他们原来的部队。

　　受伤的士兵被来自美国的新兵和康复归队的士兵替换，一线连队仿佛成了一条士兵组成的虚拟流水线。如果美军把因伤后送的士兵在花名册上保留 8 周，并在两天内安排新兵前来补充，这些连队的纸面兵力将达到 300 ~ 350 人，而不是实际上的 157 人。此前，由于士兵康复后都回到了他们原来的连队，部队中始终有经验丰富的老兵将新来的补充兵凝聚在一起。然而到许特根森林战役时这一做法就行不通了，因为当大部分老兵非死即伤后，就没有人能凝聚新人了。

　　即便第 22 步兵团所在的第 4 步兵师从一个军调到另一个军，从一个集团军调到另一个集团军，甚至从一个集团军群转调另一个集团军群，这个团以前的伤病员痊愈后仍然会根据兵力补充体系归队，军官也会回到团里。在 1944 年，伤愈的士兵从原部队调到其他部队只是个别现象，并非常态。 [39]

德军的情况有所不同。1939 年到 1941 年间运行的兵力补充体系已经无法充分应对 1942 年之后猛增的伤亡。1943 年，德军伤员在被其所在部队除名前会在花名册上停留 8 个星期时间，此举人为增加了德军的纸面兵力，延缓了兵力补充。德军那套为数月来有阵亡、失踪和超过 60 天未归队伤员的部队补充兵力的体系，难以让部队恢复编制兵力。而且，即便撤离前线进行整编，大部分部队也很少能恢复到 100% 的兵力。[40]

即使有更多的补充兵，需要补充的师也更少，德军的兵力补充体系仍无法满足前线部队对兵力的需求。如第四章所述，仅凭补充新兵和伤愈士兵归队，无法在激烈的战斗中维持一个德军连队的兵力。因此，为了让部队继续存在，就必须合并作战部队，解散没有接受过步兵训练的支援单位以腾出兵力。

综上所述，在德军部队中建立基层凝聚力存在着许多阻碍。最优秀的士兵、地方守备队（通常揶揄为"弓箭步兵"）、保安部队、康复的士兵和娃娃兵之间的差异，令混编在一起的他们难以融合。爱德华·希尔斯和莫里斯·贾诺维茨所说的德军中的凝聚力，到 1945 年已不复存在。很多士官不是来自保安部队，就是来自掉队士兵集中点，前者缺乏作战经验而且大多没有受过野战训练，而后者的士气通常非常低落。要塞和预备役部队中的大部分军官，在参加了为期 4 周例行公事般的后备军校学习后就获得了晋升。与奥默·巴托夫认为军官是基层群体意识形态教化核心的观点相反，德军第 74 军各师的许多连队里只有 1 名军官，实际上这些军官不可能有机会对所有的士兵进行心理培养。德军不仅痛感军官数量不足，很多军官还被东线战场上的老兵认为"缺乏战斗经验"。[41]

对一支久经沙场的部队而言，外在的组织架构和内在的凝聚力都是不可或缺的。而旷日持久的战事却使得基层群体的凝聚力难以维系，同一支部队中的军官与士兵彼此都不怎么了解。在并肩作战时，他们之间形成凝聚力的概率并不比单纯待在同一阵地中的散兵游勇更大。[42]而且，正如之前曾经说过的，并非所有的凝聚力都是有利的。

尽管许多德国士兵对这场战争的走向表示失望，可这并不是说所有的士兵都愿意放弃战斗。年长士兵和年轻士兵的动机各不相同。很多年长士兵先前都亲身经历了德军的黄金时代，以德国的战争机器为荣，而纳粹国防军的现状却让他们知道大势已去。他们之所以继续战斗，只是因为别无选择。许多年长士兵的态度可以用一名德军被俘士官的话来归纳："我们已无精气神，只能默默承受。"[43] 而那些年轻士兵则在希特勒青年团和纳粹党理论的灌输下，对战斗产生了牢固且浪漫的幻想，他们想要奋战到底、永不言败，至少在最初阶段他们是这样的。[44]

　　虽然本书只研究分析了一个美军步兵团，但是从中可以看出，1944 年美军步兵部队的组织架构要比德军更加有效。美军的兵力补充体系能够确保部队的组织凝聚力不至于降低到不堪一战的程度。与之相反，德军的补充体系让经验丰富的老部队只保持最低限度的兵力，同时又在组建更多的新部队，令组织内部的固有力量无从发挥。只有那些以百战老兵为核心的老部队才拥有强大的战斗力，只要为这些经过战火考验的主力部队不断补充新的兵员，他们就能持续运转和战斗。一个良好的兵力补充体系能让高层指挥人员在他们的部队因失去战斗力而撤离前，对战场和敌人了然于胸。

　　如果我们相信范·克雷费尔德关于美军在部队建制上存在缺陷的断言，那么第 22 步兵团作为一个建制部队，在投入战斗 10 天后就应该已经不复存在了。然而，只要班排中仍有充当骨干的老兵在凝聚补充兵、团营连各层级仍有经验丰富的指挥官、部队建制内的作战支援体系仍然起作用，第 22 步兵团就能继续向前推进。直到班排中经验丰富的士兵不复存在、部队建制由于持续战斗支离破碎时，该团才濒临崩溃，不得不撤离战场。而与之对阵的两个德军师——第 275 步兵师和第 344 步兵师，以及另外的三个团，则直接在许特根森林的战斗压力下土崩瓦解了。巨大的兵力伤亡、无法满足需求的兵力补充体系，以及崩溃的支援体系，让那些经验丰富的德军老兵注定难逃阵亡或被俘的命运。

　　虽然通常来说建立起深厚袍泽情谊的士兵们在战场上会更有战斗力，但就算老战友离队，士兵们依然会紧紧团结在部队内。只要物资保障充足、任务能在付出合理代价的情况下完成，部队就不会出问题。就像一支运动队那样，只要赢得胜利，所有人都会体现出凝聚力，不断向前推进的军队就很少会有凝聚力问题。然而，随着战场压力不断加重，各种问题开始层出不穷，只有那些拥有强大勇气和自我调节能力的部队才能坚持下来。由于部队建制方面的凝聚力，第 22 步兵团直至这场战役的最后时刻依然拥有战斗力，而与之对阵的德军部队则完全不同。[45]

第十四章
士兵一直为何而战

真实的场面是，当子弹打在躯干上，或者把颅骨像蛋壳那样击碎时，一般人心中最强烈的愿望就是离开这里。他们的身体害怕向前推进，心理上又不愿领受擅自撤退的屈辱，进退之间格外两难，于是，在地上挖一个可以藏身的洞穴便成了最佳选项。

——纽约第 9 志愿步兵团 G 连
戴维·L. 汤普森[1]

虽然这段话出自美国内战时期，但是它同样反映了 80 年后的许特根森林战役中许多士兵面临的纠结处境。士兵们不愿意从安全地带向前推进，陷入险境和死地，这也是人之常情。有理智的人都不愿意战死或身负重伤，然而近距离作战就是殊死搏斗。士兵为了什么上战场？如果要理解单个士兵和小部队为何而战，就需要对这些要素进行一番探析：军官、老兵和补充兵对战斗、彼此关系、指挥官的态度，以及彼此之间的凝聚力。[2]

意识形态动机可能对人们主动参军或应征入伍的决定有重要影响。1943年出版的著作《战斗中的恐惧》（Fear in Battle），以 300 名曾加入林肯旅参加西班牙内战的幸存美国士兵填写的调查问卷为依据，发现意识形态对士兵在战前下定参战的决心、在战斗打响后死战不退都起了作用。身处前线的美军士兵的动机主要集于两个方面：胜利回国，反之就是想象敌人取胜后的世界。欧文·米特曼少尉在家信中写道："我们都知道最快的回家方式就是将子弹射进我们发现的每个德国兵的眉心。虽然说得容易，但有时候做起来就困难了。"[3]

若要真正检验意识形态在作战中的有效性，只需请普通士兵回答这样一个问题："你们师里的士兵要退伍了，有多少人愿意留下来和其他部队并肩战斗？"所有的前线士兵或许都会选择退伍回家，至少一开始会如此。这事就发生在欧战结束后，当时美军各师即将离开欧洲回国，强化训练后再远赴太平洋战场作战。积分达到85分（根据士兵的海外服役时间、功勋、参与战役、服役期，以及家眷情况等因素加以评定）的士兵可以获准退伍。虽然他们的师将要去海外与日本作战，但大家都知道战争的胜利已指日可待，因此绝大多数人都选择了退伍。[4]

1944年秋，纳粹用意识形态点燃了德军中青少年（16～19岁）士兵的灵魂，这种狂热至少持续到了他们第一次遭到炮击。德军第3伞兵师仓促重建后在盖村附近战斗，伞兵师中的老士官评价此刻身处美军炮火下的年轻士兵说，"这些孩子内心的刚强都被炸飞了"。[5]第1058掷弹兵团1营的外科医生对这些受伤的孩子进行了治疗，他说他们"行为充满了孩子气，受了点擦伤就以为自己要死了"。[6]这些人都是没有接受过充分训练的年轻人，虽然他们有满腔的热情，但是无法寄予厚望。理想主义无法，也不可能弥补训练和战斗经验方面的不足。

《牛津词典》将"士气"（Moral）定义为"一种精神上的状况、行为、举止，尤其是在自信、希望、热情、对纪律的服从性方面"。当第22步兵团进入许特根森林时，它就是"一部训练有素的战争机器，处于整场战争中的巅峰状态"，"是一个充满进攻精神、身经百战、自信昂扬、经验丰富的步兵团，有着将敌人彻底消灭的决心"。[7]11月16日，全团官兵都以自己的部队为傲，信任他们的指挥官，整支部队以曾在美国训练的骨干老兵为核心，联结成了一个整体。

反观德军第74军，很多士兵的精气神在1944年秋的时候都不符合上述对"士气"的定义。在很多部队中，指挥官和士兵之间的信任明显不复存在。士兵的军人证都被收走了，他们都搞不清自己究竟属于哪个团。为了鼓舞士气，一些营长和连长向部下介绍了德军的新式V型飞弹，并安慰说营部和团部的预备队，以及国民掷弹兵师和武装党卫队师在几天后会来与他们换防。然而，正如许多士兵确信的那样，撒过谎的人，即便讲真话也没人信了。[8]

　　以上种种压力，再加上缺衣少食、缺医少药、卫生状况差、武器装备不足，以及许特根森林寒冷潮湿的生活环境，让很多德军士兵眼巴巴盼着这场战争尽快结束。烽火连三月，家书抵万金，家信能给士兵异乎寻常的鼓舞，然而德军的军邮系统很不稳定。编制番号的频繁改变和后方家庭的动荡，导致很多士兵经常数周甚至数月都收不到信件。[9]

　　1944 年的秋季和冬季，美国陆军通过审讯战俘，发现德国士兵可以分成三类。第一类希望这场战争结束，他们对审讯官知无不言言无不尽。第二类已经接受了战败的事实，为了保护自己和家人，只说审讯官想听到的话。最后一类则是狂热分子，他们通常是非常年轻的新兵或者职业老兵。狂热的纳粹分子通常包括武装党卫队、高阶军官，还有新近授衔的军官。[10]

　　美军欧洲战场历史研究所副主任，历史学家塞缪尔·马歇尔，在他的著作《直面火力的人：未来战争中的作战指挥问题》中讨论了士兵的作战动机和战斗力。马歇尔坚定地认为，对一支小部队的战斗力而言，战友之间绝对需要兄弟式的凝聚力。他还用诺曼底登陆时的美军空降兵单位和东线战场上的德军休假营为例，说明小部队缺乏凝聚力会削弱战斗力。但在这两个例子中，美德两军的这些单位的建制都已不复存在。

　　马歇尔还分析了破坏小部队凝聚力的环境因素：恐惧、疲倦和人员伤亡。他以自尊心和荣誉感作为个人战斗意愿的来源，认为士兵们不愿意为他们不认识的指挥官冒生命危险。马歇尔的论点适用于在许特根森林战斗的部队吗？或者他的论断涵盖了所有经历过持续恶战的部队？

　　第二次世界大战期间，一个步兵团的基本单位是步兵班。基本单位或者说班组层面的凝聚力是基于士兵彼此间的信任、尊敬和友谊，而这些特性是通过"共同的经历、训练，以及在驻防和演习中朝夕相处"建立起来的。[11]只要团内还有士兵与其他人在战场之外建立过深厚情谊，团内的基本单位（步兵班）就会有战斗力。经历了三年多的共同训练之后，第22步兵团的步兵班就完全具备了这种凝聚力。可是，在 D 日后的五个星期里，第22步兵团的损失（包括补充兵）超过了其编制兵力的 100%，其中步兵连的伤亡率更高。随着伤亡人数的不断攀升和补充兵的不断涌入，新到的士兵无法在短时间内融入这些班组，从而瓦解了小部队已有的凝聚力。

　　这种凝聚力低下的状态要持续到步兵班重组才告扭转。在许特根森林战役前的三个月里, 团里的步兵班再次恢复了凝聚力, 因为那些曾参加过D日前的训练并幸存下来的老兵(包括伤愈归队者)成了新的核心。然而到许特根森林战役结束时, 老兵已经所剩无几, 因此步兵班的凝聚力也不复存在了。[12]

　　第22步兵团仿佛成了一扇旋转门, 补充兵通过它进入步兵连, 然后上前线战斗。直到1945年3月和4月, 这个团才部分恢复了战斗意志, 因为伤亡人数大为减少, 不少许特根森林之战中负伤的士兵伤愈归队, 且胜利已经近在眼前。这个团的荣耀是令人痛苦的, 一个原因是部队损失了远超自身编制的官兵。官兵们一致认为, 他们在解放西欧的战斗中做出了超乎寻常的贡献。

　　当然, 第22步兵团并不是唯一一支能够在蒙受损失后继续作战的部队。二战期间, 所有参战国的步兵部队在遭到巨大伤亡后都表现出了同样的战斗能力。

　　在旷日持久的激烈战斗中, 步兵部队里具有战斗力的基层单位——也就是步兵班——似乎已经所剩无几。伤亡人数太过触目惊心。如果单单看到一个18000人的师遭受了10%的伤亡, 人们会觉得这似乎无关紧要, 但仔细分析后你会意识到, 这相当于全师27个步兵连中每个连都伤亡了33%以上。不过, 兵力伤亡从来不会均匀分布, 因此有些连队的伤亡率也许只有10%或者更低, 但是其他连队却可能达到70%~80%。尽管如此, 只要仍然有组织能将士兵们凝集在一起, 他们就能继续战斗。只要班排里还有经验丰富的老兵带队, 他们就会竭尽所能地执行上级下达的命令。

　　马歇尔认为自尊心和荣誉感对纪律及战斗意愿而言十分重要, 但实际战斗很快就推翻了他的论断。二战期间美国陆军进行的研究显示, 无论军衔高低, 几乎没有士兵会将自尊心和荣誉感列为参战的主要动力。那些应征入伍的老兵每天离开散兵坑投入战斗的动力, 就是结束这场战争然后回家。军官的想法不太一样, S. A. 斯托弗(S. A. Stouffer)在《士兵研究》(Soldier Studies)中写道, 接受调查的军官中有19%的人认为, "领导和纪律"是激励士兵投入进攻的关键因素, 但是仅有1%的士兵同意军官的看法。[13]

　　当被问及是什么帮助他们度过艰难的日子时, 大多数征召兵认为是祷告,其次是"不让其他人失望"。可是，正如斯托弗发现的那样，战斗时间越久，一个士兵替其他士兵着想的可能性就越小。大部分军官（81%）认为他们的主要动力是"不要让士兵失望"，其次是祷告。[14]老兵之间彼此忠诚，但是对那些新来的补充兵就谈不上了。当班里只剩下一两个"老兵"时，他们可能会设法另找出路摆脱战斗，因为队伍里已经没有值得让他们忠诚的人存在了。这种现象可能增加了排级部队的兵员流动，因为每天都有更多的老兵离去，不仅有被敌军杀伤的，还有因为战斗疲劳症或自伤而离队的。[15]

1944 年，威廉·黑尔·威尔伯（William Hale Wilbur）准将在《国家地理》杂志发表的文章中写道："鉴于步兵比其他人看到更多的死亡和痛苦，并且在某种程度上体会到其他人所体会不到的饥饿和（物资）匮乏，自然会有一种截然不同的精神状态。"[16]在许特根森林中，军官、士官和士兵都经历了疲倦与恐惧，目睹了战友阵亡和负伤。这些经历和环境因素在很大程度上决定了他们作为一名士兵的战斗力。由此造成的精神创伤让这些士兵与战友之间心生隔阂，并将他们的关注重点从集体转移到了自己身上。

在许特根森林中，根本没有地方可以让士兵进行心理康复，因为每块地方都会遭到美德两军似乎永无止境的炮击。在《步兵作战压力》一书中，S. W. 戴维斯（S. W. Davis）和 J. G. 泰勒（J. G. Taylor）指出，战斗开始时，士兵可以适应战斗的压力，但是部队和个人的战斗力都处于最低水平。这一阶段之后是反弹期，此时部队和个人的战斗力处于最高水平，但之后就会随着疲劳的来临而迅速降低。战斗越是激烈，战斗力就越快提升至它的峰值，疲劳也会来得更快。第 22 步兵团的各营在战役的不同阶段达到了其战斗力的最高峰，有些早在 11 月 21 日就达到了，而全团整体上是在 11 月 25 日进攻大豪村失败的这天达到的。[17]

在许特根森林，疲倦与第 22 步兵团的官兵们如影随形。各步兵连的士兵得到休息的时间非常少。不进攻的时候，他们要挖掘工事、砍伐树木作为掩体顶盖、搬运补给物资，或是出去巡逻。晚上大家都已筋疲力尽，但不是每个人都能安然入睡的，每 3 名士兵中要有 1 人保持清醒进行警戒，每隔一两个小时就叫醒同伴接他们的班。天亮之后一切周而复始，刺骨的寒冷伴随着下个不停的蒙蒙细雨，耗尽了官兵们剩余的精力。这样的情况持续了 18 天。

　　士兵们疲惫不堪，稍有松懈就会不知不觉地进入梦乡，而指挥官——他们自身也很疲惫——发现最棘手的问题之一就是如何让士兵保持清醒。士兵们记不起前一天发生的事情，还将各种情况给弄混了。即便警惕性事关生死，可士兵们还是打不起精神来。他们异常疲倦，连自我保护的本能都丢了，甚至不再遵循战斗训练中养成的基本原则。疲劳导致了伤亡，士兵们穿越遭到炮击的开阔地时在走而不是在跑，因为他们太累了根本跑不动，累到无暇担心自己是否会被炮弹击中。士兵的套鞋上都沾满了厚厚的烂泥，他们宁可把鞋子扔掉也不愿意去清理这些烂泥，因为他们没有精力去做这些多余的琐事，许多士兵因此患上了战壕足。[18]

　　1983年，美国陆军做了一项名为"士兵在连续作战中的表现"（Soldier Performance in Continuous Operations）的研究，证实长期睡眠不足会削弱士兵的能力，这种削弱最初并不体现在身体上，而是在精神状态上。作者得出的结论是，缺乏睡眠时，处于思考和决策岗位上的士兵，比起那些对身体条件和反应有严格要求的士兵，受到的威胁更大。步兵班长比起排长更容易受到睡眠不足的不利影响，可能是因为这些班长不仅要思考和作出决定，还要在较长的时间里承担更多的体力活。[19]随着指挥官的疲惫与日俱增，他们的自信和决心逐渐被消磨殆尽，出错也就成了家常便饭。当然，还要考虑到战斗的无情本质：

　　　看到自己人或战友战死，想到自己亲手决定了他们的命运，心理受到的冲击就会不可避免地导致自责和痛苦，这些意味着精神上的溃败……士兵们从未因队伍中有人牺牲而变得坚强……除非他们很清楚地知道自己要干什么，否则部队就会逐渐失去信心。[20]

　　这种情况形成了恶性循环。指挥官越是疲惫，所犯的错误也就越多。然后他们又因为犯错而自责，由此产生的不安全感又进一步削弱了部下的决心，伤亡人数不断攀升。

　　斯托弗还发现，连队的高伤亡率加剧了恐惧感，尤其是当一名或多名士兵的好友伤亡时。毋庸置疑的是，士兵在面对大量伤亡，尤其是"毁灭性"伤亡时，会本能地保护自己，这对指挥官和部下之间的关系产生了不利影响。[21]

士兵们疲惫不堪，炮火在黑暗潮湿的森林里不断轰鸣，这一切都令人感到恐惧。许特根森林中的美军遭到了可怕的炮击，而他们却不得不一次次爬出散兵坑发动进攻。[22] 在前所未遇的炮击之下，士兵们残存的最后一点体力也消耗殆尽。对士兵而言，恐惧就是"心脏剧烈跳动，胃在不断下沉，浑身上下止不住地颤抖，胃部不适，不断冒冷汗"。威尔逊中尉在描述突破口遭遇战时写道："为了避免崩溃，我必须竭尽全力去战斗。我已经看到其他人垮了，我知道自己正处于崩溃的边缘。在那片该死的森林中血战了十四五天后，我的身体几乎完全不听使唤了。我的身体和精神都已达到了所能承受的极限。"[23] 还有人说，"每天我们都祈祷快点天黑，入夜后情况却同样糟糕，我们又会祈祷快点天亮"。[24] 在这种两难的抉择间，勇气成了一种别无选择的冷酷选择。这种下定决心的选择不是一次，而是一次又一次。

其他惊慌失措的人就没有威尔逊那么走运了。在一次炮击当中，某连前沿哨所里的士兵被吓坏了，他们跳出散兵坑，向后方他们认为比较安全的指挥所跑去。其他地方都要比一处孤立的哨所更安全。一名士兵跑到二级军士长的阵地附近时被炮弹炸死了。另一名士兵跳进了连长的散兵坑中，尖叫着他的腿被炸断了。连长给他检查伤势，却发现他根本没有受伤。[25]

在战斗紧张的时刻，一旦有一个士兵因恐惧而崩溃且没有被阻止，整个连队就会兵败如山倒。意识到这种情况可能会产生连锁反应后，连长会按照惯例与突击部队一起推进，而连里的二级军士长会走在队伍后面，确保意志不坚定者和掉队士兵都在前进。副连长也跟在连队后方，如果连长倒下了，他就可以接手指挥，或者协助连军士长鼓舞其他士兵的士气。逃离战场的士兵有可能被他们的长官枪决，尽管这有些残忍，可它依然是阻止恐慌在部队中蔓延的有效方法之一。[26] 毕竟近距离战斗是残酷的，这种可怕的作战方式恰恰凸显了步兵战斗的原始本质。

当俘虏纯属偶然，尤其是在交火期间。虽然双方都抓到过俘虏，但这也要看时机和地点，而且投降的人也不一定会被送到后方的战俘营。有些士兵很难做到目睹自己的好友战死后，再让那些杀死他们的人平平安安地过来投降。有的时候，部队无法将战俘转移到后方，而把他们留在前线又会危及自身的安全：

有时候你抓到了五六个俘虏，他们告诉你德军已经在你背后划定了炮火封锁区，不停地朝你身后开火，阻止你得到援军、弹药或任何形式的救援。这时你会怎么对待战俘？如果送回后方，那无异于把自己的脑袋别在裤腰带上。如果真要穿过炮火封锁线押送他们回去，又偏巧安全地穿过那里未被炸死，交接完俘虏之后还必须再次冒险返回前线。所以许多俘虏从来没有被押送回后方。[27]

也许这就是在坎特雷尔中尉身上发生的事情，他的尸体在离连队阵地大约 600 米的地方被发现。他可能曾经被德军俘虏，然后抓住他的那些德军发现他们无法回到己方阵地（于是干脆将他枪杀）。福克纳上尉在日记中写道，他"驱赶了一些德军俘虏，把他们赶出了连队的阵地，不知道那些战俘后来去了哪里"。[28]

二战结束之后，一个由军官组成的委员会对欧洲战场上的战斗疲劳症以及美国陆军的应对之策进行了调查研究。他们将战斗疲劳症分为两种类型：一种影响的是刚参战不久的士兵；另一种则出现在已经战斗了很长时间的老兵之中。该委员会研究发现，第一种情况在感觉自己没有得到充分训练或者未能融入部队的补充兵之中特别多。第二种通常出现在经历了 4 个月不间断战斗的老兵身上。战斗疲劳症的症状是过度疲劳，伴随有"烦躁易怒、失去兴趣、效率降低以及对个人安危漫不经心"[29]等一系列现象。第 22 步兵团 1 营的副官和外科医生都注意到，在许特根森林战役期间患上战斗疲劳症的人并不是很多，18 天的战斗中仅仅出现了 63 例，仅占 1 营编制兵力的 7%。[30]这两名军官认为：

患战斗疲劳症的人相对较少的原因是 1 营的老兵蒙受了惨重伤亡，补充兵所占的比例异常高。新来的补充兵看起来不会像老兵那样易于患上战斗疲劳症，许多老兵在此前的一系列战斗中就已经快要崩溃了。持续遭到心理打击后，有些老兵能自我调节，另一些则变得更加脆弱，而后者更有可能患上战斗疲劳症。[31]

　　长时间在一线作战，士兵们不会更加心甘情愿地去战斗，恐惧也不可能减少。如果说和刚上战场时有什么不同的话，那就是他们更害怕了，至少在这场战役和这支部队中，筋疲力尽的老兵比神经紧张的补充兵更容易崩溃。

　　很多饱受战斗疲劳症之苦的士兵可能从未因此撤离战场，反而因为在战斗中失去了求生欲而战死或负伤。譬如，在一次炮击中，一名士兵从散兵坑中爬了出来，走到了排长那里，排长当即命令他回自己的散兵坑去。这名士兵神情恍惚地离开了，他继续在炮火中晃晃悠悠地游荡，直到被炸死。[32] 很显然，这名不幸的士兵在被炮弹炸死之前已经失去了生存的意志。

　　一线步兵和其他前线各单位的士兵中，精神性神经症病例相对来说比后方士兵少。因精神性神经症而崩溃的一线士兵，年纪较大者平均来说要少于24岁以下的年轻人。不论是以步兵还是补充兵的身份进入部队，这些士兵都在美国接受过艰苦的训练，在被输送到海外之前还经历了多次筛选。[33]

　　第4步兵师8团3营营长林德纳中校认为，想要防止指挥官们患上战斗疲劳症，最好的办法就是打完60天仗后把连长换下来。但他可能也认识到了，指挥官留在部队中的时间越长，就越可能成为上级的要求和士兵们认为的现实之间的黏合剂。[34]

　　马歇尔的观点——士兵的自尊心和荣誉感是维持部队纪律及战斗意愿的主要因素——确有一些问题。他的这个观点适用于那些曾一起训练又共同经历过战斗的士兵。可是，即使这些士兵被鲜有共同经历、自我意识也很少受到战友的意见和判断影响的补充兵替换之后，部队仍然能够继续向前推进。

　　在补充兵迅速填补人员空缺、部队的伤亡又不太大时，老兵们可能会对他们的部队以及自己的战绩夸夸其谈。可是，当补充兵没有到来，老兵看着自己部队人数越来越少时，每个人脑海里所想的事就变成了他们遭受到的困苦和身边死去的战友，士气因此一落千丈。[35]

　　刚离开训练基地的补充兵以一种非常易受影响的状态投入战场，而老兵都比较厌战。一位作家描述了补充兵面对战斗时患得患失的心态："既期待已久，又十分害怕，经历了这么久的训练，很想去试试身手——这种巨大的吸引力如同火焰之于飞蛾。"[36]

初到新部队之时是补充兵最需要鼓舞士气的阶段，可是此时老兵心理上还没有接纳补充兵，所以常常不愿意给他们打气，他们才不想与可能很快就阵亡或负伤的人交朋友。由于补充兵害怕在战斗中拖后腿，他们求得生存的最佳诀窍就是观察、聆听、学习，并尽可能快地成为老兵中的一员。补充兵都知道，老兵的技能为他们提供了最好的生存机会，可是他们怎么才能学到那些技能呢？"补充兵的个人主动性当时承受着巨大压力。当他们开始意识到向老兵的请教都是一厢情愿时，唯一理智的做法是深刻反省，为什么要允许这样的事情（指依靠老兵来战斗）发生在他们身上。"[37]

热情高涨的补充兵加入部队后，战斗的现实很快就给他们泼了一头冷水。随着日子一天天过去，他们变得越来越现实，甚至听天由命，差不多 4 个月后，补充兵就和部队里的老兵同样厌战了。[38]这意味着 120 天是所有人能够承受的持续战斗的最长时间。

没有任何训练计划能让士兵为战斗做好充分准备，美军也不例外，即便大量实弹演习和让子弹从头顶飞过的匍匐渗透训练有助于体验战场的感觉。老兵具备的"第六感"（直觉）是教不会的，只有通过实战才能领悟：能在迫击炮轰击的过程中入睡，却会被一根小树枝的断裂声惊醒，能分辨出敌方射过来和我方打出去的炮弹的口径，或者知道 MG 42 机枪扫射时听起来像皮带传动的缝纫机，而美军的风冷式机枪听起来像鞭炮。[39]

初涉战场的补充兵，常常在尚未熟悉部队和老兵的情况下就匆匆投入恶战，这样做虽然浪费兵力，但有时也是出于无奈。一些指挥官注意到的常见问题包括："每次一听到炮弹爆炸声就扑向地面；他们动作太慢抓不住射击的机会；他们的身体素质还不够好；他们会挤作一堆却不向前推进；他们保养不好自己的装备；他们对战场救护和野战工事缺乏了解。"[40]

另一些人则认为，到了晚上补充兵就会扎堆聊天，吵得厉害。老兵们还觉得补充兵经常在确认目标前就乱开枪，过早暴露了自己的阵地。[41]马歇尔认为，如果这些毫无经验的补充兵不挤在一起，而是各自散开，他们的孤立感会加深。然而斯托弗的观点和第 22 步兵团的经验与马歇尔的看法截然相反，他们都认为在遭到火力攻击时士兵们会自然分散开。历史经验表明，在两军交战的过程中，无经验的新兵更多地聚在一起而不是四处散开。[42]这很像在工作中常见的群聚本能。

在许特根森林中，指挥官、老兵和班长根本没有时间将战场生存经验传授给补充兵。而实战经验的匮乏不仅增加了补充兵的危险，还会让整个班陷入险境。由于缺乏战斗技能和悟性，很多时候补充兵成了班里的累赘，没有发挥什么作用。没有时间向补充兵传授战斗技能最终造成了老兵和补充兵的伤亡。

经验丰富的步兵在确定能够全歼敌军的侦察小队，不让敌人活着回去呼叫炮兵从而令自己陷入险境之前，通常都会按枪不发。但补充兵并不了解这种情况的危险性，因为他们在美国接受的训练都是在最大射程上与敌人交战。许特根森林战役进行到大约第十天时，一些新来的补充兵被派去驻守连队的前哨阵地。看到一支德军巡逻队接近时，他们吓了一大跳，这群沉不住气的家伙举枪就打，暴露了连队的位置。这一战术错误立即招来了德军毁灭性的炮击，持续了一整夜，造成了大量伤亡。许特根森林就像一间无情的课堂，前文讨论过的另一个例子中，福克纳上尉描述了战役最后一天的情况，他回忆道："我们在挖洞砍树时发出的动静太大了，某个补充兵还大叫着'小心树'，为此我们遭到了一轮迫击炮轰击，造成了更多的人员伤亡。"[43]

在战事相对平静的 10 月和 11 月初的 6 个星期里，伤愈归队的老兵和补充兵再次融入了部队。但是部队在许特根森林打了几天仗并蒙受了惨重伤亡后，一些军衔较低的老兵可能已经变得胆怯和过分小心，不愿积极进取，让其他犹豫不决的老兵感到尴尬。虽然大家还是希望部队有凝聚力，但这些基层班组变得"动作僵硬"起来，大家都不肯拼命，凝聚力就成了负值。[44] 补充兵大量涌入，人数很快就超过了老兵，这可能让老兵再度边缘化。

在许特根森林战役中，从美国赶来加入第 22 步兵团的补充兵员有老有少，且都缺乏实战经验。1944 年 10—11 月间，第 22 步兵团迎来了首批 18 岁的应征新兵，以及很多在大战前期因为有孩子而延期入伍的 38 ~ 40 岁士兵。[45] 年长的士兵显得更加成熟，他们早已脱离父母的庇护独自打拼了。

年轻士兵的热情达到了近乎鲁莽的程度，而年长的士兵则不愿冒任何风险。A 连副连长伯纳斯科中尉评论说，补充兵"有时候会比年长士兵更敢冒险，而他们的到来往往会刺激老兵去冒他们本来不会冒的风险"。[46] 比起那些经历了太多战斗的士兵，林德纳中校也更喜欢新兵。他认为战斗时间过长或是从医院伤愈归来的士兵太过小心谨慎，惧怕炮击，"新兵会一路向前猛冲，因为他们在美国就是这样训练的，这样可以一直跑在炮弹前面从而避免被炮弹击中"。当补充兵来到一线后，指挥官会把老兵调到一群二等兵中间，"这样就绝不会出现两名老兵在一起的情况，为了让补充兵吸取老兵的经验，老兵要尽可能地分散"。[47]

伤愈归队的士兵明白他们要面对的是什么，他们的恐惧心理尤为明显，而军队则尽量将没有打过仗的补充兵和之前受过伤的士兵分开。50 年后，一名当时负过伤的士兵写道："一个人首次负伤时会觉得很惊讶。之后，他伤愈重返战场时，就会知道这种情况还会发生。由此带来的恐惧会一直持续到战争结束或一个人阵亡，意识到这一点，重返战场就比以往任何时候都更加困难。"[48]

新来的补充兵中大约有 25% 是重新接受了步兵训练的炊事兵、文员、司机和其他技术兵。有些人 6 个月前刚入伍，直到万圣节才离开美国，但毕竟大多数人在 1943 年年末和 1944 年年初就穿上了军装。这些补充兵压根就没想到，在不知道班长的名字，也没接受任何额外训练的情况下，就不得不投入战斗。但正如前文所述，11 月的战局不可能给他们在预备队中适应并融入前线部队的机会。

二等兵莫里斯·萨斯曼是许特根森林战役期间补入第 22 步兵团的士兵之一，在美国训练时曾被告知，到达欧洲后还要接受至少 3 周的额外步兵训练，在那儿他还会见到自己的班长和排长。但事实并非如此，到达欧洲战场后，他与其他无数补充兵一道，登记完名字之后立即就被分配至连队投入战斗。提出申请且情况允许的话，若干好友会被分到同一个连队。有些补充兵更加幸运，他们会有一两天时间在战线后方为前线部队运送给养物资和弹药、后送阵亡和负伤的士兵，这有助于对战斗产生初步认识。可是，这种情况只有在他们所属的连队兵力超出编制人数一半时才可能发生，而这并不常见。根据 1 营副官的说法，大部分新到的补充兵一大清早就被派往各连，为的是让他们在天黑前挖好散兵坑。[49]

很多时候，就像萨斯曼和其他许多人一样，到连队报到的补充兵上战场时会面临除了同来的新兵谁都不认识的窘境。C 连的副排长平加托上士在一次战斗后的谈话中说："我在激战中遇到新来的补充兵，唯一会做的就是询问他们属于哪个排，让他们牢牢记住自己所属的排，并告诉他们躲进最近的散兵坑中，等到我们其他人出来后再出来。"[50]

补充兵在初次进攻时可能会犹豫不决，这不足为奇。譬如，F 连在发动进攻前 30 分钟，得到了 16 名补充兵。在进攻前的这半个小时里，由于时间紧迫，威尔逊中尉只来得及记下他们的姓名、军衔和军人序号，决定将他们分配到哪个排，然后告诉他们哪些多余的装备要丢掉。从来到前线到投入战斗，间隔如此之短，这些新兵在心理上肯定招架不住。进攻开始时，补充兵"自然会感到害怕，实际上不得不将挤作一堆的他们从散兵坑里'赶'出去冲锋"。虽然补充兵并不是胆小鬼，但是当其他人都冲出去时，他们却不知道该怎样做，因此显得犹豫不决。就像老兵无法认同补充兵一样，这些新到的补充兵也不可能马上与老兵形成默契。[51]

许多补充兵在前线的第一周就负伤、阵亡，或成了非战斗减员。然而，伤亡率最高的是伤愈归队的士兵，尤其是神经精神疾病患者。许特根森林战役期间伤愈归队的 331 名士兵中，有许多人之前因战斗疲劳症进入专业医院，其中有些人还是在诺曼底战役中负伤后首次参加战斗。还有些人，则是第二次或第三次受伤了。很多士兵在归队后的最初几天里就成了非战斗减员。当步兵兵力紧张时，精神病医院就会挑选出"已康复"的战斗疲劳症患者，让他们出院归队。怎样算是"被治愈"呢？一名医生记录道：他让 200 名正在康复中的士兵站在一个帐篷中，这样就算达到要求了，帐篷外面停着几辆卡车。很显然，这些卡车是要运送士兵返回前线的。所有还能站立的士兵都被认定为身体健康，可以重返战场。[52]

战斗伊始，基层指挥人员就伤亡惨重，许多班排长非死即伤，遭受了灾难性打击。除了指挥层的丧失，德军猛烈的炮击有时也使得新兵根本无从融入班里，其结果必然是一群乌合之众跟着所剩无几的老兵在森林里挣扎，至于军衔高低早就没人关心了。临近战役结束之时，许多班排的实际指挥者都是二等兵和一等兵。

军官的损失则全然不同，必须有人替换他们。虽然没有反映在兵力报告中，但在大多数情况下，替换倒下的指挥官的最快和常用的最佳方案就是从团、营、连中将已有的军官和士官调到更需要他们的岗位上，如果人员流动产生类似手风琴的效果，合作起来就会比较顺畅。许特根森林战役期间，（第 22 步兵团）有 23 名军官和 11 名士官调整了所属连队，至于从排长升任副连长或连长、从班长升任副排长或排长的人数则无法统计。至少这些军人熟悉正在进行的战斗以及自己的指挥官。[53]

正如一名二级军士长在《步兵杂志》中所写的那样——他就其部队的首战给同僚们做了分享：

这是你参加战斗的第一天。你有一个棒极了的连队，你还认识手下的每个人，甚至连他们军人序号的后四位数都知道。但这是什么情况？第一天就伤亡了25人？天啊，这支部队怎么了？25个人啊！上头可能会暂时把我们换下去，这样我们就可以训练一些补充兵了。25个人——其中竟有9个士官！……可是，没人来把你换下去，所以你就别想入非非了……将能够顶替受伤指挥官的晋升人员名单呈递给团部吧。如果他们的"表现"能够胜任新职务，就马上将他们推荐上去。[54]

11月16日至12月3日，有188名士官得到了晋升，或是从士兵晋升为中士，或从中士晋升到更高的级别。[55]

战斗期间，虽然有替补的军官和士官来填补指挥人员的空缺，但多罗西·尼兰·克拉克发现，这只是保证了部队里的军官人数，这些新来的替补军官并不能真正取代经验丰富的老军官。尽管他们愿意这样做，可实战经验的不足让他们无法与前辈相提并论。[56]

如前所述，当11月25日2营的进攻结束时，一名新军官在全排挖掘掩体时没有派哨兵警戒，结果被德军一支7人巡逻队打了个猝不及防，排长战死，毫无准备的阵地也差点落入德军手里。

随着许特根森林战役的持续，部队兵力日渐枯竭，营连长们在制定作战计划时不得不事无巨细全盘兼顾，因为部队中充斥着大量新军官和不熟悉情况的指挥官。这种额外负担导致一些进攻被推迟。12月1日，戈福斯少校就向团部报告说他要延迟1营的进攻，因为他要向"生瓜蛋子"指挥官做情况介绍。[57]

不仅如此，正如前文所述，军官和征召兵关注的焦点截然不同。军官的职责是完成任务：团长和营长们制定作战计划是为了达成本单位的目标——但这是以牺牲士兵的生命为代价的；连排长们则要在进攻中亲自率领手下的士兵。这两个指挥层必然有着不同的想法。这场战役中，有时候一个连队里仅有一名军官，他只能通过无线或有线通信与营部的其他军官保持脆弱的联系。在这段时间里，这名孤独的军官可能会觉得，与只能通过电话交流的军官相比，那些与他同甘共苦的士兵更为亲近。

第22步兵团的军官之间具有很强的凝聚力。1944年11月，大多数排以上军官都曾一起在美国接受过训练。战役开始时，军官们充满了袍泽之谊和对第22步兵团的归属感，大家都希望"尽职尽责"。战役期间，军官们在言语中反映出来的感受就是"只要再加把劲我们就能冲出这片森林了"。战役结束后，大家都感觉到"全团都已葬身于许特根森林"，因为团里的老人已经所剩无几了。

从团参谋日志可以看出，师、团级的高级军官通过赞扬下级军官和其所在部队来激励他们的斗志。正如图表15所示，口信的数量也随着兵力损失的剧增而增加。伤亡越多，指挥官与下属之间关于继续进攻的沟通就越是频繁。上级指挥官看到部队遭到重创，就会反复鼓励下级军官继续战斗，同时向上级请求换防。

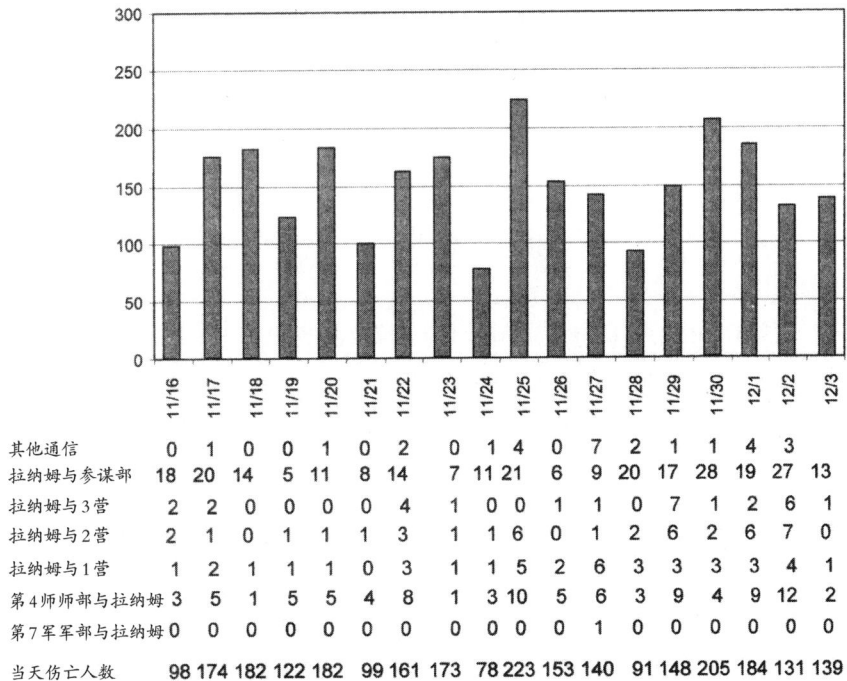

	11/16	11/17	11/18	11/19	11/20	11/21	11/22	11/23	11/24	11/25	11/26	11/27	11/28	11/29	11/30	12/1	12/2	12/3
其他通信	0	1	0	0	1	0	2	0	1	4	0	7	2	1	1	4	3	
拉纳姆与参谋部	18	20	14	5	11	8	14	7	11	21	6	9	20	17	28	19	27	13
拉纳姆与3营	2	2	0	0	0	0	4	1	0	0	1	1	0	7	1	2	6	1
拉纳姆与2营	2	1	0	1	1	1	3	1	1	6	0	1	2	6	2	6	7	0
拉纳姆与1营	1	2	1	1	1	0	3	1	1	5	2	6	3	3	3	3	4	1
第4师部与拉纳姆	3	5	1	5	5	4	8	1	3	10	5	6	3	9	4	9	12	2
第7军部与拉纳姆	0	0	0	0	0	0	0	0	0	0	0	1	0	0	0	0	0	0
当天伤亡人数	98	174	182	122	182	99	161	173	78	223	153	140	91	148	205	184	131	139

图表15：伤亡情况与指挥官之间通信的关系

如果部队遭到的损失超过指挥官心目中的合理范围，指挥官之间的战友之情就会淡漠，各级军官之间也出现了分歧。当第 4 步兵师作训科长通知拉纳姆上校 11 月 26 日恢复进攻时，拉纳姆说他要得到师长的直接命令才会发起进攻。11 月 27 日，接到占领大豪村的命令后，拉纳姆上校直接告诉巴顿将军，他的计划是打通主要道路，而不是占领大豪村。[58]

看起来，营长们刺激下属军官的手段不外乎是正面的鼓励，以及威胁他们完不成任务就撤职。和诺曼底战役时期相比，虽然有些军官因为伤亡离开了自己的岗位，但显然没有连级军官被直接解职。当一名新任连长在电话中报告说他无法继续进攻时，营长会回答说自己理解他们的情况并补充道："我知道你们可以的，我也知道你们一定会继续进攻的。"另一名连长写道，当他向营部报告完情况后，有那么"一丝停顿，随后他们回复说'你必须执行命令，否则的话，明白？'"。[59] 这是一支高级将领宁愿承受大量伤亡也要完成任务的军队。[60]

德国军队的情况也差不多，部队接到的命令是在阵地上战斗至最后一兵一卒。一名营长到一线视察时问一个中士，如果美军攻了过来而他的部下弹尽粮绝，他要怎么办。当中士回答说他会撤退到下一处阵地补给弹药时，这名少校营长勃然大怒，吼道："不能这样做。你们绝不能撤退。如果你们的子弹打光了，就捡起石头砸敌人。"这个士官战后评论说："这种情况很典型。"[61] 士兵们被迫签署不做逃兵及不会投降的声明，否则他们的家庭就会被连累，而且团级军官还有权枪毙他们。

挥舞着手枪的军官命令部队以班为单位向前推进，他们在后面 20 米的地方跟着，确保没人能打退堂鼓。在碉堡和散兵坑中，当军官不在的时候，士兵和领头的士官会公开讨论如何逃跑。虽然大部分士官知道并理解手下士兵的想法，但许多人是不会真的带队开小差的。也许因为班排中几乎已经没有了凝聚力，军官们为履行自己的职责必须想方设法让部队服从命令，但是当士兵意识到自己在为注定要失败的目标冒生命危险时，这一切就变得极为困难了。[62]

《孙子兵法》有云，"穷寇勿迫"，即不要穷追无路可走的敌人，以免敌人情急反扑。在东线战场，德军士兵认为自己向苏联红军投降是死，逃跑又会被自己人枪毙，这就令他别无选择，只能死战到底。而在西线，虽然德军士兵同样害怕开小差会被枪决，但他们对向盟军投降没那么多担忧，何况西线也没有戈培尔鼓吹的苏联为了报复德国入侵会把战俘流放西伯利亚的反宣传。不过他们并不会轻易投降，毕竟还担心自己的家人会遭到牵连。[63]

很显然，德军士兵之所以留在战场上，完全是出于对上述暴力手段的恐惧，而非因为他们对基层团队的认同感、对军人事业的热爱，或是对军官的尊重。二战后，第353步兵师师长保罗·马尔曼中将坦承了士兵的困境：

前线的士兵会觉得自己两面受敌。他们的前方是德国最强大的敌人，后方是美军。德国最危险的敌人是"国家社会主义"，它以军事法庭和煽动性口号为武器。

因此，当这些军人被抛弃时，他们除了死撑之外别无选择。有些人无可奈何地听天由命，其他人则从宗教中寻找精神慰藉。实际上，在对领导层的信心崩溃之后，部队就只剩下为个人安全而继续战斗了。[64]

应对伤亡

如表10所示，1944年11月16日至12月4日期间，第22步兵团在册的军官中有59.4%阵亡、负伤，或是属于非战斗减员，同期该团士兵的损失率为53.9%。

作战报告（AARs）、战斗访谈和部队相关记录全都显示，整个二战期间军官的伤亡比例明显高于士兵。战后为评估步兵营的战斗伤亡与崩溃极限之间关系，军方曾对43个战例进行研究，其中包括许特根森林之役，得出的结论却不尽相同。研究认为军官在某一天战斗中的伤亡率高得异常或低得异常，并不是影响一支部队成败的重要因素。得出如此结论，可能是因为战斗报告的撰写者和接受访谈的军官是战斗的参与者，他们更倾向于讲述一些与自己相关的事情，譬如"失去了好友、顶头上司或直接下属……他们的损失大大增加了自己的压力"。[65]然而对一支部队而言，那些经验老到的主官、普通军官和士官的损失，带来的影响必定会显著高于损失新来的补充军官。毕竟，如果士兵不认识自己的指挥官，他们可能就不会在乎军官和士官是否伤亡，抑或只要有人来接替他们就可以了。

表10：许特根森林之战中第22步兵团的伤亡情况

	总人数	占总编制兵力百分比	占总兵力百分比	军官人数	占编制军官人数百分比	占军官总人数百分比	士兵人数	占总编制兵力百分比	占总兵力百分比
总编制兵力	3257			157			3100		
11月16日总兵力	3210	98.6		180	114.6		3030	97.7	
接收的补充兵力	1645		31.7	44		18.8	1601		32.3
伤愈归队人数	331		6.4	10		4.3	321		6.58
11月16日—12月4日总兵力	5186	159.2		234	149		4952	159.7	
阵亡（含因伤致死）	414	12.7	8.0	27	17.2	11.5	387	12.5	7.8
作战负伤（不含因伤致死）	1803	55.4	34.8	98	62.4	41.9	1705	55.0	34.4
失踪和推测被俘	32	1.0	0.6	0	0.0	0.0	32	1.0	0.6
非战斗减员	557	17.1	10.7	14	8.9	6.0	543	17.5	11.0
总的兵力损失	2806	86.2	54.1	139	88.5	59.4	2667	86	53.9

资料来源：TOE 7–11, Infantry Regiment, dated 26 February 1944, including medical detachment of 135; MR 22IR, November – December 1944.

不论军衔高低，所有伤愈的士兵都要重返前线，大部分归队的士兵都希望回到他们的老部队。1944年11月至12月间，美国陆军的政策在理论上并不支持这种做法。军方的计划是把伤愈的士兵派到那些兵力不足、急需补充的部队，不一定从哪里来回哪里去。但实际上，大多数伤愈士兵都返回了他们原来的连队，甚至还有很多回到了同一个班。虽然美国陆军的这一限制政策在1945年年初的时候被废除了，但它还是导致一些被分派到其他部队的伤愈士兵为返回原部队而擅离职守（AWOL）。

然而，正如前文所述，士兵们确实返回了他们的连队。1941年在《步兵杂志》刊登的一篇文章中，福克斯·康纳（Fox Connor）将军估算60%的伤员能够以某种形式重返部队。其中，有25%会在30天之内归队，12.5%在60天内，25%在90天内，12.5%在120天内，12.5%在150天内，还有12.5%在180天内。这个数据与A连实际伤愈归队士兵的情况非常相近。6月6日至11月16日期间，A连负伤的235名士兵中有132人伤愈归队，占了56%左右。[66]尽管如此，并非所有伤愈士兵的身体条件都适合继续担任步兵，那些没能完全康复的人会被派到后方，以便把身体健全的后方人员腾出来充当步兵。

许特根森林战役期间，由于急需大量补充兵员，很多原第83步兵师的伤员在伤愈后被派到了第4步兵师参战，有不少人加入了第22步兵团，其中许多还是士官。一名原第83步兵师的士兵对自己被分到第22步兵团非常失望，于是他在第22步兵团离开许特根森林向卢森堡转移时擅自脱队返回原部队。他想起自己的小提琴忘拿了，此时第83步兵师正在和第22步兵团换防，于是他又重新回到了第22步兵团。在诺曼底的树篱战斗中负伤的原第83步兵师的一名士官，在许特根森林战役初期来到了第22步兵团，被任命为第2营反坦克排排长。1945年4月，在他原属步兵团的要求下，他转调回了原来的部队。[67]

很显然，原属第22步兵团的士兵也想顺利归队。起初，仅仅是那些曾在一起训练的老兵想要留在原部队。可是到后来，即使是那些负伤时加入该团没几天的补充兵也希望回归，因为当他们重返战场时，这支部队里至少还有一些他们认识的战友。

许多伤员还惦念着仍然在战场上奋战的战友，他们也许会觉得愧疚，因为自己已经安全了，而战友们仍置身于枪林弹雨之中。随军牧师博伊斯写道，自己对伤员们的所思所想倍感惊讶，他们经历了那么多痛苦之后，脑子里的想法却很奇怪："'部队怎么样了？''他们过得还好吗？''吉姆还好吗？''比尔怎么样了？'"赫布·福尔伤愈归队时，也是这么打听朋友的情况的。[68]

伤员离开，老兵归队，往复循环。再次以A连为研究对象，该连在1944年6月6日拥有兵力229人，从这天起到12月5日共伤亡了295人。虽然不断有兵力流动，但是A连里始终留有足够多的D日前就已在部队中的老兵，可以以他们为中心将新来的补充兵凝聚到一起。从7月至11月，A连中有半数左右是D日前的老兵，中位数是80人，但是到许特根森林战役结束时，A连和团里的其他步兵连一样伤亡惨重，D日前的老兵仅剩下8人。[69]

第22步兵团的老兵对伤愈归队的补充兵与老兵一视同仁，即便补充兵在负伤时才参战没几天也是如此。赫布·福尔负伤后送时，他在团里只待了7天。伤愈归队时，他并不知道该期待些什么，令他倍感欣慰的是他被视作一名老兵。[70]

　　士兵渴望返回原部队的愿望表明，第 22 步兵团的士兵对战友的认同感非常强烈。这种认同感的出现，就像塞缪尔·马歇尔在论文中论证的那样，促进了团队凝聚力。即便伤亡会逐渐削弱这种情感，只要还有对部队存有认同感的老兵将士兵们团结在自己周围，这支部队就能继续前进。

　　虽然很多老兵十分愿意回到原部队，但仍有一部分人在纠结为什么自己和朋友都遭了罪，而其他人却安然无恙。这是大兵们在散兵坑中经常谈论的话题。1945 年，美国军方出版了一本名叫"待命士兵的故事"的小册子，目的就是向久经战火的老兵解释，为什么受伤了还要返回部队，而其他许多士兵甚至连战场是什么样都没见识过。小册子里委婉地问道：

　　"为什么我必须回去打仗？"你即使没有大声地抱怨，也可能会心有疑虑，"我都已经上过战场并且尽了责，所以为什么不能让其他人去呢……"要回答这个问题，只能靠军人自己的内心。只有当一个人真正明白自己在做什么，为什么要这么做，他才会真心实意地全力以赴。[71]

　　步兵肩负着重任，甚至更多。马歇尔围绕着凝聚力对班组级单位作战表现的影响进行了研究。他分析了各级指挥人员之间的联系，并得出结论："最根本的难题并不是指挥官无法获得不认识的士兵的尊重和信任……而是源于同样的思维障碍……士兵打从心里不愿意为了自己不认同的人去冒生命危险。"[72]

　　但是马歇尔的结论并不正确。在旷日持久的步兵作战中，高伤亡率使得士兵很难对指挥官和班里的战友产生认同感，可是部队仍能继续推进，士兵们仍在为了其他人冒着生命危险去战斗。在许特根森林战役的第三天，第 22 步兵团很多部队中的班组都被打成了一盘散沙，毫无凝聚力可言。然而这个团仍然继续向前推进，尽管非常缓慢，可还是继续战斗了 13 天。第 22 步兵团参加这场战役时部队充满了凝聚力，但是敌人的炮击根本不会管你的部队有没有凝聚力，此时的部队和 10 天后相比，无论是推进速度还是伤亡人数都好不到哪里去。

　　过度疲劳也会损害部队的凝聚力。从本质上说，和时不时打响的遭遇战相比，消耗战会让士兵承担更大的压力。日复一日的战斗常常战果寥寥，但造成的损失却一点也不少。所有的士兵都希望战争结束时死伤不会太过惨重，但是对步兵而言这简直就是奢望。大部分士兵很快意识到，一旦上了战场，离开的唯一方式就是被担架抬走。这样的一场消耗战只会让他们更加相信宿命论。

许特根森林战役期间，步兵连和重武器连蒙受的伤亡占了全团伤亡总数的86.4%。如果详查团内不同单位数据的话，这样的损失就更加明显了。如表11所示，如果说许特根森林战役结束时第22步兵团里还存在凝聚力的话，那它绝不是传统的"兄弟连"式的凝聚力，至少在步兵连中不是。11月16日部队里的那些士兵，到12月4日有91.7%因为种种原因或死或伤。步兵连伤亡人数持续上升，使得班一级已毫无凝聚力可言。这也表明，指挥机构和医疗单位的伤亡也非常大，因为它们离各步兵连和重武器连都非常近。不过，各部队的人员伤亡分布不均，通常都是一个排或一两个班遇上了顽强抵抗，陷入了敌人的火力网或伏击圈。

表11：第22步兵团各单位的战斗和非战斗减员

指挥部（团部、1营、2营、3营）	总减员225人，占全团减员的8%
平均每个指挥部	56.3人，占编制兵力的47%
步兵连（A、B、C、E、F、G、I、K、L连）	2121人，占全团减员的75.6%
平均每个连	235.7人，占编制兵力的122%
步兵连中的老兵	1436人，占全团减员的51.2%
平均每个连的老兵	159.6人，占11月16日每个步兵连兵力的91.7%
重武器连（D、H、M）	总减员302人，占全团减员的10.8%
平均每个重武器连	75.5人，占编制兵力的61%
反坦克连	43人，占全团减员的1.5%，占编制兵力的26%
炮兵连	20人，占全团减员的0.7%，占编制兵力的17%
医护连	90人，占全团减员的3.2%，占编制兵力的66%
后勤连	5人，占全团减员的0.2%，占编制兵力的4%

资料来源：TOE 7-11, Infantry Regiment, dated 26 February 1944, including medical detachment of 135; MR 22IR, November – December 1944.

战斗力的丧失不是一朝一夕形成的，而是日积月累导致的。如果某营在一天内伤亡巨大，这可能意味着最多有两个连遭到重创，营里其他连队的战斗力通常不会受到太大影响。[73] 然而如果一个营在一段比较长的时间里持续遭受伤亡，这就意味着所有的步兵连和重武器连都在失血。

一支部队若是在某日战斗中惨重伤亡，就不会在第二天的进攻中打头阵，因为它需要时间整编。譬如在 11 月 20 日的进攻中，E 连和 G 连作为 2 营的前锋分别损失了 39 人和 53 人。11 月 22 日再次发动进攻时，打头阵的 F 连损失 41 人，而 G 连和 E 连分别损失 10 人与 25 人。三天之内，2 营每个步兵连的伤亡人数都超过了其总兵力的 30%，使得营长找不到一个完整的步兵连来为下一轮进攻打头阵。[74] 然而，进攻还要继续。

军事学者普遍认为，有凝聚力的部队比没有凝聚力的部队更有战斗力，若是考察一支具体的部队，则缺乏凝聚力的部队通常会被视作缺乏战斗力。[75] 但如果真是这样的话，美军穿越许特根森林的进攻在第三天就应该停止了。由于 11 月 16 日至 20 日遭受了惨重伤亡，第 22 步兵团的各班已经失去了"兄弟连"式的凝聚力，但是这些部队凭借着剩余的老兵和补充兵，在接下来的 15 天里继续进攻，直到全团撤离战场。

与马歇尔的观点相反，相对于更高级别部队的战斗力，步兵班级别的凝聚力并非必须。只要各排持续有补充兵加入，并且还留有一些老兵，步兵团就能够继续打下去。只有当所有经验丰富的基层指挥员都伤亡之后，部队才会丧失进攻能力。

第 22 步兵团的伤亡人员中，大约有 1996 人是经验丰富的老兵。大部分伤亡的指挥人员的军衔是中尉、上士和中士。在持续不断的战斗中，经验丰富的排长、班长和副班长是必不可少的。少尉和二等兵，大多作为补充兵员加入这场战斗，该团中他们的伤亡达到了 1054 人。[76]

一个 40 人的步兵排编有 10 名指挥人员，其中有 9 人是士官。在一线采访士兵的战地记者米尔顿·莱曼（Milton Lehman），将老兵称为连排级单位的关键人物。莱曼说，他们大多数是士官，他们"在战斗中不仅学会了如何打仗和保护好自己，还学会了如何指挥其他人……对老兵来说，进攻……是在下一道山脊上的一次突击，是冲向德军坚固设防的机枪阵地"。[77] 老道的指挥官要眼观六路耳听八方。团部和营部制定作战计划,连和排中的老练指挥官执行作战计划。

许特根森林战役期间,第22步兵团伤亡总数中有25%是指挥人员。由此可见,指挥人员在伤亡总数中的占比远高于他们的人数比例,这和人们的想象不一样。如图表16所示,11月25日之前指挥人员伤亡总数高得异乎寻常。11月25日之后,指挥人员的伤亡就少多了,原因很简单:还没死伤的指挥人员已经所剩无几。补充兵莫里斯·萨斯曼在战后接受采访时表示:

> 之所以有这么多老兵——经验丰富的军官和军士——伤亡,是因为他们指挥着一群毫无战斗经验,像自己一样手足无措的新兵。譬如,有两名执行任务的侦察兵并不真正属于侦察部队,因为军官和士官不放心让新兵去执行侦察任务,他们只好亲自下到排里进行侦察。同样,发起进攻时,军官和士官不得不走到每个人身边,"鼓励"他们冲出散兵坑发起攻击。[78]

资深的士官和二等兵在某些情况下会独自战斗。他们完全有理由担心这些新兵蛋子会连累所有人一起送命。有一次,4名上士、1名三级技术兵和1

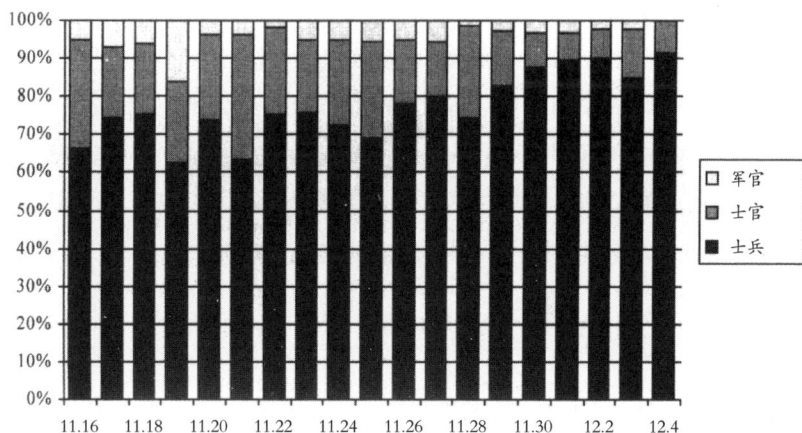

图表16:指挥人员与士兵的伤亡对比

名一等兵一起缴获了 1 挺机枪。[79] 这些士官可能在诺曼底战役期间就作为二等兵和中士在一起战斗过，比起与新来的补充兵一起作战，他们觉得共同执行任务更加得心应手。

如前所述，如果第 22 步兵团中存在凝聚力，那它绝对不是基层单位的凝聚力，因为伤亡太惨重了。在剩下的骨干军官和士官中间，确实存在着凝聚力。那些在诺曼底战役中存活下来的人都是经验丰富的骨干，成了排、连、营和团的指挥人员。他们共同在美国训练了数年时间，并在许特根森林战役之前的 5 个月里并肩战斗，这种"兄弟连"式的凝聚力是保持全团战斗力的根本。这种层次的经历是经过千辛万苦才获得的，但班组单位却很容易失去凝聚力，各班里幸存下来的老兵成了把所有基层单位与整个团凝结在一起的纽带。

持续的战斗也成了凝聚力的来源之一，将补充兵与这些久经考验的骨干联系在一起，至少在一定程度上让所有人拥有了共同的目标。对第 22 步兵团，以及其他所有美军官兵来说，这个目标就是战胜德国和日本，然后凯旋归家。

种种迹象表明，基层指挥官是全团的主心骨，只要他们还能留在部队中将补充兵团结在身边，这个团就能继续打下去。这一事实也得到了高层的认可，第 4 步兵师师长巴顿少将提议将第 22 步兵团撤出许特根森林就是基于这样的事实：经过森林中的长期战斗，这个团的基层指挥官几乎消耗殆尽。"他们一直在进攻，直到没有办法再进攻。"[80]

1944 年 10 月和 11 月，许特根森林战线上的德军士兵已经意识到这场战争失败了。1944 年和 1918 年 9 月的情况相比，唯一的区别是德军最高统帅部通过挟持军人的家庭和用死刑来恐吓士兵，迫使他们继续战斗。可以想见，如果 1944 年的德国军事统治集团如同 1918 年的德军将领那样丧失了顽固抵抗的意志，西欧的战事在 1944 年圣诞节就会划上休止符。[81]

第十五章
结论

激励通常不是步兵生活的一部分……他在战斗中得不到任何奖赏或救援的承诺。每一条河流后面还有另一座山——而在那座山的后面，还有另一条河。在前线待了数周甚至数月之后，只有负伤才可以让他来到一处稍微舒适的安全之地，得到庇护和一张床。那些留在战场上的士兵还在继续战斗，虽然他们暂时逃过了死亡，但是他们知道每逃避一天，就又耗去了一次生存下去的机会。除非胜利来临，否则他们迟早会躺上担架，或者战死沙场。

——奥马尔·布莱德雷将军[1]

许特根森林战役是一场持久激烈的消耗战。本书的主要研究对象第22步兵团蒙受的伤亡，堪与1864年美国内战时期的荒原战役，以及第一次世界大战中惨烈的帕斯尚尔战役、凡尔登战役和默兹—阿尔贡（Meuse Argonne）战役中单个步兵团的伤亡人数相提并论。从那之后，很少有美军部队会经历如此惨重的伤亡。德军的兵力损失同样严重，虽然没有德军参战部队的确切伤亡数据，但是可以假定敌人的损失至少与第22步兵团不相上下，甚至可能更高。从德军阵亡和被俘的数量可以看出，虽然德军的连队也遭到了与第22步兵团同样的命运，但是由于缺乏"再生"能力，他们只能在许特根森林的战斗中逐渐消耗殆尽。当德军一线部队与后方的联系中断后，士兵们宁可弃械投降也不愿再撤退了。

德军第 74 军官兵的素质肯定比不上战争初期攻陷了波兰、低地国家、法国和广袤的苏联领土的那些部队，也不如在北非战场痛击美军的德军部队。德军部署在"齐格弗里德"防线上的部队，无论从数量上讲还是从编制结构上讲都十分脆弱，缺乏必要的持续作战能力来对抗那些看似始终阵容完整、实力雄厚的美军各师。久经沙场的老兵骨干越来越少，抽调自地方守备队、警察和补充单位的士兵坚守着战线。同时，为了即将展开的反攻，德军组建了更多的国民掷弹兵师，精锐部队也进行了整编。

许特根森林中残酷的步兵战斗，考验了第 22 步兵团的组织能力和官兵奋勇向前的意志。地形和天气因素让美军在航空兵及装甲部队方面的优势荡然无存，迫使步兵成了决定战役胜负的主角。虽然第 22 步兵团在推进过程中得到了大量炮兵部队的支援，但是夺取德军阵地的任务还是得靠步兵完成。在连续 18 天的战斗中，第 22 步兵团以平均每天 300 米的速度推进了大约 5600 米，却付出了 2806 人伤亡的惨重代价。换句话说，该团每前进 2 米，就会倒下 1 名官兵。

第 22 步兵团的参战官兵大多经历过战火考验，彼此之间有着紧密的认同感，但是这些老兵投入战斗后，无论是推进速度还是伤亡人数，并不比 10 天后填补兵力缺口的补充兵强多少。在许特根森林中作战，阵亡或负伤似乎都要看运气，因为炮击造成的伤亡最多，而炮弹根本不会区分谁是老兵谁是补充兵，更不会辨识敌我。

当前的史料坚称，在第二次世界大战中走上前线的年轻补充兵的伤亡人数要超过具有战斗经验的"老兵"。但是许特根森林战役中第 22 步兵团的情况却并非如此。恰恰相反，投入战斗的补充兵伤亡了 48.6%，而在战役伊始就投入战斗的第 22 步兵团士兵却伤亡了 61%，更令人震惊的是 11 月 16 日在步兵连中的士兵最终的伤亡率达到了 91.7%。伤亡率最高的通常是那些之前曾经受过伤、伤愈后重返战场的人，他们的非战斗减员率三倍于新来的补充兵。该团大量减员，导致基层部队的凝聚力迅速荡然无存，时至今日，人们已经能够理解这一点了。

团内的指挥人员充满了活力，他们总是冲在战线的最前方。从各方面来看，拉纳姆上校和他的营长们都是优秀且能力出众的指挥官。他们在战役过程中调整了作战计划，迂回德军的侧翼，这体现了在之前的战斗中培养出来的战术技巧。他们意识到部队在穿越森林的过程中伤亡惨重，为了让在前一天的进攻中遭受重创的部队有机会整编，每次都尽可能交替派遣各营连来打头阵。即便只休息一天，也能让一支遭到重创的部队及其疲惫不堪的士兵获得些许喘息。可是归根结底，让第 22 步兵团官兵打穿许特根森林的不是技巧，而是勇气，步兵连连长和其他指挥人员通常会身先士卒。

这样的指挥方式是要付出代价的，指挥人员的伤亡数量简直可怕。11 月 16 日在位的营长们，到了 18 日就非死即伤。步兵连连长的伤亡率超过了 300%，在 18 天的战斗中，有至少 31 名军官在全团的 9 个步兵连中担任连长。可是，营级和连级层面，第 22 步兵团在建制上仍然保持着一贯性，因为这些部队中有经验丰富的基层指挥人员接手伤亡的指挥官的职务。与传言相反，新委任的军官不会立即被推上一线，那些赶来接任指挥官的替补军官平均服役期都超过了一年。

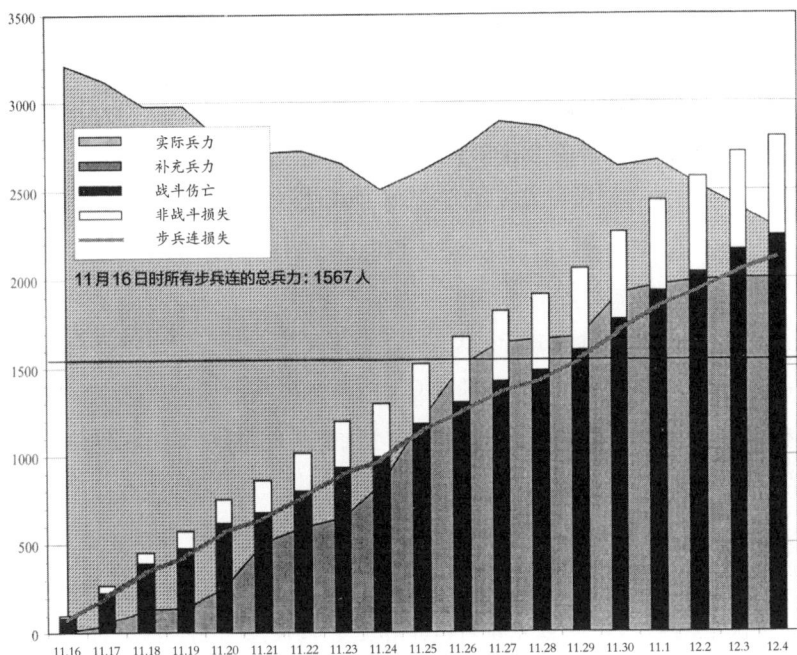

图表 17：第 22 步兵团的伤亡情况，1944 年 11 月 16 日—1944 年 12 月 4 日

各排和各班的情况又不一样。他们不仅遭到了惨重伤亡，而且战斗至 11 月 29 日，已经由补充兵来指挥了。全团战斗减员中几乎有五分之一是中尉、上士和中士，战役进行了数天之后，团里由共处了很长一段时间的士兵组成的步兵班已经所剩无几。对全团的战斗力来说，比起步兵连长和营长的损失，这些小部队指挥人员的大规模伤亡更是致命的打击。

班排长中有许多人曾在美国一起受训，他们构成了全团作战部队的主心骨。只要基层部队里还有这些经验丰富的指挥人员率领补充兵，全团就能够奋力作战。洛伦佐·克罗韦尔（Lorenzo Crowell）博士通过在水（部队）中加糖（补充兵）搅拌的简单比喻，描述了老兵的重要性。在将一根线（老兵）置入水中之前，糖会一直悬浮在水中，之后糖就会结晶化（凝聚在一起）附在线上，从而获得力量和形态。[2] 这样的比喻稍作修改还可变成拿一个瓶子（编制结构）来制作不加糖的茶（美国本土的训练），在瓶子中茶分子和水结合在了一起。倒掉一些茶（伤亡），加水、加糖（补充兵），并一直加热（战斗）到糖与茶分子融合。继续倒出一些茶，再加入水和糖。到达一个临界点后，糖虽然还在溶解，但是已不再与茶分子结合，最后聚集在瓶子的底部。这个比喻也恰当地描述了第 22 步兵团在许特根森林战役结束时的状态。

事实上，在许特根森林中班长和排长一直率部发起进攻，直到伤亡、过度疲劳和士气低落的累积效应瓦解了他们的凝聚力。[3] 随着"茶"过于稀释，"糖"——补充兵——又被加入溶液中。虽然一直有人在作计划，但是到最后，几乎没有人能够执行计划了。

当然，前面的叙述和分析很大程度上借鉴了第 22 步兵团的经验，以及在同一战役中与其对阵的德军部队的情况。也许有人会说，许特根森林战役不是一场典型的战役——事实确实是这样。尽管如此，与常规战役不同的许特根森林战役似乎恰恰以某种方式验证了早期对部队凝聚力的认识。对这个案例的研究可以清楚地看到，马歇尔、范·克雷费尔德、希尔斯、贾诺维茨和巴托夫关于凝聚力及其先决条件的看法都需要修改。在许特根森林战役中，马歇尔描述的那种伙伴式凝聚力，以及希尔斯和贾诺维茨所谓的基层群体凝聚力，在美德两支军队中基本上都不存在。德国陆军通过编制结构来培养和维持其部队主要群体的论点，在许特根森林战役中也不成立。最后，巴托夫认为德军年轻的补充兵是受纳粹精神鼓舞的狂热追随者，但是这种现象仅仅存在于他们初次参加战斗之前，打过仗之后他们的狂热情绪就降到了最低程度。

在对理想的小部队编制的描述中，马歇尔指出了"伙伴"式凝聚力的必要性。在欧洲战场的美军步兵部队中，根本没有这种理想的简单内聚机制的存在环境，也许那些很少使用的空降部队及欧洲战事接近尾声的那几个月里抵达的步兵团除外。1944 年夏季，美军投入西北欧战场的每个步兵团都有超过 100% 的伤亡率，而且很多团的伤亡率还远远不止这个数。第 22 步兵团在为期 11 个月的战斗中伤亡率达到了 351%。然而，在描述无凝聚力的部队时，马歇尔用了诺曼底战役中空降部队的例子，夜间跳伞的空降兵分布得非常分散。马歇尔也没有分析老兵的持续性损失对传统步兵班战斗力的影响。在这一点上值得一问的是，马歇尔对单独的一个案例进行深入分析的方法，是否有可能让他和他的追随者忽视了长期作战消耗的影响。

然而，在许特根森林战斗的部队还是有凝聚力的，但并不全是——甚至主要都不是——马歇尔、希尔斯以及贾诺维茨指的那种凝聚力。第 22 步兵团里有两种类型的凝聚力在发挥作用。一种就是由传统的"兄弟连"式的经历形成的凝聚力，他们一起在美国和英国生活训练。而另一种则如前所述，在本质上是因环境而形成的，是由以下的过程形成的：新到的补充兵最初围绕在原来的骨干（老兵）周围，后来就围绕到那些比他们先下部队经历了战场考验的补充兵周围。只有当部队以在战斗中幸存的老兵为核心变得更加顽强之后，它的战斗力才会增强，而且只要这样的核心存在，不断补充进来的新兵就可以凝聚起来，排和班就能继续前进和战斗。

爱德华·希尔斯和莫里斯·贾诺维茨所描述的 1945 年之前德军拥有的那种凝聚力，在许特根森林战役中并没有出现。德军将最优秀的士兵、地方守备部队、保安部队、处于康复期的士兵以及年轻的征召兵，混编在一起投入许特根森林的战斗，他们之间的差异对士兵间形成紧密关系造成了非常不利的影响。由于没有兵力补充，这些队伍越打人越少，然后与其他部队合并，最终不复存在——要么阵亡，要么负伤，或是被俘，或是投降。

并不是所有的德军部队都是精锐，或是被指定参加阿登战役从而得到休养生息和整补的时间。虽然本书的分析涉及的部队只有德军一个军，时间只有两个月，地点只是"西墙"防线上一段130千米的战线，但它很可能反映了二战的最后一年里，整个西线的大部分德军部队的整体编制问题和士兵的态度。

与美军缺乏组织凝聚力是因为士兵几乎没时间在一起训练的断言相反，第22步兵团在许特根森林战役中体现出的韧性，正建立在那些曾一起在美国训练的官兵之间的凝聚力基础上。如果这个断言是正确的，那么在战役初期的几天里，第22步兵团蒙受40%的人员伤亡后就应该溃不成军了。可是它仍然在继续推进。随着原先团结一致的班组不复存在，进攻只能依靠幸存下来的少数老兵，正是他们将新到的补充兵凝聚到了身边。当这些老兵伤亡殆尽后，只有强硬的团、营和连指挥层才能下达必要的命令，用强制手段防止由补充兵支撑的部队分崩离析。过去指挥官说的是"让我们上"，而现在的态度则是："你必须执行命令，否则的话，明白吗？"

对不同级别的人员而言，作战的动力各不相同。士兵个人是为了生存而战，他们能看到第二天太阳升起就是胜利了。然而，从连级到团级，指挥官们最关心的是自己的部队为更大规模的行动做出的贡献。在这些层级上，各部队中士兵的存活尽管也很重要，可要服从于部队编制的完整性和它的任务。

第22步兵团的许多士兵对这场战役和团里的态度，都经历了三个截然不同的阶段。战役开始前，老兵们彼此间有着同袍情谊，对团里也有种归属感，他们中的大部分人愿意为了完成团里的任务而舍生忘死。战役过程中，他们的态度发生了变化，希望只要付出一点努力，就能摆脱恐怖到令人难以置信的现代森林战。战役结束后，他们的感觉是全团都已经葬身在许特根森林之中——因为存活下来的老兵已不足以继续发扬该团的精神并将其灌输给后来者了。

在许特根森林中，第22步兵团损失了相当于编制和装备表86%的实力。可是该团仍然坚持战斗了18天，并且击败了顽强防御的德军。这既是对该团战斗力的赞颂，也是对团里最初的那批官兵的致敬。事实证明，维持战斗力靠的就是这批经验丰富的老兵，他们之中涌现出一些能力卓越的人，填补了因为伤亡或晋升出现的基层军官和士官岗位的空缺。

12月3日，伤亡惨重、疲惫不堪的第22步兵团正处于崩溃边缘，与之前相比只是徒具其表。如果说兵力数据是考量战斗力的唯一要素，那么在整场战役期间该团的战斗力几乎没有任何变化。但是部队战斗力确实发生了变化，这似乎清楚地表明某些消耗因素正在起作用,这些因素可以分成四个方面。首先,最重要的一点是, 在许特根森林战役中, 该团损失 2805 人, 其中大约有 2100 人是 "老兵", 包括伤愈归队后再次受伤的官兵, 这些人的损失是无法完全用补充人员来弥补的。其次, 到战役结束时, 部队中幸存下来的为数不多的老兵已经连续战斗了 18 天, 个个都筋疲力尽。再次, 战斗是持续进行的, 第 22 步兵团步兵连的补充兵们根本没有时间熟悉环境。他们所能做的就是观察、聆听、学习, 紧跟着老兵。最后, 战斗的性质让所有官兵在精神和肉体上都承受着极大的压力。战役结束时, 第 22 步兵团的士兵都显得精疲力竭、情绪低落。

士兵战斗的动机是什么? 一个主要的事实是, 军队对怯懦者的惩罚可能非常严厉, 所以他们别无选择。此外还有四个因素促使他们去战斗 : 第一个因素是士兵与身处同一个散兵坑中的战友的友谊——在第 22 步兵团中, 有很多士兵曾经一起被征召, 并在接下来的三年时间里共同生活、训练和战斗 ; 第二个因素是有效的部队训练 ; 第三个因素是对部队的荣誉感。

第 22 步兵团的经验教训打破了常规。与臆断征召的军队无论如何都比不上常备军的观点相反, 大家应该清楚地记得, 在 1944 年 11 月大部分士兵的服役时间都超过了两年, 而第 22 步兵团中的很多士兵服役时间都达到了三年。虽然他们都是征召入伍的, 但这是一支专业的军队, 并且经过艰苦的训练, 比和平时期的任何一支常备军都更有激情。战时团部的简报、其他时期的逸闻趣事, 以及第 22 步兵团持续不断的战斗力, 都证明了这个团的成员都为成为这样一支正规军部队的一员感到自豪。

以上因素都与老兵有关, 而最后一个因素适用于每个士兵, 即二级军士长会走在连队的后方确保士兵们都在向前推进。这些因素中的前三个显示的是团队凝聚力, 最后一个则表现出强迫性。随着战局变化, 老兵们相继倒下, 补充兵不断进入部队, 这个团对部队凝聚力的依赖逐渐减少, 更多的是依靠高压手段。虽然采取高压手段是一种消极的指挥形式, 但它依然是一种指挥手段。

第 22 步兵团的经验表明, 一支部队要想取得成功, 只需要有经验丰富的基层指挥人员率领补充兵, 并将只有通过战斗才能体会到的经验传授给他们。不可否认, 将补充兵直接投入战斗、没有时间适应战场环境会产生不利影响, 但第 22 步兵团在许特根森林的经验表明, 激烈的战斗中, 即使仅剩一小部分老兵也能保持建制部队的特性。伤亡惨重的第22步兵团虽然战斗力大打折扣，但建制依然保存了下来。

至少在第22步兵团中，认为伤愈士兵无论是否自愿，在归队时会被随意分配至其他单位而非原部队的观点是不正确的。虽然在1944年6月至1945年5月间，第22步兵团及其隶属的第4步兵师不断在各个军（第7、第8、第5、第3、第7和第6军），各集团军（第1、第3和第7集团军），甚至各集团军群（第12和第6集团军群）之间来回调动，但是该团的晨报显示，官兵康复后会沿着兵力补充系统输送，士兵回到原来的连队，军官则回到团部。伤愈士兵在归队过程中被派到其他部队的现象确实存在，但那只是个别现象而非常态，至少在步兵部队中是如此。[4]

在二战后期，德军小部队有尚佳的表现并非部队凝聚力和士气旺盛的结果，而是由于老兵和骨干人员将自己的战斗经验传授给了新人。这同样适用于美国陆军，其骨干官兵是在欧洲战场取得全面胜利的关键因素。双方的主要差异在于，美军部队从未缩编到伤筋动骨的地步，由于补充兵力不断加入，他们或多或少维持着固定兵力，保持了部队建制的连贯性。德军第74军各部队的编制与战前不同，其师部指挥的部队几乎没有建制上的连贯性，结构上同样受到了影响。德军各师一次又一次几乎被打光，然后撤出前线整补，并在一个月之后或更短的时间里重返战场。参谋部门仍然有凝聚力，但他们指挥的部队可就与之大相径庭了。在紧张的战事压力下，德军部队从组织结构上开始崩溃。

范·克雷费尔德认为，德军的兵力补充体系是有人性的，因为它让战友们团结在一起，并培养了团队的士气。这种一概而论的说法并不适用于1944年驻防"齐格弗里德"防线的第7集团军。德军指挥官只管将士兵调派到需要补充兵力的地方，很少考虑他们之前隶属哪支部队。很多德军战俘被俘时不知道自己属于哪个团，或者他们的连长是谁。关于投入战场的美军士兵不知道自己所属部队番号的文章有很多，1944年德军第74军的步兵同样如此。

第74军的步兵连大多只有一名军官，而且这些军官基本上缺乏足够的实战经验，很难按照巴托夫的设想去培养士兵。相反，正如前面分析得出的结论，很显然德军通过上级组织的威吓手段来逼迫士兵坚守防线，而不是依赖基层群体彼此间的认同感、对部队的热爱或对军官的尊重。

许特根森林的战斗影响了每个参战官兵，上至第22步兵团团长拉纳姆上校和（德军第275步兵师师长）哈斯汉斯·施密特中将——他们为了完成自己的任务竭尽全力，下至补充兵韦斯·特林德尔和胡贝特·格斯二等兵，他们与无数其他士兵一起奋力作战，只是为了活下去。

有很多人，尤其是参加过这场战役的人，都质疑许特根森林战役是否有必要打。回溯往昔，对美军的行动来说，这场战役显然产生了意想不到的有利结果。对鲁尔河的进攻，在盟军情报部门尚未察觉的情况下，意外打乱了德军阿登反击战的筹备工作。就其本身而言，美军的鲁尔河攻势对德军第6装甲集团军的北翼构成了威胁，从一开始就削弱了其势头。曾参与许特根森林战役和阿登战役的德军第7集团军参谋长冯·格斯多夫少将在战后写道：

在我看来，这是德军右翼进攻失败的主要原因之一。在德军的控制之下，一座没有敌军的许特根森林将让我们以一种完全不同的意图来发动进攻。原计划作为阿登攻势重心的"许特根森林"，它的失守显然成了导致这次反击战失败的决定性因素之一。[5]

也许，当时美军在许特根森林的流血牺牲并非毫无价值，因为围绕着许特根森林、小豪村和大豪村的战斗或许改写了阿登战役的结局。上述战斗使得美军在阿登地区获得了一个坚固的北肩角，而正是在那里，德军第6装甲集团军撞得头破血流却依然无法达成突破，这也使美军在阿登战役初期就可以截断通向默兹河（Meuse River）的近道。如果美军在11月绕过北面的许特根森林，那么这片森林既可以充当德军在12月发起的反攻的中枢，也可以作为天然屏障，届时美军必须为守住自己的侧翼而奋战。如果德军没有丢掉许特根森林，人们就会推测美军第2步兵师是否会在12月16日向鲁尔河大坝推进，或者在阿登战役初期，美军能否守住圣维特。

然而，这样的推论对参加许特根森林战役的老兵来说只是一个小小的安慰。在真实的历史中，这就是一场可怕的战斗，成千上万的美国人和德国人为此付出了生命。美军虽然扫荡了森林，但也为此付出了惨重代价。如果不是美军步兵和基层指挥人员拥有坚定的决心和非凡的勇气，德军就不会被赶出许特根森林这座"死亡工厂"。

许特根森林的战斗在步兵作战史上并不罕见。尽管在地形上存在着差异，茂密的森林取代了灌木篱墙或陡峭的山坡，可是但凡具有坚定决心和顽强毅力的防御者在预设阵地上打防御战，进攻的步兵都会损失惨重。就这一点来说，德国人在苏联和阿登，苏联人在本土、波兰和德国，美国人和英国人在太平洋、地中海战区、法国、比利时和德国，都有切肤之痛。

在许特根森林中打了15天仗之后，精疲力竭且兵力不足的第4步兵师及第28步兵师，在遏制和最终击败新投入的德军各师的行动中发挥了重要作用，交战双方在许特根森林中拼了个两败俱伤。也许在战争的这个阶段，防御方重新获得了在战斗中对进攻方的优势。1944年11月和12月，美军和德军指挥官眼睁睁地看着他们精心部署的进攻力量，在面对得到重武器支援但匆忙组织的守军时消耗殆尽，起初是美军在许特根森林中对抗士气低落的小股德军，后

在许特根森林中推进的美军步兵（美国陆军通信部队拍摄）

来是阿登战役中美军步兵和支援部队混编在一起，长时间坚守各处村庄和十字路口，打乱了德军的进攻时间表。就进攻这种作战形式而言，技术上的突破并未出现。在前线——直至实现突破的那一刻——战争都可视为对双方的消耗。无论是对德国步兵还是对美国大兵而言，战斗都不是物资的比拼，而是一种无尽的恐惧，即对不能活着看到下一次日出的恐惧。

尽管本书的重点是一个美军步兵团，可是从中可以看出 1944 年美军步兵单位的编制设计要比德军更具战斗力。虽然第 22 步兵团在许特根森林遇到的困难超乎寻常，但没有证据显示该团与它的兄弟步兵团有任何根本性区别。就兵力补充体系而言，这当然是正确的，而且正如我们所看到的那样，美军的兵力补充系统为维持部队战斗力作出了重大贡献。这个系统可以确保部队兵力不会降到让编制构成受影响的程度，以此维持部队战斗力。相比之下，德军在组建新单位的同时让老部队仅仅维持最低限度的兵力，这种制度忽视了组织体系所提供的内在力量。

许特根森林战役经验教训的当代意义还有待商榷，但却值得评论和认真思考。近年来发生的一些冲突，诸如入侵巴拿马和"沙漠风暴"行动，一般来说兵力伤亡很少，但这并不意味着爆发许特根森林这样的战斗的可能性不复存在。[6] 虽然现代武装力量与二战时的不同，使用的武器精度更高、杀伤力也越来越大，但是占领和驻守地面目标的任务还是必须得靠步兵部队来完成，就像许特根森林中的第 22 步兵团那样。只要看看东北亚、波斯尼亚和科索沃的困难地形及对手，就能预见到大量人员伤亡的可能性。接下来需要考虑以下这些问题：在人员伤亡惨重的情况下，今天的军队中是否还具备组织的连贯性和个人的韧性以维持战斗？填补部队兵力空缺的补充兵从哪里来，或者说美国陆军是否要效仿二战时期德国陆军的做法，合并遭到重创的部队，并且一直将他们留在前线直至完全打光？在下一场炼狱般的许特根森林之役爆发之前，希望能有人找到这些问题的答案，这是一个老步兵的愿望。

后记

　　每当回忆起二战中这场充满了血腥的战役，我的内心既感到自豪，又悲痛万分。

　　在这样一场我所经历过的最混乱、最艰难的战斗中，我以第22步兵团全体官兵履行职责的方式为傲。我不曾记得在其他时间或地点，有比这场战役对我们的勇气和战斗力更大的挑战。深邃、黑暗、充满了不祥预兆的森林，寒冷、恶劣、风雨交加的天气，还有崎岖不平的地形，所有这些让每一项任务都困难重重。极差的能见度，再加上尚未畅通的公路网，对补给、火力支援和后送伤员来说简直就是噩梦。但所有这些对防御方来说却是巨大的优势。

　　我为这么多英勇的官兵在这样可怕的条件下牺牲感到悲伤，我也为这样一个事实而伤心：这场战役注定不会作为一场伟大而炫目的胜利在史书上占据完整的一页。它只是拼图游戏里的一小块，必须放到合适的位置才能成为一幅完整画卷的一部分——只是这幅以鲜血织绘的画卷中的一道画痕。

　　作者明确指出，尽管源源不断的补充兵能维持部队兵力，可由于经验丰富的各级军官和士官不断伤亡，一个伟大的步兵团逐渐名存实亡。我从1940年起就在第22步兵团服役了，几乎认识所有人。我记得当初进入许特根森林时曾站在路边，每辆经过的卡车上都有士兵在朝我挥手。当我们离去时，我再次站在路边，但是这次没有那么多卡车，向我挥手的士兵也寥寥无几……其他人非死即伤。

　　我仍然不愿回想起，那些在夜间沿着黑暗的道路被带往各部队的年轻士兵，很多人在路上就被打死打伤。我们将赶到前线的年轻士兵分到一个散兵坑中，悄悄告诉他们哪个散兵坑是他们的同班战友，还告诉他们天亮之前不要从散兵坑里出来。

在投入残酷的战斗之前，他们没有时间去认识同班的战友或自己的班长。

作者还提出了一个问题，就是以如此巨大的代价来换取微弱的战果是否值得。当时我无法回答这个问题，现在同样不能。我只是希望，当我回忆起因这场惨烈战斗无法与我们一起回家的所有战友时——无论是否相识，他们的牺牲都是有价值的。

厄尔·W. 爱德华兹（Earl W. Edwards）

美国陆军退役上校

1944 年任第 22 步兵团作训股长

美军步枪手正在清洁 M1 加兰德
步枪（美国陆军通信部队拍摄）

疲倦的步兵小队正在林中休息
（美国陆军通信部队拍摄）

美军医务兵正在照料伤员（美国陆军通信部队拍摄）

1944年11月30日，2营的迫击炮在大豪村猛烈开火，为步兵连的推进提供支援（美国陆军通信部队拍摄）

德军俘虏面带微笑列队离开前线——对他们来说战争已经结束了（美国陆军通信部队拍摄）

大豪村—许特根村公路沿线的景象，折断的树木和凌乱的通信线路都是激烈战斗所致（美国陆军通信部队拍摄）

缺少炮闩的德制75毫米反坦克炮被遗弃在2营防区内的Y公路上(美国陆军通信部队拍摄)

一辆M10坦克歼击车停在燃烧的房屋后, 面向大豪村东面的山岭(美国陆军通信部队拍摄)

注释

第一章 引言

1. Ernest Hemingway, *Across the River and into the Trees* (New York: Charles Scribner's Sons, 1950), 249.

2. "Famous Fourth: The Story of the 4th Infantry Division," Historical Documents, World War II, Reel 2062 (hereafter cited as MHI 4ID FF), and "4th Infantry Division Special Operations Report, Hürtgen Forest," 23, Historical Documents, World War II, Reel 2063 (hereafter cited as MHI 4ID Hurt), both at the Military History Institute, Carlisle Barracks, PA.

3. 参见第八章。Serial number database (see below); Graves Registration Form 1, Report of Burial, Mitman, Erwin F., 2LT. 在10月和11月间，欧文·米特曼给父亲弗雷德·米特曼写了几封信，描述了自己的经历。欧文·米特曼是底特律律师，最近才被提拔成军官，他在参观纽约世界博览会时自愿入伍，自1940年以来一直作为第22步团的志愿兵服役。他所在的3营I连作为第二波次部队在"犹他"滩登陆，接下来的日子里经历了激烈的战斗。1944年6月13日，担任排军士长时，他因在法国奥兹维尔的英勇表现获得了杰出服役十字勋章，这是等级第二高的勋章。7月，欧文·米特曼因受伤被送往英国休养。9月份他返回战场，仍旧回到I连。当月下旬，米特曼被提升为连军士长。10月，他晋升少尉并从I连转到E连。参见: 22nd Morning Report, Item Company, July, September, and October; Easy Company, October, November 1944, Morning Reports microfilm reels TU 218, Box 196; TU 233, Box 211, 16 November – 5 December 1944, National Archive Records Center, St. Louis, MO (hereafter cited as MR [company] /22IR, month when referencing a specific company).

4. MR 22IR, 16 November – 5 December 1944; "4th Infantry Division, 22 Infantry Regiment After-Action Report," Historical Documents, World War II, Reel 2178, November, December 1944 (hereafter cited as MHI 22IR), and "4th Infantry Division, G1 Section, 6 June 1944 – June 1945," Historical Documents, World War II, Reel 2066, 15 November – 4 December 1944 (hereafter cited as MHI 4IDG1), both at the Military History Institute, Carlisle Barracks, PA. 1944年11月16日至12月5日期间，仅第22步兵团的晨间报告就列入了超过5000名士兵。在战斗中补入该团的补充兵员损失惨重，因此将伤亡人数表述为超过该团编制兵力的100%是有意义的。

5. William Walton, "The Battle of Hürtgen Forest," *Life*, 1 January 1945, 33. 约翰·吉本少将是美国内战中比较杰出的师长，他在1864年的荒原战役中记录了他的师的经验，关于该师在这场战役中的损失和作战情况，有必要提及某些事实: 第2师在5月3日出征时有3个旅，总兵力6799人。5月16日，在斯波齐尔韦尼亚县政府所在地，有1521名科科伦军团和765名第36威斯康星志愿兵团的官兵编入该师; 第二天又编入第8纽约重炮兵团的1654人。在6月的头两周内，又编入了323人，全师总兵力11062人。截至7月30日，其损失如下: 阵亡77名军官和971名士兵，共计1048人。202名军官和3825名士兵受伤，总计4027人。总损失人数为5075人，仅伤亡人数就占总兵力的46%。各旅共有17名指挥官，其中3人阵亡，6人受伤。在279名阵亡和受伤的军官中，有40名是团级指挥官。当然，最勇敢和最有能力的官兵是那些倒下的人，情况一直如此。这些数据证明了该师的疲惫程度，也说明了为什么在战役开始时几乎可以执行任何任务的部队，到战役结束时却变得虚弱不堪。参见:U.S. War Department, *War of the Rebellion: A Compilation of the Official Records of the Union and Confederate Armies*, 128 vols. (Washington, DC: Government Printing Office, 1880 – 1891), series 1, pt. 1, 36:237.

6. Hemingway, *Across the River and into the Trees*, 249. 海明威的书基本上基于他在第22步兵团参加许特根森林之役的经历。R. Ernest Dupuy and Trevor N. Dupuy, *The Harper Encyclopedia of Military History, from 3500 B.C. to the Present*, 4th ed. (New York: Harper Collins, 1993), 249;

Rudolf-Christoph Freiherr von Gersdorff, "The Battle of the Hürtgen Forest," USAREUR Foreign Military Study A-891, 12, National Archives and Records Administration (NARA) (hereafter cited as Gersdorff, A-891).

7. Dupuy and Dupuy, The Harper Encyclopedia of Military History, 1207, 1211, 1216. Earl F. Ziemke, Stalingrad to Berlin: The German Defeat in the East, Army Historical Series (Washington, DC: Government Printing Office, 1968), 412 - 413; Adolf Hohenstein and Wolfgang Trees, Hölle im Hürtgenwald (Aachen, Germany: Triangel Verlag, 1981), 88.

8. 我只知道爱德华·J. 德雷（Edward J. Drea）发表的两篇关于二战时期部队编制的对比研究报告：Nomohon Japanese-Soviet Tactical Combat, 1939 (Fort Leavenworth, KS: Combat Studies Institute, 1981); Defending the Driniumor: Covering Force Operations in New Guinea, 1944 (Fort Leavenworth, KS: Combat Studies Institute, 1984). 前者是一个日军步兵营的个例研究报告，后者是1943年美军第128步兵团的研究报告。Three Battles: Arnaville, Altuzzo, and Schmidt (Washington, DC: Government Printing Office, 1952); American Forces in Action series (Washington DC: Government Printing Office, 1946). 这本书提供纯粹的战术级作战的历史研究，但不评估战斗力削弱对部队编制的影响。

9. S. L. A. Marshall, Men Against Fire: The Problem of Battle Command in Future War (New York: William Morrow, 1949); Edward A. Shils and Morris Janowitz, "Cohesion and Disintegration in the Wehrmacht in World War II," Public Opinion Quarterly (Summer 1948): 280 - 315; Martin van Creveld, Fighting Power: German and U.S. Army Performance, 1939 - 1945 (London: Arms and Armour Press, 1983); Omer Bartov, German Troops and the Barbarization of Warfare (New York: St. Martin's Press, 1986).

10. E-mail from Robert Goldich to Robert Rush, "Subject: Re: typicality et al.," 15 September 2000.

11. A Study of the Employment of German Manpower (Washington, DC: GMDS, 1945 - 1947), Chart 32, Army and Army Groups; Chart 35, Divisions (hereafter cited as GMDS, Manpower). 师的图表按月列出了每个师和所属的军，我认为无所属军的空窗期，表明该部在进行整编。第271师和第708师都被整编为国民掷弹兵师，一个被派往东线，另一个在斯特拉斯堡附近作战。在法国被歼灭后，第344师利用师部已被撤销的第91空运师的部队重建。

12. 德军战俘在被俘后数小时内就受到了团级情报官员的审讯，讯问的问题包括兵力、士气和部队指挥官姓名等方面。德军将领在战后撰写的报告提供了敌方视角，即便许多报告在撰写时没有参考作战日志或其他文件。这些日志是从德军士兵手上缴获的，被翻译成英文，发表在《情报摘要》上。Charles B. MacDonald, The Siegfried Line Campaign, European Theater of Operations, U.S. Army in World War II (Washington, DC: Government Printing Office, 1963) (hereafter cited as MacDonald, Siegfried Line).

13. Charles H. Cooley, Social Organization: A Study of the Larger Mind (New York, 1909), 23; cited as the basic definition of a primary group in Shils and Janowitz, "Cohesion and Disintegration in the Wehrmacht in World War II," 281.

14. Nora Kinzer Stewart, South Atlantic Conflict of 1982: A Case Study of Military Cohesion, Report No. 159, (Alexandria, VA: U.S. Army Research Institute for the Behavioral and Social Sciences, 1988), xii. 约翰·吉尔马丁简明扼要地将小部队的凝聚力描述成"战争故事中的'我们'"。基于30年来从二等兵到陆军一级军士长的个人经历，我必须补充说，共同的重要经历（有时候被称为成人礼），例如同一单位中的全体人员一起忍受严格、紧张的训练，比任何其他战前活动更能加强基层集体的凝聚力。

15. Stephen E Ambrose, Band of Brothers, E Company, 506th Regiment, 101st Airborne: From Normandy to Hitler's Eagle's Nest (New York: Simon and Schuster, 1992).

16. Saving Private Ryan, prod. and dir. Steven Speilberg, 249 min., DreamWorks Pictures, 1999, videocassette.

17. Field Manual 22-103, *Leadership and Command at Senior Levels* (Washington, DC: Department of the Army, 1987), 52.

18. Norman B. Ryder, "The Cohort in the Study of Social Change," *American Sociological Review* 20 (February 1965): 843 - 861.

19. A detailed examination of cohorts within a rifle company is included in Chapter 13.

20. Dorothy Kneeland Clark, *Casualties As a Measure of the Loss of Combat Effectiveness of an Infantry Battalion* (Chevy Chase, MD: Operations Research Office Johns Hopkins University, 1954), 7.

21. William S. Boice, *History of the 22d United States Infantry in World War II* (Phoenix, AZ: n.p., 1959), 103 (hereafter cited as Boice, History of 22d).

22. MHI 4IDG1, Reel 2066; MHI 22IR, Reel 2178.

23. MR 22IR, 16 November - 5 December 1944. 这一数字来自每日的晨报，包括1683名补充兵和330名伤愈归队的士兵。Kent R. Greenfield, Robert R. Palmer, and Bell I. Wiley, *The Organization of Ground Combat Troops: The United States Army in World War II, The Army Ground Forces* (Washington, DC: Government Printing Office, 1947), 193; "Casualties, Replacements, and Prisoners, 22d Infantry Regiment," MHI 4ID Hurt, Reel 2063; 344th and 353d Volksgrenadier Divisions, as well as myriad smaller units, in Gersdorff, A-891; various U.S. intelligence reports November - December 1944.

24. Eric Larabee, *Commander in Chief, Franklin Delano Roosevelt, His Lieutenants and Their War* (New York: Harper and Row, 1987), 112.

25. "4th Infantry Division, 22d Infantry Regiment, S3 Journal, 15 November - 3 December 1944," Historical Documents, World War II, Military History Institute, Carlisle Barracks, PA, Reel 2179, 1 December 1944, 2130, 10 November 1944, 1738 (hereafter cited as MHI 22IR, 53 Journal, date/ time); "Battle of Hurtgen Forest Nov - Dec 1944," MHI 4ID Hurt, Item 2189, Reel 2063; Divisional Narrative (hereafter cited as "subject" CI), 1. 战斗结束后，11月16日全团投入战斗时的士兵此时已经所剩无几，导致军方的作战访谈小组很难获得许特根森林战役期间连队行动的准确描述。

26. Related to the author during the 22d Regimental Reunion, November 1989; also confirmed by Don Warner in a telephone conversation, August 1990; Herb Fowle, *The Men of the Terrible Green Cross* (Hillsdale, MI: privately printed, 1991), 40, 98.

27. Boice, History of 22d, 177; 1; S. A. Stouffer, E. A. Suchman, L. C. DeVinney, S. A. Starr, and R. M. Williams Jr., eds., *The American Soldier: Combat and Its Aftermath*, vol.2, *Studies in Social Psychology in World War II* (Princeton: Princeton University Press, 1949), 51 - 53 (hereafter cited as Stouffer, Soldier Studies). 斯托弗调查研究了第二次世界大战期间发给士兵的社会学和心理学问卷，这些问卷涉及士兵生活的方方面面。

28. MR A/22IR, June - December 1944.

29. Boice, *History of 22d*, 56.

30. NARA Modern Military Records, Casualty Lists of Dead for 22d, 116th, and 359th Infantry Regiments.

31. U.S. Department of the Army, Adjutant General's Office, "Army Battle Casualties and Nonbattle Deaths in World War II: Final Report, 7 December 1941 - 31 December 1946" (Washington, DC: Government Printing Office, 1953), 80 - 82.

32. NARA Modern Military Records, Casualty Lists of Dead for 22d, 116th, and 359th Infantry Regiments. 每份伤亡报告都列出了在各团服役时阵亡或受伤死亡的士兵名单。无论是通过常备军、国民警卫队的征召，还是加入美国陆军，每个士兵的军籍号都能显示他是如何入伍的。每个团的绝大多数阵亡士兵都是陆军成员。对第22步兵团的每份晨报进行详细检索后发现，该团还有12名未列入伤亡报告的阵亡士兵。所列各团所属师的组建日期为：第4步兵师，1940年6月1日；第29步兵师，1941年2月3日；第90步兵师，1942年3月25日。John B. Wilson, Maneuver and Firepower: The Evolution of Divisions and Separate Brigades, Army Lineage Series (Washington, DC: Government Printing Office, 1998), 157, 171 (hereafter cited as Wilson, Maneuver).

33. U.S. Department of the Army, Adjutant General's Office, "Army Battle Casualties and Nonbattle Deaths in World War II: Final Report," 80 – 82.

第二章 许特根森林的地形与气候

1. Hans Schmidt, "Kämpfe im Rheinland der 275. Infanterie Division," USAREUR, Foreign Military Study B-373, 14 – 15 (hereafter cited as Schmidt, B-373).

2. http://www.nideggen.de/geschichtsverein/geschic hte.html, accessed 15 December 1999.

3. William Walton, "The Battle of Hürtgen Forest," Life, 1 January 1945, 33; e-mail between Albert Trostorf of Merode, Germany, and Robert Rush, 17 January 2000.

4. Schmidt, B-373, 14 – 15.

5. Deutsche Topographische Karte 1:25000, sheet 5204 dated 1941, in the author's possession; personal observation of the author; "4th Infantry Division, G2 Section," Historical Documents, World War II, Military History Institute, Carlisle Barracks, PA, Reel 2083, VII Corps G2 Reports 180, 2 December 1944 (hereafter cited as MHI 4IDG2). 1995年冬季，我冒着雨水和暴风雪走访了该地区，当时气温在零摄氏度上下，在几乎密不透光的绵密针叶林区、黏稠的泥浆和被灰色的薄雾笼罩的崎岖山路中跋涉非常困难。对那些穿着雨衣在不同的天气和地形条件下连续过了近6年的人来说，无论是白天还是黑夜，许特根森林正如我所经历过的那样令人沮丧和畏惧。

6. MHI 4IDG2, Reel 2082, Hq 1ID G2 Report, 27 November 1944; John English, On Infantry (New York: Praeger Press, 1981), 58. 在他的专著中，英国人讨论了第一次世界大战和英国刘易斯机枪的战术使用。我采用了他对机动性武器和稳定性武器的界定，并将其应用于M1步枪和MG 42机枪。

7. Virgil Ney, "Organization and Equipment of the Infantry Rifle Squad from Valley Forge to ROAD," U.S. Combat Operations Research Group Memorandum 194, Fort Belvoir, January 1965, 46; Major General G. A. Lynch, "Report of the Chief of Infantry, April 1941," National Archives; John K. Mahon and Romana Danysh, Infantry, Part I: Regular Army, Army Lineage Series (Washington, DC: Government Printing Office, 1972), 52.

8. English, On Infantry, 71.

9. MHI 4ID Hurt, 2. 根据以往的经验，在茂密的树林里确定自己的位置是极其困难的。你可以根据指南针的方向在茂密的植被中前进，然而，当你冒着不断落下的炮弹在一堆交错倒地的树木中爬上爬下时，你往往会在地图上失去方向。

第三章 第4步兵师和第22步兵团：建制沿革

1. 第四章介绍了德军的编制情况。

2. 关于战术单位，在我的概念里泛指师级或更低层级的建制完整、训练有素、装备精良的战斗部队。

3. Maurice Matloff, American Military History (Washington, DC: Government Printing Office, 1969), 410; Wilson, Maneuver, 98. 第4步兵师的绰号"常春藤"来源于罗马数字Ⅳ。

4. Wilson, Maneuver, 120, 121.

5. Ibid., 93, 134. "方形师"辖2个步兵旅，每个旅辖2个团；"三角形师"是师部直辖3个团。

6. George C. Marshall, *Biennial Reports of the Chief of Staff of the United States Army to the Secretary of War, 1 July 1939 - 30 June 1945* (Washington, DC: Center of Military History, 1996), 4, 5, 7, 9 (hereafter cited as Marshall, Biennial); Circular 12, HQ Fifth Corps Area, "Selective Service Oct 9 1940"; "Narrative History, Fourth Infantry Division, June 1940 - March 1946," 2, MHI 4IDG1, Reel 2062, (hereafter cited as 4ID History).

7. U.S. Selective Service System, *Selective Service in Peacetime: First Report of the Director of Selective Service, 1940 - 41* (Washington: Government Printing Office, 1942), (hereafter cited as Selective Service, Peacetime); R. R. Palmer, B. I. Wiley, and W. R. Keast, *The Procurement and Training of Ground Combat Troops: The Army Ground Forces, U.S. Army in World War II* (Washington, DC: Government Printing Office, 1948), 15 (hereafter cited as Palmer, *Procurement and Training*). 根据陆军一般分类测试的结果，士兵们被分为5个等级：I，智力非常优秀；II，智力优秀；III，智力一般；IV，智力低下；V，智力非常低下。其中每100名测试者的分类平均为7%、24%、38%、24%和7%。由于第4步兵师是摩托化部队，我认为I类士兵的人数应该更接近装甲部队的7.4%，而不是步兵的6.7%。对入伍新兵的评估，是按照战前军队的精神状态和身体要求进行的。William H. Baumer Jr. and Signey F. Giffen,*"21 to 35" What the Draft and Army Training Mean to You* (New York: Prentice Hall, 1940), 52.

8. Christopher Gabel, *The US Army GHQ Maneuvers of 1941* (Washington, DC: Center of Military History, 1991), 156 - 166; 4ID History, 3. 虽然第4步兵师的传承和荣誉将其被命名为"摩托化师"的日期定在1942年8月1日，但师史和当时的文章在1940年及1941年就已经这么叫了。

9. Kent R. Greenfield, Robert R. Palmer, and Bell I. Wiley, *The Organization of Ground Combat Troops: The Army Ground Forces, U.S. Army in World War II* (Washington, DC: Government Printing Office, 1947), 95, 106 (hereafter cited as Greenfield, *Organization of Ground Combat Troops*).

10. 4ID History, 1 - 3. 沃尔特·普罗瑟少将会去海外执行任务，劳埃德·R. 弗雷登德尔少将成为位于非洲西北部的第2军的军长，奥斯卡·W. 格里斯沃德少将是位于瓜达尔卡纳尔岛和新几内亚的第14军的军长，弗雷德·C. 华莱士少将担任第5后勤司令部司令。George F. Howe, *Northwest Africa: Seizing the Initiative in the West* (Washington, DC: Center of Military History, 1956), 351; Louis Morton, *Strategy and Command: The First Two Years* (Washington, DC: Center of Military History, 1989), 509 - 511. 在1940年至1942年间，第8步兵团有两任团长，第12步兵团有4任，第22步兵团有3任。

11. 4ID History, 2.

12. Greenfield, *Organization of Ground Combat Troops*, 337; AG 370.5, 29 Jan 1942, OPD 4511 - 50, 4th Infantry Division Cross Index Sheets, Classified AGO Central Files, Box 557, RG 407 Entry 358; 4ID History, 3.

13. Palmer, *Procurement and Training*, 128, 177.

14. AG 220-31, 4th Motorized Division, 24 August 1942, "Enlisted Cadre for 84th Division Departed This Station 23 Aug 42," RG 407, NARA; MR 221R database, in the author's possession.

15. *Army serial number file*, RG 407, NARA; *U.S. Selective Service System, Selective Service in Wartime: Second Report of the Director of Selective Service, 1941 - 42* (Washington: Government Printing Office, 1943), xxii - xxiv; AG 320.2 message "Enlisted cadres for New Divisions" and "Discharge of men over 38," WD TWX, 2 March 1943, found in 4ID box, RG407, NARA. 1944年的晨间报告中提到的大量战前应征入伍者中，有相当一部分是二等兵和一等兵。

16. Greenfield, *Organization of Ground Combat Troops*, 38 - 39.

17. 4ID History, 5.

18. Ibid., 4; David Rothbart, *World War II Army Journal* (Pittsburgh, PA: published privately, 1977), 117 (hereafter cited as Rothbart, WWII Journal).

19. 4ID History, 4, 5.

20. "4th Infantry Division Annual Report 1943," Historical Documents, World War II, Military History Institute, Carlisle Barracks, PA, Reel 2062. 以上述年份为例，第4步兵师在1944年6月参战，在第一个月的战斗中损失了345名军官和5069名士兵。"4th Infantry Division AAR, June 1944," Reel 2062.

21. 4ID History, 10.

22. Leonard L. Lerwill, *The Personnel Replacement System in the United States Army, Department of the Army Pamphlet 20–211* (Washington, DC: Government Printing Office, 1954), 445 (hereafter cited as Lerwill, Personnel Replacement System); MR 22IR, June‑August 1944.

23. 4ID History, 3, 12‑24; MacDonald, Siegfried Line, 3.

24. John K. Mahon and Romana Danysh, *Infantry*, Part I: *Regular Army, Army Lineage Series* (Washington, DC: Government Printing Office, 1972), 460 (hereafter cited as Mahon, Infantry); Boice, *History of 22d*, 1; U.S. War Department, Adjutant General's Office, "Historical Documents, World War II," *22d Infantry Regiment History*, Reel 2178 (hereafter cited as 22dHist), 1.

25. Wilson, *Maneuver*, 130; WD AGO Form 762, Historical Data Sheets, 22d Regiment and subordinate companies, RG 407.9, NARA; Boice, *History of 22d*, 1.

26. 22dHist, 131; MR 22IR, June‑July 1944. 一些军官是非常棒的教官，将团里的作风贯彻到底——然而，他们无法在精神上理解运动战中闪电般的机动和由此而来的决策。厄尔·W. 爱德华兹曾于1940年至1946年在该团服役，并由少尉晋升为中校，他提供了一篇关于该团一位早期指挥官的生平简介。他写道："皮克上校是战前老的常备军军人的缩影……像许多也许是我印象中这个时代的大多数军官一样，非常擅长军队管理和管理岗位方面的生活，但却无法适应大规模的野战行动，尤其是当我们成为摩托化部队时……只要我们还靠双腿行军，他就是个称职的指挥官。"

27. 22dHist, 1.

28. 4ID History, 3; 22dHist, 9‑10; Gordon A. Harrison, *Cross Channel Attack, European Theater of Operations, U.S. Army in World War II* (Washington, DC: Government Printing Office, 1951), 162, 163, 270 (hereafter cited as Harrison, Attack). 在和平时期（即使是今天），通常不会进行弹幕徐进射击，因为炮弹的落点会有较大范围的误差，这取决于目标和弹片的距离，误差可能在25码到300码以上不等。

29. 22dHist, 1‑3; Stouffer, *Soldier Studies*, 2:50‑53; Boice, *History of 22d*, 177‑178.

30. Boice, *History of 22nd*, 177; MR 22IR, August, September, October, 1944. 对一个连队进行的抽样调查显示，在9月、10月和11月初抵达部队的士兵中，有61% 曾负过伤。

31. Stouffer, *Soldier Studies*, 2:170; Boice, *History of 22d*, 56.

32. Shelby L. Stanton, *Order of Battle: U.S. Army, World War II* (Novato, CA: Presidio Press, 1984), 81; MHI 4ID Hurt, "Extracts from 4th Division Orders," Field Order 53, Attachments, 15 November 1944.

33. Greenfield, *Organization of Ground Combat Troops*, 274; *Double Deucer*, no. 12, Camp Gordon, GA, 12 November 1942, 5.《22团人报》是1942年8月开始发行的团报，几乎每周发行一次，直到1943年12月。

34. MHI 4ID Hurt, "Battle of Hürtgen Forest Nov‑Dec 44," Extracts of Division Reports, Reel 2063.

35. Greenfield, *Organization of Ground Combat Troops*, 274, 275; Infantry Regiment TOE 7–11,

15 July 1943; Infantry Battalion TOE 7-15, 26 February 1944; Rifle Company TOE 7-17, 26 February 1944, U.S. Army Center of Military History, Washington, DC. 虽然团内各连的官方称谓是诸如第22步兵团A连、第22步兵团B连，以此类推，但我在叙述和分析的过程中使用了它们的语音拼写（Able，Baker）。当你问一个老兵他是哪个连的人时，他不会说A、B或C，而是说Able、Baker或Charlie（现在叫Alpha、Bravo和Charlie）。

36. Stouffer, *Soldier Studies*, 2:102. Rifle Company TOE 7-17, 26 February 1944; U.S. Army Center of Military History, Washington, DC; Mahon, Infantry, 52. 这并非在争论S. L. A. 马歇尔关于一个连队有多少武器开火的理论，一线的每个士兵都有机会开火，担任预备队的班排则不然。在进攻中，4个班（48名士兵或者一个连队的24%）通常担任前卫并处于随时开火的位置，连队的其余人则紧随其后。

37. P. S. Bond, ed., *Military Science and Tactics: Infantry Advanced Course, a Text and Reference of Advanced Infantry Training* (Washington, DC: P. S. Bond Publishing, 1944), 31‐34, 38‐41.

38. Oral interview with Donald A. Warner Jr., former commander, Company A, 22d Infantry. September 1999; MHI 22IR, 53 Journal, 16 November‐4 December 1944. 第4步兵师在12月被调拨给第3集团军指挥。在经历了阿登地区的激烈战斗之后，第3集团军为从前线返回的士兵设立了精心准备的休整营地。人们记得每个士兵都收到了一个装满香烟、巧克力和尼龙袜的背包。其他各师的团刊中，每月均有30页篇幅用于刊登当月的来信、考核成绩和涂鸦之作。

39. AR 345-400, Morning Reports, War Department, 1 May 1944, 1‐15. 战争期间制作的数百万张入伍士兵的IBM打孔卡只剩下了这些，见微缩胶片条目，打孔卡文件RG 407。德军的伤亡报告程序详见第三章。

40. Lerwill, *Personnel Replacement System*, 452; Headquarters First U.S. Army, Report of Operations, 1 August 1944‐22 February 1945 (n.p., n.d.), Annex 1, G1 Section Report, 12 (hereafter cited as FUSA Report of Operations).

41. Lerwill, Personnel Replacement System, 462. 正如其他几个地方所指出的那样，晨间报告一直表明伤员愈归队后会回到原先的连队。

42. Analysis of Company A, 22d Infantry, Morning Reports, June‐November 1944. 这个连队将在第十四章中做进一步分析。为简单起见，阵亡、(后送后)伤死、(战场上)伤死被归入死亡（K）类，严重战伤、严重负伤、战斗中轻伤和轻伤归入负伤（W）类。非战斗伤亡是指不能直接归因于敌方行动的伤亡——疾病，如精神类疾病（战斗疲劳症）、肺炎、疟疾或受伤（战壕足）。

43. Biographical sketch, *Staff Sergeant William L. Conrad, in 4th Infantry "Ivy" Division: Steadfast and Loyal* (Paducah, KY: Turner Publishing, 1987), 85; MR 22IR, June 1944‐May 1945; Rothbart, WW II Journal, 154. 有士兵受伤或非战斗减员达到5次的情况，有时他被后送到英国休养，并随着补充兵一起返回原部队。

44. James Jones, *WWII* (New York: Grosset and Dunlap, 1975), 54; MR A/22IR, 6 June‐15 November 1944. 如图表5所示，许多士兵伤愈回到部队后再次出现死伤。琼斯战前是常备军的一名士兵，他先前曾在瓜达尔卡纳尔岛的战斗中负伤。

45. MR 22IR, June‐November 1944. Rothbart, *WW II Journal*, 165, 177, 179. 罗思巴特是第22步兵团的分类专家，因此他不仅在士兵分类方面发挥了直接作用，还能获得上级指挥部门准备的人事统计数据。有几个例子表明，有些技术军士长归队后，被调到另一个连队，在两天时间里被当作士兵使用。

46. Martin Blumenson, Breakout and Pursuit, *European Theater of Operations, U.S. Army in World War II* (Washington, DC: Government Printing Office, 1989), 218, 308.

47. Ibid., 308.

第四章　第 74 军和下属各师：建制沿革

1. Rudolf-Christoph Freiherr von Gersdorff. "The Battle of the Hürtgen Forest," USAREUR Foreign Military Study A-892 (December 1945), 1 (hereafter cited as Gersdorff, A-892); Hohenstein and Trees, Hölle im Hürtgenwald, 87, 88.

2. MHI 4IDG2, Reel 2080, Annex 3 to G2 Periodic Reports 140 and 142, VIII Corps, "German Morale, Military and Civilian." 这份文件很重要，它为了解德军部队的士气和积极性打开了一道独特的窗口，内容是对1944年7月1日至10月15日在法国和比利时缴获的数千封信件的分析。这一点很重要，因为我们可以假设这些信不是由有投降倾向的人写的，而这正是希尔斯和贾诺威茨的数据库出现偏差的主要原因。在许多德军士兵的信件和战俘的访谈中，士兵们抱怨高级军官在他们从法国边打边撤的过程中丢下部队逃跑了，以及军官们从事反对希特勒的叛国活动。其他观点还包括：如果不使用新武器，战争就会失败；总体上相信希特勒；很少批评纳粹党或其领导层，而且几乎没有人认为应该对领导层采取什么措施；同意希姆莱关于全面动员的法令；对被俘的担心很少；对流离失所的家庭感到担心；害怕盟军的战斗轰炸机；尊重盟军的炮兵；认为美国步兵是胆小鬼。关于审讯报告的使用的评论：情报渠道中报告的级别越高，它们被过滤的次数就越多，突出的数据就越不典型，也越不寻常。

3. MHI 4IDG2, Reel 2080, 1st Infantry Division, G2 Periodic Report 148, 14 November 1944. 军事情报分析人士最初困惑的是，德军的师是如何在一个月内从空壳中变出更多兵力和装备的。

4. Gersdorff, A-892, 1.

5. Ibid.; Erich Straube, "Operations of the LXXIV Corps (September–December 1944)," USAREUR (Foreign Military Study C-016 (n.d.), 1–3 (hereafter cited as Straube, C-016). 第253补充团是位于东线的第253步兵师的预备和训练团，兵力来自从战俘营招募的斯拉夫"志愿人员"，指挥他们的军官和士官都是德国人。

6. Gersdorff, A-892, 2. 守备营是由身体状况不适合前线作战的士兵组成的单位。他们被配属给一线作战部队，表明德军在兵力不足的情况下不得不想尽一切办法补充人员了。

7. Straube, C-016, 1–3; W. Victor Madej, *German Order of Battle, 1939–1945*, vol. 2 (Allentown, PA: Game Marketing Company, 1981), 20 (hereafter cited as Madej, OBII); Harrison, Attack, 260, 379; MacDonald, *Siegfried Line*, 83, 87, 91, 330.

8. Madej, *OBII*, 68; MacDonald, *Siegfried Line*, 83; Wolf Treiernburg, "347th Volksgrenadier Division," USAREUR Foreign Military Study B-563, 4–5. 第347步兵师原先下辖第860、861和862步兵团，1943年第862步兵团脱离该师建制，1944年第880掷弹兵团被划拨给该师。在战前和战争期间，德国步兵师以35个批次进行动员和组建。这种动员方式与适龄兵员和可用的装备相匹配，同一个批次内组建的师通常装备都差不多。W. Victor Madej, *German Order of Battle, 1939–1945*, vol. 1 (Allentown, PA: Game Marketing Company, 1981), 71 (hereafter cited as Madej, *OBI*).

9. Madej, *OBII*, 37, Harrison, Attack, 233; MacDonald, *Siegfried Line*, 83–85, 333; Samuel W. Mitcham Jr., *Hitler's Legions: The German Army Order of Battle, World War II* (New York: Stein and Day, 1985), 105 (hereafter cited as Mitcham, Hitler's Legions). 第1023加强步兵团是1944年1月按照第23批次动员标准组建的部队，第89步兵师下辖第1055掷弹兵团和第1056掷弹兵团。由苏联志愿者组成的第4团很难界定，据说是东线部队的补充团。

10. Madej, *OBII*, 69; MacDonald, *Siegfried Line*, 70. 第328步兵师早先在库尔斯克战役后的溃退中被重创。第353步兵师下辖第941、942和943掷弹兵团。

11. Paul Mahlmann, "Rheinland 353d Infanterie Division, III," USAREUR Foreign Military Study B-502 (3 May 1947), 2, 3 (hereafter cited as Mahlmann, B-502). 根据师长马尔曼的记录，转移的单位包括师部、第942掷弹兵团剩余的参谋人员、第353炮兵团、第353燧发枪营残部和第353工兵营，以及师属训练部门和后勤单位。

12. Mahlmann, B-502, 8. 第1保安团在从法国撤退的过程中多次卷入战斗，并在勒芒遭遇了激战。

13. Mahlmann, B-502, 3; MHI 4IDG2, Reel 2083, 22IR IPW Report, 29 November 1944 and 2 December 1944. 第943掷弹兵团的两个营中有一个是要塞守备营，由先前因年龄或身体缺陷没有被征召的士兵组成。另一个是前空军要塞营，由平均年龄24岁的士兵组成，但大部分人的身体状况不适合执行战斗任务。第943掷弹兵团中有入伍只有4个月的新兵，在法国被歼灭的各师的残存人员，年龄在40～60岁的地方守备队员，以及后方的预备役人员和正在康复中的伤兵。

14. Mitcham, *Hitler's Legions*, 172, 200; Madej, *OBII*, 58; Hans Schmidt, "275th Infanterie Division, 3 October－21 November 1944," USAREUR Foreign Military Study B-810 (March 1948), Appendix 6 (hereafter cited as Schmidt, B-810). 第223步兵师在1943年夏季的基辅战役中被打残。第275步兵师下辖第983、984和985掷弹兵团。

15. Schmidt, B-810, 1－2; MHI 4IDG2, HQ 1 ID, G2 Periodic Report 143, 14 November 1944. 第53补充团的兵力中包括其他6个单位的人员，分别是原属第347步兵师的第860掷弹兵团3营和第861掷弹兵团残部，第328补充营残部，第119民兵营，第942掷弹兵团2营，以及另一个步兵补充营。

16. Schmidt, B-810, 10－21.

17. MHI 4IDG2, Military Intelligence Interrogation (MII) Report, November 1944; HQ 4 ID, G2 Periodic Report 123, 11 November 1944.

18. 第91空运师只辖两个团，于1944年4月得到了加强步兵团和补充兵员，并被派往科唐坦半岛进行训练，盟军6月6日登陆时该师就在诺曼底。当天清晨第91空运师与美军第82和第101空降师爆发战斗，该师的大部分兵力在瑟堡地区被歼，但有些部队设法突围。该师获得了杂牌部队和两个补充营的增援，于7月下旬调回前线。在雷恩附近迟滞了乔治·巴顿中将的第3集团军所部后，该师的残兵被撤回到"齐格弗里德"防线。第91师和第344师之间的番号变更在美军情报分析人员中引起了极大的混乱，他们首先确定第91师在许特根森林，然后认为该师更名为第488国民掷弹兵师，最后才确定是第344步兵师。问题是，连大多数德军战俘都不知道他们所属的师已经变更了番号。

19. U.S. War Department, *Handbook on German Military Forces* (1945; reprint, Baton Rouge: Louisiana State University Press, 1990), 90, 94, 95. 这次改编主要适用于战争爆发后组建的预备役师的建制，大多数正规师仍然保持着17000人的兵力建制。

20. Robert S. Rush, "Comparing Light Divisions," *Military Review* 67 (January 1987): 64; Helmuth Reinhardt, "The Volksgrenadier Division and Volkssturm: 'Volks' Organization in the German Military Establishment," USAREUR Foreign Military Study P-065A, (n.d.), 1－2. MHI 4IDG2, Reel 2082, FUSA G2 Periodic Report 169, 21 November 1944, includes a translation of captured documents of the 1125th Infanterie Regiment dated 2 November 1944. 许多在许特根森林被俘的德军都很羡慕施内艾费尔地区的国民掷弹兵师的士兵和装备，那里正是德军参加阿登反击战的部队的集结区域。

21. Rush, "Comparing Light Divisions," 65.

22. Burkhart Müller-Hillebrand et al. "German System of Reporting Casualties," Foreign Military Study P-011, 74 (hereafter cited as Hillebrand, P-011).

23. Ibid., 49, 58.

24. Ibid., 44.

25. Ibid., 49.

26. Ibid., 8.

27. 这其中并不包括装甲师、装甲掷弹兵师、伞兵师和大部分武装党卫队中的师级机动部队，或者准备投入进攻的部队。

28. 尽管实际上当时德军连队的兵力是142人，但为了便于比较，这里假设德军连队的兵力同样有193人。

较高的归队率考虑到了人员在归队之前的康复期较短。

29. MHI 4IDG2, Reel 2081, HQ 4ID, MII Periodic Report, 18 November 1944, 4.

30. Erich Brandenberger, "Seventh Army (1 September 1944 - 25 January 1945)," USAREUR Foreign Military Study B−0447, 4, 5; Rudolf von Gersdorff, "Defense of the Siegfried Line," in *World War II German Military Studies*, vol. 3 (New York: Garland, 1979), 2.

31. Von Gersdorff, "Defense of the Siegfried Line," 6.

第五章 美军士兵：第 22 步兵团的征召、训练和指挥阶层

1. Henry McLemore, "We Were Infantry Privates," Infantry Journal 55 (August 1944): 47.

2. Geoffrey Perrett, *Days of Sadness, Years of Triumph: The American People, 1939 - 1945* (New York: Coward, McCann, and Geoghegan, 1973), 22, 23; Marshall, *Biennial*, 5.

3. Marshall, *Biennial*, 5, 6, 8.

4. Resume of Service, Thomas Kenan, major general (Ret), Earl W. Edwards, colonel (Ret), Arthur Teague, George Goforth; letter to author from Dr. James Kirtley, 19 December 1999; Marshall, Biennial, 7 - 8; Army Serial Number Inventory for enlisted members; MR 22IR, June - December 1944. 1940年从伊利诺伊州和密歇根州征召的大量士兵被分配到第22步兵团。通过比较晨报中列有序列号和姓名的条目与第4步兵师22团中士兵的姓名和地址，不仅可以清楚地了解士兵是何时应征入伍的，还可以看到士兵入伍的城市和州。

5. Virgil Ney, "Organization and Equipment of the Infantry Rifle Squad: From Valley Forge to ROAD," CORG−M−194 (Fort Belvoir, VA: U.S. Army Combat Development Command Combat Operations Research Group, 1965), 41. 书中描述的训练内容几乎与20世纪80年代末和90年代广受欢迎的班排训练和评估相同，在"沙漠风暴"行动中，陆军班排的出色表现在很大程度上归功于该项训练。

6. MR 22IR, June - December 1944; Serial Number Database.

7. Perrett, *Days of Sadness, Years of Triumph*, 17.

8. As quoted in Lee B. Kennett, *GI: The American Soldier in World War II* (New York: Charles Scribner's Sons, 1987), 6 (hereafter cited as Kennett, GI).

9. Ibid., 6.

10. Bower Aly, ed., *Military Training Debate Handbook, 1941 - 42* (Columbia, MO: Lucas Brothers, 1941).

11. *Double Deucer*, no. 11, Camp Gordon, GA, 5 November 1942, 1.

12. Blake Cochran, *Is Your Number Up: Practical Information for the Future Selectee* (New York: Teachers College, Columbia University, 1941), 8.

13. George Q. Flynn, *The Draft, 1940 - 1973* (Lawrence, KS: University Press of Kansas, 1993), 18 - 22; Cochran, *Is Your Number Up, 34; Spencer B. King Jr., Selective Service in North Carolina in World War II* (Chapel Hill: University of North Carolina Press, 1949), 300 (hereafter cited as King, Selective Service in North Carolina). 1940年，年仅14岁的约瑟夫·巴尔托谢克使用哥哥的出生证明入伍，在麦克莱兰堡进入了第22步兵团。1944年，他在诺曼底身负重伤，收到征兵通知时正在家里养伤。 Personal narrative in Andrew J. Jurcak, 4th Infantry "Ivy" Division: Steadfast and Loyal (Paducah, KY: Turner Publishing, 1987), 77.

14. Palmer, *Procurement and Training*, 52; Kennett, *GI*, 8.

15. Kennett, *GI*, 26; King, Selective Service in North Carolina, 240.

16. As quoted in Kennett, *GI*, 16.

17. King, *Selective Service in North Carolina*, 305. 1940年美国的白人男性人口中只有39%是高中毕业或有更高的学历。1940年美国人口普查（第6次）发现，在白人男性中，36%的人接受过八年级或更低的教育，24%的人上过高中，25%的人高中毕业，14%的人上过大学。

18. Kennett, *GI*, 25.

19. 22d Infantry, *U.S. Infantry Soldier's Handbook* (Washington, DC: Infantry Journal, 1940), 6.

20. Kennett, *GI*, 33.

21. William H. Baumer and Sidney F. Giffen, *"21 to 35" What the Draft and Army Training Mean to You* (New York: Prentice Hall, 1940), 52. An AGCT score of 136 taken before 1980 qualifies an individual for MENSA.

22. Kennett, *GI*, 36, 38.

23. Kennett, *GI*, 9.

24. Interview of Morris Harvey, machine gunner, Company M, 22d Infantry, by Kerry Harvey, 9 March 1999; King, *Selective Service in North Carolina*, 300.

25. U.S. Selective Service, *Selective Service System Special Monograph 12*, pt. 2, 24, 25, 32 (hereafter cited as SSS Monograph 12). 图表上的征兵和入伍人数是累计的，淘汰线表示的是在所示期间被拒绝入伍的平民。

26. Eli Ginsberg, J. K. Anderson, S. W. Ginsberg, and J. L. Herma, *The Ineffective Soldier: Lessons for Management and the Nation*, vol. 3, *Patterns of Performance* (New York: Columbia University Press, 159), 142, 146 (hereafter cited as Ginsberg, *Patters of Performance*); Kennett, *GI*, 17.

27. King, *Selective Service in North Carolina*, 317, 318.

28. Ginsberg, *Patterns of Performance*, 148. 正如第二章所述，第4步兵师在1941年2月和3月的3个星期内，收到了5000名应征入伍者。

29. 对1944年6月至11月期间各连队补充兵名单的核查证明了这一点。根据分配给每个单位的人员数字，所有姓氏首字母为A、B和C的人都去了同一个连，K、L和M去了另一个连，以此类推。22d Morning Reports, June–November 1944.

30. *Double Deucer*, no. 1, Camp Gordon, GA, 20 August 1942; General Orders No. 5, dated 8 June 1943, and No. 14, dated 31 December 1943, Subject: Award of the Good Conduct Ribbon, June 1943; Morning Reports, all companies, 22d Infantry, June–July 1944. 任何光荣服役至少一年的士兵，会被授予品德优良奖章。举例来说，有60名士兵的军籍号是以32023xxx开头，73名士兵以32024xxx开头，81名士兵以32043xxx开头。那对双胞胎兄弟詹姆斯·泰勒（320xx587）和弗兰克·T.泰勒（320xx603）都在E连，沃尔特·A.泰勒在1营营部连。他们在1941年和1942年被分配到相同的连队，冲上"犹他"海滩时大多数人仍然在一起，这显然违反了战争部将兄弟分开的命令。

31. *Double Deucer*, no. 14, 26 November 1942, 12; no. 16, 26 November 1942, 12; and no. 25, 7 April 1943, 3, all at Camp Gordon, GA.

32. Biographical sketch of Staff Sergeant William L. Conrad, in 4th Infantry "Ivy" Division, 85.

33. Kennett, *GI*, 4.

34. Sergeant Sertorious, "Man with a Fogy," *Infantry Journal* (November 1944): 25.

35. S. A. Stouffer, E. A. Suchman, L. C. DeVinney, S. A. Starr, and R. M. Williams Jr., eds., *The American Soldier: Adjustments During Army Life, vol 1., Studies in Social Psychology in World War II* (Princeton: Princeton University Press, 1949), 54–59; John Sloan Brown, *Draftee Division: The 88th Infantry Division in World War II* (Novato, CA: Presidio Press, 1998), 20–21. 这与过去

三十年的军队没有什么不同。我记得当年我入伍的时候一般分类测试得分是第一级，我哀叹不得不听"愚蠢"的军士们说话。直到几年后，我才明白自己不知道的东西有多少。我对自己担任高级士官的单位的一般分类测试平均分和中位数的回忆如下：20世纪70年代，我所在的游骑兵营的一个排，平均分约为112分，最低分约为85分，最高分在130分左右。20世纪80年代，在武装部队资格考试（AFQT）改为武装部队职业能力测验（ASVAB）后，我所在连队的平均分约为105分，其中一名士兵获得了152分，最低分大约是80分，中位数在95分到102分之间。20世纪80年代末和90年代初，我所在的营可能有15名士兵的一般分类测试分数超过130分，营里的平均分数约为107分，大部分士兵都是第三级。作为一名上士，我还让一个得了152分的士兵做了很短一段时间的"影子"书记员。他是个好办事员，但只是个普通的步兵。

36. *Double Deucer*, no. 15, Camp Gordon, GA, 3 December 1942; Flynn, *The Draft, 1940 - 1973*, 52; James Kirtley, *Kirtley Kronicles: The Life and Times of James Marion Kirtley*, MD (Crawfordsville, IN: Montgomery County Historical Society, 1997), 81 (hereafter cited as Kirtley, Kirtley Kronicles); serial number database.

37. W. C. (Bill) Trotter, Greenville, MS, unpublished memoir/diary of basic training 28 June 1943 - 1 November 1943, 5.

38. 20世纪40年代的美国陆军还是一支种族隔离盛行的军队，当时的政策将黑人排除在外。通过检视部队花名册、团报和个人叙述，我发现，虽然盎格鲁－撒克逊血统的人相当多，但许多士兵的名字尚未英语化，并带有大多数第一代移民的拼写特征。

39. *Double Deucer*, nos. 1 through 15, Camp Gordon, GA, 1942.

40. Kennett, *GI*, 18.

41. *Double Deucer*, no. 12, Camp Gordon, GA, 19 November 1942, 9.

42. James Kirtley, letter to the author, 15 December 1999.

43. *Double Deucer*, no. 15, Camp Gordon, GA, 3 December 1942; Flynn, *The Draft, 1940 - 1973*, 52.

44. *SSS Monograph 12*, pt. 2, 32.

45. U.S. Selective Service, *Selective Service System Special Monograph 16*, pt. 1, 54 - 61 (hereafter SSS Monograph 16). 尽管华盛顿的选征兵役局规定地方征兵委员会停止征召37岁以上的人员，但这种做法似乎仍在继续，至少在某些情况下是这样。

46. *Double Deucer*, no. 16, Camp Gordon, GA, 10 December 1942.

47. MR 22IR, June 1944 - May 1945.

48. *Double Deucer*, no. 7, Camp Gordon, GA, 1 October 1942.

49. *Double Deucer*, no. 1, Camp Gordon, GA, 20 August 1942. 霍尔库姆在1944年7月27日身负重伤。MR E/2/22, July 1944.

50. *Double Deucer*, no. 11, Camp Gordon, GA, 5 November 1942.

51. *Double Deucer*, no. 7, Camp Gordon, GA, 1 October 1942.

52. *Double Deucer*, no. 15, Camp Gordon, GA, 3 December 1942.

53. *Double Deucer*, no. 13, Camp Gordon, GA, 19 November 1942, 3.

54. *Double Deucer*, no. 2, 27 August 1942; no. 3, 3 September 1942; no. 5, 17 September 1942; and no. 13, 19 November 1942, 7, all at Camp Gordon, GA. 这些训练项目难度不大，只是需要练习和坚定的意志。在20世纪70年代，紧靠半水壶水完成20到25英里公路拉练对一个游骑兵营来说是很平常的事情。

55. *Double Deucer*, no. 3, Camp Gordon, GA, 3 September 1942, 1 - 3.

56. Rothbart, *WWII Journal*, 86.

57. Kennett, *GI*, 51.

58. Ibid.

59. Trotter, unpublished memoir/diary of basic training, 21. 在训练过程中，没有什么比实弹射击更能让人心跳加速了。由于压力大，士兵们学得很快。

60. Rothbart, *WWII Journal*, 86; FM 7‑10, *Rifle Company, Infantry Regiment* (Washington, DC: War Department, 18 March 1944), 260‑280.

61. Trotter, unpublished memoir/diary of basic training, 20.

62. Rothbart, *WWII Journal*, 102, 103.

63. Ibid., 98.

64. Ibid., 74; *Double Deucer*, no. 25, Fort Dix, NJ, 7 April 1943; *Double Deucer*, no. 45, Camp Gordon Johnson, FL, 12 November 1943, 5; *Double Deucer*, no. 7, Camp Gordon, GA, 1 October 1942; *Double Deucer*, no. 27, Fort Dix, NJ, 20 May 1943.

65. Kirtley, *Kirtley Kronicles*, 89; oral interview with Don A. Warner Jr., 10 September 1997 and 15 December 1999.

66. *Double Deucer*, no. 43, Fort Jackson, SC, 13 December 1943, 2.

67. Kirtley, *Kirtley Kronicles*, 91.

68. Lerwill, *Personnel Replacement System*, 445; Hürtgen personnel database; Boice, *History of 22d*, 6. 正如第二章所指出的那样，每个担负突击任务的师都有2500名补充兵，与后被分配进来的连队一起训练。第4师的步兵连登上"犹他"海滩时超编了20% 的兵力，这些兵力是用来填补伤亡人员空缺的，直到补充兵体系开始运转。

69. MR 22IR, June‑July 1944; 22d IR database. Leadership casualties among the rifle and weapons companies were 134 of 405 squad level NCOs, 23 of 54 platoon level NCOs, 46 of 63 lieutenants, and 5 of 12 captains.

70. *Double Deucer*, nos. 1‑45, 1942‑1943.

71. *Double Deucer*, no. 3, 3 September 1942; no. 7, 1 October 1942; and no.12, 12 November 1942, all at Camp Gordon, GA.

72. Sergeant Picone, E/2/22, *Double Deucer*, no. 36, Fort Dix, NJ, 30 July 1943, 8. Tech Sergeant Daniel C. Picone was seriously wounded on 9 July 1944.

73. List of Service Calls," NARA RG 407.304−INF(22)−0.3.

74. Wes Trindal, "And Then There Were None" (Marietta, GA: 22d Infantry Society, 1997), 15.

75. *Double Deucer*, no. 30, Fort Dix, NJ, 11 June 1943, 5; no. 46, Camp Gordon Johnson, FL, 20 November 1943. 这和今天的军队并不一样，那时大部分入伍的士兵都已经成家了。

76. *Double Deucer*, no. 10, Camp Gordon, GA, 29 October 1942, 7.

77. AR 605−5, *Appointment of Second Lieutenants, Regular Army* (Washington, DC: War Department, December 30, 1940), 1; interview with Major General (Ret) John R. Ruggles, May 1995; MR 22d IR, Serial Number Database. 拉格尔斯中校后来担任了团长，最终晋升为将军，布伦比中校、希尔兹上尉和福伊西中尉都在战斗中牺牲，凯南中校在战斗中负伤。

78. Palmer, *Procurement and Training*, 263, 268, 292.

79. Ibid., 95.

80. Ibid., 329.

81. Ibid., 285, 331, 334‑335, 336, 358.

82. Ibid., 96.

83. Ibid., 128.

84. Ibid., 117‑119.

85. Ibid., 364. 正如下一章所证明的那样，这与德国军队在战争后期招募士兵时遵循的模式非常相似。

86. Ibid., 364, 467.

87. Ibid., 135, 136; MR 22IR, November‑December 1944. 11月23日至12月5日期间，普里福伊中尉阵亡，另有4人受伤后送，伤势不严重。

88. FUSA Report, G1 Section Report, 17.

89. Palmer, *Procurement and Training*, 249. Robert S. Rush, *The NCO Guide*, 6th ed. (Mechanicsburg, PA: Stackpole Books, 1999), 18‑19.

90. Palmer, *Procurement and Training*, 185.

91. Trindal, "And Then There Were None," 12.

92. Ibid., 13.

93. As quoted in King, *Selective Service in North Carolina*, 308.

94. McLemore, "We Were Infantry Privates," 47.

95. Palmer, *Procurement and Training*, 72.

96. Trindal, "And Then There Were None," 3, 23‑25, 28, 29, 43.

97. Kennett, *GI*, 22; *SSS Monograph 16*, pt. 3, 184, 194.

98. Kennett, *GI*, 22.

99. Rothbart, *WWII Journal*, 145, 165.

100. Palmer, *Procurement and Training*, 207.

101. Boice, *History of 22d*, 177; 22d Infantry Casualty List, August‑October 1944. 军官编号的顺序可以看出授衔的源头单位和大致日期。

102. MR 22IR, June‑November 1944 .

103. Letter from Colonel Earl Edwards (Ret) to Edward Miller, reference to Colonel Lanham, 1994; Resume of Service on file at Center of Military History; Rothbart, *WWII Journal*, 204; Thomas C. Harrison, ed., *The Diary of Clifford M. (Swede) Henley* (New York: n.p., 1973), 14 (hereafter cited as Harrison, *Diary of Henley*); MHI 4IDG1, "Commanders and Staffs," 4th Division After-Action Report, September 1944, and 4th Infantry Division, Operation Report, 6 June 1944‑June 1945, Reel 2062. 对1944年7月至11月初的晨间报告的研究表明，每个连每月约有一名军官被送到军部重新分配，还有两名军官因在1944年9月的战斗中表现糟糕而被军事法庭审判。

104. MHI 4IDG1, "Commanders and Staff," September 1944, Reel 2052; interviews with Major General John Ruggles (Ret), November 1992 and March 1995.

105. Interviews with Colonel Earl W. Edwards (Ret), August 1992, August 1994, and November 1994.

106. Interview with Major General John Ruggles (Ret), March 1995; MHI 4IDG1, "Commanders and Staffs," September 1944, Reel 2062. Harrison, Diary of Henley, 1. 只有另一名野战部队的军官是从其他部队调来的，那是在1945年3月。 Conversation with Major General Ruggles.

107. Interview with Lieutenant General Glenn Walker (Ret), November 1992; interviews with Donald A. Warner Jr., August 1992‑March 1995.

108. Rothbart, *WWII Journal*, 204; interviews with Donald A. Warner Jr., August 1992‑March 1995.

109. MR 22IR, June – November 1944. 两人获得了杰出服役十字勋章，其他人获颁银星勋章或者添加代表英勇行动的"战斗 V"标志(Valor Device)的铜星勋章。

110. MR 22IR, June – December 1944. 晨间报告也列出了即将上任的军官获得军衔的日期，以及他们的出身情况。

111. Rothbart, *WWII Journal*, 32; MR 22IR, November.

112. Boice, *History of 22d*, 177; MR 22IR, Augus – October 1944.

113. MR 22IR, June, November 1944.

114. V–mail letter from Second Lieutenant Erwin Mitman to Fred Mitman, dated 7 November 1944; photocopy in the author's possession.

第六章 德军士兵：第 74 军的征召、训练和指挥阶层

1. William Carr, *A History of Germany, 1815 – 1990* (London: E. Arnold, Routledge, Chapman, and Hall, 1991), 360 – 361; Hermann Mau and Helmut Krausnick, *German History 1933 – 45* (New York: Frederick Ungar, 1963), 37 – 40.

2. I. C. B. Dear and M. R. D. Foot, eds., *The Oxford Companion to World War II* (Oxford: Oxford University Press, 1995), 457.

3. Franz Ehrenwirth, *Statistisches Handbuch von Deutschland 1928 – 1945* (Munich: Franz Ehrenwirth, 1949), 484 (hereafter cited as Ehrenwirth, *Statistisches Handbuch*).

4. Ernst Jünger, *The Storm of Steel: From the Diary of a German Storm–Troop Officer on the Western Front* (London: Chatto and Windus, 1929); Ernst Junger, *Der Kampf als Inneres Erlebnis* (Berlin: E. S. Mittler and Son, 1940).

5. Detlev Peukert, "Youth in the Third Reich," in *Life in the Third Reich*, ed. Richard Bessel (New York: Oxford University Press, 1987), 25, 26.

6. Dear and Foot, *The Oxford Companion to World War II*, 456 – 457.

7. *German Training Methods: A Study of German Military Training* (Washington, DC: GMDS, 1946), 8, 9 (hereafter cited as GMDS, Training); Rudolf Absolon, *Wehrgesetz und Wehrdienst, 1935 – 1945: Das Personalwesen in der Wehrmacht* (Boppard am Rhein, Germany: Harald Boldt, 1960), 153 (hereafter cited as Absolon, Wehrgesetz).

8. Richard Grunberger, *The 12–Year Reich: A Social History of Nazi Germany* (New York: Holt, Rinehart, and Winston, 1971), 141 (hereafter cited as Grunberger, *12–Year Reich*).

9. *A Study of the Employment of German Manpower* (Washington, DC: GMDS, 1945 – 1947), 2:3, 3:1 (hereafter cited as GMDS, Manpower; "2:3" indicates chapter 2, page 3).

10. *GMDS, Manpower*, 4:2 – 3.

11. Hellmuth Reinhardt, "Training and Assignment of NCOs," *Foreign Military Study* P–008 (n.d.), 27, 28, 36 (hereafter cited as Reinhardt, P–008).

12. *GMDS, Manpower*, 13:4; 13:5; Absolon, *Wehrgesetz*, 154 – 156.

13. Louis L. Sydnor, *Encyclopedia of the Third Reich* (New York: Paragon House, 1989), 257.

14. "General Order 22, Directive for the Reinforcement of the Field Army, 5 December 1943," in *GMDS, Manpower*, Appendix 6:3, Chart 27; Palmer, *Procurement and Training*, 6; Hellmuth Reinhardt, "Personnel and Administrative Project Part II," *Foreign Military Study*, P–012 (n.d.), 19,

22, 23, 24 (hereafter cited as Reinhardt, P-012). 不同等级的分类：适合日常勤务；适合野战驻防；适合本土驻防；仅适合劳役。在一封缴获的信中，一个新入伍的士兵给他已经入伍的朋友写了这样一段话："亲爱的库尔特，你对此有何看法？我可谓疾病缠身，心脏有问题，一条胳膊废了，内分泌失调，体重失衡，只有40%的行为能力，他们却把我列入适合野战驻防类……即便在上一次世界大战中，我也只能执行非战斗任务，而且随着年龄的增长，我肯定没有变得更强壮。" MHI 4IDG2, VIII Corps G2 Report 141, 5 November 1944). 除非士兵是超期服役，否则服役证由部队保存。

15. *GMDS, Training*, 34.

16. *GMDS, Manpower*, 14:27.

17. Ibid., 14:28, 29, 30; Grunberger, *12-Year Reich*, 35‑36. 希特勒下令，如果不先加入帝国劳工组织，任何男孩都不得被直接征入国防军。这一规定不适用于那些已经入伍的人。

18. *GMDS, Manpower*, 14:7, 29; Absolon, *Wehrgesetz*, 154‑156.

19. *GMDS, Manpower*, 14:5, 6.

20. *Reinhardt*, P-012, 68.

21. Ibid., 33.

22. Ibid., 13; *GMDS, Training*, 33; MHI 4IDG2, 8IR S2 Report, 4 November 1944.

23. MHI 4IDG2, Reel 2082, 1ID Periodic Report 161, 27 November 1944, 1‑2; *GMDS, Training*, 35, 37.

24. *Reinhardt*, P-012, 24, 33.

25. Hubert Gees, letter to the author, re Manuscript of Service, 17 January 1992; in the author's possession.

26. *Oberbefehlshaber West, Abteilung N.S. Fuhrung*, signed by von Rundstedt, as cited in *GMDS, Training*, 310; "Wofür kämpfen wir," annex 35 OKH/HPA/Agp2, January 1944, as cited in *GMDS, Training*, 309.

27. Johannes Steinhoff, Peter Pechel, and Dennis Showalter, *Voices from the Third Reich: An Oral History* (Washington, DC: Regnery Press, 1989), xii.

28. Manfred Messerschmidt, "German Military Law in the Second World War," in *The German Military in the Age of Total War*, ed. Wilhelm Diest (Dover, DE: Berg Publishers, 1985), 323‑335 (hereafter cited as Messerschmidt, *Law*). 在第一次世界大战中被判处死刑的150名德国人中，只有48人被处决。

29. Messerschmidt, *Law*, 330.

30. Grunberger, *12-Year Reich*, 146.

31. Absolon, *Wehrgesetz*, 283; MHI 4IDG2, VII Corps G2 Report 165, 17 November 1944.

32. Translation from NSPO, 89th Division, 27 October 1944, MHI 4IDG2, 28ID G2. Report 98, 3 November 1944.

33. MHI 4IDG2, Reel 2082, translation and condensation of Battalion Order 15‑44, 16 November 1944, II Battalion, 984th Regiment.

34. MHI 4IDG2, Reel 2082, 18 November, translation of proclamation of 18th Volksgrenadier Division in the Schnee Eifel. 逃兵的名字列在命令上；然而，我发现这样做没有必要。

35. Otto Gunkel, "New Setup of the 272 VGD at Doberitz-Action in the Eifel" (n.p., December 1986), 15 (hereafter cited as Gunkel, 272 VGD); in the author's possession. Gunkel was a member of 8th Company, 981st Regiment, 272d Volksgrenadier Division.

36. *Reinhardt*, P-012, 88.

37. *GMDS, Manpower*, 10:9.

38. Ibid., 9:4‑5, 9; *Reinhardt*, P‑011, 93.

39. *GMDS, Manpower*, 9:9, 16.

40. Ibid., 9:16.

41. Ibid., 9:9, 20. 在三个月中，每个月西线的部队都向东线运送9万名年轻人。

42. Ibid., 9:14, 19; "General Order 22, Directive for the Reinforcement of the Field Army, 5 December 1943," in ibid., Appendix 6:3, 9:9; *GMDS, Training*, 33.

43. *GMDS, Manpower*, 8:5‑6; Gunkel, *272 VGD*, 1.

44. "Availability of Officers in the German Army," Dr. Frietag, Adjutant of LXXX Korps, 4 February 1944; OKH Conclusions of Personnel Conference, 17 June 1944, both translated documents in Encl 3 to G2 Allied Forces HQ Periodic Report 157, MHI 4IDG2, Reel 2083, November 1944.

45. *GMDS, Training*, 57‑59. 德国士兵被提拔为军官，而不是被任命为军官，这点和美国军队一样。

46. Ibid., 59‑60; MHI 4IDG2, Reel 2083, G2 Allied Forces HQ Periodic Report 157, November 1944.

47. Grunberger, *12–Year Reich*, 138; *GMDS, Training*, 60.

48. *GMDS Training*, 60.

49. *Reinhardt*, P‑012, 82.

50. *GMDS, Training*, 69.

51. Ibid.

52. Wolf Keilig, *Die Generale des Heeres* (Bad Nauheim, Germany: Podzun‑Pallas Verlag, 1983), 53, 178, 215, 305, 336 (hereafter cited as Keilig, *Die Generale des Heeres*).

53. *GMDS, Manpower*, 9:27.

54. Ibid., 9:25.

55. MHI 4IDG2, VIII Corps G2 Report 136, 31 October 1944. 和第91空运师的情况一样，当时该师被撤销了番号，下属各团被调拨给了第344步兵师，后者也遭到了重创，但番号并没有被撤销。

56. FUSA PWI Report, 2 December 1944, no. 12; Absolon, *Wehrgesetz*, 156. 大多数的德国空军要塞营都是以这种方式组建的。在许特根森林，第5、11、18和20德国空军要塞营的情况皆是如此。MHI 4IDG2, IPW Reports, October‑December 1944.

57. FUSA PW Report, 22 November 1944, no. 6; GMDS, Manpower, Chart 35; Mitcham, Hitler's Legions, 241; Paul Mahlmann, "353d Infantry Division (9‑18 Sept 1944)," USAREUR Foreign Military Study B‑352 (n.d.), 3.

58. MHI 4IDG2, 2ID G2 Report 135, 6 November 1944; Gunkel, 272 VGD, 1‑2. 贡克尔写道，最初连里只有三个"老前辈"——连长，军士长和他自己，10月份又来了三个人。"补充兵来自德国空军和海军，这些人吃得好，装备好，就像和平时期一样，他们不喜欢干一个步兵该干的活。"

59. MHI 4IDG2, 2ID G2 Report 129, 31 October 1944.

60. MHI 4IDG2, VIII Corps G2 Report 142, 6 November 1944.

61. Ibid.

62. MHI 4IDG2, VII Corps G2 Report 170, 23 November 1944. Letter, Volksbund Deutsche Kriegsgräberfürsorge e.V., to Hubert Gees, 12 March 1982; copy in the author's possession. Absolon, Wehrgesetz, 154‑155. 这些人什么时候被征召，在很大程度上取决于他们是否会被推迟服役，1908年出生的士兵可能就是这样的情况。

63. MHI 4IDG2, Reel 2083, 1ID G2 Report, 18 November 1944.

64. MHI 4IDG2, Reels 2080 through 2083; the views here are compiled from the EPW (Enemy Prisoner of War) Reports for the First Army Sector during November 1944.

65. MHI 4IDG2, Reel 2083, 4ID G2 Report, 22 November 1944; 4ID Special Intelligence Report, 27 November 1944; 4ID MII Team 417 G Report, 22 November‐4 December 1944.

66. MacDonald, *Siegfried Line*, 432.

第七章 许特根森林的态势

1. T. Dodson Stamps and Vincent J. Esposito, eds., *A Military History of World War II*, vol. 1, *Operations in the European Theaters* (West Point, NY: U.S. Military Academy, 1953), 375, 431, 478; MacDonald, *Siegfried Line*, 619‐620; *FUSA Report of Operations*, 167. 战斗伤亡包括阵亡（KIA）、伤残（WIA）、失踪（MIA）和被俘（CAP），诸如战壕足、精神官能症、战斗疲劳症和疾病不包括在内。

2. *FUSA Report of Operations*, 54, 55, 65.

3. 施密特镇和施万梅瑙尔大坝多年来一直是有争议的对象。第1集团军、第7军和第9步兵师的作战命令中，并没有提及占领大坝。大坝放水后，位于大坝下游的鲁尔河北部河段就无法横渡了。查尔斯·麦克唐纳在其所著的《许特根森林战役》一书中，以及爱德华·米勒近期在其撰写的《一片黑暗血腥的土地》（*A Dark and Bloody Ground*）一书中都谴责美军指挥官直到11月底才将大坝确定为目标，但作家们还提出，占领施密特镇和附近的高地同样能控制大坝，施万梅瑙尔大坝可以排在施密特镇后面。第9步兵师将目标从许特根村改为施密特镇遵从的是明确的指示，不过命令中没有显示出指挥官们注意到了大坝。美军进退两难，为了渡过鲁尔河，必须占领大坝，要占领大坝，必须先拿下鲁尔河以西的大豪村—许特根村—贝格施泰因（Bergstein）地区。只要德军的反击能威胁到美军的侧翼，美军对施密特镇发动的攻击就无法成功。

4. MacDonald, *Siegfried Line*, 330‐339; Schmidt, B-810, 10‐21; MHI 4IDG2, Reel 2081, HQ 1ID G2 Report 143, 14 November 1944. 第941掷弹兵团和第983掷弹兵团之间的大部分调动发生在9月的第三周。

5. MHI 4IDG2, Reel 2081, HQ 1ID G2 Report 143, 14 November 1944. Schmidt, B-810, Appendix 6. 迪内尔特营的前身是第365步兵补充营，以其营长的名字命名。海因茨上校曾在诺曼底战役中指挥第984掷弹兵团，表现非常出色。第942掷弹兵团后来变更番号为第275步兵师985掷弹兵团。11月2日，第983掷弹兵团辖第11空军要塞营，到11月13日，该团总兵力为250人。10月23日，第1412要塞营的总兵力为6名军官、29名军士和207名士兵。

6. *FUSA Report of Operations*, 67, 71‐74.

7. Gersdorff, A-892, 11‐14; "Appendix D: Analysis of Enemy Strength Opposed to the 28th Division," unpublished background manuscript for *Three Battles, Arnaville, Altuzzo, and Schmidt* (Office of the Chief of Military History, n.d.), pt 3, 504‐506.

8. *FUSA Report of Operations*, 69.

9. Gersdorff, A-892, 11‐14. 德国人对第28步兵师的进攻迅速做出了反应，这是由于恰逢集团军群、集团军、军和师的参谋部在进行图上推演。战况信息一到，就被标注在地图上，参谋们马上就策划了反击。

10. *FUSA Report of Operations*, 70.

11. Schmidt, *B-810*, 25, 27, Appendix 6. 冯·博特伦贝格战斗群包括原韦格林战斗群的2个营，第985掷弹兵团1营的一支小部队，第5空军要塞营和第18空军要塞营的1个连，第253工兵营，第7集团军迫击炮营和第31要塞机枪营。

12. Schmidt, *B-810*, 27.

13. MHI 4IDG2, 4IDMII Periodic Report, 26 November 1944. 一名被俘的连长说: "德军害怕战后被送到西伯利亚当奴工，而不是被释放后返回德国，所以不敢轻易投降或开小差。"

14. Lucian Heichler, "The Third Battle of Aachen: The German Situation in Mid-November 1944," draft of Monograph R52 (n.d.), 41-43, RG 319.20.8, NARA; MHI 4ID Hurt, "Extracts from 4th Division Orders, Field Order 53, 7 November 1944, Attachments." 1944年11月15日，在美军第4步兵师前线，德军炮兵在数量上超过了美军炮兵，比值是134比96。

15. FUSA Report of Operations, 71-74.

16. MHI 4ID Hurt, "Extracts from 4th Division Order," 1, 20.

17. Historical Documents World War II, 4th Infantry Division, G3 Journal File, 1 November 1944-8 December 1945, Military History Institute (hereafter cited as MHI 4IDG3), Reel 2112, 10 November-15 November 1944.

18.V-mail letter from Erwin Mitman to Fred Mitman, dated 15 November 1944, copy in the author's possession.

19. MHI 22dS3, Reel 2179, 15 November 1944, 1640 and 2245 hours.

第八章 进入森林: 初期（11月16—19日）

1. FUSA Report of Operations, 74, 76.

2. MHI 22dS3, Reel 2179, 16 November 1944, 0536, 1030, 1155, and 1203 hours. 团刊上列出的伤亡名单写着 K 连，但11月16日的伤亡名单显示，L 连是3营唯一出现伤亡的连队。

3. Historical Documents, World War II, 22d Infantry Regiment, 1 November 1944-30 November 1944, Military History Institute, Reel 2178, 3 (hereafter cited as MHI 22IR, 22d AAR). 事实证明，无论如何都要在树林中推进，因为德国人用地雷和铁丝网封锁了所有的小路。

4. MHI 22dS3, Reel 2179, 16 November 1944, 1316 to 1518 hours.

5. Interview with members of G/2/22, MHI 22dHurtCI, Reel 2178, 1, 2; MHI 4IDG3, Reel 2111, 22d Regiment Periodic Reports, 16 November 1944.

6. Interview with members of G/2/22, MHI 22dHurtCI, Reel 2178, 2; MHI 22dS3, Reel 2179, 16 November 1944, 1645 hours. 文中引用的201高地和其他山丘实际上都是林业部门的编号。大多数军官在使用这些数字的时候，都把它们当作了海拔高度，并以地图上最近的编号数字来表示山丘和山峰。MHI 4IDHurt, 2. 图米中尉在诺曼底登陆前就是该团的一员了，1943年6月从候补军官学校毕业，6月6日登陆那天他还是名少尉。他在6月26日负伤，1944年9月伤愈归队。

7. Interviews with Lieutenants Mason and Lloyd, E/2/22 MHI 22dHurtCI, Reel 2178, 1. 如前所述，米特曼于1940年入伍加入第22步兵团，在被任命为少尉之前已经升至二级军士长; 科尔斯一等兵于1943年1月从宾夕法尼亚州的埃特纳（Etna）应征入伍，8月2日加入该团成为一名医护兵; 纽科姆上尉是预备军官训练团的毕业生，也是该团在 D 日之前的成员，6月6日登陆时还是名少尉。

8. Interview with Lieutenant Wilson, F/2/22, MHI 22dHurtCI, Reel 2178, 1. 担任 A 连连长期间，克拉克上尉在7月8日身负重伤。11月6日回到团里后，他被任命为 F 连连长。MR 22IR, July, November 1944.

9. Interview with members of A/1/22, MHI 22dHurtCI, Reel 2178, 1; MHI 22dS3, Reel 2179, 16 November 1944, 1640 hours; MHI 4IDG2, Hq 28ID G2 Report 97, "Daily Almanac." 作为一名战前预备军官训练团的毕业生，德雷克少校于7月13日到该团报到，8月1日身负重伤，10月3日归队后担任1营营长。萨拉特上尉是预备军官训练团的毕业生，在诺曼底登陆前就是该团的一员，6月6日以少尉的身份登陆。他在6月14日受伤，9月24日伤愈归队。伯纳斯科中尉是1943年从预备军官训练团毕业的，6

月来到 A 连，不久后在6月19日负伤，并于10月3日归队复职。埃斯皮诺上士在1944年6月作为补充兵来到第22步兵团，他于1941年3月或4月在加州的巴德应征入伍。英格拉姆上士是来自亚拉巴马州罗克福德的老兵，1941年年初就是该团的一员了。他在6月8日负伤，9月21日归队。弗拉尔一等兵来自加州圣戈戈，9月作为补充兵被分配到 A 连。1942年10月，他与来自俄克拉荷马州奥克马尔吉的赫伯特·帕特森一起应征入伍，后者于6月被分到第22步兵团，12月3日作为 G 连的一员阵亡。

10. Interview with Lieutenant Mason, E/2/22 MHI 22dHurtCI, Reel 2178, 1.

11. Interview with Lieutenant Bizzaro, B/1/22, MHI 22dHurtCI, Reel 2178, 1; MHI 22dS3, Reel 2179, 16 November 1944, 1535, 1538, and 1650 hours. 麦克莱恩上尉1942年9月从候补军官学校毕业，D 日之前就在团里任职，6月初从反坦克连调到了 B 连。

12. Interview with members of C/1/22, MHI 22dHurtCI, Reel 2178, 1. 马丁上尉于1942年11月从候补军官学校毕业，6月以少尉身份来到 A 连，不久后于6月22日负伤。他在7月22日归队，并于9月16日调任 C 连连长。

13. MHI 22dS3, Reel 2179, 16 November 1944, 1500, 1700, and 2010 hours; interview with Lieutenant Bridgeman, HQ/3/22, MHI 22dHurtCI, Reel 2178, 1; MR L/22IR, November 1944. 遗憾的是，布里奇曼中尉的叙述是唯一一次就许特根森林战役对3营进行的近乎实时的采访。随着德军在阿登地区发动反攻，原定对该营的其他采访也被取消了。对该营在许特根森林的作战情况的描述是由他的评论、团刊、连队的晨间报告和50年后的士兵回忆拼凑而成，这些内容已经通过其他原始资料得以证实。施塔赫诺维奇中尉于1942年12月通过候补军官学校考核被任命为军官，并在诺曼底登陆前到第22步兵团服役。他在6月23日受伤，并于9月2日回到了 M 连，后来又调到了 L 连。

14. 44th Field Artillery Battalion Unit Report, 16 November–3 December 1944, NARA RG 407.304-FA(44)-0.3.; MHI 22dS3, Reel 2179, 16 November 1944, 1532, 1605, and 1930 hours.

15. MHI 22dS3, Reel 2179, 16 November 1944, 2148 hours; 22dAAR Casualty List, MHI 22IR, Reel 2178, November 1944. 关于晨间报告的说明，伤亡人员是在他们进入医疗处理流程的那一刻，或者在发现他们尸体时（通常是在次日或数日后）开始计算的。如第二章所述，那些需要住院10天以上的人被从战术梯队送到后方区域进行治疗，有些人甚至被送到了英国。最准确的伤亡名单见于该团各连11月和12月的晨报。随着新的信息被送到书记员手中，这份关于人员行动的日常记录不断变化，一些11月16日列出的伤亡人数在几天后由医疗清理站上报。在战斗中，连长们关心的是那些身处战场的人，而把无法战斗的人身上发生了什么这种细节问题留给后方的办事员去核实。一些失踪士兵直到1945年2月尸体被发现时才有了下落，还有一些士兵在战后被列为 FOD，即发现死亡，而他们的尸体没有找到。在整场战役中，利用各营的士兵运送补给物资成为一种常态。团部的后勤连无法保证部队的补给，所以各营被迫以重武器排的士兵、厨师、帮厨和文员组成运输队。伤员首先由连队的医护兵进行紧急处理，然后由担架队抬到营部的急救站做进一步治疗。

16. Schmidt, B-810, 31; MHI 4IDG2, 22d Periodic Intelligence Report (PIR), 16–17 November 1944.

17. Translation of the Order of the Day, Fieldmarschall Model; found in 183d Volksgrenadier Division "Miscellaneous" Folder, September 1944–February 1945.

18. FUSA Report of Operations, 76.

19. MHI 22dS3, Reel 2179, 16 November 1944, 1950, 2003, and 2010 hours.

20. Interview with Captain Clifford M. Henley and Major George Goforth, Hq/1/22, MHI 22dHurtCI, Reel 2178, 1; MHI 4IDG3, Reel 2112, 22d Infantry Periodic Reports, 17 November 1944; Harrison, Diary of Henley, 20.

21. Interview with Lieutenant Donald Warner Jr., A/1/22, MHI 22dHurtCI, Reel 2178, 3.

22. Interview with Major George M. Goforth and Captain Clifford M. Henley, Hq/1/22 MHI 22dHurtCI, Reel 2178, 1. 戈福斯少校在7月10日的战斗中受了重伤，于11月15日归队。他在战役第一

天的职务本来是营作训参谋，到18点开始指挥全营。 MR Hq/1/22IR. 迪肯森中尉于1942年9月从候补军官学校毕业，比麦克莱恩上尉低一届。1944年6月25日，身为少尉的他被补充进了第22步兵团。

23. Interview with Major George M. Goforth and Captain Clifford M. Henley, Hq/1/22 MHI 22dHurtCI, Reel 2178, 1; interview with Lieutenant Bizzaro, B/1/22, MHI 22dHurt-CI, Reel 2178, 2. 加西亚一等兵出生于墨西哥的卡斯塔诺镇，1942年11月在得克萨斯州舒格兰（Sugar Land）的一座农场工作时被征召入伍。1944年6月17日，他作为补充兵来到B连。杰弗里一等兵于1943年4月应征入伍，并于1944年8月2日作为补充兵补入B连。比扎罗中尉于1943年1月通过候补军官学校考核成为军官，于1944年7月12日作为补充军官来到团里。

24. Interview with Lieutenant Donald Warner Jr., A/1/22, MHI 22dHurtCI, Reel 2178, 3.

25. MHI 22dS3, Reel 2179, 17 November, 1240, 1300, and 1340 hours.

26. Interview with Major Goforth, HQ/1/22, MHI 22dHurtCI, Reel 2178, 2.

27. 2d Battalion Narrative, MHI 22dHurtCI, Reel 2178, 1; interview with Lieutenant Mason et al., E/2/22, MHI 22dHurtCI, Reel 2178, 2.

28. 2d Battalion Narrative, MHI 22dHurtCI, Reel 2178, 1; interview with Lieutenant Mason et al., E/2/22, MHI 22dHurtCI, Reel 2178, 2. 来自加州贝尔的梅森中尉1943年8月毕业于候补军官学校，1944年8月19日作为补充军官来到团里。

29. MHI 22dS3, Reel 2179, 17 November 1944, 1414 and 1420 hours; MR 22IR, November 1944.

30. MHI 22dS3, Reel 2179, 17 November 1944, 0746, 1015, and 100 hours; interview with Lieutenant Bridgeman, HQ 3/22, MHI 22dHurtCI, Reel 2178, 1. 哈里森上尉于1942年1月通过佛罗里达大学的预备军官学校考核被任命为军官，诺曼底登陆时是H连连长。布里奇曼中尉是在1942年年中从候补军官学校毕业来到团里的。1944年6月10日，他作为L连的一员身负重伤，11月伤愈归队。

31. MHI 22dS3, Reel 2179, 17 November 1944, 1345, 1347, 1358, 1408, 1414, 1420, and 1528 hours; Quote attributed to Captain Henley, interview with First Sergeant Kenyon, G/2/22, MHI 22dHurtCI, Reel 2178, 2. 在向各营下达进攻命令后，爱德华兹中校试图核实他们是否进攻，但通信中断，直到16时后才恢复。

32. MHI 22dS3, Reel 2179, 17 November 1944, 1315 hours.

33. MHI 22IR, 22d AAR, Reel 2178, November 1944, 4; MR 22IR, November 1944; 44th Field Artillery Unit Report, 17 November 1944, NARA RG 407.304-FA(44)-0.3; MHI 22dS3, Reel 2179, 17 November 1944, 1730 hours. 抵达团里的补充兵第一晚是在团后勤连度过的。第二天，他们被分配到各自的营部。下午和夜间，在各连停止行动、炮击逐渐平息后，补充兵来到各连。一个士兵从向团部报到，到进入一线连队作战，平均需要两天时间。

34. MHI 22dS3, Reel 2179, 17 November 1944, 1658 hours; 22d Infantry Interrogation Report, 17 November 1944, Reel 2112; Gersdorff, A-891, 23; Straube, C-016, 11, 13; Schmidt, B-810, 27.

35. Gersdorff, A-891, 23; Straube, C-016, 11, 13; Schmidt, B-810, 30, 31. 答应从第116装甲师调来的兵力是遭到重创的第156装甲掷弹兵团，兵力相当于一个不满编的营，这支部队被投入到抵抗美军第8步兵团攻击的战线上。

36. FUSA Report of Operations, 76, 77.

37. MHI 22dS3, Reel 2179, 17 November 1944, 1918, 1945, and 1955 hours. 从作者的个人经历来看，没有什么比日复一日地在寒冷和潮湿中醒来更令人窒息。无法控制的颤抖在体内流动，这是体温过低的信号，只有当太阳光和皮肤与羊毛的温暖摩擦加热身体时，颤抖才会停止，只有在静止时才会再次开始。

38. MHI 22dS3, Reel 2179, 17 November 1944, 0658, 0700, 0725, 0800, and 0844 hours.

39. Interview with Major Goforth, HQ/1/22, MHI 22dHurtCI, Reel 2178, 2.

40. Interview with Private First Class John L. Page and others, A/1-22, MHI 22d HurtCl, Reel 2178. 佩奇一等兵1941年夏天从南卡罗来纳州克林顿市应征入伍，并于1944年6月25日作为"剩余"的补充兵来到团里。

41. Interview with members of C/1/22, and interview with Major Goforth, HQ/1/22, MHI 22dHurtCl, Reel 2178, 1‐3. 来自纽约汉考克的福特二级军士长是全团第一批应征入伍的士兵之一，诺曼底登陆时他是上士。斯威尼中尉来自宾夕法尼亚州的布拉德福德，1942年毕业于预备军官学校，1944年7月13日作为补充军官来到团里。

42. Interview with members of A/1/22, MHI 22dHurtCl, Reel 2178, 5; MR A/22IR, November 1944. 麦克拉肯中尉1943年1月通过候补军官学校考核成为军官，1944年7月15日作为补充军官来到团里。费希尔一等兵1944年年初从得克萨斯州的恩尼斯应征入伍，于1944年7月13日作为补充兵来到团里。范坎普一等兵1942年11月从西弗吉尼亚州的佩登城应征入伍，1944年6月20日作为补充兵补入该团。沃纳中尉1942年毕业于马里恩军事学院预备军官训练团，1944年9月29日从师侦察连调到第22步兵团。来自纽约市的詹姆斯·阿姆斯特朗二等兵于1943年6月应征入伍，1944年9月27日作为补充兵来到团里。马森萨斯一等兵于1941年10月从纽约州的奥尔巴尼应征入伍，诺曼底登陆前就在第22步兵团服役。科金斯一等兵同样是诺曼底登陆前就在第22步兵团服役的老兵，他是1943年8月从纽约布鲁克林被征召入伍的。来自纽约扬克斯的尼利二级军士长是1941年2月应征入伍的，他于6月16日晋升二级军士长，6月27日受伤，并于1944年8月10日伤愈归队

43. MHI 22dS3, Reel 2179, 17 November 1944, 2012 hours, 18 November 1944, 1150 hours.

44. Interview with Captain Newcomb, HQ/2/22, and interview with Lieutenant Mason, E/2/22, MHI 22dHurtCl, Reel 2178, 2. 纽科姆上尉的战斗总结没有提到联系中断的问题，但他有效地阻止了营的前进。

45. Interview with Lieutenant Mason, E/2/22, MHI 22dHurtCl, Reel 2178, 2. 皮萨雷克中尉于1943年8月从候补军官学校毕业，1944年7月12日作为补充军官来到团里。

46. Interview with Captain Newcomb, 2/22 HQ, MHI 22dHurtCl, Reel 2178, 1; interview with First Sergeant Kenyon, G/2/22, MHI 22dHurtCl, Reel 2178, 4. 杜费克技术军士长1941年2月在纽约恩迪科特被征召入伍，一直在团内服役。他曾在6月份两次受伤，9月份伤愈归队。

47. 2d Battalion Narrative, MHI 22dHurtCl, Reel 2178, 1. 布莱泽德少校1942年从预备军官训练团毕业，之后就分配到第22步兵团服役。

48. Interview with Lieutenant Wilson, F/2/22, MHI 22d HurtCl, Reel 2178, 1. 威尔逊中尉来自明尼苏达州格兰德洛奇，1943年5月从候补军官学校毕业，1944年7月12日作为补充军官来到团里。麦克劳德中尉1943年10月从候补军官学校毕业，诺曼底登陆前就在团里任职。6月8日，当时还在E连的他负了伤，伤愈归队后调入F连任职。克拉克中尉1942年9月从候补军官学校毕业，1944年6月24日作为补充军官来到团里。

49. MHI 22dS3, Reel 2179, 17 November 1944, 2012 hours, 18 November 1944, 1310 hours; interview with Lieutenant George Bridgeman, 3/22 S3, MHI 22dHurtCl, Reel 2178, 1; MR 22IR, November, December 1944. 库克中尉1941年3月在俄亥俄州阿克伦应征入伍，诺曼底登陆时还是一名上士。1944年9月1日，他在战场上被提拔为少尉。

50. MHI 22dS3, Reel 2179, 18 November 1944, 1055, 1205, and 1230 hours; Boice, History of 22d, 60, 61.

51. 4IDG3, Reel 2112, 22dIR Periodic Report, 18 November 44; MacDonald, Siegfried Line, 434, 435.

52. MHI 22dS3, Reel 2179, 18 November 1944, 1600 and 2105 hours.

53. Morning Reports, November 1944, Reel 13, 134.

54. MHI 4IDG3, Reel 2112, 22dIR Periodic Reports, 18 November 1944; MHI 22dS3, Reel 2179, 18 November 1944, 1555 hours, 19 November 1944, 0700 hours; Boice, History of 22d, 69.

55. MHI 4IDG2, Reel 2081, 22IR Intelligence Report, 18 November 1944; Schmidt, B-810, 31.

56. MHI 4IDG2, Reel 2081, 22IR Intelligence Report, 18 November 1944; Schmidt, B-810, 30 - 31.

57. *FUSA Report of Operations*, 77, 78.

58. MHI 4IDG3, Reel 2112, 22dIR Periodic Report, 19 November 1944; MHI 22dS3, Reel 2179, 18 November 1944, 1930, 2002, 2126, and 2200 hours.

59. MHI 22dS3, Reel 2179, 19 November 1944, 0700 to 1217 hours.

60. Ibid., 1545, 1630, 1830, and 2002 hours; MHI 4IDG3, Reel 2112, 22dIR Periodic Reports, 19 November 1944; 22d Infantry After-Action Report, November 1944, MHI 22dAAR, Reel 2178, 6. 米切尔中尉于1942年9月从候补军官学校毕业，随后被分配到第22步兵团任职。惠利上尉1942年11月从候补军官学校毕业，1944年7月30日作为补充军官来到团里。

61. MHI 22dS3, Reel 2179, 19 November 1944, 1205 hours.

62. MHI 22dS3, Reel 2179, 19 November 1944, 1738, 1800, and 1802 hours; interview with Tech Sergeant Clarence Fisher, D/1/22, MHI 22dHurtCI, Reel 2178, 3. 费希尔军士长1943年4月从伊利诺伊州廷利岩市应征入伍，并于1944年6月25日作为补充兵被补入第22步兵团。

63. Interview with Staff Sergeant David O'Malley and others, E/2/22, MHI 22dHurtCI, Reel 2178, 7. 奥马利上士1942年7月从马萨诸塞州布赖顿应征入伍，诺曼底登陆前就在团里服役了。

64. MR 22IR, November 1944; MHI 4ID Hurt, Reel 2066. 沙普顿二级军士长来自南卡罗来纳州安德森，他是20世纪30年代入伍的，是训练第一批召兵的士官之一。

65. MHI 4IDG2, 22IR IPW Report, 19 November 1944, Reel 2081.

66. Gersdorff, *A-891*, 21; Schmidt, B-810, 31.

第九章 进入森林：目标大豪村（11月20—24日）

1. *FUSA Report of Operations*, 78.

2. MHI 22dS3, Reel 2179, 19 November 1944, 2045, 2120, and 2140 hours.

3. Schmidt, *B-810*, 31.

4. MHI 22dS3, Reel 2179, 20 November 1944, 0925 hours; interview with members of G/2/22, MHI 22dHurtCI, Reel 2178, 5; MR G/2/22IR, November 1944. 当天的伤亡人数为4名军官、8名士官和31名军衔各异的士兵。

5. Interview with Lieutenant Mason, First Sergeant Hughes, Staff Sergeant O'Malley, G/2/22, MHI 22dHurtCI, Reel 2178, 3 - 4. Interview with Captain Newcomb, MHI 22d-HurtCI, Reel 2178, 2. 安德斯军士长1943年11月在阿拉斯加的泽西被征召入伍，并在英国被调入团里，6月13日作为一名二等兵踏上法国领土。格里芬一等兵来自亚拉巴马州的塔斯卡卢萨县，1940年9月左右应征入伍在第22步兵团服役。斯塔斯科夫斯基一等兵1943年11月从密歇根州的底特律应征入伍，在英国进入第22步兵团，并于1944年6月13日作为"剩余"的补充兵踏上法国领土。

6. Interview with Lieutenant Wilson F/2/22, MHI 22dHurtCI, Reel 2178, 3. 莫里斯·布兰尼根上尉于11月20日到任指挥，但不久后就调回了团部。他于6月13日在诺曼底受了重伤，7月下旬回到团部任职。

7. MHI 22dS3, Reel 2179, 20 November 1944, 1145 to1212 hours. Conversation with Major General John F. Ruggles (Ret), November 1992. 拉格尔斯将军说，凯南中校在7月受伤后，等了好几天才被后送，结果伤口感染，在医院住了很长时间，康复后回到了师里。MR 22IR, November - December 1944; interview with Captain Newcomb, HQ/2/22, MHI 22dHurtCI, Reel 2178, 2. 如第五

章所述，凯南中校1939年毕业于要塞军事学院，他的整个军人生涯都是在第22步兵团度过的。虽然后来对2营的成员采访中提到了补充兵的伤亡很大，但晨间报告并没有证实这一说法。在5天的激烈战斗中，新补充来的士兵只伤亡了5人。很有可能在战役结束两周后接受采访的人员中，他们将许特根森林中常见的事情记混了。

8. Interview with Major Goforth, HQ/1/22, MHI 22dHurtCI, Reel 2178, 4.

9. Interview with members of A/1/22, MHI 22dHurtCI, Reel 2178, 8. 拉什一等兵可能是1943年1月从纽约州的帕内迈拉应征入伍，1944年7月13日作为补充兵补入A连。霍普金斯上士1941年年初从密苏里州的布雷默应征入伍，并于1944年6月25日作为补充军士被补入团里，他后来在1944年11月22日受伤。

10. Interview with Captain Dampf, D/1/22, MHI 22dHurtCI, Reel 2178, 2. 科凯恩二等兵来自印第安纳州科科莫，1943年12月前入伍，1944年8月2日被补入团里。

11. Interview with Major Goforth, HQ/1/22, MHI 22dHurtCI, Reel 2178, 4; MHI 4IDG3, Reel 2113, 22d Regiment S3 Periodic Report, 20 November 1944.

12. Interview with members of C/1/22, and quote from Sergeant Childers, both in MHI 22dHurtCI, Reel 2178, 4. 圣皮埃尔二等兵1942年3月从马萨诸塞州的圣坎弗斯应征入伍，在美国时就被分到了第22步兵团。他在6月15日的战斗中负伤，1944年7月25日归队。奇尔德斯上士是在得克萨斯州的瓦斯科姆入伍的，1940年秋被分到第22步兵团。他在6月22日的战斗中负伤，1944年9月伤愈归队。马利根技术军士长是在纽约的布鲁克林入伍的，并于1940年冬调入第22步兵团。当第22步兵团在"犹他"海滩登陆时，他只是名士兵。他在6月16日受伤，并在秋季伤愈归队。11月20日傍晚，他再次受伤。MR 22IR, June – November 1944; "General Orders, Award of Good Conduct Medal, 8 June 1943," RG 407.304-INF(22)-0.3, NARA.

13. Interview with members of C/1/22, and quote from Sergeant Childers, both in MHI 22dHurtCI, Reel 2178, 4; Harrison, Diary of Henley, 21.

14. Interview with Lieutenant Bridgeman, HQ/3/22, MHI 22dHurtCI, Reel 2178, 2, 3. 坎特雷尔中尉是亚拉巴马人，1940年作为二等兵到第22步兵团服役，在"犹他"海滩登陆时是B连的一名中士。9月1日，他被提拔为少尉并调到了I连。11月初，坎特雷尔晋升中尉。

15. MHI 4IDG3, Reel 2113, 22d Regiment S3 Periodic Report, 20 November 1944; MHI 22dS3, Reel 2279, 16 November – 3 December 1944. 第4步兵师收到的每日报告中的伤亡人数，在某些情况下远远超过100人，与战斗结束后该团编写的战况报告中的伤亡名单有很大出入。MHI 4IDG1, Reel 2066, 16 November – 3 December; MR 22IR, November 1944; Division Narrative, 4IDHurt. 1944年3月，二等兵福尔、格雷夫斯、格林伯格和哈格在同一日从密歇根州的底特律市及周边城郊应征入伍。他们在伊利诺伊州的谢里登堡通过考核，在得克萨斯州的伍尔斯特营地一起接受训练，并作为补充兵被运往海外。他们在同一天被分到2营各连，其中一人去了E连，两人去了F连，一人去了G连。

16. Boice, History of 22d, 69; 22d Regiment Narrative, 4IDHurt, 31; MHI 22IR, 22d AAR, Reel 2178, November 1944, 7.

17. Rothbart, WWII Journal, 188 – 189. 罗特巴特中士1942年2月从宾夕法尼亚州的匹兹堡应征入伍，并于同年6月作为一名定密专家被分到了第22步兵团。

18. MHI 22dS3, Reel 2179, 20 November 1944, 1630, 1815, 1845, 1915, and 2118 hours.

19. MHI 4IDG2, Reel 2083, Hq 41D G2 Periodic Report 133, 20 November 1944.

20. Schmidt, B-810, 33, 34.

21. MHI 4IDG2, Reel 2082, 4ID MII Report, 21 November 1944; MHI 4IDG2, Reel 2083, Hq 4ID G2 Periodic Report 133, 20 November 1944.

22. MHI 4IDG2, Reel 2082, 22IR Intel Report, 22 November 1944. 俘虏们说，这些病弱士兵在该营整编时被剔除，并送到了第275步兵师所属的战线。

23. MHI 4IDG2, Reel 2083, Hq 4ID G2 Periodic Report 133, 20 November 1944.

24. *FUSA Report of Operations*, 79.

25. MHI 22dS3, Reel 2179, 21 November 1944, 0045, 0052, 0218, 0550, 0558, and 0604 hours; 24 November 1944, 1030 and 1405 hours.

26. MHI 22dS3, Reel 2179, 21 November 1944, 1015 and 1125 hours.

27. Interview with Lieutenant Wilson, F/2/22, MHI 22dHurtCI, Reel 2178, 2.

28. Interview with Lieutenant Mason, E/2/22, MHI 22dHurtCI, Reel 2178, 4; interview with First Sergeant Kenyon, G/2/22, MHI 22dHurtCI, Reel 2178, 5. 凯尼恩二级军士长1941年2月从纽约州宾厄姆顿入伍，整个服役期间一直在第22步兵团。他在1944年8月2日受伤，并于10月伤愈归队。

29. Interview with Lieutenant Bridgeman, Hq/3/22, MHI 22dHurtCI, Reel 2178, 3. 李中尉是从犹他州的奥格登入伍的，1943年1月从候补军官学校毕业。1944年6月6日，他是团属反坦克连的一员。

30. MHI 22IR, 22d AAR, Reel 2178, 8; MHI 4IDG3, Reel 2111, 22IR Periodic Reports, 21 November 1944.

31. MHI 22dS3, Reel 2179, 21 November 1944, 1522, 1605, 1657, and 2245 hours.

32. Ibid., 2400 hours; MR 22IR, November – December 1944; interview, replacements and nonbattle casualties, 1/22 Infantry, MHI 22dHurtCI, Reel 2178, 3 – 4. 摩根三级技术兵1940年年底从密西西比州的印第安诺拉入伍，被分到第22步兵团服役，1944年6月6日在团部晋升一等兵。

33. Interview with Lieutenant Sweeney, C/1/22, MHI 22dHurtCI, Reel 2178, 6; interview with Major Goforth, Hq/1/22, MHI 22dHurtCI, Reel 2178, 4.

34. MR, all companies, November 1944; Rothbart, WWII Journal, 212. 克劳斯技术军士长1943年初夏应征入伍，新兵训练结束后被分到第83步兵师服役。FUSA Report of Operations, G1 Section Report, 15. 11月20日，来自第83步兵师的699名伤愈者和第2步兵师的87名伤愈者被转调到急需步兵补充的各团。许多人是在1944年11月21日至25日之间到达第22步兵团的。

35. MHI 4IDG1, Reel 2066, 16 November – 3 December 1944; MR 22IR, November 1944; Historical Documents, World War II, 4th Infantry Division, Operations Report, 1 – 30 November 1944, Military History Institute, Reel 2062, 8 (hereafter cited as MHI 4ID AAR).

36. MHI 4ID AAR, Reel 2062, 8; 44th Field Artillery Unit Report, 21 November 1944, RG 407.304–FA(44)–0.3, NARA.

37. MHI 4IDG2, Reel 2083, Hq 4ID G2 IPW Reports, 22, 24, 26 November 1944.

38. Ibid., 22, 24, 25, 26 November. 一个德军连队报告说，在两天的时间里，有25名士兵被己方的炮火炸死。

39. MHI 4IDG2, Reel 2082, Hq 4ID MII Report, 21 November 1944; MHI 4IDG2, Reel 2083, Hq 4ID G2 Periodic Report 133, 20 November 1944. MHI 4IDG2, Reel 2083, MII Reports, 22 November 1944.

40. *FUSA Report of Operations*, 79, 80.

41. MHI 4IDG3, Reel 2112, S3 Periodic Report, 22 November 1944; MHI 22dS3, Reel 2179, 21 November 1944, 1830 hours.

42. MHI 22dS3, Reel 2179, 22 November 1944, 0555, 0620, and 0633 hours; Harrison, Diary of Henley, 21.

43. Interview with Lieutenant Bernasco, A/1/22, MHI 22dHurtCI, Reel 2178, 8, 9. 马纳中士1942年从威斯康星州的莱茵兰德市应征入伍，1944年7月11日被补入团里。德莱尼一等兵1942年10月从田纳西州的金斯顿应征入伍，在英国被调入第4步兵师，并于1944年6月13日作为"剩余"的补充兵补入团里。

44. Interview with Lieutenant Bizzaro, B/1/22, MHI 22dHurtCl, Reel 2178, 2; MHI 4IDG3, Reel 2112, 22IR Periodic Report, 22 November 1944.

45. Interview with Lieutenant Bridgeman, Hq/3/22, MHI 22dHurtCl, Reel 2178, 4; MHI 4IDG3, Reel 2112, 22IR Periodic Report, 22 November 1944. 扬格上尉1942年11月从候补军官学校毕业，1944年6月24日作为中尉补充军官被补入团里，8月1日负伤，9月伤愈归队，11月16日晋升上尉。伯顿中尉于1942年通过了预备军官学校的考核被任命为军官，随即进入第22步兵团服役。他在6月6日负伤，10月3日伤愈复职。

46. Interview with Captain Newcomb, Hq/2/22, MHI 22dHurtCl, Reel 2178, 2; MR E/2/22IR, I/3/22IR, June, July, August, September, November 1944. "General Orders, Award of Good Conduct Medal, 8 June 1944," RG 407.304-INF(22)-0.3, NARA. 斯特里克兰一等兵于1941年5月从南卡罗来纳州的英曼应征入伍，在 D 日随 E 连成功登陆，并在6月11日负伤。8月11日，他因某些原因再次被后送，9月归队。

47. Interview with Lieutenant Mason, E/2/22, MHI 22dHurtCl, Reel 2178, 4.

48. Interview with Lieutenant Wilson, F/2/22,2, MHI 22dHurtCl, Reel 2178, 3.

49. Interview with First Sergeant Kenyon, G/2/22, MHI 22dHurtCl, Reel 2178, 5; interview with Lieutenant George Wilson, F/2/22, MHI 22dHurtCl, Reel 2178, 3.

50. Interview with Captain Arthur Newcomb, HQ/2/22, MHI 22dHurtCl, Reel 2178, 2.

51. MHI 22dS3, Reel 2179, 22 November, 1330, 1740, and 2400 hours.

52. Ibid., 0951 hours; 44th Field Artillery Unit Report, 22 November 1944, RG 407.304-FA(44)-0.3, NARA.

53. MHI 22dS3, Reel 2179, 22 November 1944, 1310, 1320, 1337, and 1530 hours.

54. MHI 4IDG1, Reel 2066, 16 November – 3 December 1944; Morning Report, all companies, November 1944; MHI 22IR, 22d AAR, Reel 2178, November 1944, 9; MHI 22dS3, Reel 2179, 22 November 1944, 2031 and 2320 hours. 虽然拉纳姆报告说有63名战俘，但审讯战俘的报告表明，11月22日只有23人被送回战俘营。

55. MHI 4IDG2, Reel 2083, Hq 4ID G2 Periodic Report 134, 22 November 1944. The I/1058 lost nine to capture; the mortar company, ten; and III/1058, three.

56. Ibid.

57. MHI 4IDG2, Reel 2082, Special Intelligence Report 1058th Regiment, 25 November 1944. Translation of extract from diary of POW, 5th Company, 1058th Infantry Regiment.

58. *FUSA Report of Operations*, 80; Headquarters V Corps, Report After Action Against the Enemy, 1 November to 30 November 1944, 6, RG 407, V Corps 205.03, NARA.

59. MHI 4IDG3, Reel 2112, 22d Infantry Periodic Reports, 23 November 1944; interview with Major Goforth, HQ/1/22, MHI 22dHurtCl, Reel 2178, 5.

60. Interview with Lieutenant Sweeney, C/1/22, MHI 22dHurtCl, Reel 2178, 6; MHI 22dS3, Reel 2179, 23 November 1944, 1337 hours.

61. MHI 22dS3, Reel 2179, 23 November 1944, 0838 and 0935 hours; 44th Field Artillery Unit Report, 23 November 1944, RG 407.304-FA(44)-0.3, NARA.

62. MHI 22dS3, Reel 2179, 23 November 1944, 1500, 1710, and 1805 hours; interview with Lieutenant Bridgeman, HQ 3/22, MHI 22dHurtCl, Reel 2178, 2.

63. MR F/2/22IR, November 1944.

64. Interview with Captain Newcomb, HQ/2/22, MHI 22dHurtCI, Reel 2178; interview with First Sergeant Kenyon, G/2/22, MHI 22IR, 22d AAR, Reel 2178, November 1944, 6; MR 22IR, November 1944. 凯尼恩军士长在行动小结报告中所写的数字并没有反映出上文使用的晨间报告中的补充兵人数。

65. Interview with members of B/1/22, MHI 22dHurtCI, Reel 2178, 2.

66. MHI 22dS3, Reel 2179, 23 November 1944, 1345 and 1505 hours.

67. Ibid., 1605, 1805, 2222, and 2255 hours.

68. Ibid., 1000, 1033, and 1035 hours; MR RHQ/22IR, November 1944. 沃特金斯下士在伊利诺伊州的斯普林菲尔德应征入伍的，于1940年6月到第22步兵团服役，在"犹他"海滩登陆时，他是2营营部连的一名士兵。他在7月3日调回团部，9月4日负伤，1944年10月伤愈归队。

69. MHI 22dS3, Reel 2179, 23 November 1944, 2400 hours; MR 22IR, November 1944.

70. MHI 4ID G2, Hq 4ID G2 Report 136, 23 November 1944, 2; Action Against the Enemy Report, Headquarters 803d Tank Destroyer Battalion, November 1944, RG 407.TDBN–803–0.3, NARA.

71. MHI 22dS3, Reel 2179, 23 November, 2028 hours.

72. Ibid., 1710, 2028, and 2255 hours; MR 22IR, November 1944.

73. MHI 4IDG2, Reel 2082, Hq 4ID MII Report, 24 November 1944; Hq 4ID G2, Report 135, 23 November 1944.

74. MHI 4IDG2, Reel 2082, Hq4ID G2, Report 135, 23 November 1944.

75. Ibid.; German POW database.

76. MHI 4IDG2, Reel 2082, Hq 4ID Special Intelligence Report, 25 November 1944; translation of extract from diary of POW, 5th Company, 1058th Infantry Regiment.

77. *FUSA Report of Operations*, 80‒81.

78. MHI 4IDG3, Reel 2112, 22IR Periodic Reports, 24 November 1944; interview with First Sergeant Kenyon, G/2/22, MHI 22IR, 22d AAR, Reel 2178, November 1944, 5.

79. Interview with Lieutenant Warner, A/1/22, MHI 22IR, 22d AAR, Reel 2178, November 1944, 9.

80. MHI 22dS3, Reel 2179, 24 November 1944, 1723, 1725, 1730, and 1732 hours.

81. Ibid., 1030 and 1405 hours; interview with Lieutenant Bridgeman HQ/3/22, MHI 22IR, 22d AAR, Reel 2178, November 1944, 6.

82. MHI 22dS3, Reel 2179, 24 November 1944, 1520 hours.

83. MHI 4IDG3, Reel 2112, 22IR Periodic Reports, 24 November 1944.

84. MHI 22dS3, Reel 2179, 24 November 1944, 1750, 1810, 1825, 1900, 1950, 2020, 2120, and 2227 hours.

85. Ibid., 2120, 2127, 2135, 2245, and 2255 hours.

86. MR 22IR, November 1944; MHI 4IDG1, Reel 2066, 24 November; MHI 4ID Hurt, 22IR Regimental Narrative, 37.

87. MHI 22dS3, Reel 2179, 24 November 1944, 1155 hours; 22d Infantry Statistical Database.

88. MHI 4IDG3, Reel 2112, 22IR Periodic Reports, 22 November 1944; MHI 22dS3, Reel 2179, 23 and 24 November 1944, 2400 hours; MHI 22IR, 22d AAR, Reel 2178, narrative, November 1944, 9; Rothbart, *WWII Journal*, 190; interview with Lieutenant Bridgeman, HQ/3/22, MHI 22IR, 22d AAR, Reel 2178, November 1944, 5.

89. Harrison, *Diary of Henley*, 22.

90. MHI 4IDG2, Reel 2082, Hq 4ID G2 Report, 23‑24 November 1944; V Corps Historical Record, G2 Section, November 1944, RG 407, V Corps 205.03, NARA.

91. MHI 4IDG2, Reel 2083, Hq 4ID G2 Report, 1 December 1944. The narrative was provided by the surgeon of the I Battalion, 1058th Regiment.

92. MHI 4IDG2, Reel 2082, Hq 4ID G2 Report, 23‑24 November 1944. Captured order taken from Captain Barlogi, prisoner of war, former commander of the II/1058.

93. Ibid.; order issued by Hennecke, Major Security Police.

94. MHI 4IDG2, Reel 2082, 22IR Intel Report, 24 November 1944.

第十章 大豪村：村落之战（11月25—29日）

1. *FUSA Report of Operations*, 81.

2. MHI 4IDG3, Reel 2113, 22d Regiment Periodic Reports, 25 November 1944; MHI 4IDG2, Hq 28ID G2 Report 97, 31 October 1944.

3. MHI 22dS3, Reel 2179, 25 November 1944, 0235 hours.

4. Interview with Lieutenant George Bridgeman, HQ/3/22, MHI 22dHurtCI, Reel 2178, 6‑8 MHI; 4IDG2, Reel 2082, Hq 4ID G2 Periodic Report, 25 November 1944. 第1057掷弹兵团1营的前身是第1423要塞步兵营。

5. Interview of Morris L. Harvey, machine gunner, Company M, 22d Infantry, by Kerry B. Harvey, 9 March 1999. 哈维一等兵于1943年2月从肯塔基州的韦伯斯特应征入伍，与来自内布拉斯加州威尔逊维尔的拉尔夫·约翰逊一起接受了基本的步兵训练。两人在被运送到海外时仍然在一起，1944年8月6日同到第22步兵团服役。约翰逊在哈维受伤后的第二天阵亡，晨间报告证实了这条消息。

6. MHI 22dS3, Reel 2179, 25 November 1944, 1253, 1354, and 1715 hours; 3d Battalion Narrative, MHI 22dHurtCI, Reel 2178, 6; MR HHC 3/22, I, K, and L Companies, November 1944. 科尔维尔中尉1943年2月从候补军官学校毕业，1944年8月19日作为补充军官补入团里。

7. Interview with Lieutenant Wilson, F/2/22, MHI 22dHurtCI, Reel 2178, 1; MHI 22dS3, Reel 2179, 25 November 1944, 1030 hours.

8. Interview with Captain Faulkner, E/2/22, MHI 22dHurtCI, Reel 2178, 3; MR E/2/22, November 1944. 福克纳上尉1934年从预备军官训练团毕业。休斯上士1940年夏天在伊利诺伊州的丹维尔应征入伍，诺曼底登陆时在 E 连，他于12月晋升二级军士长。

9. Interview with First Sergeant Kenyon, G/2/22, MHI 22dHurtCI, Reel 2178, 6; Morning Reports, Cannon Company, June 1944. 埃格尔斯顿上尉1942年9月从候补军官学校毕业，诺曼底登陆时是团属反坦克炮连的一名中尉。

10. Interview with Newcomb, HQ/2/22, MHI 22dHurtCI, Reel, 2178, 2; MHI 22dS3, Reel 2179, 25 November 1944, 1542 hours.

11. Interview with Lieutenant Warner, A/1/22, MHI 22dHurtCI, Reel 2178, 9.

12. Interview with Lieutenant Sweeney, C/1/22, MHI 22dHurtCI, Reel 2178, 6; interview with Lieutenant Kozmetsky, Med/22, MHI 22dHurtCI, Reel 2178, 3. 里德一等兵1940年冬天在佐治亚州的奥古斯塔应征入伍，四年来一直在第22步兵团任医护兵。

13. MHI 4IDG1, Reel 2066, 25 November 1944; Harrison, Diary of Henley, 33.

14. MHI 22dS3, Reel 2179, 25 November 1944, 1605 and 1725 hours.

15. MHI 4IDG3, Reel 2113, 22d Infantry Periodic Reports, 25 November 1944; MR 22IR, November 1944. 307名补充兵中，294人是新兵，13人是老兵，除5人外都是二等兵。

16. MHI 22dS3, Reel 2179, 25 November 1944, 2130 hours.

17. MHI 4IDG2, Reel 2082, Hq 4ID MII Report, 28 November 1944.

18. Gersdorff, *A-891*, 23; Straube, C-016, 13.

19. MHI 4IDG2, Reel 2082, Hq 4ID G2 Report, 25 November 1944, Annex 1.

20. Ibid., 28 November 1944. 情报部门的报告显示，此人是第1058掷弹兵团1营某个步兵连的文书，他表现出良好的风度，智力高于一般水平。他的日记似乎有一天的误差，可能是在26日写下了25日当天发生的事情。正如在其他日子的日记中记录的那样，这名士兵没有想到会活下来，为了达到戏剧性的效果，他写下了美军坦克在11月25日、26日、27日和28日对大豪村的攻击。我修改了未被其他来源证实的信息。

21. *FUSA Report of Operations*, 82.

22. Company C, 709th Tank Battalion, After-Action Report, 29 December 1944, RG 407. ARBN-709-0.3, NARA; 70th Tank Battalion After-Action Report, 5 December 1944, RG 407. ARBN-70-0.3, NARA, 5; 803d Tank Destroyer Battalion After-Action Report, November 1944, RG 407.TDBN-803-0.3, NARA; MHI 22dS3, Reel 2179, 26 November 1944, 0940 hours.

23. MHI 22dS3, Reel 2179, 26 November 1944, 0100 hours.

24. Interview with members of C/1/22, MHI 22dHurtCl, Reel 2178; MHI 4IDG3, Reel 2113, 22d Periodic Reports, 26 November 1944. 海特二等兵于1944年5月在宾夕法尼亚州的利哈伊顿应征入伍，11月25日被补入团里。

25. Interview with Private Forrest Casteel, C/1/22, MHI 22dHurtCl, Reel 2178, 6. 卡斯蒂尔二等兵于1944年5月在西弗吉尼亚州的摩根敦应征入伍，1944年11月26日在进攻当日被补入 C 连。

26. Interview with members of C/1/22, MHI 22dHurtCl, Reel 2178, 7; 1st Battalion Narrative, MHI 22dHurtCl, Reel 2178, 5, 6; MHI 22dS3, Reel 2179, 26 November 1944, 1955 hours; Boice, *History of 22d*, 72; interview with Lieutenant Kozmetsky, 1/22 Med, MHI 22dHurtCl, Reel 2178, 3; Morning Reports, C Company, June - December 1944. 麦卡蒂二等兵于1944年5月从西弗吉尼亚州的帕克斯堡应征入伍，11月18日作为补充兵被补入 C 连。1942年夏天，皮尔斯上士在罗得岛的沃里克应征入伍，诺曼底登陆前就在第22步兵团服役。门罗中士1943年12月在得克萨斯州的尤斯特应征入伍，在英国时被分到了第22步兵团，1944年6月13日作为"剩余"的补充兵被补入连队。平加托中士1942年9月在宾夕法尼亚州的科内莫应征入伍，诺曼底登陆前就在团里服役。梅诺三级技术兵1940年冬在俄亥俄州休伦市应征入伍，在 C 连服役了将近4年。詹姆斯·琼斯一等兵1942年冬在俄亥俄州的牛顿福尔斯应征入伍，并于1944年6月17日被补入团里

27. Interview with Captain Faulkner, E/2/22, MHI 22dHurtCl, Reel 2178, 3, 4.

28. E-mail dated 16 September 1999, from Frederick Adolphus about his greatuncle William H. Cooke's experience with the 22d during World War II to the author and confirmed through H/2/22 Morning Reports, November 1944. 安克尔中士1943年春在纽约布鲁克林应征入伍，在英国时被分到了第22步兵团，1944年6月13日作为"剩余"的补充兵被补入连队。库克一等兵1943年3月在田纳西州的查塔努加应征入伍，1944年5月抵达英国，6月6日作为 H 连的一员在"犹他"海滩上登岸。

29. Interview with members of G/2/22, MHI 22dHurtCl, Reel 2178, 6; interview with Newcomb, Hq/2/22, MHI 22dHurtCl, Reel 2178, 2.

30. MHI 22dS3, Reel 2179, 17 November 1944, 0015 hours; 26 November 1944, 1715, 1842,

2140, and 2143 hours.

31. Ibid., 26 November 1944, 1805, 1830, and 1835 hours.

32. Ibid., 1932, 1935, 2115, 2118, 2124, and 2125 hours.

33. MHI 4IDG1, Reel 2066, 26 November 1944; 22d Infantry Morning Reports, November 1944; MHI 22dS3, Reel 2179, 26 November 1944, 2400 hours. 补充人员中，有10个新来的士官，10个老士官，以及一名新来的军官

34. MHI 4IDG2, 22IR S2 Report, 27 November 1944. 进攻开始前，第344野战补充营1连大约有60名士兵。

35. MacDonald, *Siegfried Line*, map 7, 330, 465; Mahlmann, *B-502*, 8; MHI 22dS3, Reel 2179, 29 November 1944, 1850 hours.

36. FUSA PWI Report No. 4, 27 November 1944; and No. 7, 1 December 1944, ETO MI5-Y Section, First Army Interrogation Reports, RG 338. NARA. 一名被俘的军官说，第10连有13名士兵，第11连有17名。

37. FUSA PWI Report No. 6, 30 November 1944, ETO MI5-Y Section, First Army Interrogation Reports, RG 338, NARA. 这个营源自萨克森州的萨尔茨韦德尔，这是我所发现的11月中唯一一次一个师的原籍部队士兵被分入第74军。

38. MHI 4IDG2, Reel 2082, Hq 4ID MII Report, 26 November 1944. 此次战役期间，有不少德国军官被俘，其中包括两名营长和大约10名连排长。

39. MHI 4IDG2, Reel 2082, Hq 4ID G2 Report, 26 November 1944; FUSA PWI Report No. 10, November 1944, ETO MI5-Y Section, First Army Interrogation Reports, RG 338, NARA.

40. MHI 4IDG2, Reel 2082, Hq 4ID G2 Report, 28 November 1944. 这段内容的日期写的是11月27日，但如前所述，他的日记与实际日期不一致。

41. *FUSA Report of Operations*, 82; "History of the VII Corps for the Period of 1－30 November 1944," RG 407, VII Corps 207.03, NARA, 75; "Headquarters V Corps, Report After Action Against the Enemy, 1 November 1944 to 30 November 1944, G2 Section," RG 407, V Corps 205.03, NARA, 6.

42. Interview with members of B/1/22, MHI 22dHurtCI, Reel 2178, 3－4.

43. Interview with Lieutenant Kozmetsky, 1/22 Med, MHI 22dHurtCI, Reel 2178, 3.

44. MHI 22dS3, Reel 2179, 27 November 1944, 1308 hours; MR B/22IR, November 1944. 爱德华兹一等兵1941在密西西比州图珀洛应征入伍，在第4工兵营服役至10月1日，后调至B连。迪埃斯上士1943年5月入伍，1944年6月26日被补入团里。

45. 1945年9月1日，第74号通令。加西亚在1920年出生于墨西哥的卡斯塔尼奥镇（Villa de Castaño），1942年在得克萨斯州舒格兰应征入伍。二战中，第4步兵师官兵的4枚荣誉勋章中有3枚是在许特根森林的战斗中获得的。

46. MHI 22dS3, Reel 2179, 27 November 1944, 1120, 1135, and 1210 hours; Boice, *History of 22d*, 73.

47. Boice, History of 22d, 73, 74. 彼得斯一等兵1943年夏天在密歇根州的本顿港应征入伍，1944年6月13日作为"剩余"的补充兵被补入E连，阵亡后被追授为上士。

48. MHI 22dS3, Reel 2179, 27 November 1944, 1057, 1412, 1420, 1450, 1455, 1656, 1658, 1710, and 1740 hours. 乔丹中尉1943年8月从候补军官学校毕业后被任命为军官，1944年8月2日作为补充军官被补入团里。

49. Interview with Captain Henley, HQ/1/22, MHI 22dHurtCI, Reel 2178, 6.

50. 70th Tank Battalion After-Action Report, 5 December 1944, RG 407.ARBN-709-0.3, NARA, 5.

51. MHI 22dS3, Reel 2179, 27 November 1944, 1915, 2000, and 2125 hours; interview with Lieutenant Bridgeman, Hq/3/22, MHI 22dHurtCI, Reel 2178, 9.

52. MHI 4IDG3, Reel 2114, 22d Periodic Reports (overlay), 28 November 1944; FM 7-40 Infantry Regiment, 173. 手册中说："一个步兵团在满员的情况下，在主攻时其侧翼有其他部队掩护，正面宽度可以达到900～1800米。"

53. MHI 4IDG1, Reel 2066, 27 November 1944; MHI 22dS3, Reel 2179, 27 November 1944, 1800 hours; MHI 4IDHurt, 22d Regiment Narrative, 38; MR 22IR, November 1944. 1601名补充兵中，1240人被分到了9个步兵连里，也就是说，各步兵连中补充兵人数占到了总兵力的79%。

54. MHI 22dS3, Reel 2179, 27 November 1944, 1335 hours.

55. Ibid., 1835 hours.

56. Ibid., 1855 hours.

57. MHI 4IDG2, Reel 2082, Hq 4ID MII Report, 27 November 1944.

58. MHI 4IDG2, Reel 2082, 22IR S2 Report, 27 November 1944.

59. MHI 4IDG2, Reel 2082, Hq 4ID MII Report, 27 November 1944.

60. MHI 4IDG2, Reel 2082, Hq 4ID G2 Report, 28 November 1944.

61. *FUSA Report of Operations*, 82; "History of the VII Corps for the Period of 1 - 30 November 1944," RG 407, VII Corps 207.03, NARA, 78.

62. Interview with Lieutenant Lloyd, E/2/22, MHI 22dHurtCI, Reel 2178, 2; MHI 22dS3, Reel 2179, 28 November 1944, 2125 hours.

63. MHI 22dS3, Reel 2179, 28 November 1944, 1835 hours; ibid., 27 November 1944, 1835 hours; interview with Lieutenant Bridgeman, HQ/3/22, MHI 22dHurtCI, Reel 2178, 9; MHI 4IDG3, Reel 2114, 22d Infantry Periodic Report, 28 November 1944; MHI 4IDG2, Reel 2082, Hq 4ID G2 Periodic Report, 28 November 1944; MHI 22dS3, Reel 2179, 28 November 1944, 1450 and 1405 hours. 正如作者所写的，该团的一名军官提及，作为一种刺激手段，让挑选出来的战俘挖掘坟墓形状的坑穴，吓唬他们让他们开口供出情报。拉纳姆的评论可能证实了这一说法。

64. MHI 22dS3, Reel 2179, 28 November 1944, 1205, 1600, 1620, and 2025 hours; interview with Major Goforth, HQ/1/22, MHI 22dHurtCI, Reel 2178, 7; MHI 4IDG3, Reel 2114, 22d Infantry Periodic Report, 28 November 1944; interview with Lieutenant Warner, A/1/22, MHI 22dHurtCI, Reel 2178, 9.

65. Major Goforth, HQ/1/22, MHI 22dHurtCI, Reel 2178, 7; MHI 22dS3, Reel 2179, 28 November 1944, 1320 and 1450 hours.

66. MHI 22dS3, Reel 2179, 28 November 1944, 1605 hours; Fowle, Terrible Green Cross, 37, 75, 113. 士兵们穿着一切可以保暖的衣服。大衣和毯子都太笨重了。大多数士兵穿着两套橄榄色的羊毛衫和裤子、一件毛衣、一件野战夹克，还携带一件雨衣。士兵们穿一双袜子，他们把另一双袜子放在最干燥的地方，通常是衬衫的腋下，这样袜子就可以干了。上述做法还有其他变化，但目的都是一样的：尽可能地保持体温。人走动时，羊毛会变暖，即使是湿的。静止不动时，所有贴着皮肤的东西都会变冷。

67. MHI 4IDG1, Reel 2066, 28 November 1944; 22dHurt, 22d Infantry Pertinent Facts; MHI 22dS3, Reel 2179, 28 November 1944, 1215, 1258, and 1425 hours; Walton, "The Battle of Hürtgen Forest," 36.

68. MHI 22dS3, Reel 2179, November 29, 1944, 1106 and 1215 hours; MHI 4IDG3, Reel

2114, 22d Infantry Periodic Report, 29 November 1944.

69. MHI 22dS3, Reel 2179, 28 November 1944, 2320 hours; 29 November 1944, 0150 and 0230 hours.

70. MHI 4IDG2, Reel 2082, 22IR S2 Report, 28 and 30 November.

71. Ibid.; MHI 4IDG2, Hq 4ID G2 Report, 28 November 1944. 西多突击连完全由散兵游勇组成，他们可能都是从附近的掉队人员集合点和急救站里搜罗来的。

72. MHI 4IDG2, Hq 4ID G2 Report, 28 November 1944

73. *FUSA Report of Operations*, 83; "History of the VII Corps for the Period of 1‐30 November 1944," RG 407, VII Corps 207.03, NARA, 82‐83; Headquarters V Corps, Report After Action Against the Enemy, 1 November 1944 to 30 November 1944, G2 Section, RG 407, V Corps 205.03, NARA, 7.

74. 22dHurt, Regimental Narrative, 45, 46; MHI 22dS3, Reel 2179, 29 November 1944, 0912 hours.

75. MHI 22dS3, Reel 2179, 29 November 1944, 1605 and 1800 hours; interview with Lieutenant Bridgeman, HQ/3/22, MHI 22dHurtCl, Reel 2178, 9, 10. Letter from Charles R. Carlson to Robert Rush, dated 17 January 2000 and verified through morning reports.

76. MHI 22dS3, Reel 2179, 29 November 1944, 1115 and 1220 hours.

77. MHI 22dS3, Reel 2179, 29 November 1944, 1120 hours; interview with Lieutenant Lee Lloyd, E/2/22, MHI 22dHurtCl, Reel 2178, 2; MR F/2/22IR, November‐December 1944. Between 16 and 29 November, 183 replacements joined Company F.

78. Boice, *History of the 22nd*, 78; interview with Lieutenant Lloyd, E/2/22, MHI 22dHurtCl, Reel 2178, 2‐3.

79. Interview with Morris Sussman, E/2/22, MHI 22dHurtCl, Reel 2178, 2‐3. 菲茨杰拉德中尉1943年4月从候补军官学校毕业，1944年11月23日作为补充军官来到团里。萨斯曼二等兵1943年12月在纽约市应征入伍，最初接受的是厨师培训，后来通过为期17周的学校培训成为一名步兵，他于1944年11月22日作为补充兵被补入团里。

80. Boice, *History of the 22d*, 78; interview with members of E/2/22, MHI 22dHurtCl, Reel 2178.

81. Ibid. 艾维中士1943年秋天在亚拉巴马州的普罗斯佩克特应征入伍，1944年6月25日作为补充兵被补入团里。理查森中士来自亚利桑那州的马克德特里，1941年入伍，1944年6月6日作为E连的一名士兵在诺曼底登陆。

82. 70th Tank Battalion After‐Action Report, 5 December 1944, RG 407.ARBN‐70‐0.3, NARA, 5, 6.

83. Boice, *History of the 22d*, 78; interview with members of E/2/22, MHI 22dHurtCl, Reel 2178.

84. MHI 4IDG3, Reel 2114, 22d Infantry Periodic Reports, 28 November 1944; MHI 22dS3, Reel 2179, 29 November 1944, 1410, 1635, and 1915 hours.

85. 70th Tank Battalion After‐Action Report, 5 December 1944, RG 407.ARBN‐70‐0.3, NARA, 5, 6.

86. Boice, *History of 22nd*, 80.

87. MHI 22dS3, Reel 2179, 29 November 1944, 1710 and 1746 hours.

88. Ibid., 1557 and 1835 hours.

89. Ibid., 1850 hours.

90. Ibid., 1920 and 2035 hours.

91. Interviews with Lieutenant Lee Lloyd, Lieutenant George Wilson, and First Sergeant Edward Nagle, E/2/22, MHI 22dHurtCl, Reel 2178, 3 - 5; MHI 22dS3, Reel 2179, 28 November 1944, 1746, 2155, 2235, and 2245 hours; 30 November 1944, 0700 hours.

92. MHI 4IDG1, Reel 2066, 29 November 1944.

93. MR 22d IR, November - December 1944; Morning Report Database.

94.MHI 22dS3, Reel 2179, 29 November 1944, 1742, 1855, 1917, 1955, 2050, 2120 and 2135 hours; MHI 4IDG3, Reel 2113, 22IR Periodic Report, 29 - 30 November 1944; Harrison, Diary of Henley, 22.

95. MHI 4IDG2, Reels 2082 - 2083, 22IR, S2 Reports, 29 November - 1 December 1944.

96. MHI 4IDG2, Reel 2082, 22IR, S2 Report, 29 November 1944.

97. Ibid., 30 November 1944.

98. Ibid.

第十一章 进攻盖村：向森林边缘推进（11 月 30 日—12 月 4 日）

1. *FUSA Report of Operations*, 83.

2. MHI 4IDG3, Reel 2114, 22d Periodic Reports, 30 November 1944; 46AIB After-Action Report, November 1944, RG 407.305AD-INF(46)-0.3 NARA; MHI 22dS3, Reel 2179, 29 November 1944, 1855, 1917, and 1955 hours.

3. MHI 4IDG2, Reel 2083, Hq 4ID G2 Report, 29 November 1944.

4. 46AIB After-Action Report, November 1944, RG 407.305AD-INF(46)-0.3, NARA; MHI 22dS3, Reel 2179, 30 November 1944, 1417, and 2318 hours.

5. Interviews with First Sergeant William L. Kenyon, Tech Sergeant Matthew F. Dugovic, and Tech Sergeant James Moore, G/2/22, MHI 22dHurtCl, Reel 2178, 7, 8.

6. MHI 22dAAR, Reel 2178, November 1944, 13; interviews with First Sergeant William L. Kenyon, Tech Sergeant Matthew F. Dugovic, and Tech Sergeant James Moore, G/2/22, MHI 22dHurtCl, Reel 2178, 9. MR I/3/22IR, June 1944; G/2/22 November - December 1944. 来自康涅狄格州纽黑文的托尔斯中尉1943年1月从候补军官学校毕业，被任命为军官，6月6日负伤，8月初伤愈归队。

7. Interview with First Sergeant Nagel, F/2/22, MHI 22dHurtCl, Reel 2178, 3, 4. 内格尔二级军士长于1942年11月应征入伍，参战时是第83步兵师的士兵。1944年11月21日，他伤愈后作为补充士官被调到了第22步兵团。

8. George Wilson, *If You Survive* (New York: Ivy Books, 1987), 166.

9. Interview with Lieutenant Wilson, F/2/22, MHI 22dHurtCl, Reel 2178, 6, 7.

10. Interview with Lieutenant Mason, E/2/22, MHI 22dHurtCl, Reel 2178, 7.

11. Interview with Lieutenant Wilson, F/2/22, MHI 22dHurtCl, Reel 2178, 6, 7; Trindal, "And Then There Were None," 72.

12. Interview with First Sergeant Nagel and others, F/2/22, MHI 22dHurtCl, Reel 2178, 3, 4; MR F/22IR, December 1944. 米森海默上士是来自北卡罗来纳州康科德的国民警卫队队员，可能是在1941年年初入伍的，诺曼底登陆时他是 G 连的一员。

13. MHI 22dS3, Reel 2179, 30 November 1944, 1335, 1405, 1607, 1628, and 1630 hours.

14. Interview with Lieutenant Bridgeman, HQ/3/22, MHI 22dHurtCI, Reel 2178, 10.

15. Ibid., 10; MHI 22dS3, Reel 2179, 30 November 1944, 1332, 1440, 1530, and 1905 hours. 麦克勒姆（Ben McCollum）中尉1943年从预备军官训练团毕业，当年11月通过后补军官学校的考核，被任命为军官。1944年11月23日，他作为补充军官来到了团里。

16. MHI 22dS3, Reel 2179, 30 November 1944, 1410 hours; interview with Major Goforth, HQ/1/22, MHI 22dHurtCI, Reel 2178, 7.

17. Interview with Private First Class Fern L. Hartman, A/1/22, MHI 22dHurtCI, Reel 2178, 13. 哈特曼一等兵1942年1月在宾夕法尼亚州的曼彻斯特应征入伍。在A连服役的他6月12日负了伤，9月下旬伤愈归队。

18. Patrick L. O'Dea, "Experiences of PFC Patrick L. O'Dea, 22d Infantry Regiment Fourth Infantry Division, Hurtgen Forest November 1944" (Grapevine, TX: privately printed, 1999), 17; personal experience of the author. 尽管水壶外面有套子，可是水壶口却没有，只要温度低于冰点，通常盖子下面的壶口都会结冰。

19. MHI 22dS3, Reel 2179, 30 November 1944, 1905 and 2400 hours; interview with Major Goforth, HQ/1/22, MHI 22dHurtCI, Reel 2178, 8; MHI 4IDG3, Reel 2114, 22d Periodic Reports, 30 November 1944.

20. MHI 22dS3, Reel 2179, 30 November 1944, 1610 and 1724 hours.

21. Ibid., 1745, 1920, and 1935 hours.

22. Ibid., 1800 hours.

23. Interview with Major Goforth, HQ/1/22, MHI 22dHurtCI, Reel 2178, 7.

24. Gersdorff, A-891, 27‐28.

25. MHI 4IDG2, Reel 2082, 22IR S2 Report, 30 November 1944; Hq 4ID G2 Report, 30 November, 1 December 1944; 4ID MII Report, 1 December 1944.

26. Headquarters VII Corps, Report After Action Against the Enemy, Appendix 1, 1 December‐31 December 1944, 1, 2; RG 407, VII Corps 207.3, NARA; FUSA Report of Operations, 67.

27. 22d Periodic Reports, MHI 4IDG3, Reel 2114, 1 December 1944; MHI 22dS3, Reel 2179, 1 December 1944, 1010, 1310, 1355, and 1405 hours. 麦卡希尔中尉1942年通过了预备军官训练团的考核被任命为军官，此后被分派到第22步兵团任职。1944年6月6日他负了伤，夏季的时候伤愈归队。

28. 46th AIB After-Action Report, December, RG 407.305AD-INF(46)-0.3, NARA, 2; MHI 22dS3, Reel 2179, 1 December 1944, 0909, 1112, 1402, and 1459 hours.

29. Interviews with First Sergeant William L. Kenyon, Tech Sergeant Matthew F. Dugovic, and Tech Sergeant James Moore, G/2/22, MHI 22dHurtCI, 9; MHI 22dS3, Reel 2179, 1 December 1944, 0918, 1025, 1037, 1112, 1127, 1134, 1402, and 1459 hours. 正如序言所述，这些伤亡数字与第22步兵团各营在三天时间内的伤亡数字一致。

30. Interview with Major Goforth, HQ/1/22, MHI 22dHurtCI, Reel 2178, 7, 8. 斯坦福上尉不晚于1941年通过了预备军官训练团的考核被任命为军官，他于11月24日作为补充军官被调入团里。

31. Interview with Major Goforth, HQ/1/22, MHI 22dHurtCI, Reel 2178, 8; MHI 22dS3, Reel 2179, 1 December 1944, 1030 hours.

32. Interview with Lieutenant Sweeney, C/1/22, MHI 22dHurtCI, 8, 9; MHI 4IDG2, Reel 2083, Hq 4ID G2 Report, 1‐2 December 1944.

33. Interview with members of A/1/22, MHI 22dHurtCI, Reel 2178, 8. 博纳尔多一等兵1943年1月在

康涅狄格州的纽黑文应征入伍，6月13日作为"剩余"的补充兵被补入团里。他在7月19日负了伤，8月初归队。11月22日再次负伤，11月27日归队。他是一名补充兵，但肯定不能算新人。

34. Interview with Lieutenant Bizzaro, B/1/22, MHI 22dHurtCl, Reel 2178, 4; interviews with Major Goforth and Captain Henley, HQ/1/22, MHI 22dHurtCl, Reel 2178, 7, 8; MHI 22dS3, Reel 2179, 1 December 1944, 1345 hours.

35. MHI 22dS3, Reel 2179, 1 December 1944, 2045 hours.

36. Harrison, *Diary of Henley*, 23.

37. Interview with First Sergeant Kenyon, G/2/22, MHI 22dHurtCl, Reel 2178, 7, 9; MHI 22dS3, Reel 2179, 1 December 1944, 1255 and 1350 hours.

38. Wilson, *If You Survive*, 176. 威尔逊中尉做出了非常尖锐的批评："太糟糕了，后补军官学校从未教过我们如何在兵力严重不足的情况下作战，而在实战中情况似乎总是如此。"

39. Interview with Lieutenant George Wilson and First Sergeant Edward Nagle, F/2/22, MHI 22dHurtCl, Reel 2178, 7.

40. Wilson, *If You Survive*, 178; MHI 22dS3, Reel 2179, 1 December 1944, 1648 and 1730 hours.

41. MHI 22dS3, Reel 2179, 1 December 1944, 1525, 1547, 1555, and 1720 hours.

42. Boice, *History of 22d*, 99.

43. Interview with Private Sussman, E/2/22, MHI 22dHurtCl, Reel 2178, 4.

44. Boice, *History of 22d*, 99.

45. Rothbart, *WWII Journal*, 192.

46. MHI 22dS3, Reel 2179, 1 December 1944, 1905 hours.

47. 22d Periodic Reports, MHI 4IDG3, Reel 2114, 1 December 1944; MHI 22dS3, Reel 2179, 1 December 1944, 1950, 1953, 2035, and 2400 hours. MR 22IR, December 1944. 补充人员再次占据了伤亡名单的大多数。伤亡的8名军官中，有5人是新来的；在156名士兵中，有108人是新来的补充兵。然而，在20名伤亡的士官中，有19人是老兵。

48. MHI 22dS3, Reel 2179, 1 December 1944, 1953 hours.

49. Ibid., 2035 and 2130 hours.

50. MHI 4IDG3, Reel 2114, journal entry 87, 1 December 1944, 2150 hours.

51. MHI 22dS3, Reel 2179, 1 December 1944, 2145 hours.

52. MHI 4IDG3, Reel 2114, message 90, 1 December 1944; MHI 22dS3, Reel 2179, 1 December 1944, 2210, 2215, 2222, and 2250 hours.

53. MHI 22d53, Reel 2179, 1 December 1944, 2105 hours.

54. MHI 4IDG2, Reel 2083, Hq 4ID G2 Reports, 2 and 3 December 1944; Reel 2082, 30 November 1944.

55. Headquarters VII Corps, Report After Action Against the Enemy, Appendix 1, 1 December – 31 December 1944, 8, 9; RG 407, VII Corps 207.3, NARA; *FUSA Report of Operations*, 67.

56. MHI 22dS3, Reel 2179, 1 December 1944, 0340, 0505, 0535, and 0540 hours.

57. Interview with Lieutenant Bridgeman HQ/3/22, MHI 22dHurtCl, Reel 2178, 11.

58. 803d Tank Destroyer Battalion After-Action Report, December 1944, RG 407.TDBN-803-0.3, NARA, 1.

59. Interview with Lieutenant Bridgeman, HQ/3/22, MHI 22dHurtCl, Reel 2178, 11.

60. MHI 22dS3, Reel 2179, 2 December 1944, 0715 hours.

61. Ibid., 0650, 0752, 0812, and 0815 hours.

62. 70th Tank Battalion After-Action Report, December 1944, RG 407.ARBN-70-0.3, NARA, 1, 2.

63. Interview with Lieutenant Bridgeman, HQ/3/22, MHI 22dHurtCl, Reel 2178, 11; Boice, *History of 22d*, 100.

64. MHI 22dS3, Reel 2179, 2 December 1944, 1025 hours; interview with Lieutenant Bridgeman, HQ/3/22, MHI 22dHurtCl, Reel 2178, 11; MHI 4IDG2, Reel 2083, Hq 4ID G2 Report, 2 December 1944.

65. Harrison, *Diary of Henley*, 23.

66. Interview with Able Company, 1/22, MHI 22dHurtCl, Reel 2178, 12. 根据个人的经验，迫击炮的火力不可能调整得如此精确。手轮转一圈可能就足以将炮弹的攻击从一个散兵坑转向另一个散兵坑了。

67. Interview with Captain Newcomb, HQ/2/22, MHI 22dHurtCl, Reel 2178, 3.

68. Interview with Lieutenant Mason, E/2/22, MHI 22dHurtCl, Reel 2178, 7.

69. MHI 22dS3, Reel 2179, 2 December 1944, 0903. 1206, 1300, and 1350 hours.

70. Ibid., 1100, 1115, and 1120 hours.

71. MHI 4IDG3, Reel 2114, 2 December 1944, entry 13; FUSA Report of Operations, 83.

72. MHI 22dS3, Reel 2179, 2 December 1944, 0945 hours, entry 33.

73. Ibid., 1310 and 1500 hours.

74. Ibid., 2400 hours. MR 22IR, December 1944.

75. MHI 22dS3, Reel 2179, 2 December 1944, 2330 hours.

76. Ibid., 1905, 2135, 2145, and 2156 hours.

77. Ibid., 2347 hours.

78. MHI 4ID AAR, December, Reel 2062, 4 - 5; MHI 4IDG2, Reel 2082, Hq 4ID G2 Reports, 2 and 3 December 1944; MHI 4IDG2, Reel 2082, 22IR S2 Report, 2 December 1944.

79. Headquarters VII Corps, Report After Action Against the Enemy, Appendix 1, 1 December - 31 December 1944, 8, 9; RG 407, VII Corps 207.3, NARA; *FUSA Report of Operations*, 67.

80. MHI 22dS3, Reel 2179, 2 December 1944, 2240 hours.

81. Ibid., 3 December 1944, 0735, 0745, and 0830 hours; 70th Tank Battalion After Action Report, December 1944, RG 407.ARBN-70-0.3, NARA. 1

82. Interview with Baker Company, B/1/22, MHI 22dHurtCl, Reel 2178, 4; MR B and D/22 IR, June - November. 斯韦莱因中士1941年秋天在俄亥俄州的上桑德斯基应征入伍，11月18日作为补充士官被补入团里。霍尔二等兵1944年春入伍，11月25日作为补充兵被补入团里。汤森一等兵1941年春入伍，1944年11月23日作为补充兵被补入团里。麦克纳米（Melvin McNamee）二等兵1944年4月应征入伍，11月21日作为补充兵被补入团里。阿德金斯下士1942年冬在俄亥俄州的厄巴纳应征入伍，1944年8月2日作为补充兵被补入团里。卡斯基一等兵1943年夏天在南卡罗来纳州兰开斯特应征入伍，1944年11月21日作为补充兵被补入团里。科伊尔一等兵1941年夏天在洛杉矶的新奥尔良应征入伍，1944年11月18日作为补充兵被补入团里。格思里二等兵1943年3月应征入伍，1944年11月18日调至团里。来自亚拉巴马州韦塔姆卡的埃文斯中士诺曼底登陆前就在团里服役，他在1944年6月12日受伤，8月伤愈归队，9月再次受伤，10月归队。沃德中士1942年应征入伍，1944年7月13日作为补充兵被补入团里，11月28日晋升中士。约兹维亚克中士1941年2月与瓦利亚诺中士一起应征入伍，在第22步兵团服役。约兹维亚克在6月14日受伤，并在8月份伤愈归队。斯帕克斯上士是1943年入伍的，1944年6月25日作为补充兵被补入团里。布伦森二等兵在1944年春季入伍，1944年11月25日到第22步兵团服役。默里中尉1943年7月从后补军官学校毕业，1944年11月23日作为补充军官被补入团里。

83. Interview with Baker Company, B/1/22, MHI 22dHurtCl, Reel 2178, 4; MR B/22IR, December 1944. 韦斯曼少尉是1941年2月从纽约来的大批征召兵中的一员，诺曼底登陆时是B连的上士，6月14日负了重伤。伤愈归队后，他在1944年10月28日被提升为技术军士长。许特根森林战役期间，他被火线提拔为少尉，这项提拔在1月份得到了确认。虽然具体的提拔日期没有记录在晨间报告里，但在1944年12月16日对B连进行的采访中，他已经被人称为韦斯曼少尉了。

84. Interview with Private Byerly, B/1/22, MHI 22dHurtCl, Reel 2178, 4. 拜尔利二等兵1944年春天在得克萨斯州贾斯珀应征入伍，11月25日被分配到第22步兵团服役。

85. Interview with Baker Company, B/1/22, MHI 22dHurtCl, Reel 2178, 6; MHI 22dS3, Reel 2179, 3 December 1944, 1245 hours.

86. MHI 22dS3, Reel 2179, 3 December 1944, 1535 hours.

87. Interview with First Sergeant Kenyon, G/2/22, MHI 22dHurtCl, Reel 2178, 9–10.

88. Interview with Private Sussman, E/2/22, MHI 22dHurtCl, Reel 2178, 4.

89. Interview with Lieutenant Bridgeman, HQ/3/22, MHI 22dHurtCl, Reel 2178, 12.

90. MHI 22dS3, Reel 2179, 3 December 1944, 1338. 1410, and 1420 hours.

91. Afterword to this book by Colonel Earl Edwards (Ret); MHI 4IDG3, Reel 2114, 22d Periodic Reports, 3 December 1944.

92. MHI 4IDG3, Reel 2114, 22d Periodic Reports, 3 December 1944; MHI 22dS3, Reel 2179, 3 December 1944, 2400 hours; MR 22IR November–December 1944.

93. MHI 4ID AAR, December, Reel 2062, 5; MHI 4IDG2, Reel 2083, Hq 4ID G2 Report, 3 December 1944.

第十二章　许特根森林之战的余波

1. Interview with members of A/1/22, MHI 22dHurtCl, Reel 2178, 13; interview with members of C/1/22, MHI 22dHurtCl, Reel 2178, 1; Wilson, If You Survive, 183; MHI 22dHurtCl, Reel 2178, 3d Battalion narrative, 12. 在1944年12月进行的采访中，A连报告说全连有21名官兵（仅有6人是11月16日许特根森林战役开始时就在连里的老兵），其余人员或死、或伤、或被俘。伤亡人员中包括8名军官和2名二级军士长。

2. MR 22dIR, November–December 1944. This analysis of casualties will be developed in further detail in Chapter 13.

3. 正如正文中指出的，战役的最后三天，一等兵指挥着A连的两个排。C连报告说，当它在12月3日被解围时，仅有19人是11月16日战役开始时就在连里的老兵。据报道，在整场战役中，F连只有一人从头至尾打满全场，而他就是该连最后在任的连长。

4. Boice, History of 22d, 108.

5. MHI 4IDG2, Reels 2081, 2082, 2083, Intelligence Activities. 分析人士指出，在整个许特根森林战役中，主动向美军投诚的德军通常结成两人或两人以上的小组。这可能是因为投降的德国人认为，进入美军战俘营的概率，集体投降要比独自投降大。

6. MHI 22dHurtCl, Replacements and Battle Casualties, 1/22 Infantry, 3–4.

7. Carlos Baker, Ernest Hemingway: A Life Story (New York: Charles Scribner's, 1969), 437.

8. Boice, *History of 22d*, 102.

9. Ibid., 99.

10. Wilson, *If You Survive*, 184, 185.

11. Hemingway, *Across the River and into the Trees*, 250, 255.

12. AR 672-5-1, Military Awards, 1 November 1990, 13, 49. 杰出单位嘉奖后来改名为总统集体嘉奖。

13. General Order No. 37, 19 April 1946. 第22步兵团是欧洲战场唯一一个以团为单位两次获得杰出单位嘉奖的步兵团（另一次获颁是在圣希利斯—马里尼，表彰该团在圣洛取得突破）。

14. Boice, *History of 22d*, 177, 178; MHI 4ID AAR, Reel 2062, 41; U.S. Army Ground Forces, Plans Section, Study of AGF Battle Casualties, 25 September 1946. 9个步兵连的满编兵力为1737人，这13000人中包括多次受伤的官兵。

15. Letter from Lieutenant General Patton to Major General Barton, 27 December 1944, RG 407, 304.112 Awards and Commendations, NARA.

16. MHI 4ID AAR, Reel 2062, 39, 40; Rothbart, WWII Journal, 204; Harrison, Diary of Henley, 26, 28, 29, 33. 爱德华兹上校在1992年11月的第22步兵团的战友聚会活动中向作者讲述了该团内部的一些情况。

17. MR 22IR, December 1944 through June 1945. 一等兵约翰·佩奇和阿瑟·博纳尔多在战斗的最后几天里都成了A连的排长。

18. Keilig, *Die Generale des Heeres*, 336; GMDS, Manpower, chart 34, "Deployment and Composition of Armies"; Charles B. MacDonald, *The Last Offensive, European Theater of Operations, U.S. Army in World War II* (Washington, DC: Government Printing Office, 1972), map 13.

19. Keilig, Die Generale des Heeres, 305; GMDS, Manpower, chart 35, "Deployment and Composition of Divisions"; Mitcham, *Hitler's Legions*, 200 - 201.

20. Keilig, *Die Generale des Heeres*, 53; *GMDS, Manpower*, chart 35, "Deployment and Composition of Divisions"; MacDonald, *Last Offensive,* map 2; Mitcham, *Hitler's Legions*, 105 - 106.

21. Keilig, *Die Generale des Heeres*, 178; *GMDS, Manpower*, chart 35, "Deployment and Composition of Divisions"; MacDonald, *Last Offensive*, 272; Mitcham, *Hitler's Legions*, 198 - 199, 236.

22. Keilig, *Die Generale des Heeres*, 215; *GMDS, Manpower*, chart 35, "Deployment and Composition of Divisions"; MacDonald, *Last Offensive*, map 6; Mitcham, *Hitler's Legions*, 241 - 242.

第十三章　双方编制的效力比较

1. Schmidt, *B-810*, 38.

2. Van Creveld, *Fighting Power*, 46.

3. 1992年11月13日，拉格尔斯少将在第22步兵团的战友聚会上告诉作者，他是团里少数几个并非来自南方的军官之一，最初很难适应。Stanton, *Order of Battle*, 198 - 266. 美军最后一个步兵团是在1943年8月组建的，直到1945年2月才参加战斗。

4. Madej, *OBI*, 15, 78. 如前所述，第275步兵师在1944年10月3日与第353步兵师换防。11月21日，该师又与第344步兵师换防。11月27日，新近变更番号的第353步兵团同第344步兵师换防，完成了这个循环。

5. GMDS, Manpower, Appendix 2:3 - 4, Chart 35; W. Victor Madej, *German Order of Battle, 1939 - 1945, Supplement* (Allentown, PA: Game Marketing Company, 1981), 37 (hereafter cited

as Madej, *Supplement*). 第三十五章按月列出了每个德军师的组建日期和下属单位。相比之下，正如第四章所指出的那样，许多德军师在一个月内组建，并在几个月后投入战斗，尽管一般情况下似乎是六个月左右。第四章和第六章以及序言提供了德军各师如何重建并在许特根森林战役中作战的资料。

6. *GMDS, Manpower* 10:9.

7. Greenfield, *Organization of Ground Combat Troops*, 274, 275; Madej, *OBI*, 78; Madej, *Supplement*, 37.

8. Van Creveld, *Fighting Power*, 168.

9. Boice, History of 22d, 21, 26. 在法国战役的最初阶段，一些军官之所以被解职，不一定是因为他们不称职，而是因为两年多来他们在美国指挥和训练部队，可能不愿意牺牲他们熟悉的人（与同一批士兵长期相处的坏处之一）。美国陆军在1986年进行的一项领导力研究中提到，对士兵的情感依恋是潜在失败的一项标志。参见: *Green Tab Leadership* (Fort Monroe, VA: U.S. Army, ROTC Cadet Command, 1986), 4, 10.

10. Van Creveld, *Fighting Power*, 140, 141.

11. Boice, *History of 22d*, 1, 10, 12; Harrison, *Diary of Henley*, 6; MHI 22dS3, Reel 2179, 17 and 18 November 1944.

12. Boice, *History of 22d*, 26; Lanham General Officer Biography, on file at the U.S. Army Center of Military History. 拉纳姆接过话茬：“我是查尔斯·特鲁曼·拉纳姆上校。我刚刚就任这个团的团长，我想让你们知道，如果你们敢在没有接到我的直接命令时后退半步，我就会把你们送上军事法庭。”

13. MR 22IR, June‐November 1944. 很少有中尉以上级别的军官能补充到师级和团级单位里，德雷克少校是战争期间除拉纳姆之外唯一调入团里的野战军官指挥官。各单位更倾向于从部队内部提拔军官。如第五章所述，战斗期间填补人员编制名册上要求高于其军衔的职位的军官，通常会在就任30天后晋升到更高的军衔。由于这种晋升政策，一名上尉指挥一个营或一名中校指挥一个团的情况比较少见。FUSA Report of Operations, Annex 1, G1 Report, 18.

14. Beginning in 1943, and as noted in Chapter 4, graduates of ROTC also went through the OCS course.

15. MR 22d IR, June‐December 1944.

16. U.S. Army Replacement Board, Report of Replacement Board, U.S. Department of the Army: Replacement System, World Wide, World War II (mimeographed, 1947), 2:40. “质量问题总是比数量更重要。”如第五章所示，美国的受训军官首先要经历基础训练，然后进入后补军官学校。为了调剂，大多数军官在被派往海外之前，至少在美国的战术部队中获得了三个月的经验，而且大多数人还不止于此。MHI 22dHurtCl, Reel 2178; see especially the accounts in the 1st Battalion Narrative, combat interviews with E, F, and G Companies, and the 3d Battalion Narrative. 威尔逊的《如果你能幸存》176‐179页举了一个例子：一个新军官表现出最大的勇气，让他的士兵向前冲，但很快他的指挥部就被消灭了。

17. Van Creveld, *Fighting Power*, 140; *Replacement System*, 2:48; *FUSA Report of Operations*, Annex 1, G1 Report, 17. 值得注意的是，在1944年6月至1945年2月期间，第1集团军战区的1173名火线任命中，有123人在同一时期进一步晋升为中尉，2人晋升为上尉。不属于第22步兵团的火线任命来自第4步兵师第8步兵团。

18. MHI 22IR Hist, Reel 2178, "Losses in Action, August‐December 1944"; 4th Infantry Division General Orders, RG 407.304−INF(22)−0.3, NARA.

19. Stouffer, *Soldier Studies*, 2:279. As noted in the narrative, there was an influx of thirty-five NCOs on 21 November.

20. MR 22IR, November, December 1944. Combat interview with Morris Sussmann, E/2/22, MHI 22dHurtCl, Reel 2178. 苏斯曼是一名补充兵，他认为当时指挥人员伤亡率非常高的原因之一是他们在身

先士卒和激励补充兵的时候更加暴露。

21. Edward J. Drea, Unit Reconstitution-A Historical Perspective, Combat Studies Institute Report No. 3 (Fort Leavenworth, KS: U.S. Army Command and General Staff College, 1983), 67. 1945年初进行的一项调查发现，团部连和营部连通常都是超编的，而步兵连却常常兵力不足。

22. Stouffer, *Soldier Studies*, 2:52‑54.

23. 虽然各连平均有174人，但我估计有24人属于连队的后梯队。参见：TOE 7-17 Infantry Rifle Company, 26 February 1944 (Washington, DC: Government Printing Office, 1944). 在满员的情况下，连队的战斗兵力相当于162人（三个41人的排，加上35人的重武器排和5人组成的连部）。

24. 这是将11月16日步兵连的战斗兵力总数（1557人）同其损失（军官、士官和士兵），包括非战斗减员（2124人）进行比较后得出的。与编制装备表进行比较是用战斗兵力总数（162人）除以每个连的平均伤亡人数（236人）。

25. U.S. Army Field Forces, *Report of Activities, Army Ground Forces, World War II*, 1946, Chart, Casualties Divisions, Infantry, and Chart, Distribution of Total Army Battle Casualties; U.S. Army, European Theater of Operations, Theater Historian, *Order of Battle of the United States Army, World War II, European Theater of Operations: Divisions* (Paris: ETO, December 1945), 41; U.S. Army Ground Forces, Plans Section, "Study of AGF Battle Casualties," 25 September 1946. 研究显示，在一个步兵师的所有伤亡中，94.25% 出现在步兵团。3个步兵团共9354人；27个步兵连满员时共5211人。步兵团中84% 的伤亡发生在步兵连。师级部队94% 的伤亡，意味着各团伤亡总数为32987人，团部队84% 的伤亡，相当于步兵连的伤亡总数为27710人。Boice, *History of 22d*, 177, 178. 这个数字是用有字母代号的连队的平均伤亡率（0.92）乘以团的总伤亡人数得到的。

26. Rothbart, *WWII Journal*, 140.

27. Hillebrand, *P011*, 123.

28. Ibid.; *FUSA Report of Operations*, Annex 1, G1 Section Report.

29. 这个数字假设指挥人员遭受了该团步兵连的平均总伤亡（84%）。TOE 7-17 Infantry Rifle Company, 26 February 1944. 一个步兵连内算得上指挥岗位的包括：连级3个（连长、副连长、连军士长），3个步兵排共30个（3名排长、3名副排长、6个排先导员、9个班长和9个副班长），重武器排9个（正副排长各1个、2个分队长、3个迫击炮班班长和2个机枪班班长）。在12月5日进行的最终统计中，当所有的失踪者都被计算在内时，该团的比例为67.9%。

30. Office, U.S. Army Chief of Military History, *The Replacement System in the U.S. Army: An Analytical Study of World War II Experience* (Washington, DC: Government Printing Office, 1950), 60.

31. Ibid. 如第五章所述，陆军在将补充兵分配到一个单位之前，会将其前20周的时间做如下分配：在接待中心待两天，进行为期17周的步兵训练，在美国的10到14天假期，以及乘船前往法国的时间。在法国，补充兵在到部队报到前，可能会在补充兵营地度过一两天到两周的时间。

32. Van Creveld, *Fighting Power*, 76, 77.

33. Fowle, *Terrible Green Cross*, 3, 9, 12, 13, 36, 117, 159, 170, 171. 在序言的关于士兵的注释中，有很多曾一起训练的士兵在战斗中加入第22步兵团的例子。

34. Greenfield, *Organization of Ground Combat Troops*, 237‑239; interview with Morris Sussmann, E/2/22, MHI 22dHurtCI, Reel 2178; MHI 4IDG1, Reel 2066, 15 November 1944; *FUSA Report of Operations*, G1 Section Report, 15. 11月20日，第83步兵师的699名伤愈者和第2步兵师的87名伤愈者被分到了急需步兵补充的团里。

35. Van Creveld, *Fighting Power*, 75.

36. MacDonald, *Siegfried Line*, 330; MHI 4IDG2, Reels 2080‑2083, Intelligence Activities, November‑December 1944.

37. Interview with Morris Sussman, E/2/22, MHI 22dHurtCI, Reel 2178, 2, 3; Rothbart, WWII Journal , 31‑32. 除医护人员外，步兵团的每个士兵最初都被训练成步兵，然后被调到其他岗位。

38. Gunkel, 272d VGD, 7‑8.

39. Leonard L. Lerwill, *The Personnel Replacement System in the United States Army, Department of the Army Pamphlet No. 20–211* (Washington, DC: Government Printing Office, 1954), 452: *FUSA Report of Operations*, Annex 1, G1 Section Report, 12; MR A/1/22IR, June‑December 1944. 在这个由193人组成的连队中，损失为88人阵亡、380人受伤、43人失踪并可能被俘，还有122人属于非战斗伤亡。12月期间，来了更多的补充兵，以填补因在许特根森林之战中损失惨重而导致的兵力窘窘。MR 22IR, June 1944‑May 1945; Rothbart, WWII Journal, 154. 有士兵受伤或非战斗伤亡达6次的情况，他们被撤到英国休养，然后根据部队补充程序回到原部队。第4步兵师先后隶属第7军、第8军、第5军、第3军、第12军和第6军，这些军又分别隶属第1集团军、第3集团军和第7集团军，后者再分别隶属第12集团军群和第6集团军群。一些在1945年加入第22步兵团后受伤的补充兵无法回到原先的部队，因为战斗节奏放缓了，在团中服役时间最长的人有优先权，可以回到因为人员伤亡出现空缺的老部队。

40. 这不包括装甲部队、装甲掷弹兵部队和伞兵部队，以及大部分武装党卫队机械化师或为进攻做准备的部队。

41. MHI 4IDG2, Reel 2083, Hq 1ID G2 Report 170, 6 December 1944; Mahlmann, *B-502*, 5. 正如第五章所讨论的，德军民兵和第74军要塞守备单位中的许多年龄较大的军官，没有经历过标准的军官委任程序。

42. MHI 4IDG2, Reels 2080‑2083, Intelligence Reports, November‑December 1944; Mahlmann, *B-502*, 6. 这里的观点源自1944年11月期间美军第1集团军的敌方战俘报告汇编。

43. 4IDG2 Reel 2081, VII Corps G2 Report, 17 November 1944.

44. 4IDG2 Reel 2083, Hq 4ID G2 Report 141, 29 November 1944.

45. MHI 4IDG2, Reels 2081‑2083, Intelligence Activities, November‑December 1944.

第十四章　士兵一直为何而战

1. Robert U. Johnson and C. C. Buel, eds., *Battles and Leaders of the Civil War* (New York: Thomas Yoseloff, 1956), 2:662.

2. 本章的大部分内容都基于第22步兵团在许特根森林的经历，尽管除了意识形态之外，在某些基本层面上，无论在哪个国家，士兵的生活基本上是一样的。在合适的地方，我将直接描述德军第74军士兵的情况。

3. John Dollard and Donald Horton, *Fear in Battle* (New Haven, CT: The Institute of Human Relations, Yale University, 1943), 56; V-mail letter from Erwin Mitman to Olga Mitman, dated 1 November 1944, copy in the author's possession.

4. Greenfield, *Organization of Ground Combat Troops*, 441‑443.

5. MHI 4IDG2, Hq 4ID G2 Report, 1 December 1944.

6. MHI 4IDG2, 4ID MII Periodic Report, 30 November 1944.

7. Boice, *History of 22d*, 56.

8. MHI 4IDG2, Reel 2082, 22IR S2 Report, 30 November 1944; MHI 4IDG2, Reel 2083, 4ID MII Report, 14 and 29 November 1944; MHI 4IDG2, Reel 2082, Hq 8ID MII Report, 3 November 1944. 士兵证也是他们的军饷簿，上面标识了他们所属的部队、所属军区、血型、防毒面具尺寸和其他重要的项目。作为夸大预备队的例子，一名连长吹嘘各连和各营都有预备队，尽管他知道每个连其实只有二三十人。他坚定地认为，如果他不这样做，他的部下一有机会就会投降。

9. Mahlmann, *B-502*, 6.

10. MHI 4IDG2, Reel 2080, Hq 1ID G2 Report 140, 6 November 1944.

11. Nora Kinzer Stewart, *South Atlantic Conflict of 1982: A Case Study of Military Cohesion, Report No. 159* (Alexandria, VA: U.S. Army Research Institute for the Behavioral and Social Sciences, 1988), xii.

12. Interview with members of A/1/22, MHI 22dHurtCI, Reel 2178, 13; interview with members of C/1/22, MHI 22dHurtCI, Reel 2178, 1; Wilson, *If You Survive*, 14. 受访者坚持认为，战斗开始时 A 连只有 6 名老兵，C 连有 19 名老兵。这些连队都在 1 营，该营的步兵连伤亡率为 138%。2 营和 3 营的伤亡率分别是 152% 及 116%。威尔逊坚持认为，他是 F 连里唯一一个没有因伤病离开连队被后送的人。

13. Stouffer, *Soldier Studies*, 2:108.

14. Ibid., 2:175, 177. 参加战斗不到 6 个月的老兵中，有 81% 的人会祷告，参战 6 个月时 85% 的人会祷告，此后则有所下降。参加战斗 4 到 6 个月的士官平中有 77% 的人会祈祷，参战 7 个月以上时，祷告的比例提高到 90%。替"其他人"着想的二等兵比例从最初的 51% 上升到 6 个月时的 57%，然后在 9 个月时又跌落至 51%。替"其他人"着想的士官比例最初是 70%，6 个月时下降到 60%，随后逐渐上升到 67%，在 9 个月时又跌落至 60%。这项研究是 1945 年 4 月在地中海战区对步兵进行的。

15. Ibid., 2:280, 281; Fowle, *Terrible Green Cross*, 61. 福尔提到，在他第一次随连队出击后，有传言说机枪班的中士开枪打中了自己的手，让在连队只待了一天的福尔接替了他的职务。作者掌握的 3 营手写伤亡日志显示，左脚被枪打伤的情况相当多。

16. W. H. Wilbur, "Infantrymen–The Fighters of War," *National Geographic* 86 (November 1944): 538.

17. S. W. Davis and J. G. Taylor, *Stress in Infantry Combat*, Study No. ORO-T-295 (Chevy Chase, MD: Operations Research Office, Johns Hopkins University, 1954), 26, 27.

18. Interview with members of C/1/22, MHI 22dHurtCI, Reel 2178, 5; interview with Captain Jennings Frye, Lieutenant George Kozmetsky, T3 Harry Fingerroth, and T5 George Morgan, "Replacement and Non-Battle Casualties," MHI 22IRHurt, Reel 2178, 3; Monthly Sanitary Reports for November and December 1944, 22d Medical Detachment, RG 407. 304-INF(22)-6-0.2Med, NARA. 即使在和平时期，士兵随时随地睡着也不是什么稀奇的事。11 月，有 98 例战壕足，12 月的第一周约有 58 例。

19. Anthony Kellett, *Combat Motivation: The Behavior of Soldiers in Battle* (Boston: Nijhoff Publishing, 1982), 234; Department of the Army, *Soldier Performance in Continuous Operations* (Washington DC: Government Printing Office, 1983), 9, 10.

20. Marshall, *Men Against Fire*, 118, 119.

21. Stouffer, *Soldier Studies*, 2:81 - 82.

22. Interviews with Lieutenant Lloyd and Private Morris Sussmann, E/2/22, MHI 22dHurtCI, Reel 2178, 2, 4; Interview with First Sergeant Kenyon, G/2/22, MHI 22d HurtCI, Reel 2178, 8.

23. Wilson, *If You Survive*, 168.

24. Interview of Morris L. Harvey, machine gunner, Company M, 22d Infantry, by Kerry B. Harvey, 9 March 1999.

25. Stouffer, *Soldier Studies*, 2:201; interview, members of E/2/22, MHI 22dHurtCI, Reel 2178, 3.

26. Interview with Don Warner, commander, Company A, 22d Infantry, 10 September 1992. 这种让士兵不停前进的方式让人想起了 19 世纪的战术，当时中尉和军士负责压阵。Silas Casey, *Infantry Tactics for the Instruction, Exercise and Manoeuvres of the Soldier: A Company, Line of Skirmishers, Battalion, Brigade or Corps D'Armee* (New York: D. Van Nostrand, 1865), 12. 陆军指挥手册中都有关于如何控制惊慌失措的士兵的章节，但只有 1965 年版的 FM22-100《陆军指挥手册》将"如

果所有其他的方法都失败了，就向那些逃跑的人开枪"列为最后的选择。

27. Interview of Morris L. Harvey.

28. Boice, *History of 22d*, 99.

29. General Board, U.S. Forces in the European Theater (USFET), "Combat Exhaustion," Study No. 91 (Bad Nauheim, Germany: 1945‐1946), 1, 2. 该委员会还发现了战斗疲劳症和战壕足案例数量之间的有趣关联。随着11月和12月战壕足病例的增加，战斗疲劳症病例的数量有所下降。

30. Monthly Sanitary Reports for November and December 1944, 22d Medical Detachment, RG 407. 304-INF(22)6-0.2 Med, NARA. 11月，有19例上呼吸道感染（URI）、1例流感、1例肺炎以及42例不明原因的发烧。12月，有19例上呼吸道感染、26例不明原因的发烧和2例肺炎。

31. Interview, "Replacement and Nonbattle Casualties," MHI 22dHurtCl, Reel 2178, 3.

32. Interview with Lieutenant Lloyd, E/2/22, MHI 22dHurtCl, Reel 2178, 2.

33. Eli Ginsberg, J. K. Anderson, S. W. Ginsburg, and J. L. Herma, *The Ineffective Soldier: Lessons for Management and the Nation*, vol. 3, *Patterns of Performance* (New York: Columbia University Press, 1959), 65.

34. Interview with Lieutenant Colonel Lindner, 3d Battalion commander, 8th Infantry, Interviews, RG 407.304-INF(8)-0.1, NARA.

35. Fox Connor, "Replacements, Lifeblood of a Fighting Army," Infantry Journal 21 (May 1941): 4.

36. Milton Lehman, "Nothing Ahead But Krauts," Saturday Evening Post, 10 March 1945, 34.

37. Roy R. Grinker and John P. Spiegel, *Men Under Stress* (Philadelphia: Blakiston, 1945), 44.

38. Ibid., 280, 281.

39. Interview of Morris L. Harvey; personal experience of the author. 对不同机枪声音的描述是由第101空降师的前进观察员 W. 杰伊·斯通和第22步兵团 A 连连长小唐纳德·沃纳做出的。

40. *Replacement System*, 3:19.

41. Stouffer, *Soldier Studies*, 2:283, 284.

42. Marshall, *Men Against Fire*, 48,

43. Interview members of E/2/22, MHI 22dHurtCl, Reel 2178, 2; Boice, History of 22d, 99.

44. Edward E. Hampton Jr., "Lost Potential: Frozen Groups and Tank Gunnery Performance," *Armor* (May/June 1994): 19.

45. Rothbart, *WWII Journal*, 165. 罗特巴特提到过一名士兵，他的儿子在太平洋战场的海军陆战队里服役。

46. Interview with Lieutenant Bernasco, A/1/22, MHI 22dHurtCl, Reel 2178, 13, 14.

47. Interview with Lieutenant Colonel Lindner, 3d Battalion commander 8th Infantry, Interviews, RG 407.304-INF(8)-0.1, NARA; interview with Lieutenant Bernasco, A/1/22, MHI 22dHurtCl, Reel 2178, 13, 14.

48. Milton D. Crippin, "For Those Who Will Never Grow Old," *Purple Heart Magazine* (July/August 1999):23.

49. Interview, Replacements and Nonbattle Casualties, S1/HQ/1/22, MHI 22dHurtCl, Reel 2178, 1, 2; interview with Private Sussmann, E/2/22, MHI 22dHurtCl, Reel 2178, 4.

50. Interview with Sergeant Pingatore et al., C/1/22, MHI 22dHurtCl, Reel 2178, 7.

51. Interview with Lieutenant Wilson, F/2/22, MHI 22dHurtCl, Reel 2178, 2; interview with First

Sergeant Kenyon, G/2/22, MHI 22dHurtCl, Reel 2178, 8.

52. MR 22IR, October‐December 44; Eli Ginsberg, J. K. Anderson, S. W. Ginsburg, and J. L. Herma, *The Ineffective Soldier: Lessons for Management and the Nation, volume one, The Lost Divisions* (New York: Columbia University Press, 1959), 83.

53. MR 22IR, November‐December 44.

54. Walter R. Sledge, "For First Sergeants Only," *Infantry Journal* 55 (December 1944): 27.

55. MR 22IR November‐December 1944.

56. Clark, *Casualties as a Measure of the Loss of Combat Effectiveness*, 26.

57. Interview with Lieutenant Wilson, F/2/22, MHI 22dHurtCl, Reel 2178, 4; 1st Battalion After–Action Report, MHI 22dHurtCl, Reel 2178, 8; MHI 22dS3, Reel 2179, 1 December 1944, 1030 hours.

58. MHI 22dS3, Reel 2179, 25 November 1944 1725 hours; 27 November 1944, 1855 hours.

59. Interview with Lieutenant Wilson, F/2/22, MHI 22dHurtCl, Reel 2178, 3; diary of Faulkner in Boice, History of 22d, 79. 将近50年后，唐纳德·沃纳说，他一来到团里就被拉纳姆上校"吓坏了"，拉纳姆对他说："如果你不好好履行自己的职责，就把你送进监狱！"

60. Kellett, *Combat Motivation*, 103.

61. MHI 4IDG2, Reel 2083, Hq 1ID G2 Report 142, 29 November 1944.

62. MHI 4IDG2, Reel 2082, 22IR S2 Report, 30 November 1944; MHI 4IDG2, Reels 2081, 2082, 4ID MII Report, 14 and 29 November 1944; MHI 4IDG2, Reel 2082, 8ID MII Report, 3 November 1944. 在一个案例中，士兵们试图说服警戒他们的下士与他们一起投降。他们没能成功，但他向空中开了几枪，这样他就可以告诉他的指挥官，他们正在交火。他是唯一逃出来的人。

63. Sun Tzu, "Art of War," in *Roots of Strategy*, ed. T. R. Phillips (Harrisburg, PA: Stackpole Books, 1958), 38; MHI 4IDG2 VII Corps Periodic Report, 17 November 1944, enclosure 3.

64. Mahlmann, *B-502*, 6.

65. Clark, *Casualties as a Measure of the Loss of Combat Effectiveness*, 25.

66. Connor "Replacements, Lifeblood of a Fighting Army," 8; MR A/22IR, June‐November 1944.

67. Rothbart, *WWII Journal*, 198, 212.

68. Boice, *History of 22d, 65; Fowle, Terrible Green Cross*, 159, 170, 171.

69. MR A/22IR, June‐December 1944.

70. Fowle, *Terrible Green Cross*, 158, 160.

71. U.S. European Theater of Operations, Information Branch, *The Story of the Casual*, 1 March 1945, 15, 17.

72. Marshall, *Men Against Fire*, 153.

73. 如第三章所述，各营通常以两个连并肩发动攻击，一个连担任预备队。虽然参加了许特根森林之役的士兵们认为打头阵的部队相对更安全，但伤亡数字表明预备队比突击连队的损失要少。

74. MR E, F, G/22IR, November 1944. 该营在11月20日至23日期间（考虑到前一天的伤亡人数），四天的累计损失超过332人，占其编制兵力的38%。步兵连的战斗单位伤亡人数为264人，占其编制兵力的46%。

75. Kellett, *Combat Motivation*, 32.

76. MR 22IR, November‐December 1944. Replacement casualties included 16 second lieutenants and 651 privates.

77. Lehman, "Nothing Ahead But Krauts," 101.

78. Interview with Private Sussmann, E/2/22, MHI 22dHurtCl, Reel 2178, 4.

79. Interview with members of C/1/22, MHI 22dHurtCl, Reel 2178, 8.

80. MHI 4IDG3, Reel 2113, 2 December 1944, 0945 hours, message 33, General Barton to General Collins.

81. 第二次世界大战中国防军处决了2万多名士兵，第一次世界大战中的德意志帝国军队只处决了48名士兵。参见：M. Hobohm, *Sozial Heeresmisstände als Mitursache des deutschen Zusammenbruchs* (Berlin, N.p.: 1929), 63; Manfred Messerschmidt, *Was damals Recht war . . . NS Militär- und Strafjustiz im Vernichtungskrieg Herausgegeben von Wolfram Wette* (Essen, Germany: Klartext, 1996), 75; Omer Bartov, *Hitler's Army: Soldiers, Nazis, and the War in the Third Reich* (Oxford: Oxford University Press, 1991), 96. Gerhard Weinberg cites executions on the order of two hundred for World War I and thirty thousand for World War II in "Unexplored Questions About the German Military DuringWorldWar II," *Journal of Military History* 62 (April 1998): 374. 7月20日反希特勒的阴谋的失败，导致许多高级军官被处决，我认为这很可能与剩下的将军们对战争继续进行的态度存在关联。

第十五章 结论

1. Omar Bradley, *A Soldier's Story* (New York: Holt, 1951), 321.

2. Comments made during the defense of the author's master's thesis, 19 November 1992.

3. MHI 4IDG3, MHI, Reel 2113, 2 December 1944, 0945 hours, message 33, General Barton to General Collins.

4. *FUSA Report of Operations*, Annex 1, G1 Section Report, 15.

5. Gersdorff, *A-892*, 17.

6. 作者曾担任过纽约州德拉姆堡的第22步兵团1营的一级军士长。这个营就是所谓的"科霍特"（Cohort，凝聚力、战备与训练计划）营，这意味着新入伍的士兵在入伍期间会被安排在一起。服役满两年后，该营将前往军中的一个训练中心，在观察员/控制者看来，该营的表现非常好。然而，伤亡数字如此可怕（10天的时间里，全营529名士兵，伤亡人次达到646次，这还不包括战斗期间补充进来的人员），当时我们认为，根据该中心的组织方式，这些伤亡数字是不正常的，我们在战斗中永远不会遭受这样的伤亡。在为本书研究了资料后，我现在认为情况恰恰相反：在激烈的战斗中，班和排的大量伤亡是常态，如果伤亡较低，那更多是幸运，而不是其他因素导致的。

参考文献

本书中对许特根森林战役的叙述几乎完全依靠原始资料完成。步兵团日记、情报报告、每日总结和战后对亲历者的访谈一道，提供了对这个曾经历战争中最惨烈战事的步兵团的仔细审视。为美国欧洲司令部战史部工作的德国军官在战后准备的手稿，以及被俘德军士兵的日记共同构成了对前述资料的补充。二手资料仅仅用来进行观点阐述或背景描述。

缩微胶片和档案

Archives of the 22d Infantry Regiment Society, Marietta, GA. *Double Deucer*. The weekly newspaper of the 22nd Infantry. 1942‑1943, issues 1‑17, 25‑36, 40, 45‑49.

Military History Institute, Carlisle Barracks. PA. U.S. War Department, Adjutant General's Office. "Historical Documents,WorldWar II." 4th Infantry Division: Operations Reports, 6 June 1944‑June 1945. Item 2176, Microfilm Reel 2062.

——. "Historical Documents,WorldWar II." 4th Infantry Division: Special Operations Reports, "Battle of Hurtgen Forest, Nov‑Dec 1944." Item 2189, Microfilm Reel 2063.

——. "Historical Documents, World War II." 4th Infantry Division: G1 Section, 6 June 1944‑June 1945. Items 2195‑2199, Microfilm Reel 2066.

——. "Historical Documents, World War II." 4th Infantry Division: G2 Section, November 1944. Item 2206, Microfilm Reels 2080, 2081, 2082, and 2083.

——. "Historical Documents, World War II." 4th Infantry Division: G3 Section, 1 November–8 December 1944. Item 2215, Microfilm Reels 2111, 2112, 2113, and 2114.

——. "Historical Documents, World War II." 4th Infantry Division: 22d Infantry Regiment, Field Orders. Item 2343, Microfilm Reel 2180.

——. "Historical Documents, World War II." 4th Infantry Division: 22d Infantry Regiment, Interviews. Microfilm Reel 2178.

——. "Historical Documents, World War II." 4th Infantry Division: 22d Infantry Regiment, Regiment History. Item 2236, Microfilm Reel 2178.

——. "Historical Documents, World War II." 4th Infantry Division: 22d Infantry Regiment, S3 Journal, 16 November‑5 December 1944. Item 2341, Microfilm Reel 2179.

——. "Historical Documents, World War II." 4th Infantry Division: 22d Infantry Regiment, S3 Operation Report. Microfilm Reel 2178.

——. Interview with Headquarters, 1/22 Infantry: Major George Goforth, commander, and Captain Clifford M. Henley, executive officer. Interviewed by K. W. Hechler, captain, 2d Information and Historical Service (VIII Corps), and Francis Fife, lieutenant, 4th Division. 22d Infantry Regiment Interviews. Item 2340, Microfilm Reel 2178.

——. Interview with Able Company, 1/22 Infantry. Interviewed by K. W. Hechler, captain, 2d Information and Historical Service (VIII Corps). 22d Infantry Regiment Interviews. Item 2340, Microfilm Reel 2178.

——. Interview with Baker Company, 1/22 Infantry. Interviewed by K. W. Hechler, captain, 2d Information and Historical Service (VIII Corps). 22d Infantry Regiment Interviews. Item 2340, Microfilm Reel 2178.

——. Interview with Charlie Company, 1/22 Infantry. Interviewed by K. W. Hechler, captain, 2d Information and Historical Service (VIII Corps). 22d Infantry Regiment Interviews. Item 2340, Microfilm Reel 2178.

——. Interview with Dog Company, 1/22 Infantry. Interviewed by K. W. Hechler, captain, 2d Information and Historical Section (VIII Corps). 22d Infantry Regiment Interviews. Item 2340, Microfilm Reel 2178.

——. Interview with 1/22 Battalion Aidmen. Interviewed by K. W. Hechler, captain, 2d Information and Historical Service (VIII Corps). 22d Infantry Regiment Interviews. Item 2340, Microfilm Reel 2178.

——. Interview concerning Replacements and Nonbattle Casualties, 1/22 Infantry. Interviewed by K. W. Hechler, Captain, 2d Information and Historical Service (VIII Corps). 22d Infantry Regiment Interviews. Item 2340, Microfilm Reel 2178.

——. Interview with Headquarters, 2/22 Infantry: Captain Arthur Newcomb, commander, E/22, later executive officer, 2/22. Interviewer unknown. 22d Infantry Regiment Interviews. Item 2340, Microfilm Reel 2178.

——. Interview with Easy Company, 2/22 Infantry: Captain Donald Faulkner, commander. Interviewer unknown. 22d Infantry Regiment Interviews. Item 2340, Microfilm Reel 2178.

——. Interview with Easy Company, 2/22 Infantry: Lieutenant Lee B. Lloyd, Weapons Platoon leader. Interviewed by Francis Fife, lieutenant, 4th Division. 22d Infantry Regiment Interviews. Item 2340, Microfilm Reel 2178.

——. Interview with Easy Company, 2/22 Infantry: Lieutenant William C. Mason, 3d platoon leader and later executive officer, First Sergeant Edward J. Hughes, and Staff Sergeant David F. O'Malley, supply sergeant. Interviewer unknown. 22d Infantry Regiment Interviews. Item 2340, Microfilm Reel 2178.

——. Interview with Easy Company, 2/22 Infantry: Private Morris Sussman, replacement, "The Story of Private Morris Sussman." Interviewer unknown. 22d Infantry Regiment Interviews. Item 2340, Microfilm Reel 2178.

——. Interview with Easy and Fox Companies, 2/22 Infantry: Lieutenant Lee B. Lloyd, executive officer, and Lieutenant George D. Wilson, commander. Interviewer unknown. 22d Infantry Regiment Interviews. Item 2340, Microfilm Reel 2178.

——. Interview with Fox Company, 2/22 Infantry: Lieutenant George D. Wilson, commander, and First Sergeant Edward Nagel. Interviewed by Francis Fife, lieutenant, 4th Division. 22d Infantry Regiment Interviews. Item 2340, Microfilm Reel 2178.

　　——. Interview with George Company, 2/22 Infantry. Interviewer unknown. 22d Infantry Regiment Interviews. Item 2340, Microfilm Reel 2178.

　　——. Interview with Headquarters, 3/22 Infantry: Lieutenant George R. Bridgeman, commander, 3/22, and later operations officer, 3/22. Interviewer unknown. 22d Infantry Regiment Interviews. Item 2340, Microfilm Reel 2178.

　　National Archive Records Center, St. Louis, MO. 22d Infantry Regiment, Morning Report Reels, TU 189, Box 158, Reel 3,157 (June 1944); TU 189, Box 167, Reel 11,148 (July 1944); TU 197, Box 175, Reel 20,100 (August 1944); TU 203, Box 181, Reel 8,129 (September 1944); TU 214, Box 192, Reel 1,699 (October 1944); TU 218, Box 196, Reel 13,134 (November 1944); TU 233, Box 211, Reel 1,475 (December 1944); TU 237, Box 215, Reels 16,315, 16,316 (January 1945; TU 247, Box 225, Reel 12,476 (February 1945); TU 255, Box 233, Reel 8.371 (March, 1945); TU 263, Box 241, Reel 4,472 (April 1945); TU 269, Box 251, Reel 17,558 (May 1945).

　　National Archives, College Park, MD. Record Groups 338, 407.

　　Special Collections, Hoskins Library, University of Tennessee, Knoxville, TN. World War II Collection, William P. Boice, Papers. Boxes 5 and 6.

一手资料

　　Absolon, Rudolf. *Wehrgesetz und Wehrdienst 1935 - 1945: Das Personalwesen in der Wehrmacht*. Boppard Am Rhein, Germany: Harald Boldt Verlag, 1960.

　　Boice, William S. Correspondence with the author, 1992 - 1997.

　　Carlson, Charles, platoon sergeant, Company I, 22d Infantry. Correspondence with the author, 2000.

　　Edwards, Earl W., 22d Regiment operations officer. Correspondence and conversations with the author, 1994 - 1997.

　　Fowle, Herb. *The Men of the Terrible Green Cross. Hillsdale*, MI: privately printed, 1991.

　　Gees, Hubert, member of 2d Company, 275th Fusilier Battalion, 275th Infantry Division. Correspondence with the author, 1991 to 1997.

　　Goodfriend, Arthur. "Replacement Rifleman." *Infantry Journal* 58 (March 1946): 8 - 16.

　　Gunkel, Otto. "New Setup of the 272d VGD at Doberitz–Action in the Eifel." N.p., December 1986.

　　Harrison, Thomas C., executive officer, 3d Battalion, 22d Infantry. Correspondence with the author, 1996.

　　Harrison, Thomas C., ed. The Diary of Clifford M. (Swede) Henley. New York, 1973.

　　Harvey,Morris L., machinegunner, Company M, 22d Infantry. Interview by Kerry B. Harvey, 9 March 1999.

　　Headquarters, First United States Army. Report of Operations, 1 August 1944 - 22 February 1945. RG 407.First Army.101.03, NARA.

　　——. Report of Operations, GI Section, "After–Action Report of the G1 Section, 1 August

1944 – 22 February 1945." RG 407.First Army.101.03, NARA.

Headquarters, 4th Infantry Division. "Action Against Enemy, Reports After/After–Action Reports, November – December 1944." RG 407.304, NARA.

———. "G1 Section, 6 June 1944 – June 1945." RG 407.304.1, NARA.

———. "G2 Section, November 1944." RG 407.304.2, NARA.

———. "G3 Section, 1 November – 8 December 1944." RG 407.304.03, NARA.

———. "G4 Section, 1 November – 8 December 1944." RG 407.304.4, NARA.

———. "Operation Report, 6 June 1944 – June 1945." RG 407.304, NARA.

Headquarters, 12th Army Group. "Personnel Replacement Support for First U.S. Army Group and 12th U.S. Army Group, European Theater of Operations, 1943 – 1945." Typescript, n.d. U.S. Army Military History Institute, Carlisle Barracks, PA.

Headquarters, 20th Field Artillery Battalion. "Unit Report, 16 November – 3 December 1944." RG 407.304–FA(20)–0.3, NARA.

Headquarters, 22d Infantry Regiment. "S3 Operation Report." RG 407.304–INF(22)–0.3, NARA.

———. "22d Regiment History." RG 407.304–INF(22)–0.3, NARA.

Headquarters, 44th Field Artillery Battalion. "Unit Report, 16 November – 3 December 1944," RG 407.304–FA(44)–0.3, NARA.

Headquarters, 46th Armored Infantry Battalion. "After–Action Reports, November – December 1944." RG 407.305AD–INF(46)–0.3, NARA.

Headquarters, 70th Tank Battalion. "Action Against Enemy, Reports After/After–Action Reports," November – December 1944. RG 407.ARBN–70–0.3, NARA.

Headquarters, 803d Tank Destroyer Battalion. "Action Against Enemy, Reports After/After–Action Reports," November – December 1944. RG 407.TDBN–803–0.3, NARA.

Headquarters, Company C, 709th Tank Battalion. "After–Action Reports, November – December 1944; 29 December 1944." n.p., RG 407.ARBN–709–0.3, NARA.

Kenan, Thomas A., commander, 2d Battalion, 22d Infantry. Correspondence with the author, 1996.

Lynch, G. A. "Report of the Chief of Infantry, April 1941." Records of the Chief of Infantry, RG 177.5, NARA.

Marshall, George C. Biennial Reports of the Chief of Staff of the United States Army, 1 July 1939 – 30 June 1945. Washington, DC: Center of Military History, 1996.

Mitman, Erwin. Letters to Fred and to Olga Mitman; copies in the author's possession.

Reister, Frank A. Medical Statistics in World War II. Washington, DC: Office of the Surgeon General, Department of the Army, 1975.

Rothbart, David. World War II Army Journal. Pittsburgh, PA: privately printed, 1977.

Ruggles, John F., Jr., 22d Regiment executive officer. Correspondence with the author, 1994 – 1998.

Rush, Robert S. Morning Report Database for 22d Infantry Regiment, 1 June 1944 to 31 May

1945. Drawn from the daily morning reports of the various companies composing the 22d Infantry.

Smith, Walter B. "WWII document collection" (on microfilm). 33 reels. U.S. Army Military History Institute, Carlisle Barracks, PA.

Trindal, Wes. *And Then There Were None*. Marietta, GA: 22d Infantry Society, 1997.

U.S. Army Field Forces. *Report of Activities, Army Ground Forces, World War II*. Carlisle Barracks, PA: U.S. Army Military History Institute, 1946.

U.S. Army Ground Forces. Plans Section. "Study of AGF Battle Casualties." Photocopy of mimeo report, 25 September 1946. U.S. Army Military History Institute, Carlisle Barracks, PA.

U.S. Department of Army. Adjutant General's Office. *Army Battle Casualties and Nonbattle Deaths in World War II: Final Report, 7 December 1941 - 31 December 1946*. Washington, DC: Government Printing Office, 1953.

U.S. European Theater of Operations. Information Branch. *The Story of the Casual*. Pamphlet prepared by Special and Information Services, 1 March 1945.

U.S. Forces in the European Theater (USFET) General Board Reports. *Combat Exhaustion*. Study No. 91. Bad Nauheim, Germany: 1945 - 1946.

U.S. Selective Service System. *Problems of Selective Service*. Special Monograph No. 16. Washington, DC: Government Printing Office, 1948.

——. *Quotas, Calls, and Inductions*. Special Monograph No. 12. Washington, DC: Government Printing Office, 1948.

Warner, Donald A., Jr., commander, Company A, 22d Infantry. Correspondence and conversations with the author. 1991 - 1999.

German Military Documents Section. *A Study of the Employment of German Manpower*. Washington, DC: Holabird Signal Depot, 1945 - 1947.

——. *German Training Methods: A Study of German Military Training*. Washington, DC: Holabird Signal Depot, 1946.

陆军条令与野战手册

22d U.S. Infantry, *Soldiers Handbook*. Washington, DC: Infantry Journal, 1940.

AR 345–105, *Historical Records and Histories of Organizations*. Washington, DC: War Department, 18 November 1929.

AR 345–400, *Morning Reports*. Washington, DC: War Department, 1 May 1944.

AR 605–5, *Appointment of Second Lieutenants, Regular Army*. Washington, DC: War Department, 30 December 1940.

AR 605–10, *Officers Appointed in the Army of the United States*. Washington, DC: War Department, 30 December 1942.

AR 605–12, *Temporary Promotions*. Washington, DC: War Department, August 1944.

AR 615–26, *Civilian and Military Occupational Specialists.Washington*, DC:War Department, 1943.

FM 7–10, *Rifle Company, Infantry Regiment*. Washington DC: War Department, March 1944.

FM 7–40, *Infantry Regiment*. Washington DC: War Department, February 1942.

FM 21–5, *Military Training*. Washington DC: War Department, July 1941.

MIS Bulletin 15, *The German Rifle Company: For Study and Translation*. Washington DC: War Department, 1942.

PAM 21–13, *Army Life*. Washington DC: War Department, August 1944.

TM 12–223, *Reception Station Operations*. Washington, DC: War Department, December 1944.

TM 12–255, *Administrative Procedures*, Washington, DC: War Department, 1 December 1942.

TM 12–406, *Officer Classification–Commissioned and Warrant*. Washington, DC: War Department, December 1943.

TM 21–205, *Special Service Officer*. Washington DC: War Department, May 1942.

TOE 7, Infantry Division, dated 15 July 1943. Washington, DC: Government Printing Office, 1943.

TOE 7–11, Infantry Regiment, dated 26 February 1944. Washington, DC: Government Printing Office, 1944.

TOE 7–15, Infantry Battalion, dated 26 February 1944. Washington, DC: Government Printing Office, 1944.

TOE 7–17, Infantry Rifle Company, dated 26 February 1944. Washington, DC: Government Printing Office, 1944.

U.S.War Department. *Handbook on German Military Forces*. March 1945. Reprint, Baton Rouge: Louisiana State University Press, 1990.

国外军事研究

Blumentritt, Günther. "German Soldier (Morale)." *Foreign Military Study* B–338. RG 319.20.8, NARA.

Brandenberger, Erich. "Seventh Army (1 September 1944 – 25 January 1945)." *Foreign Military Study* B–0447. RG 319.20.8, NARA.

Büchs, Herbert. "Defense of the West Wall." Typescript trans. ETHINT 37, EUCOM: HD:OH:GB, 1948. RG 319.20.8, NARA.

Gersdorff, Rudolf von. "The Battle of the Hürtgen Forest." *Foreign Military Study* A–891, USAREUR, December 1945. RG 319.20.8, NARA.

——. "The Battle of the Hürtgen Forest." *Foreign Military Study* A–892, USAREUR, December 1945. RG 319.20.8, NARA.

—— "Defense of the Siegfried Line." In *World War II German Military Studies*, vol.3. New York: Garland Publishers, 1979.

König, Eugen. "91st Infantry Division (Air Landing), West Wall, 15 September – 13

December 1944." *Foreign Military Study* B–171. RG 319.20.8, NARA.

Mahlmann, Paul. "353d Infanterie Division (9‐18 September 1944)." *Foreign Military Study* B–232, USAREUR, n.d. RG 319.20.8, NARA.

——. "Rheinland, 353d Infanterie Division, III." *Foreign Military Study* B–502, USAREUR, 3 May 1947. RG 319.20.8, NARA.

Mattenklott, Franz. "Wehrkreis VI (15 September 1944‐21 March 1945)." *Foreign Military Study* B–044. RG 319.20.8, NARA.

——. "Wehrkries VI–Staff." *Foreign Military Study* B–218. RG 319.20.8, NARA.

Müller–Hillebrand, Burkhart, et al. "German System of Reporting Casualties." *Foreign Military Study* P–011. RG 319.20.8, NARA.

Puchler, Karl. "LXXIV Corps (2 October 1944‐23 March 1945)." *Foreign Military Study* B–118. RG 319.20.8, NARA.

Reinhardt, Hellmuth. "Personnel and Administrative Project, Part II." *Foreign Military Study* P–012. RG 319.20.8, NARA.

——. "Personnel and Administrative Project, Part IV." *Foreign Military Study* P–021. RG 319.20.8, NARA.

——. "Training and Assignment of NCOs." *Foreign Military Study* P–008. RG 319.20.8, NARA.

——. "The Volksgrenadier Division and the Volkssturm: 'Volks' Organization in German Military Establishment." *Foreign Military Study* P–065a, USAREUR. RG 319.20.8, NARA.

Schepukat, Generalartz. "German Casualties in the Hürtgen Forest." Typescript trans. ETHINT 60, EUCOM: HD:OHGB, 1946. RG 319.20.8, NARA.

Scherf, Walter. "Medical Comments on 'Stomach' Units." *Foreign Military Study* B–275. RG 319.20.8, NARA.

Schmidt, Hans. "275th Infantry Division (3 October‐21 November 1944)." *Foreign Military Study* B–810, USAREUR, March 1948. RG 319.20.8, NARA.

——. "Kämpfe im Rheinland der 275. Infanterie Division." *Foreign Military Study* B–373, USAREUR. RG 319.20.8, NARA.

Schramm, Percy E. "OKW War Diary, Western Front, 1 April‐16 December 1944." *Foreign Military Study* B–034. RG 319.20.8, NARA.

——. "Wehrmacht Losses (World War II)." Typescript trans. *Foreign Military Study* B–716, USAREUR, n.d. RG 319.20.8, NARA.

Straube, Erich. "Operations of the LXXIV Corps (September‐December 1944)." *Foreign Military Study* C–016, USAREUR, n.d. RG 319.20.8, NARA.

二手资料

4th Infantry Division. *4th Infantry Division, 22nd Infantry Regiment*. Baton Rouge, LA: Army and Navy Publishing, 1946.

Addison, Paul, and Angus Calder, eds. *Time to Kill: The Soldier's Experience of War in the West 1939 - 1945*. London: Pimlico, 1997.

Ambrose, Stephen E. *Band of Brothers: E Company, 506th Regiment, 101st Airborne, from Normandy to Hitler's Eagle's Nest*. New York: Simon and Schuster, 1992.

Baker, Carlos. *Ernest Hemingway: A Life Story*. New York: Charles Scribner's Sons, 1969.

"Battle Casualties." *Infantry Journal* 63 (September 1949): 18 - 21.

Baumer, William F., and Sidney F. Giffen. *"21 to 35": What the Draft and Army Training Mean to You*. New York: Prentice Hall, 1940.

Baynes, John. *Morale: A Study of Men and Courage*. New York: Frederick A. Praeger, 1967.

Beebe, Gilbert W., and Michael E. De Bakey. *Battle Casualties: Incidence, Mortality, and Logistic Considerations*. Springfield, IL: Thomas, 1952.

Bessel, Richard, ed. *Life in the Third Reich*. Oxford: Oxford University Press, 1987.

Bieroth, Ella. "The Battle of the Hürtgen Forest," N.p., n.d., Military History Institute, Carlisle Barracks, PA.

Blumenson, Martin. Breakout and Pursuit. *European Theater of Operations, U.S. Army in World War II*. Washington, DC: Government Printing Office, 1989.

Blumentritt, Günther. "The Tactical Organization of Troops." *Military Review* 34 (August 1954): 8 - 23.

Boesch, Paul. *Road to Hürtgen*. Houston, TX: Gulf Publishing, 1962.

Boice, William S. *History of the 22d United States Infantry in World War II*. Phoenix, AZ: n.p., 1959.

Bonn, Keith E. *When the Odds Were Even: The Vosges Mountains Campaign, October 1944 - January 1945*. Novato, CA: Presidio Press, 1994.

Bradley, Omar N. *A Soldier's Story*. New York: Holt, 1951.

Brown, John Sloan. *Draftee Division: The 88th Infantry Division in World War II*. Novato, CA: Presidio Press, 1998.

Carr, William. *A History of Germany, 1815 - 1990*. London: Arnold, Routledge, Chapman, and Hall, 1991.

Chodoff, Elliott P. "Ideology and Primary Groups." *Armed Forces and Society* 9 (Summer 1983): 569 - 593.

Clark, Dorothy Kneeland. *Casualties As a Measure of the Loss of Combat Effectiveness of an Infantry Battalion*. Study No. T–289. Chevy Chase, MD: Operations Research Office, Johns Hopkins University, 1954.

Colby, Elbridge. "The First Army in Europe." *Typescript*, n.d.

——. "Replacements for a Field Army in Combat." *Infantry Journal* 27 (March 1947): 12 - 18.

Connor, Fox. "Replacements, Lifeblood of a Fighting Army." *Infantry Journal* 21 (May 1941): 2 - 9.

Cooke, Elliot D. *All But Thee and Me: Psychiatry at the Foxhole Level*. Washington, DC: Infantry Journal Press, 1946.

Craven, Wesley F., and James Lea Cate, eds. *Europe: Argument to V–E Day, January 1944 to May 1945*. Vol. 3, *The Army Air Force in World War II*. Chicago: University of Chicago Press, 1951.

Creveld, Martin van. *Fighting Power: German and U.S. Army Performance, 1939 - 1945*. London: Arms and Armour Press, 1983.

Davis, S. W., and J. G. Taylor. *Stress in Infantry Combat*. Study No. ORO–T–295. Chevy Chase, MD: Operations Research Office, Johns Hopkins University, 1954.

Dear, I. C. B., and M. R. D. Foot, eds. *The Oxford Companion to World War II*. Oxford: Oxford University Press, 1995.

Dials, George E. "Send Up a Yardstick!" Army 23 (May 1973): 24 - 29, 32.

Dollard, John, and Donald Horton. *Fear in Battle*. New Haven, CT: Institute of Human Relations, Yale University, 1943.

Doubler, Michael D. *Closing with the Enemy: How GIs Fought the War in Europe, 1944 - 1945*. Lawrence, KS: University Press of Kansas, 1994.

Drea, Edward J. *Defending the Driniumor: Covering Force Operations in New Guinea, 1944*. Fort Leavenworth, KS: Combat Studies Institute, 1984.

——. *Nomohon Japanese–Soviet Tactical Combat, 1939*. Fort Leavenworth, KS: Combat Studies Institute, 1981.

——. *Unit Reconstitution–A Historical Perspective*. Combat Studies Institute Report No. 3. Fort Leavenworth, KS: U.S. Army Command and General Staff College, 1983.

Dupuy, R. Ernest, and Trevor N. Dupuy. *The Harper Encyclopedia of Military History*. 4th ed. New York: HarperCollins, 1993.

Dupuy, Trevor N. "Let's Get Serious About Multipliers." *Army* 33 (May 1983): 18 - 20, 22, 24 - 25.

Ehrenwirth, Franz. *Statistisches Handbuch von Deutschland 1928 - 1945*. Munich: Franz Ehrenwirth–Verlag, 1949.

Ellis, John. *The Sharp End: The Fighting Man in World War II*. New York: Charles Scribner's Sons, 1980.

Elver, Carl L. "The Evaluation of the Replacement System." *Military Review* 27 (July 1947): 23 - 28.

——. "Theater Replacement Systems of World War II." *Military Review* 27 (August 1947): 26 - 34.

English, John. *On Infantry*. New York: Praeger Press, 1981.

Fussell, Paul. *Wartime: Understanding and Behavior in the Second World War*. New York: Oxford University Press, 1989.

Ginsberg, Eli, J. K. Anderson, S. W. Ginsburg, and J. L. Herma. *The Ineffective Soldier: Lessons for Management and the Nation*. Vol. 1, *The Lost Divisions*. New York: Columbia University Press, 1959.

——. *The Ineffective Soldier: Lessons for Management and the Nation*. Vol. 3, *Patterns of*

Performance. New York: Columbia University Press, 1959.

Ginsberg, Eli, J. B. Miner, J. K. Anderson, S. W. Ginsburg, and J. L. Herma. *The Ineffective Soldier: Lessons for Management and the Nation*. Vol. 2, *Breakdown and Recovery*. New York: Columbia University Press, 1959.

Greenfield, Kent R., Robert R. Palmer, and Bell I. Wiley. *The Organization of Ground Combat Troops: The Armed Ground Forces, U.S. Army in World War II*.Washington, DC: Government Printing Office, 1947.

Grinkler, Roy R., and John P. Spiegel. *Men Under Stress*. Philadelphia: Blakiston, 1945.

Grossman, Dave. *On Killing: The Psychological Cost of Learning to Kill in War and Society*. New York: Little, Brown, 1995.

Grunberger, Richard. *The 12-Year Reich: A Social History of Nazi Germany, 1933 - 1945*. New York: Holt, Rinehart, and Winston, 1971.

Hampton, Edward E., Jr. "Lost Potential: Frozen Groups and Tank Gunnery Performance." *Armor* (May/June 1994): 19 - 20.

Hanes, Edward L. "The Minds and Nerves of Soldiers." Login (1941).

Harrison, Gordon A. *Cross Channel Attack. European Theater of Operations, U.S. Army in World War II*. Washington, DC: Government Printing Office, 1951.

Heichler, Lucien. Draft, "The Third Battle of Aachen, the German Situation in Mid-November 1944." *German R Series* 52. RG 319.20.8, NARA.

——. Draft, "The Third Battle of Aachen, Gruppe von Manteuffel in the Battle for the Roer." *German R Series* 55. RG 319.20.8, NARA.

Hemingway, Ernest. *Across the River and into the Trees*. New York: Charles Scribner's Sons, 1950.

Henderson, Darryl. *Cohesion: The Human Element in Combat*. Washington, DC: National Defense University Press, 1985.

Historical Evaluation and Research Organization. "German and Soviet Replacement Systems in World War II: Final Report." *Photostat*. Dunn Loring, VA, July 1975.

Hohenstein, Adolf, and Wolfgang Trees. *Hölle im Hürtgenwald*. Aachen, Germany: Triangel Verlag, 1981.

Hovlad, C. I., A. A. Lumsdaine, and F. D. Sheffield, eds. *Experiments on Mass Communication*. Vol. 3, *Studies in Social Psychology in World War II*. Princeton: Princeton University Press, 1949.

Huttelett, Richard C. "Orphans in Battle." *Saturday Evening Post* (17 March 1945): 18 - 19, 91 - 92.

Isenhower, James P., Jr., "Cohesion-Finding the Key." *Military Review* 61 (October 1981): 42 - 49.

Johnson, Robert U., and C. C. Buel, eds. *Battles and Leaders of the Civil War*. Vol. 2. New York: Century, 1887 - 1888. Reprint, New York: Thomas Yoseloff, 1956.

Johnson, Thomas E. "Reconstitution: A Combat Force Multiplier." *Military Review* 69

(September 1989): 36 – 47.

Jones, James. *WWII*. New York: Grosset and Dunlap, 1975.

Jünger, Ernst. *Der kampf als inneres erlebnis*. Berlin: E. S. Mittler and Son, 1940.

——. *The Storm of Steel: From the Diary of a German Storm–Troop Officer on the Western Front*. London: Chatto and Windus, 1929.

Jurcak, Andrew J. *4th Infantry "Ivy" Division: Steadfast and Loyal*. Paducah, KY: Turner Publishing, 1987.

Keilig, Wolf. *Die Generale des Heeres* (Bad Nauheim, Germany: Podzun–Pallas Verlag, 1983).

Kellett, Anthony. *Combat Motivation: The Behavior of Soldiers in Battle*. Boston: Nijhoff Publishing, 1982.

Kennett, Lee B. *GI: The American Soldier in World War II*. New York: Charles Scribner's Sons, 1987.

Kent, Irwin M. "Combat Fatigue." *Infantry Journal* 56 (May 1945): 42 – 43.

King, Spencer Bidwell, Jr. *Selective Service in North Carolina in World War II*. Chapel Hill: University of North Carolina Press, 1949.

Lamb, David. "Bill, Willie, and Joe." *Military History Quarterly* 1 (Summer 1989): 36 – 45.

Larrabee, Eric. *Commander in Chief: Franklin Delano Roosevelt, His Lieutenants, and Their War*. New York: Harper and Row, 1987.

Lerwill, Leonard L. *The Personnel Replacement System in the United States Army*. Department of the Army Pamphlet No. 20–211. Washington, DC: Government Printing Office, 1954.

Liddell Hart, B. H. "The Ratio of Troops to Space." *Military Review* 39 (April 1960): 3 – 14.

Linderman, Gerald F. *The World Within War: America's Combat Experience in World War II*. New York: Free Press, 1997.

MacCoun, R. J. D. Winkler, A. Cornell, and S. Adler. "What Is Known About Unit Cohesion and Military Performance." In *Sexual Orientation and U.S. Military Personnel Policy: Options and Assessment*. Santa Monica, CA: Rad, 1993.

MacDonald, Charles B. *The Battle of the Hürtgen Forest*. New York: Jove Books, 1963.

——. *The Last Offensive. European Theater of Operations, U.S. Army in World War II*. Washington, DC: Government Printing Office, 1972.

——. *The Siegfried Line Campaign. European Theater of Operations, U.S. Army in World War II*. Washington, DC: Government Printing Office, 1963.

Madej, W. Victor. *German Order of Battle, 1939 – 1945*. Vol. 1. Allentown, PA: Game Marketing Company, 1981.

——. *German Order of Battle, 1939 – 1945*. Vol. 2. Allentown, PA: Game Marketing Company, 1981.

——. *German Order of Battle, 1939 – 1945, Supplement*. Allentown, PA: Game Marketing Company, 1981.

Mahon, John K., and Romana Danysh. *Infantry, Part I: Regular Army. Army Lineage Series.* Washington, DC: Government Printing Office, 1972.

Mansoor, Peter R. *The GI Offensive in Europe: The Triumph of American Infantry Divisions, 1941 – 1945.* Lawrence, KS: University Press of Kansas, 1999.

Marsh, Curtis N., III. "Reconstitution." *Military Review* 67 (January 1987): 56 – 61.

Marshall, S. L. A. *Men Against Fire: The Problem of Battle Command in Future War.* New York: William Morrow, 1949.

Matloff, Maurice. *American Military History.* Army Historical Series. Washington, DC: Government Printing Office, 1969.

Mau, Hermann, and Helmut Krausnick. *German History, 1933 – 45.* New York: Frederick Ungar, 1963.

McLean, John R. "Personnel Losses and Replacement Requirements." *Military Review* 29 (August 1949): 53 – 62.

McLemore, Henry. "We Were Infantry Privates." *Infantry Journal* 55 (August 1944): 47.

McNeal, Kenneth, and James D. Thompson. "The Regeneration of Social Organizations." *American Sociological Review* 36 (August 1971): 624 – 637.

Messerschmidt, Manfred. "German Military Law in the Second World War." In *The German Military in the Age of Total War*, ed. Wilhelm Diest, pp. 323 – 335. Dover, DE: Berg Publishers, 1985.

Miller, Edward G. *A Dark and Bloody Ground: The Hürtgen Forest and the Roer River Dams, 1944 – 1945.* College Station, TX: Texas A&M University Press, 1995.

Millett, Alan R. "The United States Armed Forces in the Second World War." In *Military Effectiveness.* Vol. 3. Winchester, MA: Allen and Unwin, 1988.

Mitcham, Samuel W., Jr. *Hitler's Legions: The German Army Order of Battle, World War II.* New York: Stein and Day, 1985.

Moore, Peter R. "Ancient Principle Faces New Challenge." *Army* 34 (July 1984): 48 – 52.

Naisawald, L. VanLoan. *The Causative Agents of Battle Casualties, World War II.* Study No. ORO T–241. Chevy Chase, MD: Operations Research Office, John Hopkins University, 1953.

Ney, Virgil. "The Evolution of the U.S. Army Infantry Battalion: 1939 – 1968." Photocopy of Study No. CORG–M–343, Fort Belvoir, VA, January 1968.

——. *Organization and Equipment of the Infantry Rifle Squad: From Valley Forge to ROAL.* Study No. CORG–M–194. Fort Belvoir, VA: U.S. Army Combat Development, Army Combat Operations Research Group, 1965.

Palmer, R. R., B. I. Wiley, and W. R. Keast. *The Procurement and Training of Ground Combat Troops: The Army Ground Forces, U.S. Army in World War II.* Washington, DC: Government Printing Office, 1948.

Perrett, Geoffrey. *Days of Sadness, Years of Triumph: The American People 1939 – 1945.* New York: Coward, McCann and Geoghegan, 1973.

Research Analysis Corporation. *Distribution of Combat Casualties by Causative Agents.* Study

No. RAC–T445. McLean, VA, March 1965.

Rigg, Robert B. "Whither the Squad?" *Army* 10 (February 1960): 35 – 41.

Rush, Robert S. "Comparing Light Divisions." *Military Review* 67 (January 1987): 62 – 70.

——. "A Different Perspective: Cohesion, Morale, and Operational Effectiveness in the German Army, Fall 1944." *Armed Forces and Society* 25, no. 3 (Spring 1999): 477 – 508.

——. *The NCO Guide*. 6th ed. Mechanicsburg, PA: Stackpole Books, 1999.

——. "Why They Fought: An Analysis of the Combat Effectiveness of the 22d Infantry During the Battle of the Hürtgen Forest, 16 November 1944 to 3 December 1945."

Master's thesis, Mississippi State University, 1992.

Ryder, Norman B. "The Cohort in the Study of Social Change." *American Sociological Review* 20 (February 1965): 843 – 861.

Saving Private Ryan. Produced and directed by Steven Spielberg. DreamWorks Pictures, 1999. Videocassette.

Sergeant Sertorious. "Man with a Fogy." *Infantry Journal* 55 (November 1944): 25 – 26.

Shils, Edward A., and Morris Janowitz. "Cohesion and Disintegration in the Wehrmacht in World War II." *Public Opinion Quarterly* (Summer 1948): 280 – 315.

Sledge, Walter R. "For First Sergeants Only." *Infantry Journal* 55 (December 1944): 27 – 28.

Smith, William E. "The Army Personnel Replacement System." Student paper, United States Army War College, 1961.

Sorge, Martin K. *The Other Price of Hitler's War: German Military and Civilian Losses Resulting from World War II*. New York: Greenwood, 1986.

Stamps, T. Dodson, and Vincent J. Esposito, eds. *A Military History of World War II*. Vol.1, *Operations in the European Theaters*. West Point: U.S. Military Academy, 1953.

Stanton, Shelby L. *Order of Battle: U.S. Army, World War II*. Novato, CA: Presidio Press, 1984.

Steckel, Francis C. "Morale and Men: A Study of the American Soldier in World War II." Ph.D. diss., Temple University, 1990.

Steinhoff, Johannes, Peter Pechel, and Dennis Showalter. *Voices from the Third Reich: An Oral History*. Washington: Regnery Press, 1989.

Stouffer, S. A., L. Guttman, E. A. Suchman, P. E. Lazarsfeld, S. A. Star, and J. A. Clausen, eds. *Measurement and Prediction*. Vol. 4, *Studies in Social Psychology in World War II*. Princeton: Princeton University Press, 1949.

Stouffer, S. A., E. A. Suchman, L. C. DeVinney, S. A. Sarr, and R. M. Williams Jr., eds. *The American Soldier: Adjustments During Army Life*. Vol. 1, *Studies in Social Psychology in World War II*. Princeton: Princeton University Press, 1949.

——. *The American Soldier: Combat and Its Aftermath:* Vol. 2, *Studies in Social Psychology in World War II*. Princeton: Princeton University Press, 1949.

Sydnor, Louis L. *Encyclopedia of the Third Reich*. New York: Paragon House, 1989.

Sylvia, Stephen W., and Michael J. O'Donnell. *Uniforms, Weapons, and Equipment of the*

World War II G.I. Orange, VA: Moss, 1982.

    Taylor, Barry. "Infantryman's Ordeal in the Hürtgen." *World War II* 2 (November 1987): 26 – 33.

    Taylor, Benjamin G., Jr. "Operation Schmidt." *Military Review* 34 (August 1954): 30 – 39.

    U.S. Army. European Theater of Operations, Theater Historian. *Order of Battle of the United States Army, World War II, European Theater of Operations: Divisions.* Paris: ETO, December 1945.

    U.S. Department of the Army. Office, Chief of Military History. *The Replacement System in the U.S. Army: An Analytical Study of World War II Experience.* Washington, DC: Government Printing Office, 1950.

    ——. Replacement Board. *Report of Replacement Board, U.S. Department of the Army: Replacement System, World Wide, World War II.* 1947. 6 vols. Mimeographed.

    ——. *Soldier Performance in Continuous Operations.* Washington, DC: Government Printing Office, 1983.

    U.S. Selective Service System. *Selective Service in Peacetime: First Report of the Director of Selective Service, 1940 – 1941.* Washington, DC: Government Printing Office, 1942.

    ——. *Selective Service in Wartime: Second Report of the Director of Selective Service, 1941 – 42.* Washington, DC: Government Printing Office, 1943.

    Vetock, Dennis J. *Lessons Learned: A History of U.S. Army Lesson Learning.* Carlisle Barracks, PA: U.S. Army Military History Institute, 1988.

    Wainstein, Leonard. "Some Allied and German Casualty Rates in the European Theater of Operations." Paper 989, Institute for Defense Analyses, Alexandria, VA, December 1973.

    Walton, William. "The Battle of Hürtgen Forest." *Life* (1 January 1945): 33 – 36.

    Weigley, Russell F. *Eisenhower's Lieutenants: The Campaign of France and Germany, 1944 – 1945.* Bloomington: Indiana University Press, 1981.

    Weinberg, Gerhard L. *Guide to Captured German Documents* (with 1959 supplement). Washington, DC: National Archives and Record Service, 1952.

    Wesbrook, Stephen D. *Political Training in the United States Army: A Reconsideration.* Columbus: Mershon Center, Ohio State University, 1979.

    Whitney, Richard W. "Army Morale in Combat." Master's thesis, U.S. Army War College, Carlisle Barracks, PA, 1954.

    Wilbur, W. H. "Infantrymen–The Fighters of War." *National Geographic Magazine* 86 (November 1944): 513 – 538.

    Williams, F. D. G. *SLAM: The Influence of S. L. A. Marshall on the United States Army.* Fort Monroe, VA: Office of the Command Historian, U.S. Army Training and Doctrine Command, 1990.

    Williams, Mary H. *Chronology, 1941 – 1945: Special Studies, U.S. Army in World War II.* Washington, DC: Government Printing Office, 1971.

    Wilson, George. *If You Survive.* New York: Ivy Books, 1987.

    Wilson, John B. *Maneuver and Firepower: The Evolution of Divisions and Separate Brigades.* Army Lineage Series. Washington, DC: Government Printing Office, 1998.